林志鹏 ◎ 著

宋钘学派遗著考论

复旦大学出版社

本书由上海文化发展基金会图书出版专项基金资助出版

目次

导论 …………………………………………………………… 1
 一、前言 ………………………………………………… 1
 二、研究状况回顾 ……………………………………… 2
 三、研究材料 …………………………………………… 7

上　编

第一章　先秦诸子书评述宋钘资料汇释 ………………… 11
 第一节　《庄子》评述宋钘之资料 ……………………… 11
  一、《逍遥游》评宋荣子 ……………………………… 11
  二、《天下》论宋钘、尹文章 ………………………… 12
 第二节　《荀子》评述宋钘之资料 ……………………… 23
  一、《非十二子》论墨翟、宋钘 ……………………… 23
  二、《天论》评慎、老、墨、宋 ……………………… 24
  三、《正论》论宋子"见侮不辱""情欲寡" ………… 25
  四、《解蔽》论"乱家" ……………………………… 32
  五、《正名》论"见侮不辱""情欲寡" …………… 35
 第三节　其他先秦诸子书评述宋钘之资料 ……………… 44
  一、《孟子·告子下》孟子遇宋牼章 ………………… 44
  二、《韩非子·外储说》及《显学》对于宋钘之评论 … 44
  三、《尹文子·大道下》田子读书章 ………………… 47
  四、《尸子·广泽》论诸子 …………………………… 47

第二章　战国楚竹书《彭祖》考论 ……………………… 50
 第一节　楚竹书《彭祖》复原及校释 …………………… 50
  一、竹简概况及编联 …………………………………… 50
  二、楚竹书《彭祖》校释 ……………………………… 53

第二节　从《彭祖》之思想特征论其学派归属 …………… 74
　　第三节　论《彭祖》之体制特色——兼论《宋子》入
　　　　　　小说家 ………………………………………………… 80
　　　一、前人对《宋子》入《汉志》小说家之解释 …………… 80
　　　二、从《彭祖》论《汉志》小说家"依托"之特质 ………… 82
　　　三、论《汉志》小说家之成立背景 …………………………… 84
　　　四、论《彭祖》与箴铭体之关系 ……………………………… 87
第三章　《管子·白心》校释及其学派归属探论 ……………… 92
　　第一节　《白心》校释 ………………………………………… 93
　　第二节　论《白心》之学派归属——兼论其与《庄子》之
　　　　　　关系 ……………………………………………………… 125
　　　一、论《白心》之学派归属 …………………………………… 125
　　　二、论《白心》与《庄子》之关系 …………………………… 129
第四章　《管子·心术》校理及其学派归属析论 ……………… 134
　　第一节　《心术上》经、解复原及校释 ……………………… 134
　　　一、前言 ………………………………………………………… 134
　　　二、经、解复原及校释 ………………………………………… 135
　　第二节　论《心术上》经、解之学派归属 …………………… 163
　　　一、论《心术上》经文之学派归属 …………………………… 163
　　　二、《心术上》经、解比较——并论解文之学派
　　　　　归属 ……………………………………………………… 166
　　第三节　论《心术下》之性质及其学派归属 ………………… 171
　　　一、论《心术下》之性质 ……………………………………… 171
　　　二、论《心术下》之学派归属 ………………………………… 172
第五章　《管子·内业》与《心术下》比较及相关问题
　　　　综论 …………………………………………………………… 180
　　第一节　《心术下》与《内业》对照表 ……………………… 180
　　　一、前贤对于二篇关系之看法 ………………………………… 180
　　　二、《心术下》与《内业》对照表 …………………………… 182
　　第二节　论《内业》与《心术下》之关系及其学派
　　　　　　归属 ……………………………………………………… 190

一、《内业》与《心术下》比较——并论二篇之
　　　　关系 ……………………………………… 190
　　二、论《内业》之性质及学派归属 …………… 195
**第六章　《吕氏春秋·去尤》《去宥》校释及相关问题
　　　　讨论** ……………………………………… 199
　　第一节　《去尤》校释 ………………………… 199
　　第二节　《去宥》校释 ………………………… 208
　　第三节　略论《去尤》《去宥》之学派归属及著成
　　　　时代 ………………………………………… 219

下　编

第七章　论宋钘之年世及其思想面貌 ……………… 225
　　第一节　宋钘之本名及年世约数 ……………… 225
　　一、论宋钘之本名 ……………………………… 225
　　二、宋钘年世之推定 …………………………… 227
　　第二节　宋钘学派之思想面貌 ………………… 230
　　一、宋钘学派之思想内涵 ……………………… 231
　　二、宋钘学说之基本精神 ……………………… 234
　　第三节　论"心术""白心"二词之源流 ……… 236
　　一、"心术"一词的来源及心术说的发展 ……… 236
　　二、"白心"一词的起源 ………………………… 239
第八章　论宋钘在道家之地位及其与儒、墨之关系 … 242
　　第一节　论宋钘学说为道家老、庄之链环 …… 242
　　一、《老子》学说对宋钘之影响 ………………… 242
　　二、庄子对宋钘学说之转化及超越 …………… 246
　　第二节　墨子与宋钘学说之比较——兼论宋子
　　　　非墨徒 ……………………………………… 252
　　第三节　儒家子思学派对宋钘之影响 ………… 258
　　一、"心术"与"型" …………………………… 259

二、"中"与"和" ………………………………………… 263
　　三、"礼"与"法" ………………………………………… 266
　　四、"一"与"独" ………………………………………… 267
第九章　论宋钘与尹文、慎到、荀况之关系及其影响 …… 270
　第一节　论宋钘与尹文之关系 ………………………………… 270
　　一、今本《尹文子》之真伪问题 ……………………………… 270
　　二、论尹文之年世 …………………………………………… 273
　　三、论宋钘对尹文之影响 …………………………………… 274
　第二节　论慎到学说及其与宋钘之关系 ……………………… 281
　　一、彭蒙、田骈、慎到的著作 ………………………………… 281
　　二、彭蒙、田骈、慎到的年世问题 …………………………… 283
　　三、论慎到之思想渊源 ……………………………………… 288
　　四、论宋钘与慎到学说之异同 ……………………………… 291
　　五、楚竹书《慎子曰恭俭》"去囿"试论 …………………… 295
　第三节　宋钘学说对荀况之影响 ……………………………… 297
　　一、论宋钘与荀子之关系 …………………………………… 297
　　二、论荀子受宋钘影响之处 ………………………………… 299

结语 ……………………………………………………………… 304
　　一、主要研究成果 …………………………………………… 304
　　二、宋钘学派衰微之原因 …………………………………… 307
　　三、对"道家分南北"说之省思 …………………………… 308

附录一　战国诸子的"别囿"观 ……………………………… 310
　　一、从"楚王遗弓"故事说起 ……………………………… 310
　　二、宋钘的"别囿"说及其来源 …………………………… 311
　　三、尹文的转向：变"别囿"为"别域" …………………… 313
　　四、慎到的"去囿"说：弃知去己 ………………………… 315
　　五、庄周的超越：从"别囿"到"任囿" …………………… 319
　　六、荀况的"别囿"说：解蔽 ……………………………… 321
　　七、惠施与邹衍的"去囿"方法："历物"与"推物" …… 323
　　八、《吕氏春秋》中所见"别囿"说 ………………………… 327
　　九、结语："别囿"说的历史意义 …………………………… 329

**附录二　先秦儒家"内业"说初探——兼释郭店楚简
　　　　"胁"字** ………………………………………………… 332
　　一、前言 ……………………………………………………… 332
　　二、《性自命出》"内业"一词的释读——兼说
　　　　"胁"字 ……………………………………………… 333
　　三、简帛《五行》与儒家《内业》的关系 ………………… 339
　　四、附说《鹖冠子》的"内业"及"夜行" ………………… 344
　　五、结语：儒、道"内业"说的谱系 ……………………… 346
主要参考文献 …………………………………………………… 350
后记 ……………………………………………………………… 361

导　论

一、前言

　　宋钘在战国时代为融通道、儒、墨的思想大家,孟子曾在石丘与之论寝兵(见《孟子·告子下》),荀子则在其著作中以相当的篇幅批判宋子"见侮不辱""情欲寡"之说(见《正论》《正名》等篇)。在《庄子·天下》中宋钘与尹文合论,被视为儒家外的六大学派之一。宋钘学派在战国晚期仍有相当大的势力,此点从《荀子·正论》评述其说屡称"子宋子"以及《韩非子·显学》《尸子·广泽》中的评论皆可看出[①]。下至汉代,《汉书·艺文志·诸子略》著录《宋子》十八篇,唯入小说家[②],被贬为"街谈巷语,道听途说者之所造",而与《伊尹说》《黄帝说》同伦,盖视为黄老道家末流[③]。《宋子》在《隋书·经籍志》无著录,其书早已不存。宋钘一派为联结老、庄学说的链环,也是道、法转关的枢纽,其镕铸调和的学风更促进战国时期各家学术之交流,重要性不言而喻。然而此派之实际面目为何?与其他诸子有何关联?又为何暴盛暴衰?长期以来,这些疑点都因为《宋子》书的散佚而成为难以回答的问题。笔者不揣谫陋,在前贤的基础上搜罗、考证与宋钘相关的文献,尝试复原该派的思想面貌,并梳理宋子与其他战国诸子之关系,冀能对于宋钘其人其书及该派的学术源流有更深入的了解。

　　本书分上、下编。上编内容包括两部分:一是相关文献的整理及

---

① 《韩非子·显学》:"宋荣子之议,设不斗争,取不随仇,不羞囹圄,见侮不辱,世主以为宽而礼之。"《尸子·广泽》:"墨子贵兼,孔子贵公,皇子贵衷,田子贵均,列子贵虚,料子贵别囿,其学之相非也,数世而不已,皆弇于私也。"按,"料子"即"宋子"之误,详见本书上编第一章第三节。

② 按,《荀子·正名》已斥宋子学说为"小家珍说",《汉志》对宋子书的评价其来有自。

③ 按,《汉书·艺文志》"《宋子》十八篇",班固自注:"其言黄老意。"是仍承认其为黄老道家。

校释;二是在文本校理的基础上,讨论文献的性质及学派归属问题。下编则据上编考证之成果,进一步描述宋钘学派的思想面貌,勾勒其学术源流,并对宋子的本名及年世略加考证。

在进入论述之前,有必要对于本文所用"学派"一词作一说明。杨华曾指出,中国传统学术的流派形成主要有两种因缘,一是师承,二是地域①。师承性学派如儒、墨,乃因某一学术领袖讲学授徒,以至支流派衍。先秦时代因文字载体的限制(著于简帛),一般人不易获得书册及知识,文化传播的渠道只能较多地依靠口耳相传,因此"一个学派实际上就是围绕着某个创始者的一群人,他们共同生活,共同讲习。"至于地域性学派即"学者们汇聚在某一地方,共同研究学问而形成一个学派。"如战国时代的稷下学派、东汉晚年的荆州学派②。按,今人研究先秦学术思想而使用较为宽泛的"学派"一词,实为不得已的权宜之计。因为大多数的先秦诸子书难以证明为某某思想家手著,而是一群有师承关系或学术理念接近的学者们的集体编纂,且往往历经转相传习及后师附益的过程,所以某一子书所呈现出的思想可能非一人所独有,而是某一派师门的共同面貌(当然其中难免存在思想、文字风格不连贯的现象)。既无法离析出何者为该派宗师之说,何者为后学增益之言,故在论述时便以"某某学派"之称涵摄二者③。本文为行文方便,论及宋钘一派著作及思想时,或直言"宋钘",或以"宋钘学派"称之,其实一也,望读者不以粗疏为讥。

二、研究状况回顾

《汉书·艺文志》小说家有"《宋子》十八篇",此书久佚,清代学者马国翰有辑本,录有《庄子·天下》评论宋钘、尹文学说一段、《孟子·告子》宋牼遇孟子章及《荀子·非十二子》《韩非·显学》所述宋子之说。

---

① 杨氏文中归纳学派成立的因缘有三:师承、地域及问题。但他认为中国传统的学术流派基本以前两种为主。按,在其基础上似乎还可加入另一因缘,即"时代"。某一时期的学者可能因为相近的学术志趣及研究理念而转移前代风气,形成学派,如所谓"乾嘉学派"。
② 杨华:《传统学术中的学派》,《光明日报》2007年9月13日,第9版。
③ 按,有时两位学者并无直接师承关系,但学术风格及理念接近,思想具有承续性,亦可以"某某学派"称之,如"老、庄学派""思、孟学派"。

早期对于宋钘的研究集中在其与老子、墨子的关系,所据资料即上述《庄子·天下》《孟子》《荀子》等书对于宋子学说的评述。刘咸炘《子疏定本·墨宋第五》论及宋钘与墨家学说的同异①。钱穆《宋钘考》则详细比对宋子遗说与《老子》,证明其学说确如班固所言具有黄老意,对于宋子的大致生卒年代也作了一些论证。在该文中,钱氏也指出,《吕氏春秋·去宥》为宋、尹别宥说之犹存者,或取之《宋子》十八篇②。值得注意的是,金受申《稷下派研究》将宋钘视为"名法转关中的一个人物",并归纳其学说的要点为"正名""节欲""牺牲"。他指出,宋子之学非稷下学派主流(按,他以为稷下学说的主流在正名、唯道、尚法),可视为稷下派内独立的系统。他又据马国翰说指出:"《庄子·天下篇》所述都是宋钘的主张,和尹文没有关系。"该篇所述"大半引《宋子》原文,不是庄周的评语"③。

一九四零年代,郭沫若《宋钘尹文遗著考》一文指出:《管子》书中的《心术上》《心术下》《内业》《白心》等篇为宋钘、尹文一派的遗著。他认为"白心""心术"都是宋、尹学派的术语,而《心术》和《内业》等既见"黄老意",也有"名家言",且与《庄子·天下》所述宋、尹一派别宥寡情、见侮不辱、食无求饱、救斗寝兵、不求苛察、不假于物诸义,无一不合,所以他推断诸篇应为宋钘、尹文一派的遗著④。郭氏此说影响较大,其后研究者就把讨论的焦点放在《管子·心术》等四篇是否为宋钘、尹文所作之问题上。

在郭氏发表此文的稍前,刘节与蒙文通都曾对上述《管子》诸篇的学派问题提出明确的意见⑤。刘氏说与郭沫若略同,且认为《心术上》

---

① 刘咸炘:《子疏定本》,《刘咸炘学术论集·子学编》上册,广西师范大学出版社,2007年7月,第91—94页。
② 钱穆:《宋钘考》,《先秦诸子系年》,东大图书公司,1999年6月台北东大三版,第374—378页。
③ 金受申:《稷下派之研究》,台湾商务印书馆,1971年5月,第7—9、30—38、50—51页。
④ 郭沫若:《宋钘尹文遗著考》,《郭沫若全集·历史编》第一卷,人民出版社,1982年9月,第547—570页。
⑤ 刘节说见《管子中所见之宋钘一派学说》,蒙文通说见于《儒家哲学思想之发展》。按,郭沫若前揭文末标示写作日期为"一九四四年八月二十九日"。刘节文标明"一九四三年五月二十九日",年代与郭文尤近,唯一九三零年代罗根泽作《管子探源》时已引述刘节之说。蒙氏文收入《先秦朱子与理学》,文后所附其子蒙默的整理后记云:"本文原载《论学》第四期特大号(一九三七年四月无锡出版),后收入《儒学五论》(一九四四年十一月成都路明书店出版),有较大补充。"

等四篇可能是道家及《老子》思想的渊源①。蒙文通则提出：《心术》《内业》等篇是"道家之旨而入于儒家者。""义合于慎到,实管书之有取于慎子。"②又进一步推测："《管子》书之《心术》《白心》《内业》诸篇,为儒家之杂于道家者,其说上承《乐记》,仲良氏传乐,此非所谓仲良氏之儒乎？"③

一九六零年代,杜国庠撰文肯定前述郭沫若说,以《管子·心术》等篇为宋钘、尹文之著作,深入探讨该派学说对于荀子之影响④。蒙文通则作《略论黄老学》,虽重申《心术》《内业》诸篇之论因循,与田骈、慎到学说相合,但对于其旧说却有明显之修正。他说："《管子》中的《心术》《内业》《白心》各篇,我以前认为是慎到、田骈的学说,也有同志从'白心'二字着眼,认为这几篇书是宋钘、尹文的学说,如果从'或使'论来看,也可以说是接子的学说。总的来看,这些学者都是黄老派,他们同在稷下,互相学习,互相影响,我们说这几篇书是黄老派的学说就可以了,似不必确认其定是何人的作品。"⑤不过,此说在当时未受到学界重视,一直要到裘锡圭援引后(见下文),才渐有从之者。

一九七三年,马王堆汉墓出土《经法》《经》⑥《道原》《称》等佚书,学者咸认为其与黄老道家有关,故称之为"黄帝四经""黄老帛书"或"黄帝书"。由于诸篇帛书与《管子·心术》等四篇具有内在关联,所以《心术》等篇的学派归属问题又重新被提出讨论。朱伯崑作《〈管子〉四篇考》,逐条批驳郭沫若之说,并据《慎子》及《庄子·天下》《荀子》对慎到学说

---

① 刘节：《管子中所见之宋钘一派学说》,《刘节文集》,中山大学出版社,2004年11月,第209页。
② 蒙文通：《儒家哲学思想之发展》《杨朱学派考》,《先秦诸子与理学》,广西师范大学出版社,2006年5月,第51、116—123页。
③ 蒙文通：《儒学五论》,广西师范大学出版社,2007年5月,第13页。
④ 杜国庠：《荀子从宋尹黄老学派接受了什么》,《杜国庠文集》,人民出版社,1962年7月,第134—157页。
⑤ 蒙文通：《略论黄老学》,《先秦诸子与理学》,第193、214页。
⑥ 马王堆帛书整理者将此篇依篇末题名命为"十大经",后又改称"十六经"。李学勤在《马王堆帛书〈经法·大分〉及其他》一文(载《道家文化研究》第三辑)指出,此篇末"十大"二字当为该篇末章标题,而此篇名当为"经"。按,此篇末"十六经"三字,"十六"乃为章数,可从李说改题"经"。

之评述,主张《心术》等四篇为齐国法家慎到一派作品①。裘锡圭从《心术上》和《白心》具有主张法治、去己去知、因循应物、形名论等思想特色,推论二篇当出于慎到、田骈一派之手,与上述马王堆帛书皆属"道法家"的作品。他进一步说:"《管子》书中有阴阳家的思想,例如《四时》《五行》等就是阴阳家的作品,但是在《心术上》和《白心》里,却看不到阴阳家思想的成分。这两篇作品的时代应该早于采用了阴阳刑德说的乙本佚书。它们也许可以看做道法家早期作品的代表。"②

裘锡圭、朱伯崑后来都放弃前述说法。裘锡圭留意到上述蒙文通后说,认为"无论把《心术》等四篇定为宋钘、尹文学派著作,还是定为慎到、田骈学派著作,证据都嫌不足"。遂将《心术》等篇的作者称为"稷下道家"③。朱伯崑《再论〈管子〉四篇》主张《心术》等篇为"齐国黄老派的著作",并指出《心术》《白心》既谈养生,又谈刑名,而《内业》只谈养生,不谈刑名。据此,不能将此四篇混为一谈。"对于四篇的时代则认为"就这四篇的内容和文句看,《内业》当在前。……就其所使用的汉语辞组说,其中有'道德'一词;就其所提出的命题说,其中有'其细无内,其大无外'。其成文当在庄子和惠施之后,即战国中期以后,和《庄子·庚桑楚》前。"④冯友兰也认为《管子》中的《白心》等四篇不是宋、尹一派的著作,而是"稷下黄老之学"的作品⑤。其后,李存山、胡家聪、白奚、张连伟、张固也等都曾对《管子》四篇为宋、尹或慎到一派著作的旧说提出批评,并主张四篇为稷下黄老学派的著作⑥。

---

① 朱伯崑:《〈管子〉四篇考》,《朱伯崑论著》,沈阳出版社,1998年5月,第415—433页。原载《中国哲学史论文集》第1辑(1979年)
② 裘锡圭:《马王堆〈老子〉甲乙本卷前后佚书与"道法家"——兼论〈心术上〉〈白心〉为慎到田骈学派作品》,《文史丛稿》,上海远东出版社,1996年10月,第72—75页。
③ 裘锡圭:《稷下道家精气说的研究》,《文史丛稿》,第16—17页。
④ 朱伯崑:《再论〈管子〉四篇》,《朱伯崑论著》,第435—437页。
⑤ 冯友兰:《中国哲学史新编》第二册,人民出版社,1984年10月第2版,第100—101、199页。
⑥ 李存山:《〈内业〉等四篇的写作时间和作者》,《管子学刊》1987年创刊号,第31—37页;胡家聪:《管子中道家黄老之作新探》,《中国哲学史研究》1987年第4期,第24页;白奚:《稷下学研究——中国古代的思想自由与百家争鸣》,三联书店,1998年9月,第187—202页;张连伟:《论〈管子〉四篇的学派归属》,《管子学刊》2003年第1期,第5—16页;张固也:《管子研究》,齐鲁书社,2006年1月,第275—286页。

除了上述调和之说外，仍有部分学者坚持旧说，如金德建、孙开泰主张《管子·心术》等四篇为宋、尹之作①，李学勤通过诸篇与马王堆黄老帛书的比较，从而指出："《管子·心术》等篇的作者曾读过《黄帝书》，引用了其中的思想以及文句。这一点，正与我们所了解的宋钘、尹文的学术特点（按，指其言本于黄老）相符。"②吴光则认为《管子》四篇有可能是田骈、慎到一派的作品③。

综上所述，《管子·心术》等四篇的学派归属主要有三说：一是以诸篇乃宋钘、尹文遗著，郭沫若、刘节、杜国庠、李学勤、金德建、孙开泰主之；二是以诸篇为田骈、慎到所作，蒙文通、朱伯崑、裘锡圭、吴光主之，但蒙、朱、裘三氏后来都放弃此说；是三以《心术》等四篇为"稷下黄老道家"之作品，而不区分其为某一思想家所作，蒙文通、朱伯崑、裘锡圭、冯友兰、李存山、胡家聪、白奚、张连伟、张固也主之。上述三说都认为《管子·心术》等四篇的著成时代在战国中期，但也有部分学者主张诸篇为战国晚期之作品，如杨儒宾据熊十力、唐君毅之说指出："《内业》《心术》等篇宏博渊深，可代表战国晚期道家思想的发展。"④詹剑峰则谓："四篇杂抄道、名、儒、法之言以成篇，而杂抄者文笔又不高明，更显其浅陋……四篇显示道、儒、名、法之言盈天下后的作品，也就是战国末期庸人所辑成的篇章。"⑤

由于学界倾向将《管子·心术上》《心术下》《白心》及《内业》视为一组不可分割的作品，又将诸篇笼统视为"稷下道家"著作，故近世思想史论著提及宋钘时，鲜少深入探讨其思想内涵及源流，多是援引《庄子》

---

① 金德建：《宋钘、尹文三论》，《先秦诸子杂考》，中州书画社，1982年9月，第121—131页；孙开泰：《关于侯外庐先生论〈管子·白心〉等篇著者问题的一次谈话》，《晋阳学刊》1994年第1期，第26页。
② 李学勤：《〈管子·心术〉等篇的再考察》，《古文献丛论》，上海远东出版社，1996年11月，第184—193页。
③ 吴光：《黄老之学通论》，浙江人民出版社，1985年，第99页。
④ 杨儒宾：《先秦道家"道"的观念的发展》，台湾大学出版委员会，1987年6月，第145页注19。杨氏后来在《儒家身体观》（第55—57页）指出："《管子》之《内业》《心术下》两篇与孟子思想契合极深，这两篇事实上属于同一个来源。……《管子》两篇的问题意识与解决方式无疑都是继承孟子而来。"
⑤ 詹剑峰：《老子其人其书及其道论》，华中师范大学出版社，2006年3月，第80—81页。

《荀子》对其学说的评述作说明或零星的讨论。少数专文涉及宋钘者，也仅针对其姓名、国籍及其是否属于墨家等周边问题作探讨①。由于材料的限制，目前对于宋钘一派的研究可谓停滞不前。较值得一提的是，胡家聪对宋子一派"道墨融合"的特点作了详尽的论证②。葛瑞汉（Angus C. Graham）则注意到宋钘对于"心之行"的强调具有"主体性"建立之重要意义，他说："宋钘受到远至孟子和庄子等思想家的批评与尊敬，这表明他在转向专注内心方面扮演了主要角色。"③史华兹（Benjamin I. Schwartz）也指出：宋钘能避免一切愤怒及好争之心，在他内心中确实和老子、庄子一样具有深刻的精神独立性。宋子所体现的道家色彩就是他的内在超脱的态度④。

三、研究材料

本文所涉材料可分为三类：一是先秦诸子书中所见对于宋钘一派之评述资料。其中，《庄子·天下》对该派有较全面的论述，且文中直引宋钘之语，为考证其思想内涵的重要依据。《荀子》中的《正论》《正名》以较长的篇幅批判宋钘"见侮不辱""情欲寡"之说，亦不容忽视。此外，《孟子·告子下》记载孟子与宋钘论寝兵一事，可资考证宋钘之年世；《韩非子·显学》以"宽""恕"二语归纳宋钘思想，可见其学说之精神；《尹文子》记载彭蒙与宋钘辩"圣人之治"与"圣法之治"之异，则可用以区别宋钘与彭蒙、慎到一派之分际。上述文献虽属间接之评述材料，但因宋钘著作早亡，若要钩稽其遗说或佚篇，必须以这些资料作为研究的起点及依据。

第二类材料是前人指为宋钘遗著之《管子·心术》《白心》《内业》《吕氏春秋·去尤》《去宥》等篇。其中，《管子·心术》等四篇之学派归属虽有不少专文讨论，但由于学者对于诸篇所呈现之思想内涵理解各

---

① 赵蔚芝：《司马迁介绍稷下先生为什么不提宋钘尹文》，《管子学刊》1989年第4期；周光华："钘"字辨考及宋钘其人》，《管子学刊》1990年第3期。
② 胡家聪：《稷下争鸣与黄老新学》，中国社会科学出版社，1998年9月，第239—257页。
③ 葛瑞汉：《论道者——中国古代哲学论辩》，中国社会科学出版社，2003年8月，第115—121页。
④ 史华兹：《古代中国的思想世界》，江苏人民出版社，2008年8月，第329页。

异,产生较大的争议。笔者认为,要解决此一争端的务实的做法是从材料本身出发,也就是通过详细的校释,先复原文本,然后在此基础上考证各篇之文献性质及学派归属。由于此类文献需经进一步考辨、拣择,才能确认其是否为宋钘一派作品,可称之为"准直接材料"。

第三类材料乃战国时期其他诸子之著作以及《史记》《汉书》等相关史籍,可视之为背景材料。对于某一思想家的研究,不能仅限于其学说内涵的发掘,而应该将之置于历史的脉络,论述其思想源流及其在学术史之地位。宋钘之学说具有融通道、儒、墨的特色,又与稷下先生彭蒙、田骈、慎到、尹文、荀况等论辩交往,因此要梳理宋钘思想之源流及其与诸子之关系,必须参照《老子》《庄子》《尹文子》《慎子》《荀子》等传世文献以及近出子思学派竹书(如郭店《五行》《性自命出》等篇)。但上述诸子著作需经过一番甄别工夫,如《尹文子》《慎子》涉及材料的真伪问题,《老子》《庄子》又有著作时代先后之争论,对于郭店儒家佚书的时代及学派归属亦需稍加鉴别。此外,《史记·田敬仲完世家》《孟子荀卿列传》及《盐铁论·论儒》记述战国时期齐稷下先生之事迹,惟未及宋钘;《汉书·艺文志》录《宋子》十八篇,但入小说家。这些记载虽有时代之囿限,但对于讨论宋钘著作之体制特色、诸子之年世及关系等仍颇有帮助,亦不能轻忽。

除传世文献外,近年刊布的郭店楚墓所出及上海博物馆所藏战国楚竹书中有多篇道家、儒家佚籍,亦应善加利用。值得注意的是,《上海博物馆藏战国楚竹书(三)》有《彭祖》一篇,其内容托言耉老问道于彭祖,敷陈"慎终葆劳""五纪毕周""心白身怿"等说,并有主敬慎、非斗及戒骄泰盈满之论①。周凤五曾指出:竹书内容夹杂儒、道,篇中"心白身怿"一语和《管子·白心》及《庄子·天下》所述宋钘一派有关,不妨假设其为稷下学派的产物②。据此,本文亦将楚竹书《彭祖》视为上述第二类"准直接材料",在竹书的简序编联及字词考释基础上,进一步讨论该篇竹书的学派归属。

---

① 马承源主编:《上海博物馆藏战国楚竹书(三)》,上海古籍出版社,2003年12月,第308—303页。
② 周凤五:《上海博物馆楚竹书〈彭祖〉重探》,《南山论学集——钱存训先生九五生日纪念》,北京图书馆出版社,2006年5月,第11、13、15页。

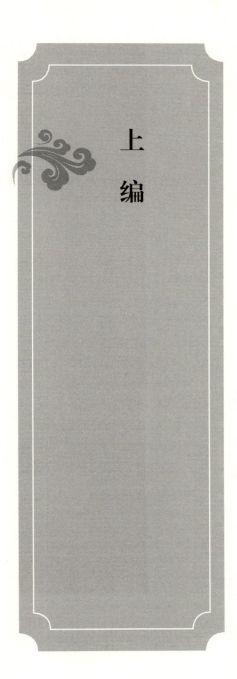

上编

第一章　先秦诸子书评述宋钘资料汇释

第一节　《庄子》评述宋钘之资料

一、《逍遥游》评宋荣子

故夫知效一官,行比一乡(1),德合一君,而(能)征一国者(2),其自视也亦若此矣。而宋荣子(3)犹(嗃)然笑之(4)。且举世而誉之而不加劝,举世而非之而不加沮,定乎内外之分,辨乎荣辱之境,斯已矣。彼其于世,未数数然也。虽然,犹有未树也。

【校释】
(1) 知效一官,行比一乡：效者,验也。《荀子·议兵》"强弱存亡之效",杨倞《注》："效,验也。"效与下文"而(能)征一国"之"征"义近,皆谓征验也,《淮南子·修务训》："夫歌者,乐之征也；哭者,悲之效也。"亦征、效对文。《释文》引李氏训"比"为"合"。吴汝纶则云："比犹庇也。"① 鹏按,"比"如字读。《说文》："比,密也。二人为从,反从为比。"故引申有合、顺义。
(2) 而(能)征一国：王念孙云："而与能同,能、而古声相近,故能或作而。《原道篇》：'而以少正多。'高《注》：'而,能也。'又注《吕氏春秋·去私》《不屈》《士容》三篇并云：'而,能也。'"② 此从之。《释文》："征,司

---
① 引自钱穆：《庄子纂笺》,东大图书公司,1993年1月重印四版,第3页。
② 王念孙：《读书杂志》,江苏古籍出版社影印王氏家刻本,2000年9月,第927页。

马云：信也。崔、支云：成也。"林希逸则训征为号召①。鹏按，征者，效验也。《说文》虽训征为召，然其本义当为验，段玉裁《注》："征者，证也、验也。有证验斯有感召，有感召而事以成。"②

(3) **宋荣子**：俞樾云："《荀子·非十二子》篇盖以墨翟、宋钘同称；《天论》篇：'宋子有见于少，无见于多。'杨倞《注》曰：'宋子名钘，宋人也，与孟子同时。'则以为即《孟子》书之'宋牼'矣。牼与钘声固相近，荣与钘声亦相近。《月令》'腐草为萤'，《吕览》《淮南》并作'蚈'。荣之为钘，犹萤之为蚈也。然则宋荣即宋钘，宋钘即宋牼矣。"刘师培说略同③。关于宋钘本名之讨论，详见本书下编第七章第一节。

(4) **犹（䌛）然笑之**：《释文》："崔、李云：犹，笑貌。案，谓犹以为笑。"马其昶云："犹与㗤同，《汉书》：'㗤尔而笑。'"马氏所引见《汉书·叙传》，颜师古《注》："㗤，古攸字。攸，咲貌。"④蒋锡昌云："《尔雅·释诂一》：'繇，喜也。'郭《注》：'《礼记》曰：人喜则斯陶，陶斯咏，咏斯犹。犹即繇也，古今字耳。'是繇、犹均为䌛之假。《说文》：'䌛，喜也。'"⑤鹏按，蒋说近是。此文"犹"读为"䌛"，但《礼记·檀弓下》"咏斯犹"之"犹"当读为"谣"，即徒歌也⑥。

二、《天下》论宋钘、尹文章

不累于俗，不饰于物(1)，不苟〈苛〉于人(2)，不忮(伎)于众(3)。愿天下之安宁，以活民命。人我之养，毕足而止(4)。以此白心(5)，古之

---

① 林希逸著，周启成校注：《庄子鬳斋口义校注》，中华书局，1997年3月，第6页。
② 段玉裁：《说文解字注》，艺文印书馆影印经韵楼藏版，1989年2月六版，第391页。
③ 俞樾：《庄子人名考》，收入《无求备斋庄子集成·续编》，艺文印书馆，1972年，第36册；刘师培：《庄子斠补》，《刘申叔遗书》，江苏古籍出版社，1997年11月，第886页。
④ 引自王叔岷：《庄子校诠》上册，"中研院"历史语言研究所，1994年4月二版，第18、19页。
⑤ 蒋锡昌：《逍遥游校释》，《庄子哲学》，鸣宇出版社，1980年5月，第77—78页。
⑥ 按，《礼记·檀弓下》郑注："犹当为摇……谓身动摇也。"郭店楚竹书《性自命出》简34亦有类似文句，作"咏斯猷"，解者多据郑读"猷"为"摇"，但咏与猷（或犹）接续而言，意义当相类，疑读为"谣"。《周易·豫卦·九四》"由豫"，上海博物馆藏楚竹书《周易》简14作"猷豫"，"猷"当读为"谣"，参考拙文《上博馆藏楚竹书〈周易〉校释七则》，《周易研究》2009年第2期。

道术有在于是者,宋钘、尹文(6)闻其风而悦之,作为华山之冠以自表(7),接万物以别宥(囿)为始(8)。语心之容(庸),命之曰心之行(9)。以聏(胹)合欢,以调海内(10)。请(情)之欲置〈寡〉以为主(11)。见侮不辱,救民之斗;禁攻寝兵,救世之战(12)。以此周行天下,上说下教,虽天下不取,强聒〈聞〉而不舍者也(13),故曰:"上下见厌而强见也(14)。"虽然,其为人太多,其自为太少;曰:"请(情)固欲置〈寡〉,五升之饭足矣(15)!"先生恐不得饱,弟子虽饥,不忘天下(16),日夜不休。曰:"我必得活哉!"图傲乎!救世之士哉(17)!曰:"君子不为苛察,不以身假物(18)。"以为无益于天下者,明之不如已也(19)。以禁攻寝兵为外,以情欲寡浅为内(20),其小大精粗,其行适至是而止(21)。

【校释】

(1) **不累于俗,不饰于物**:顾实举《庄子·山木》:"物物而不物于物,则胡可得而累?"《缮性》:"不为轩冕肆志,不为穷迫趋俗。"释此二句①。高亨谓"不累于俗"即拔世独立,不为俗所牵累,又引《庄子·逍遥游》:"宋荣子……且举世而誉之而不加劝,举世而非之而不加沮,定乎内外之分,辩乎荣辱之竟,斯已矣。彼其于世为数数然也"为说,并以下文"君子……不以身假物",即"不饰于物"之意②。按,二氏说是。

(2) **不苟〈苛〉于人**:"苟",王念孙认为乃"苛"字之误,引《说文叙》:"廷尉说律,至以字断法,苛人受钱,苛之字止句也。"及《考工记》"妢胡筍(下当从可)"(亦见汉碑)、《管子·五辅》"上弥残苛(今本作苟)"为证。章太炎亦云:"汉时俗书苛、苟相乱,下言'苛察',一本作苟(按,见《释文》),亦其例也。"③鹏按,"苟""苛"形近混讹之例,又见于《管子·形势解》:"主者,人之所仰而生也,能宽裕纯厚而不苛忮,则民人附。"郭沫若《集校》:"'苛'宋本误作'苟',其他各本均不

---

① 顾实:《庄子天下篇讲疏》,台湾商务印书馆,1980年12月二版,第42页。
② 高亨:《庄子天下篇笺证》,《高亨著作集林》第九卷《文史述林》,清华大学出版社,2004年12月,第395—396页。
③ 二家说引自王叔岷《庄子校诠》下册,"中研院"历史语言研究所,1994年4月二版,第1320、1326—1327页。

误。下文'主苛而无厚'承此言,宋本未误。"①《说文》:"苛,小艸也。"引申为繁琐,进一步引申为苛刻。

(3) 不忮(伎)于众:《释文》:"忮,司马云:'害也。'字书云:'很也'。"诸家多据此训"忮"字为逆或强迫②。鹏按,"苛""忮"对文,颇疑"忮"当读为"伎",训为亲与、党与。《说文》:"伎,与也。"段玉裁《注》引《说文》"与,党与也",谓此即"伎"之本义。《诗·大雅·瞻卬》"鞫人忮忒",忮字《说文》引作"伎"③,此乃二字通用之例证。《尹文子》云:"世之所贵,同而贵之,谓之俗;世之所用,同而用之,谓之物。苟违于人,俗所不与;苟伎于众,俗所共去。故人心皆殊,而为行若一;所好各异,而资用必同。"④此文之"忮"亦当读为"伎"(即《尹文子》下文"伎辩惑物"之"伎"),"俗所共去"之"去"则读为"趋"(即《尹文子》下文"趋利之情"之"趋")。《尹文子》此文"俗""物"并举,数句若《天下》所述宋、尹"不累于俗,不饰于物,不苛于人,不忮于众"之解。

(4) 人我之养,毕足而止:钱基博虽以宋、尹所为与墨家同,但认为二派仍有异。盖"墨子兼爱,摩顶放踵,利天下为之"(《孟子·尽心上》)。"为之大过,已之大顺",不恤牺牲自我以利天下者也;宋、尹则以"我"亦天下之一民,苟"天下之安宁",不能人足养而遗外我也,愿"毕足"焉⑤。

(5) 白心:《释文》:"白心,崔云:明白其心也。白或作任。"顾实认为:"当以作任为长,观下文'命之曰心之行'可证。《管子》虽有《白心篇》,非此其义也。"谭戒甫云:"白者,表襮于外之义。盖表襮其心,正与下文'语心之容'同意。"⑥鹏按,当以作"白"为是。白训为彰明。《荀子·荣辱》:"身死而名弥白",杨《注》:"白,彰明也。"同书

---

① 郭沫若:《管子集校》,《郭沫若全集·历史编》第七卷,人民出版社,1984年10月,第416页。
② 训"忮"为"逆",见高亨《庄子天下篇笺证》,《高亨著作集林》第九卷,第396页;训为强迫见谭戒甫:《庄子天下篇校释》,新文丰出版公司,1979年8月,第13页。
③ 段玉裁:《说文解字注》,艺文印书馆影印经韵楼藏版,1989年2月六版,第383页。
④ 参考王启湘:《尹文子校诠》,《周秦名家三子校诠》,世界书局,1978年3月再版,第28页。
⑤ 钱基博:《读庄子天下篇疏记》,台湾商务印书馆,2006年5月,第55—56页。
⑥ 顾实:《庄子天下篇讲疏》,第43页;谭戒甫:《庄子天下篇校释》,第13页。

《正名》"说行,则天下正;说不行,则白道而冥穷(躬)",俞樾释数句云:"穷,当读为躬。白道而冥躬者,明白其道而幽隐其身也。"①其说是。彼言"白道",此云"白心","白"字用法相同。白心者,彰明其心,使心恢复本然的状态。从内言为"白心";从外言则为"别囿"或"去囿",二者实相通。关于"白心"一词的源流,参考本书下编第七章第三节。

(6) **宋钘、尹文**:《释文》:"钘音形,郭音坚。尹文,崔云:齐宣王时人,著书一篇。"《汉书·艺文志·诸子略》小说家有"《宋子》十八篇",班固自注:"孙卿道宋子,其言黄老意。"宋钘于《孟子·告子下》又称宋牼,《庄子·逍遥游》《韩非子·显学》又称宋荣子,《荀子·天论》则尊称为"子宋子"。杨倞云:"宋钘,宋人,与孟子、尹文子、彭蒙、慎到同时,《孟子》作'宋牼'。牼与钘同,音口茎反。"②王先慎云:"宋荣即宋钘,荣、钘偏旁相通,《月令》'腐草为萤',《吕览》《淮南》作蚈。荣之为钘,犹萤之为蚈也。"③其说盖本俞樾《庄子人名考》(已见前文引用)。高亨云:"《汉书·艺文志·诸子略》名家'《尹文子》一篇',班自注:'说齐宣王,先公孙龙。'颜《注》引刘向云:'与宋钘俱游稷下。'《意林》引《尹文子》'尹文子见齐宣王',《吕氏春秋·正名篇》载尹文说齐湣王,《公孙龙子·迹府篇》载尹文子说齐王,《说苑·君道篇》载尹文说齐宣王,可证尹文亦与孟子同时。《吕氏春秋》高《注》:'尹文,齐人。'盖有所本。"④宋钘、尹文之关系在师友之间。关于二者之年世,参考本书下编第七章第一节及第九章第一节。

(7) **作为华山之冠以自表**:高亨指出,古人或以冠示异,如郑子臧好聚鹬冠(见《左传》僖公 24 年),楚人鹖冠子以鹖为冠(据《汉书·艺文志》)⑤。《经典释文》云:"华山上下均平,作冠象之,表己心均平

---

① 俞樾:《诸子平议》,世界书局,1991 年 9 月第五版,第 165 页。
② 引自王先谦《荀子集解》,艺文印书馆影印光绪辛卯刊本,2000 年 5 月初版七刷,第 228 页。
③ 王先慎:《韩非子集解》中华书局,1998 年 7 月,第 458 页;刘师培:《庄子斠补》,《刘申叔遗书》,江苏古籍出版社,1997 年 11 月,第 886 页。
④ 高亨:《庄子天下篇笺证》,《高亨著作集林》第九卷,第 397 页。
⑤ 同上。

也。"蒋锡昌据此说:"宋钘以华山冠自表,似有提倡人类生活平等之意。"①钱穆认为:"宋、尹皆墨徒,而作为平冠,亦自异于儒家之圜冠也。"②顾实则谓:"《西山经》曰:'太华之山,削成而四方。'《水经·渭水注》:'华山远而望之,又若华状。'故《释文》云:'华山上下均平,作冠象之,表己心均平也。'然盖以示其岸然道貌,不物于物。《大宗师篇》曰:'古之真人,其状峨而不崩。'是其义也。故能接万物,以别宥为始。"③鹏按,顾氏说是。前文云:"不累于俗,不饰于物,不苟于人,不伎于众。"即主张卓然自立、不物于物。《墨子·公孟》载:"公孟子戴章甫、搢笏,儒服而以见子墨子。曰:'君子服然后行乎?其行然后服乎?'子墨子曰:'行不在服。'"宋、尹作为华山冠以自表,显与墨子主张违异,钱穆说非。

(8) **接万物以别宥(囿)为始**:郭象《注》:"不欲令相犯错。"高亨申之云:"宥、囿古通用,而囿有域义,《诗·灵台》:'王在灵囿',毛《传》:'囿所以域养鸟兽也。'《国语·楚语》引此诗,韦《注》:'囿,域也。'是其证。又宥、囿与域,古亦通用,《诗·玄鸟》'奄有九有',《中论·法象篇》引作'奄有九域'。《国语·楚语》:'共工氏之伯九有也',《汉书·律历志》引《祭典》曰'共工氏伯九域'。并其左证。然则别宥、别囿亦可解作别域矣。别域者,划分万物之畛界,使不相侵犯也。上文曰:'人我之养毕足而止',别域盖谓划分人我之养之畛界。域别然后养足,养足然后知足。"④梁启超指出:"《吕氏春秋·去宥篇》云:'夫人有所宥者,固以昼为昏,以白为黑……故凡人必别宥然后知,别宥则能全其天矣。'《尸子·广泽篇》云:'料子贵别囿',汪继培云:'宥与囿通。'案,别宥即去囿,为去其囿蔽者,如荀子之言解蔽矣。"顾实、谭戒甫说略同,并以《尸子》所云"料子"为"宋子"之形误或音转⑤。鹏按,接

---

① 蒋锡昌:《天下校释》,《庄子哲学》,鸣宇出版社,1980年5月,第227页。
② 钱穆:《先秦诸子系年》,东大图书公司,1999年6月3版,第99页。
③ 顾实:《庄子天下篇讲疏》,第44页。
④ 高亨:《庄子天下篇笺证》,《高亨著作集林》第九卷,第398页。
⑤ 梁启超(吴其昌笔记):《庄子天下篇释义》,收入《清代学术概论》,东方出版社,1996年3月,附录,第114页;顾实:《庄子天下篇讲疏》,第44—45页;谭戒甫:《庄子天下篇校释》,第13页。

者,交接、接触也。谭戒甫引《庚桑楚》"知者接也",训接为知①,说亦可通。毕沅释《吕览·去宥》之"宥"已云:"疑宥与囿同,谓有所拘碍而识不广也,以下文观之,犹言蔽耳。"宥读为囿,诸家说是,惟囿不需如高亨说进一步读为域。《说文》:"别,分解也。"引申为辨②。顾实谓:"别囿者,谓人心有所拘囿,当辨而去之也。……囿之范围甚广,然尤以荣辱之足以囿人心,为恒且大。……'辨乎荣辱之境'(《逍遥游》)一语,正即此之曰'别囿'矣。《老子》曰:'善之与恶,相去若何。'又曰:'知其荣,守其辱。'此宋钘、尹文学出黄老之证乎?"③其说可从。复按,"别域"可施诸尹文,多本参下编第九章第三节、附录一第三小节。

(9) **语心之容(庸),命之曰心之行**:二句说解纷纭,或读"容"为"欲"④,或训"容"为"容受"⑤,或解"心之容"为"心理状态"⑥。顾实认为:"此与前述(按,指《庄子·天下》前文)墨翟、禽滑厘'作为非乐,命之曰节用',文笔相似。疑'心之容''心之行'皆宋子书或尹文子书中之篇名也。"高亨亦云:"《心之行》盖宋尹书一篇之名。此篇专论内心之现象,故名之曰'心之行'也。"⑦此外,单晏一指出:"'容'与'行'相耦,其义似亦相类。如同为名词,则'行'当读为'形'。……如同系动词,则'容'当读为'庸',庸之为言用也。"⑧鹏按,先秦古书中凡言"命之曰"云云者,虽有作篇章名者,但多数为专有名词或具有总结性质的词语,如《庄子·人间世》:"强以仁义绳墨之言术暴人之

---

① 谭戒甫:《庄子天下篇校释》,第13页。
② 古书中别、辨往往通用,其例可参宗福邦等编:《故训汇纂》,商务印书馆,2003年7月,第224页。
③ 顾实:《庄子天下篇讲疏》,第44页。
④ 此说为章炳麟所提出,见王叔岷:《庄子校诠》下册,第1323页。
⑤ 说见成玄英《疏》、王先谦《集释》,近人王叔岷、蒋锡昌亦主此说。王氏说见《庄子校诠》下册,第1323—1324页;蒋氏说见《庄子哲学》,第228页。
⑥ 马叙伦、梁启超主此说。马氏说见高亨《庄子天下篇笺证》,第398页引;梁氏说见《庄子天下篇释义》,《清代学术概论》附录,第114页。
⑦ 顾实:《庄子天下篇讲疏》,第46页;高亨:《庄子天下篇笺证》,《高亨著作集林》第九卷,第398—399页。
⑧ 单晏一:《庄子天下篇荟释》,空庭书苑,2007年5月,第78页。

前者,是以人恶有其美也,命之曰菑人。"《盗跖》:"古者禽兽多而人少,于是民皆巢居以避之,昼拾橡栗,暮栖木上,故命之曰有巢氏之民。"《管子·内业》:"凡道,无根无茎,无叶无荣,万物以生,万物以成,命之曰道。"即以《天下》前文论墨子"作为非乐,命之曰节用"而言,"非乐""节用"也未必即篇名,顾实解释此文说:"欲节用而非乐,遂'生不歌,死无服'。……《释文》曰:'非乐、节用,《墨子》二篇名。'然墨子书中虽有此篇名,而此处行文,则非举篇名也。"①是顾氏前后依违两可。诸家说中,以单晏一后说近是。"容"当读为"庸",二字通假之例如《庄子·胠箧》"容成氏",《通鉴·外纪》引《六韬》作"庸成氏";《荀子·修身》"庸众驽散",《韩诗外传》卷二"庸"作"容"②。《说文》:"语,论也。"二句谓宋子论心之用,将之名为"心之行"。"心之行"为宋、尹一派的专门术语,所谓"心之行"即"心术"也。《说文》:"术,邑中道也。"古文字"行"字像四通之衢,与"术"义近。

(10) 以聏(胹)合欢,以调海内:《释文》:"聏,崔本作聏〈胹〉③,音而,郭音饵。司马云:'色厚貌。'崔、郭、王云:'和也。'聏和万物,物和则欢矣。一云:'调也。'"郭象《注》云:"强以其道聏令合,调令和也。"以聏、调为对文。王夫之径读聏为胹,训为熟煮,释二句为"合海内之欢,如烹调五味,令其融和"④。鹏按,二句以烹饪为喻,聏读为胹,王夫之说是。《广雅·释诂》:"胹,孰也。"王念孙云:"宣二年《左传》:'宰夫胹熊蹯不熟。'《正义》引字书云:'过熟曰胹。'《内则》'濡豚'郑《注》云:'濡,谓亨之以汁和也。'《楚辞·招魂》:'肥牛之腱,臑若芳些。'王逸《注》云:'臑若,熟烂也。'胹、臑、濡并通。"⑤二句盖指宋钘、尹文善于融合诸家之说。郭沫若曾指出:"虽然同属道家,而宋钘、尹文与环渊、庄周辈不同的地方,是前

---

① 顾实:《庄子天下篇讲疏》,第 27 页。
② 参考高亨、董治安:《古字通假会典》,齐鲁书社,1989 年 7 月,第 9 页。
③ 王叔岷《庄子校诠》(下册,第 1324 页)云:"案《释文》:'聏,崔本作聏。'两聏字重,当作'崔本作胹。'《阙误》聏作胹,盖据崔本也。"
④ 王夫之:《庄子解》,里仁书局,1984 年 9 月,第 281 页。按,聏为胹,训为煮熟,又见焦竑《庄子翼》,新文丰出版公司,1978 年 10 月,卷十,第 32 页。
⑤ 王念孙:《广雅疏证》,中华书局影印王氏家刻本,2004 年 4 月二版,第 79 页。

者是调和派,而后者是非调和派,后者是前者的发展。《天下》篇不正明白地说着吗:'以聏合欢,以调海内',这正是调和派的面貌。"①

(11) 请(情)之欲置〈寡〉以为主:今本作"请欲置之以为主",王叔岷指出:"《古钞卷子本》无'之'字,疑脱误。"②梁启超云:"'请欲'当读为'情欲',即下文'情欲寡浅'之情欲也。请读为情,墨子书中甚多。《非命中》'众人耳目之情',《非命下》作'众人耳目之请'。《明鬼下》'不以其请者',又'夫众人耳目之请岂足以断疑哉',皆当读为情。"③唐钺云:"'请欲置之'四字为'情欲寡少'之传写错误。……寡先误为寘,后又写作置耳。"④高亨云:"古金文'寡'字上从宀下从页,隶变当作'頁(上从宀)',读者弗识,因讹为'置'。《管子·版法篇》:'置不能图。'《版法解》作'寡不能图'。此置、寡互误之证。……下文云:'请欲固置,五升之饭足矣。'其误同,言人之情欲本少,有五升之饭即足矣。又下文'以禁攻寝兵为外,以情欲寡浅为内',皆承上文而言,若'请欲固置'读如本字,则情欲寡浅无所承矣。"⑤鹏按,此依梁、唐二氏说读"请"为"情"。"置"字则如唐、高二氏说,为"寡"字之误。今本"情欲寡之以为主"疑当作"情之欲寡以为主",诸家以"情欲"连读,疑非。《荀子·正论》谓宋钘"率其群徒,辨其谈说,明其譬称,将使人知情欲之寡也"。杨倞《注》:"'情欲之寡'或为'情之欲寡'也。"王念孙据此云:"或本是也。此谓宋子将使人知情之欲寡不欲多也。下文云:古之人'以人之情为欲多而不欲寡';子宋子'以人之情为欲寡而不欲多也',是其证。"⑥

(12) 见侮不辱,救民之斗,禁攻寝兵,救世之战:顾实谓:"以'见侮不辱'为救私斗之方法,以'禁攻寝兵'为救公战的方法。"谭戒甫云:"见侮不辱,宋说见《荀子·正论篇》;尹说见《吕氏春秋·正名

---

① 郭沫若:《宋钘尹文遗著考》,《郭沫若全集·历史编》第一卷,第565—566页。
② 王叔岷:《庄子校诠》下册,第1325页。
③ 梁启超(吴其昌笔记):《庄子天下篇释义》,《清代学术概论》附录,第115页。
④ 唐钺说见谭戒甫《庄子天下篇校释》,第14页引。按,郭沫若亦主此说,参考《宋钘尹文遗著考》,《郭沫若全集·历史编》第一卷,第547页注1。
⑤ 高亨:《庄子天下篇笺证》,《高亨著作集林》第九卷,第399—400页。
⑥ 王念孙:《读书杂志》,江苏古籍出版社影印王氏家刻本,2000年9月,第754页。

篇》。先是向戌有弭兵之会,墨翟有非攻之论,事皆在宋。钘乃宋人,尹与俱游稷下,故承其流风焉。"①鹏按,谭氏所谓宋人倡非攻说,清代学者俞正燮已发于前,其说云:"管子书《立政》云:'兼爱之说胜,则士率不战。'《立政九败解》云:'不能令彼无攻我,彼以教士,我以驱众;彼以良将,我以无能,其败必覆军杀将。'如此,正宋襄公之谓。《左传》公子目夷谓襄公未知战,若受重伤,则如勿伤,爱其二毛,则如服焉。兼爱非攻,盖宋人之蔽。《吕氏春秋·审应》云:'偃兵之意,兼爱天下之心也。'据《左传》,襄公殁后,华元、向戌皆以止兵为务。墨子出,始讲守御之法,不如《九败解》所讥。墨子实宋大夫,其后宋轻亦墨徒。欲止秦、楚之兵,言战不利,有是君则有是臣。"②鹏按,墨家乃当时显学,宋、尹禁攻寝兵之说宜受其影响(但宋、尹非墨徒,说见本书下编第八章第二节),惟若如俞正燮之说,必宋人而倡非攻、兼爱,毋乃太过。

(13) **强聒〈闻〉而不舍者也**:《释文》:"谓强聒其耳而语之也。"鹏按,疑"聒"为"闻"之误。聒字原从"昏"声,而"闻"字古文从"昏"(皆见《说文》),二字因形近而混讹。"强闻"与下句"上下见厌而强见"之"强见"意义相应,谓强使之闻、强使之见也。

(14) **上下见厌而强见也**:周书舲谓:"'见厌'当作'厌见',转写误倒。"③鹏按,周氏说非。厌者,厌弃也。见字表示被动,见厌即被厌弃之意。王叔岷谓:"宣颖云:'人皆厌之,犹强欲自表见。'按宣解'而'为'犹',是也。"④当从之。

(15) **曰:请(情)固欲置〈寡〉,五升之饭足矣**:"情固欲寡"今本作"情欲固寡"。梁启超云:"'请欲'读为'情欲',宋子之意,谓人类情欲之本质,但能得五升之饭斯已足矣,此即'情欲寡'之说也。"⑤谭戒甫谓:"情欲固置,唐铖谓为'情固欲寡'之误倒,甚是;惟作'情欲固

---

① 顾实:《庄子天下篇讲疏》,第49页;谭戒甫:《庄子天下篇校释》,第14页。
② 俞正燮:《癸巳类稿·墨学论》,《俞正燮全集》,黄山书社,2005年9月,第一册,第686页。
③ 见单晏一:《庄子天下篇荟释》,第82页引。
④ 王叔岷:《庄子校诠》下册,第1325页。
⑤ 章氏说引自单晏一:《庄子天下篇荟释》,第82页;梁启超(吴其昌笔记):《庄子天下篇释义》,《清代学术概论》附录,第116页。

寡'亦通,不必乙转也。"鹏按,请读为情,梁、唐二氏说是。情欲二字不当连读,唐钺说是。"情固欲寡"谓人之情本为欲寡。

(16) 先生恐不得饱,弟子虽饥,不忘天下:谭戒甫、高亨以此三句接续上文,为宋、尹之说①,但从文意看,当是《天下》作者评述之语。郭象《注》:"宋钘、尹文称天下为先生,自称为弟子也。"说颇迂曲。顾实引《荀子·正论》杨倞《注》:"宋子,盖尹文弟子。"谓此处"先生"指尹文,"弟子"指宋钘②。鹏按,杨说无据。尹文与宋钘同游稷下,若以年辈及学术渊源论,宋当在尹前(参考本书下编第九章第一节)。蒋锡昌云:"此言以仅置五升之饭,非特先生宋钘恐不得饱,即其弟子亦常在饥饿之中;彼等必欲如此忍饥以立教者,正因不忘天下'人我之养'也。"③说较近实。

(17) 图傲乎!救世之士哉:郭象《注》释"图傲"为"挥斥高大之貌"。顾实以二句与"我必得活哉"皆宋、尹之语,双承上文"救民""救世"而言,并引秦毓鎏说:"我岂必得自活哉,言愿为天下舍身也。又岂欲傲视救世之士哉,言非与当世号称救世者争名也。"④钱穆云:"图,计拟之辞。谓我志在救世,世人必不傲慢我,故我必得活也。"⑤王叔岷申明郭《注》说云:"图傲,谓意图高大也。傲借为赘,《说文》:'赘,赘顀,高也。'字亦作颣……以救世之士称二子,故谓其意图高大也。"⑥鹏按,顾实、钱穆说于文法不合。若依顾氏说,需于"我必得活哉""图傲乎救世之士哉"之上各添一"岂"字;若依钱氏说,则此句当作"图救世之士傲乎哉"乃合⑦。"图"字不需破读,王叔岷说是。《说文》:"图,画计难也。"段《注》:"《左传》曰:'咨难为谋。'画计难者,谋之而苦其难也。"⑧"傲"字亦当如王叔岷

---

① 谭戒甫:《庄子天下篇校释》,第 15 页;高亨:《庄子天下篇笺证》,《高亨著作集林》第九卷,第 401 页。
② 顾实:《庄子天下篇讲疏》,第 51 页。
③ 蒋锡昌:《天下校释》,《庄子哲学》,第 232 页。
④ 顾实:《庄子天下篇讲疏》,第 51—52 页。
⑤ 钱穆:《庄子纂笺》,东大图书公司,1993 年 1 月重印四版,第 274 页。
⑥ 王叔岷:《庄子校诠》下册,第 1326 页。
⑦ 按,王叔岷《庄子校诠》已指出此点。
⑧ 段玉裁:《说文解字注》,第 279 页。

说训为高。《说文》:"敖,游也。"①徐锴曰:"《诗》云:'以敖以游。'游有所诣,敖犹翱翔。"②《释名·释言语》:"翱,敖也,言敖游也。"③敖与翱为同源词④,故从敖之字多有高义。本句盖谓宋、尹之说陈义甚高,难以普遍施行,但若论其行,则真救世之士也。《庄子·天下》前文评墨子之道云:"其生也勤,其死也薄,其道大觳,使人忧,使人悲,其行难为也。"又称:"墨子真天下之好也,将求之不得,虽枯槁不舍也,才士也夫!"所言正与之类似。

(18) 不为苛察,不以身假物:谭戒甫云:"《韩子·显学篇》言宋荣之宽恕,故此言不为苛察也。"马其昶云:"《说苑》:'尹文对齐宣王曰:事寡易从,法省易因。'是其不为苛察也。"⑤梁启超云:"不以身假物者,谓不肯将此身假借与外物,犹言不为物役也。"高亨、王叔岷皆谓即上文"不饰于物"之意⑥。按,诸家所论并是。

(19) 以为无益于天下者,明之不如已也:成玄英《疏》:"已,止也。苦心劳形,乖道逆物,既无益于宇内,明不如止而勿行。"成《疏》所谓"苦心劳形"盖指"苛察"及"以身假物"二事。梁启超云:"宋、尹之意,以为吾人何为而求智识,将以有益于天下也。苟无益者则何必费心力以研究阐明之,不如其已也。可已而不已,则苛察而已,以身假物而已,君子所不为。"⑦按,诸家所论是。

(20) 以禁攻寝兵为外,以情欲寡浅为内:宣颖释二句云:"外以救世,内以克己。"⑧顾实云:"'禁攻寝兵'与墨子'非斗不怒'同。'情欲寡浅'与墨子'非乐节用'亦相类。故《荀子·非十二子篇》以墨翟、宋钘并为一谈。然墨子之根本主义在俭,以用不足而倡节用之说也。宋钘之根本主义在恕,以心有囿而倡别囿之说也。"蒋锡昌则说:"宋

---

① 按,《说文·放部》:"敖,出游也。从出、放。"《出部》重出"敖"字,训为"游"。
② 徐锴:《说文解字系传》,中华书局影印清道光祁雟藻刻本,1987年10月,第76页。
③ 参考任继昉:《释名汇校》,齐鲁书社,2006年11月,第191页。
④ 王力:《同源字典》,文史哲出版社,1991年10月,第207页。
⑤ 谭戒甫:《庄子天下篇校释》,第15页;马其昶说引自钱穆:《庄子纂笺》,第274页。
⑥ 梁启超(吴其昌笔记):《庄子天下篇释义》,《清代学术概论》附录,第116—117页;高亨:《庄子天下篇笺证》,《高亨著作集林》第九卷,第396页;王叔岷:《庄子校诠》下册,第1327页。
⑦ 梁启超(吴其昌笔记):《庄子天下篇释义》,《清代学术概论》附录,第117页。
⑧ 宣颖说引自王叔岷:《庄子校诠》下册,第1327页。

钘'情欲寡浅'即老子'无欲'之义,亦即墨子'节用'之义。"①鹏按,"情"指"情实"②。"情欲寡浅"即"人之情欲寡"之意,"情欲"二字连读殆出于断章取义③,或文字本有脱误。此二句并承上言,谓宋、尹以禁攻寝兵及人之情欲寡为有益天下之说。宋钘人之情"欲寡"之说表面虽与墨子"节用"相通,但从学术渊源论,其说实为《老子》"少私寡欲"之进一步发展。相关讨论见本书下编第八章第一、二节。

(21) 其小大精粗,其行适至是而止: 王先谦云:"其行止于是,则其道术之大小精粗亦不过如是。"④王夫之则谓:"适如事之小大精粗而止,不于小见大,于粗求精也。"⑤鹏按,王先谦说是。二句承前文总结宋、尹学说要义,"至是"之"是"指禁攻寝兵、人之情欲寡而言。

第二节 《荀子》评述宋钘之资料

一、《非十二子》论墨翟、宋钘⑥

不知一天下,建国家之权称,上功用,大俭约而僈差等(1),曾不足

---

① 顾实:《庄子天下篇讲疏》,第 53 页;蒋锡昌:《天下校释》,《庄子哲学》,第 234—235 页。
② 葛瑞汉指出:"应对此词最好能用带形容词'essential'的短语,某一情境或事物的'情'的一般用法是,横在我们面前的事实,而无论我们是如何命名、描述,或者试图改变或伪装。……这个概念近于亚里士多德的'本质'(essence)。"说见《论道者——中国古代哲学论辩》,中国社会科学出版社,2003 年 8 月,第 118—119 页。
③ 顾实《讲疏》云:"荀子述宋子,以'人之情,为欲、为不欲乎'不以'情欲'二字连读。而庄子则以情欲二字连读,殆各出于断章取义,故不同邪。"
④ 王先谦:《庄子集解》,文津出版社,1988 年 7 月,第 291 页。
⑤ 王夫之:《庄子解》,第 282 页。
⑥ 按,《韩诗外传》卷四云:"夫当世之愚,饰邪说,文奸言,以乱天下,欺惑众愚,使混然不知是非治乱之所存者,则是范雎、魏牟、田文、庄周、慎到、田骈、墨翟、宋钘、邓析、惠施之徒也。此十子者,皆顺非泽,闻见杂博,然而不师上古,不法先王,按往旧造说,务自为工,道无所遇,二人相从,故曰十子者之工说,说皆不足合大道、美风俗、治纲纪。然而持之有故,言之有理,足以欺惑众愚,交乱朴鄙,则是十子之罪也。"此一段文字约《荀子·非十二子》文而成,文字略有不同,且改十二子为十子,无子思、孟轲,改《非十二子》"它嚣"作"范雎","陈仲"作"田文"。《韩诗外传》此段文字与《非十二子》之关系,可参考郑良树:《〈荀子·非十二子〉"子思、孟轲"条非附益辨》,《诸子著作年代考》,北京图书馆出版社,2001 年 9 月,第 228—237 页。

以容辨异、县君臣(2),然而持之有故,其言之成理,足以欺惑愚众,是墨翟、宋钘也(3)。

【校释】

(1) **大俭约而僈差等**:杨倞《注》:"僈,轻也。轻僈差等,谓欲使君臣上下同劳苦也。"王念孙谓:"上与尚同。大亦尚也,谓尊尚俭约也。……僈读为曼。《广雅》:'曼,无也。'"①按,曼字本义为引、循,无缘引申为无。"僈"与"大"对文,杨倞训僈为轻僈,较为简明。《说文》无"僈"字,《集韵》以"僈"为"慢"之异体。

(2) **县君臣**:杨倞训县为悬隔,诸家从之。按,《说文》:"县,系也。"引申为维系,如《管子·禁藏》:"法者,天下之仪也,所以决疑而明是非也,百姓之所县命也。""县君臣"即维系君臣关系。君臣为三纲、五伦之一,而纲、伦(本或作"纶")皆以丝绳为喻②,是以言"县系"。

(3) **墨翟、宋钘**:前人多因《荀子》本篇与《天论》墨、宋合论而主张宋钘为墨徒,笔者则认为二家思想面貌不同,不能强合。说见本书下编第八章第二节。

二、《天论》评慎、老、墨、宋

万物为道一偏,一物为万物一偏。愚者为一物一偏,而自以为知道,无知也。慎子有见于后,无见于先。老子有见于诎,无见于信(伸)(1)。墨子有见于齐,无见于畸。宋子有见于少,无见于多(2)。有后而无先,则群众无门;有诎而无信(伸),则贵贱不分;有齐而无畸,则政令不施;有少而无多,则群众不化(3)。

【校释】

(1) **老子有见于诎,无见于信**:杨倞《注》:"信,读为伸。"此从之。

(2) **宋子有见于少,无见于多**:杨倞《注》:"下篇(按,指《正论》)云:'宋子以人之情为欲寡,而皆以己之情为欲多为过也。'据此说,

---

① 王念孙:《读书杂志》,第655—656页。
② 参考本书上编第二章第二节《彭祖》校释对"人纶""五纪"二词之注解。

则是〈见〉①少而不见多也。"梁启超云:"宋钘专以'情欲寡'为教,而不知人之情各不同。有欲寡者亦有欲多者,甲则以一夫一妇为乐,乙或以侍妾数百人为乐。及以一人之身,其对于各事物或欲多或欲寡,亦各自不同。……宋子仅见欲寡的一面,而不见欲多的一面。"②

(3) 有少而无多,则群众不化:杨倞《注》:"夫欲多,则可以劝诱为善。若皆欲少,则何能化之?"梁启超云:"不化者,拂人之性,无由化成也。"③按,二家说是。

三、《正论》论宋子"见侮不辱""情欲寡"

子宋子曰(1):"明见侮之不辱,使人不斗。人皆以见侮为辱,故斗也;知见侮之为不辱,则不斗矣。"应之曰:"然则以人之情为不恶侮乎?"曰:"恶而不辱也。"曰:"若是,则必不得所求焉。凡人之斗也,必以其恶之为说,非以其辱之为故也。今俳优、侏儒、狎徒詈侮而不斗者,是岂巨知见侮之为不辱哉?然而不斗者,不恶故也。今人或入其央〈矢(菌)〉渎(2),窃其猪彘,则援剑戟而逐之,不避死伤,是岂以丧猪为辱也哉?然而不惮斗者,恶之故也。虽以见侮为辱也,不恶则不斗;虽知见侮为不辱,恶之则必斗。然则斗与不斗邪,亡于辱之与不辱也,乃在于恶之与不恶也。夫今子宋子不能解人之恶侮,而务说人以勿辱也,岂不过甚矣哉!金(瘖)口弊(敝)舌(3),犹将无益。不知其无益,则不知;知其无益也,直以欺人,则不仁。不仁不知,辱莫大焉。将以为有益于人,则与无益于人也,则得大辱而退耳!说莫病是矣。"

子宋子曰:"见侮不辱。"应之曰:"凡议必将立隆正,然后可也。无隆正,则是非不分而辨讼不决,故所闻曰:'天下之大隆,是非之封界,分职名象之所起,王制是也。'故凡言议、期命、是非(4),以圣王为师。而圣王之分,荣、辱是也。是有两端矣:有义荣者,有执荣者;有义辱者,有执辱者。志意修,德行厚,知虑明,是荣之由中出者也,夫是之谓义

---

① 王天海《荀子校释》下册(上海古籍出版社,2005 年 12 月,第 701 页)引久保爱云:"本注'是少'当作'见少'。"此从之。
② 梁启超:《荀子评诸子语汇释》,《清代学术概论》附录,东方出版社,1996 年 3 月,第 143 页。
③ 同上书,第 144 页。

荣。爵列尊,贡禄厚,形执胜,上为天子诸侯,下为卿相士大夫,是荣之从外至者也,夫是之谓执荣。流淫污僈(漫)(5),犯分乱理,骄暴贪利,是辱之由中出者也,夫是之谓义辱。詈侮捽搏,捶笞膑脚〈刖〉(6),斩断枯磔,藉靡(縻)舌(括)纕〈缚〉(7),是辱之由外至者也,夫是之谓执辱。是荣辱之两端也。故君子可以有执辱,而不可以有义辱;小人可以有执荣,而不可以有义荣。有执辱无害为尧,有执荣无害为桀。义荣、执荣,唯君子然后兼有之;义辱、执辱,唯小人然后兼有之。是荣辱之分也,圣王以为法,士大夫以为道,官人以为守,百姓以成俗,万世不能易也。今子宋子案(焉)不然(8),独诎容为己,虑一朝而改之(9),说必不行矣。譬之是犹以砖(抟)涂而塞江海也,以焦侥而戴太山也(10),蹞跌碎折不待顷矣!二三子之善于子宋子者殆(11),若不止之,将恐得〈复〉伤其体也(12)。"

子宋子曰:"人之情欲寡,而皆以己之情为欲多(13),是过也。"故率其群徒,辨其谈说,明其譬称,将使人知情之欲寡也(14)。应之曰:"然则亦以人之情为目不欲綦(极)色(15),耳不欲綦(极)声,口不欲綦(极)味,鼻不欲綦(极)臭,形不欲綦(极)佚。此五綦(极)者,亦以人之情为不欲乎?"曰:"人之情,欲是已(16)。"曰:"若是,则说必不行矣。以人之情为欲此五綦(极)者而不欲多,譬之是犹以人之情为欲富贵而不欲货也,好美而恶西施也。古之人为之不然。以人之情为欲多而不欲寡,故赏以富厚而罚以杀损也,是百王之所同也。故上贤禄天下,次贤禄一国,下贤禄田邑,愿悫之民完衣食。今子宋子以是〈人〉之情为欲寡而不欲多也(17),然则先王以人之所不欲者赏,而以人之所欲者罚邪?乱莫大焉。

今子宋子严然而好说(18),聚人徒,立师学,成文曲〈典〉(19),然而说不免于以至治为至乱也,岂不过甚矣哉!"

【校释】

(1) 子宋子:杨倞《注》:"何休注《公羊》:'以子冠氏上者,著其师也。'言此者,盖以难宋子之徒。"吴翌凤云:"子者,男子之通称。若文字间称其师,则曰'子某子',复冠子于其上者,示特异于常称,曰吾所师者,则某子云尔。《列子》乃其门人所集,故曰子列子;《公羊》之书,其弟子称其为子公羊子。至隐十一年'子沈子',何休《注》云:'子沈子,己师。沈子称子,冠氏上者,著其为师也。其不冠子者,他师也。'朱子自以渊源出于程氏,故《大学》《中庸章句》亦称为子程子。"①陈直云:"传世有子络子之壶,亦为战国时物,则氏上冠以子字,当时之风气如此。"②鹏按,荀卿未必亲炙宋子,惟从学术渊源论,则颇有受其影响之处(详见本书下编第九章第三节),故荀子可能尊称宋钘为"子宋子",但从本篇批评宋子之猛烈,不留情面,则杨氏所说设辞以难宋子之徒,或为实情。

(2) **入其央〈矢(菌)〉渎**:杨倞《注》:"央渎,中渎也,如今人家出水沟也。"久保爱以"央"为"缺"字之误,"渎"读为"窦",训"缺窦"为可潜踰之穴,并引《孔子家语》"彼有缺,季羔曰:君子不踰。彼有窦,季羔曰:君子不隧"为说③。龙宇纯认为"央"当作"矢"。矢与菌通,矢渎犹言圂渎。《仓颉篇》:"圂,豕所居也。"④鹏按,龙氏说是。《说文》:"菌,粪也。""圂,豕厕也。"汉人"菌"多作"矢",而"圂"引申为人厕之称⑤。古代饲猪之处与厕所为邻,便于肥料的收集⑥,故此文云"入其菌渎,窃其猪彘"。

(3) **金(唫)口弊(敝)舌**:今本作"金舌弊口"。杨倞《注》:"金舌,以金为舌。金舌弊口,以喻不言也。虽子宋子见侵侮,金舌弊口而不对,欲以率先,犹无益于不斗也。扬子《法言》曰'金口而木舌。'金或读为噤。"俞樾云:"金舌弊口,谓说人,非谓不言,杨《注》非也。此文当作'金口弊舌'。金读为'唫'《说文·口部》:'唫,口急也。'弊读为敝。言虽说之至于口唫舌敝,犹无益也。《战国策·秦策》:'舌敝耳聋',此可证敝舌之义。今作'金舌弊口',义不可通。据杨《注》引《法言》'金口而木舌',又似本作'金口'者,岂为后人改窜故

---

① 吴翌凤:《逊志堂杂钞》,中华书局点校本,2006 年 12 月,第 11 页。
② 陈直:《读子日札》,《摹庐丛著七种》,齐鲁书社,1981 年 1 月,第 54 页。
③ 引自王天海:《荀子校释》下册,第 743 页。
④ 龙宇纯:《荀卿子记余》,《中国文哲研究集刊》第 15 期。
⑤ 段玉裁:《说文解字注》,艺文印书馆影印经韵楼藏版,1989 年 2 月六版,第 45、281 页。
⑥ 萧璠:《关于两汉魏晋时期养猪与积肥问题的若干检讨》,《"中研院"历史语言研究所集刊》第 57 本第 4 分册(1986 年),第 617—633 页。

欤。"①鹏按,俞说近是。《通雅》引此文作"金口蔽舌"②,亦可证"口""舌"二字当互易。"金"疑读为"瘖"。金、瘖二字上古音皆为侵部,声母则分别为见母和影母,音近可通。"瘖"训为瘖哑。《说文》:"瘖,口不能言也。""喑,宋、齐谓儿泣不止曰喑。"段玉裁《注》:"喑之言瘖也,谓啼极无声。"③此谓宋子务说"见侮不辱"之道理,虽至口瘖舌敝,犹徒然也。

(4) **言议**、**期命**、**是非**:杨倞《注》:"期,物之所会也。命,名物也。皆以圣王为法也。"刘师培云:"期者,即期约也。《礼记·曲礼》郑《注》云:'期犹要也。'又《吕览·怀宠篇》:'征敛无期',犹言征敛无定时也。……命即命令。"④钟泰谓:"此盖承上文而言,谓是与非必以圣王为师也。"王天海云:"言议,立言及议论也。期命,约定与政令也。……此言'凡言议、期命'之是非。"⑤鹏按,刘、钟二氏说是。"言议"犹上文之"辨讼不决"之"辨讼"。王天海以"言议"为并列词组,与"期命"并举,其说是,惟"是非"亦与二者并列,此观上文"无隆正,则是非不分而辨讼不决"可知,似不必增"之"字为解。

(5) **流淫污僈(漫)**:杨倞《注》:"污,秽行也。僈,当为漫。已解在《荣辱篇》。"《荀子·荣辱》:"污漫突盗,常危之术也,然而未必不安也。"杨《注》:"僈,当为漫,慢亦污也。水冒物谓之漫。《庄子》云:'北人无择曰:顺以其辱行污漫我。'漫,莫半反。《庄子》又曰'澶漫为乐',崔云:'淫衍也。'李云:'纵逸也。'一曰:僈,欺诳之也。"按,杨氏说是。"流淫污漫"训为淫溢纵逸。《荀子·乐论》:"乐姚冶以险,则民流僈鄙贱矣。流僈则乱,鄙贱则争。""流僈(漫)"犹"流淫污僈(漫)"。

(6) **捶笞膑脚**〈刖〉:杨倞《注》:"捶、笞,皆杖击也。……膑脚,谓刖其膝骨也。"龙宇纯指出,上文"詈侮捽搏"及下文"斩断枯磔"皆四字

---

① 俞樾:《诸子平议》,世界书局,1991年9月五版,第157页。
② 见王天海:《荀子校释》,第744页所引物双松说。
③ 段玉裁:《说文解字注》,第55页。
④ 刘师培:《荀子补释》,《刘申叔遗书》上册,第964页。
⑤ 王天海:《荀子校释》下册,第745—746页。钟氏说亦引自此。

平列为义,疑"脚"为"刖"字之误①。按,从龙说校改。《说文》:"刖,绝也。"凡断足、割鼻之刑皆可称刖,此文与膑并举,盖指刖足而言。

(7) 藉靡(縻)舌(括)绊〈缚〉:孙诒让云:"疑'舌绊'当为'后缚'。《干禄字书》'后'俗作'𠮛',与'舌'形近而误。后与反通,后缚犹言反缚。"②高亨云:"藉,系也。《庄子·应帝王篇》:'执牦之狗来藉。'《释文》:'藉,崔云:系也。'《让王篇》:'藉夫子者无毁。'《释文》:'藉,系也。'此藉有系义之证。杨《注》:'靡,系绊也,与縻同义。'是也。藉靡谓系靡,受缧绁之辱也。"③蒋礼鸿说略同,且谓:"绊字虽未详,其字从纟,则亦系缚之义。'舌'当为《周易》'括囊'之括,非口舌字。'藉靡舌绊'四字同义,谓见系缚也。"④鹏按,"藉靡"当从杨《注》及高亨说释为"藉縻",训为系缚。"舌绊"之"舌"依蒋礼鸿说读为"括"。《说文》:"括,絜也。"引申为约束之义。"绊"当从孙诒让说视为"缚"之误字。"藉縻括缚"四字并列,皆系缚之义,蒋氏说是。

(8) 子宋子案(焉)不然:梁启雄引《经传释词》云:"案,则也。"王天海则曰:"依《荀》书例,案,犹乃也。"⑤《荀》书中"案"字往往读为"焉",作为承接连词,可训为乃或则,如《非十二子》"案饰其辞而祇敬之曰:此真先君子之言也"。《王制》:"权谋倾覆之人退,则贤良知圣之士案自进矣。刑政平,百姓和,国俗节,则兵劲城固,敌国案自诎矣。"《臣道》:"是案曰是,非案曰非。"《强国》:"秦使左案左,使右案右。"⑥

(9) 独诎容为己,虑一朝而改之:杨倞《注》:"言宋子不知圣王以荣辱为大分,独欲屈容受辱为己之道,其谋虑乃欲一朝而改圣王之法,说必不行也。"刘师培云:"诎容,即降心相容(即前所谓"见侮不

---

① 龙宇纯:《荀卿子记余》,《中国文哲研究集刊》第 15 期。
② 孙诒让:《札迻》,中华书局点校本,1989 年 1 月,第 189 页。
③ 高亨:《诸子新笺》,《高亨著作集林》第六卷,清华大学出版社,2004 年 12 月,第 165 页。
④ 蒋礼鸿:《读〈荀子集解〉》,《蒋礼鸿集》第三卷,第 285 页。
⑤ 梁启雄:《荀子简释》,木铎出版社,1988 年 9 月,第 250 页;王天海:《荀子校释》下册,第 747 页。
⑥ 参考杨树达著,王述加等校注:《词诠校注》,岳麓书社,1996 年 5 月,第 1167—1168 页;杨伯峻:《古汉语虚词》,中华书局,1981 年 2 月,第 3—5 页。

辱"）。为己，犹于己（为训为于，见王氏《经传释词》）。犹言独甘辱己也。虑一朝而改之，犹言思一朝而改之。"①鹏按，刘氏说是。《说文》："诎，诘诎也。""黜，贬下也。"二字声同义通。"虑一朝而改之"指宋钘思一朝而破除世俗荣辱之蔽。

(10) **譬之是犹以砖（抟）涂而塞江海也，以焦侥而戴太山也**：今本前句作"譬之是犹以砖涂塞江海也"。王叔岷指出："元本、《百子》本'塞'上并有'而'字，与下文句法一律，《喻林》五七引亦有'而'字。"卢文弨云："砖，俗字，《荀》书本作'抟'。抟涂泥而塞江海，必无用矣。"②兹从王、卢二氏说校补。焦侥，杨倞《注》："短人，长三尺者。"《国语·晋语四》："僬侥不可使举，侏儒不可使援"，宋庠云："僬侥，南方国名，人长三尺，短之极也。"

(11) **二三子之善于子宋子者殆**：诸家多将"殆"字属下读。刘师培以殆字系衍文，王天海则径训为或然之词③。鹏按，"殆"字当属上读，训为危。"某某者殆"之辞例见于《管子·侈靡》："功成而不信者殆，兵强而无义者残。"同书《枢言》："人主好佚欲、亡其身、失其国者殆。其德不足以怀其民者殆。明其刑而贱其士者殆。诸侯假之威，久而不知极已者殆。身弥老不知敬其适子者殆。蓄藏积陈朽腐，不以与人者殆。"

(12) **若不止之，将恐得〈复〉伤其体也**："若不止之"，今本作"不若止之"。俞樾云："得字无义，疑复字之误。复者，反也。犹曰将恐反伤其体也。"刘师培云："不若，当作若不。言若不止之，恐其反有伤于彼身也。"④按，兹从俞、刘二氏说校改。

(13) **人之情欲寡，而皆以己之情为欲多**：杨倞《注》："宋子以凡人之情，所欲在少不在多也。《庄子》说宋子曰'以禁攻寝兵为外，以情欲寡浅为内。'"王念孙云："'人之情'三字连读，'欲寡'二字连读，非以'情欲'连读也。"又云："'己之情'三字连读，'欲多'二字连

---

① 刘师培：《荀子补释》，《刘申叔遗书》上册，第 964 页。
② 王叔岷：《荀子斠理》，《诸子斠证》，世界书局，1964 年，第 167 页；卢说引自王天海《荀子校释》，第 748 页。
③ 刘师培：《荀子补释》，《刘申叔遗书》，第 964 页；王天海：《荀子校释》，第 748 页。
④ 俞樾：《诸子平议》，第 157 页；刘师培：《荀子补释》，《刘申叔遗书》，第 964 页。

读,谓人皆以己之情为欲多不欲寡也。"①按,二氏说是。

(14) **将使人知情之欲寡也**：今本作"将使人知情欲之寡",杨倞《注》："'情欲之寡',或为'情之欲寡'。"王念孙云："或本是也。此谓宋子将使人知情之欲寡不欲多也。下文云：古之人'以人之情为欲多而不欲寡'；子宋子'以人之情为欲寡而不欲多也',是其证。"②按,此从王氏说校正。

(15) **然则亦以人之情为目不欲綦(极)色**：今本作"然则亦以人之情为欲目不欲綦色",或在前"欲"字下断读。卢文弨云："此'欲'字衍,句当连下。一说：当作'亦以人情为不欲乎'。"③鹏按,下文有"亦以人之情为不欲乎",若依卢氏后说,则此句重出。《荀子·王霸》："夫人之情,目欲綦色,耳欲綦声,口欲綦味,鼻欲綦臭,心〈形〉④欲綦佚,此五綦者,人情之所不必免也。"依彼文,知卢氏前说较合理,此从之。杨倞注《王霸》"目欲綦色"之"綦"云："綦,极也。綦或为甚,传写误耳。"鹏按,杨氏说是。"綦""极"二字声母皆群母,韵则之、职对转可通。《荀子·仲尼》："圣王之诛也綦省矣。"同书《君子》："刑罚省而威行如流,政令致(至)明而化易如神。"《王霸》："綦大而王,綦小而亡,小巨分流者存。"诸"綦"字皆读为"极"。

(16) **人之情,欲是已**：王天海云："'人之情'连读,'欲是已'又一读,不可'情欲'连读。"⑤其说是。

(17) **今子宋子以是〈人〉之情为欲寡而不欲多也**：王念孙云："人之情,各本作'是之情'。按,'人之情'三字,上文凡七见,今据改。"⑥兹从之。

(18) **今子宋子严然而好说**：杨倞《注》："严,读为俨。好说,自喜其说。"鹏按,"严"如字读,《说文》："严,教命急也。"好说,好以道理说人。《庄子·天下》谓宋、尹"上说下教,虽天下不取,强聒〈闻〉而不舍者也,故曰：'上下见厌而强见也。'"即"严然好说"之意。

---

① 王念孙：《读书杂志》,第754页。
② 同上。
③ 卢说引自王天海：《荀子校释》,第749页。
④ 按,此"心"字当从《正论》校改为"形",《天论》以"耳目鼻口形"为五官。
⑤ 王天海：《荀子校释》,第749页。
⑥ 王念孙：《读书杂志》,第754页。

(19) 成文曲〈典〉：杨倞《注》："文曲，文章也。"王念孙云："成文曲，义不可通。曲当为典字之误也。故杨《注》云：'文典，文章也。'（今本注文亦误作'文曲'）成文典，谓作《宋子》十八篇也。《非十二子篇》云：'（田骈、慎到）终日言成文典。'是其证。"[①] 梁启雄谓"曲"即"章曲"，乃宋子"上说下教"所用的短篇韵文[②]。按，兹从王氏说。

四、《解蔽》论"乱家"

昔宾孟（氓）之蔽者(1)，乱家是也(2)。墨子蔽于用而不知文，宋子蔽于欲而不知得（德）(3)，慎子蔽于法而不知贤，申子蔽于执而不知知（智），惠子蔽于辞而不知实，庄子蔽于天而不知人。故由用谓之道，尽利矣(4)；由俗〈欲〉谓之道，尽嗛（慊）矣(5)；由法谓之道，尽数矣(6)；由执谓之道，尽便矣(7)；由辞谓之道，尽论矣(8)；由天谓之道，尽因矣(9)。此数具者，皆道之一隅也。夫道者体常而尽变，一隅不足以举之。曲知之人，观于道之一隅而未之能识也。故以为足而饰之，内以自乱，外以惑人，上以蔽下，下以蔽上，此蔽塞之祸也。

【校释】

(1) 宾孟（氓）：杨倞《注》："宾孟，周景王之佞臣，欲立王子朝者。乱家，谓乱周之家事，使庶孽争位也。"俞樾云："'宾孟之蔽'句正与上文'人君之蔽''人臣之蔽'相对。所云'宾孟'殆非周之宾孟，且非人名也。孟，当读为'萌'。……《吕氏春秋·高义篇》载墨子之言曰：'若越王听吾言，用吾道，翟度身而衣，量腹而食，比于宾萌，未敢求士。'高《注》曰：'宾，客也。萌，民也。'所谓宾萌者，盖当时有此称。战国时游士往来诸侯之国，谓之宾萌，若下文墨子、宋子、慎子、申子、惠子、庄子，皆其人矣。"[③] 刘师培亦云："战国之时，诸子多自称为氓，故许行至滕，愿受一廛而为氓是也。氓、萌古通，则'宾氓'犹今俗称之'客民'矣。尊之则曰'客卿'，如齐稷下之士是也。"[④] 按，俞、刘

---

① 王念孙：《读书杂志》，第 711 页。
② 梁启雄：《荀子简释》，第 252 页。
③ 俞樾：《诸子平议》，第 161—162 页。
④ 刘师培：《荀子补释》，《刘申叔遗书》，第 970 页。

二氏说是。萌当读为氓。《说文》:"氓,民也。""民,众萌也。"段玉裁《注》:"民、萌异者,析言之;以萌释名者,浑言之也。"①《商君书·徕民》:"凡寡萌贾息,民上无通名,下无田宅,而恃奸务末作以处。"孙诒让云:"'寡萌贾息'义难通,疑当作'宾萌贷息'。'宾''寡'及'贷''贾',并形近而误。'宾萌'即客民,对下民为土著之民也。……(孙氏自注:萌与氓通,字亦作甿。古凡外来旅居之民谓之氓,《周礼·旅师》谓之新甿是也。民、氓,散文通,对文则异,详《周礼正义》)'贷息'谓以泉谷贷与贫民而取其息。"②

(2) **乱家**:杨倞《注》:"乱家,谓乱周之家事,使庶孽争位也。"俞樾云:"乱家包下文诸子而言。上文云'乱国之君、乱家之人',又曰'乱国之君非之上,乱家之人非之下',此'乱家'二之证也。"③按,其说是。

(3) **宋子蔽于欲而不知得(德)**:杨倞《注》:"宋子以人之情欲寡不欲多,但任其所欲则自治也,蔽于此说而不知得欲之道也。"俞樾云:"古得、德字通用。……'蔽于欲而不知德'正与下句'慎子蔽于法而不知贤'一律。"④梁启超则说:"'得'即《论语》'戒之在得'之得。宋子言人之情有欲寡的一面,而不知其更有贪得的一面,即'有见于少,无见于多'之义。"⑤鹏按,梁氏说必于"得"上添一"贪"字始可通,未若俞氏说允洽。"德"乃自得,与"欲"之满足赖于外物正相对。"德"字亦与上句"墨子蔽于用而不知文"之"文"对应。

(4) **由用谓之道,尽利矣**:杨倞训"由"为"从",解二句为"若由于用,则天下之道无复仁义,皆尽于求利也"。王先谦云:"如注,'道'字下属,'谓之'二字无著。此言由用而谓之道,则人尽于求利也。下并同。数者道之一隅,而墨、宋诸人自以为道,所以为蔽也。杨失其读。"⑥陶鸿庆不破杨《注》,读"谓"为"为",认为"由用为之,言由用之说以为治"⑦。

---

① 段玉裁:《说文解字注》,第633页。
② 孙诒让:《札迻》,第145页。
③ 俞樾:《诸子平议》,第162页。
④ 同上。
⑤ 梁启超:《荀子评诸子语汇释》,《清代学术概论》附录,第144页。
⑥ 王先谦:《荀子集解》,艺文印书馆影印光绪辛卯刊本,2000年5月初版,第646页。
⑦ 陶鸿庆:《读诸子札记》,《陶鸿庆学术论著》,浙江人民出版社,1998年6月,第264页。

钟泰则于"之"字下断句,训"谓"为"言"。王天海则疑"尽"上当重一"道"字,谓其意为"因实用而谓之道,道尽为功利矣"①。鹏按,王先谦说是,无烦改字、增字为说。二句谓以功用论道,则道仅限于利而已。

(5) **由俗〈欲〉谓之道,尽嗛(慊)矣**:杨倞《注》:"俗,当为'欲'。嗛与慊同,快也。言若从人所欲不为节制,则天下之道近于快意也。"梁启超释之云:"以欲言道,则道仅限于适意。"王天海则读"俗"为"足"②。鹏按,二句扣上文"宋子蔽于欲而不知得(德)"言,"俗"必为"欲"字之误,杨氏说是。"嗛"当读为"慊"。上古音"慊"为溪母叶部,"嗛"为溪母谈部,二字双声,韵则叶、谈对转可通。《说文》:"慊,快也。""嗛,口有所衔也。""慊,疑也。"后二字训为快,皆"慊"字假借③。

(6) **由法谓之道,尽数矣**:杨倞《注》:"由法而不由贤,则天下之道尽于术数也。"梁启超云:"数,度数也,犹言条款节目也。以法言道,则道仅成为机械。"④鹏按,二句针对上文"慎子蔽于法而不知贤"而言。《慎子》论法多有权衡义,如《威德》:"蓍龟,所以立公识也。权衡,所以立公正也。书契,所以立公信也。度量,所以立公审也。法制礼籍,所以立公义也。凡立公,所以弃私也。"《太平御览》卷830引《慎子》佚文:"措钩石使禹察锱铢之重,则不识也;悬于权衡,则毫发之不可差,则不待禹之智,中人之智,莫不足以识之矣。"同书卷429又引《慎子》:"有权衡者不可欺以轻重,有尺寸者不可差以长短,有法度者不可巧以诈伪。"⑤法既为权衡万事万物之工具,则"由法谓之道,尽数矣",《说文》:"数,计也。"盖取其本义。

(7) **由执谓之道,尽便矣**:杨倞《注》:"便,便宜也。从执而去智,则尽于逐便,无复修立。"梁启超云:"'便'即'因利乘便'之便。"⑥按,《说

---

① 王天海:《荀子校释》,第843页。钟泰说亦引自此。
② 梁启超:《荀子评诸子语汇释》,《清代学术概论》附录,第146页;王天海《荀子校释》,第843页。
③ 参考段玉裁:《说文解字注》,第515页。
④ 梁启超:《荀子评诸子语汇释》,《清代学术概论》附录,第146页。
⑤ 参考《慎子》,台湾中华书局影印守山阁丛书本(与《孔丛子》《鹖冠子》合刊),1981年10月,第4页、"逸文"部分第1—2页。
⑥ 梁启超:《荀子评诸子语汇释》,《清代学术概论》附录,第146页。

文》:"便,安也。"本义为安利,引申为不主动行事,审势、相机而动,即杨《注》所谓"便宜"也。

(8) 由辞谓之道,尽论矣:杨倞《注》训"论"为"辨说",梁启超释"尽论矣"为"只有形式的论理也"①。鹏按,"论"指言语之论难、辨说,杨说是。二句针对惠施而言,《庄子·天下》:"惠施日以其知,与人之辩,特与天下之辩者为怪,此其柢也。"《荀子·非十二子》批评惠施、邓析"好治怪说,玩琦辞,甚察而不惠,辩而无用,多事而寡功",即前文所谓"惠子蔽于辞而不知实"。

(9) 由天谓之道,尽因矣:杨倞《注》:"因,任其自然,无复治化也。"梁启超云:"因者,纯放任其自然之天,不复尽人事也。"②

五、《正名》论"见侮不辱""情欲寡"

"见侮不辱""圣人不爱己""杀盗非杀人也",此惑于用名以乱名者也(1)。验之所为有名,而观其孰行,则能禁之矣(2)。"山渊平""情欲寡""刍豢不加甘,大钟不加乐",此惑于用实以乱名者也(3)。验之所缘以同异,而观其孰调,则能禁之矣(4)……

凡语治而待去欲者,无以道(导)欲而困于有欲者也(5);凡语治而待寡欲者,无以节欲而困于多欲者也(6)。有欲无欲,异类也,性之具也,非治乱也(7);欲之多寡,异类也,情之所也,非治乱也(8)。欲不待可得,而求者从所可。欲不待可得,所受乎天也;求者从所可,所受乎心也(9)。所受乎天之欲,制于所受乎心之多(度)(10)。人之所欲生甚矣,人之所恶死甚矣;然而人有从(纵)生成死者,非不欲生而欲死也,不可以生而可以死也(11)。故欲过之而动不及,心止之也。心之所可中理,则欲虽多,奚伤于治?欲不及而动过之,心使之也。心之所可失理,则欲虽寡,奚止于乱?故治乱在于心之所可,亡于情之所欲。不求之其所在,而求之其所亡,虽曰我得之,失之矣。性者,天之就也;情者,性之质也;欲者,情之应也。以所欲为可得而求之(12),情之所必不免也;以为可而道(导)之,知(智)所必出也(13)。故虽为守门,欲不可去(14);

---

① 梁启超:《荀子评诸子语汇释》,《清代学术概论》附录,第147页。
② 同上。

虽为天子,欲不可尽。欲虽不可尽,可近尽也;欲虽不可去,可节求也(15)。所欲虽不可尽,求者犹近尽;欲虽不可去,所求不得,虑者欲节求也(16)。道者,进则近尽,退则节求,天下莫之若也。凡人莫不从其所可,而去其所不可。知道之莫之若也,而不从道者,无之有也。假之有人而欲南,无多〈远〉;而恶北,无寡〈近〉(17)。岂为夫南者之不可尽也,离南行而北走也哉!今人所欲,无多;所恶,无寡。岂为夫所欲之不可尽也,离得欲之道而取所恶也哉(18)!故可道(导)而从之,奚以损〈益〉之而乱?不可道(导)而离之,奚以益〈损〉之而治(19)?故知(智)者论道(导)而已矣,小家珍(㐱)说之所愿者皆衰矣(20)。

【校释】

(1) 见侮不辱、圣人不爱己、杀盗非杀人也,此惑于用名以乱名者也:
杨倞《注》:"'见侮不辱',宋子之言也。'圣人不爱己',未详其说,似《庄子》之意。'杀盗非杀人',亦见《庄子》。……此三者徒取其名,不究其实,是惑于用名以乱正名也。"孙诒让释"圣人不爱己"云:"此谓圣人爱己不加于人,是为不爱己也。《墨子·大取篇》云:'爱人不外己,己在所爱之中',即此意。"钟泰云:"'杀盗非杀人',亦见《墨子·小取篇》。"①鹏按,荀子对于宋钘"见侮不辱"之批评又见于《正论》。钟氏谓"杀盗非杀人"见于《墨子·小取》,原文作:"'盗,人也;多盗,非多人也;无盗,非无人也。'奚以明之?恶多盗,非恶多人也;欲无盗,非欲无人也。世相与共是之。若若是,则虽'盗,人也;爱盗,非爱人也;不爱盗,非不爱人也;杀盗,非杀人也。'无难矣,此与彼同类,世有彼而不自非也,墨者有此而非之,无也故焉,所谓内胶外闭,与心毋空(孔)乎,内胶而不解也。"②所述两组命题,前者为世俗之见,普遍得到肯定;后者为墨者之主张,却为学者所非,但二者逻辑实相同。"杀盗非杀人"之说又见《庄子·天运》引老聃语:"禹之治天下,使民心变,人有心而兵有顺,杀盗非杀人,

---

① 孙、钟二氏说见王天海《荀子校释》,第 905 页。
② 引文据孙诒让《墨子间诂》第 418 页校改。

人自为种而天下耳,是以天下大骇,儒、墨皆起。"①此一之命题曾引起儒、墨二家激烈争辩,故有《庄子》此论。《庄子》之意,盖不以墨家"杀盗非杀人"之说为是。又按,孙诒让释"圣人不爱己",疑非。杨宽指出:"刘念亲《诂释》疑当时诡辩者流,因世俗恒言'圣人爱人',遂执人己,立别以稽非难,故墨、荀俱辩之。或是也。"②杨宽所引刘氏说较平实,此从之。

(2) **验之所为有名,而观其孰行,则能禁之矣**:"验之所为有名",今本作"验之所以为有名"。王引之云:"'验之所'下'以'字及下文'验之所缘'下'无'字,皆后人所增。据《注》云'验其所为有名''验其所缘同异',则上无'以'字,下无'无'字明甚。上文云'所为有名与所缘以同异('为'即'以'也,说见《释词》),不可不察也',故此承上文而言。又案,孰者,何也(说见《释词》)。'观其孰行'者,观其何所行也;'观其孰调'者,观其何所调也。"③杨宽释此三句云:"如宋钘'见侮不辱'之说、墨者'杀盗非杀人'之说,殊不知'侮'即'辱','盗'亦'人',此皆惑于用名乱名,苟验之以'所为有名'之理,循名责实,观其如何得行,则能正之矣。"④按,王、杨二氏说是。

(3) **山渊平、情欲寡、刍豢不加甘、大钟不加乐,此惑于用实以乱名者也**:杨倞《注》:"'山渊平',即《庄子》'山与渊平'也。'情欲寡',即宋子云'人之情,欲寡'也。'刍豢不加甘,大钟不加乐',墨子之说也。"王天海云:"'山渊平',乃惠施之说,《庄子·天下篇》引之作'山与渊平',且见于《不苟篇》。杨《注》未晰。以上三说,因人、因时、因地或有其实也,然乃一偏之实,若以之为名,则'惑于用实以乱名'也。"⑤鹏按,王氏说是。从此处评论来看,荀子眼中的宋子学说(如'见侮不辱''情欲寡'),不仅内涵与墨家接近,命题形式亦与墨、法二家的名实之辩相类,由此也就不难理解何以《非十二子》要将墨、宋合论。

(4) **验之所缘以同异,而观其孰调,则能禁之矣**:"验之所缘以同异",

---

① 引文据王叔岷《庄子校诠》,第542—544页注9、注10校正。
② 杨宽:《诸子正名论》,《杨宽古史论文选集》,上海人民出版社,2003年7月,第762页。
③ 此说引自王先谦:《荀子集解》,第684页。
④ 杨宽:《诸子正名论》,《杨宽古史论文选集》,第762页。
⑤ 王天海:《荀子校释》,第906页。

今本"缘"下衍"无"字,此依前引王引之说删。梁启超云:"调者,谐协之意。谓天官之所缘而觉其谐协者,则山必高于渊,渊必低于山,刍豢确加甘,大钟确加乐也。"①其说是。

(5) **凡语治而待去欲者,无以道(导)欲而困于有欲者也**:杨倞《注》:"凡言治待使人尽去欲,然后为治,则是无道欲之术,而反为有欲者所困。"物双松云:"'凡语治'至篇末,当别作一篇,乃辟宋钘者。'语治'者,论治道也。"刘念亲谓:"去欲,当作'无欲'。本文原作'无欲',与'有欲'对文明甚。"②鹏按,本文及杨《注》"道"字皆读为"导"。"语"训为《庄子·天下》"语心之容(庸)"之"语",论也。物双松谓此句至篇末乃辟宋子说,其说是,惟不需另别为一篇。此段承上文论"情欲寡"而言,前文从名理的角度指出宋子"情欲寡"之说为"用实以乱名",此再从心性修养的观点驳斥"去欲""寡欲"说。今本"去欲",义自可通,若必如刘氏说改为"无欲",未免迂曲。杨《注》谓"凡言治待使人尽去欲""能导欲则欲自去矣"(见下文所引),可知其所见本作"去"。"去欲"之说见于《管子·心术上》:"人之所职者,精也。去欲则宣〈寡〉③,宣〈寡〉则静矣;静则精,精则独矣;独则明,明则神矣。"疑即宋子之说。又见于《庄子·山木》:"吾愿君刳形去皮,洒心去欲,而游于无人之野。南越有邑焉,名为建德之国。其民愚而朴,少私而寡欲。……吾愿君去国捐俗,与道相辅而行。"去欲、寡欲接续出现,可见二者相因。人必待去除多余的欲望,始能恢复"寡欲"的本然状态,此为宋、庄二派共同之主张。

(6) **凡语治而待寡欲者,无以节欲而困于多欲者也**:杨倞《注》:"若待人之寡欲,然后治之,则是无节欲之术,而反为多欲者所困。故能导欲则欲自去矣,能节欲则欲自寡矣。"鹏按,"寡欲"不独为宋、庄之说,二派寡欲说的共同源头应该是《老子》"见素抱朴,少私寡欲"。孟子论修养亦主张寡欲,说见《尽心下》:"养心莫善于寡欲。其为人也寡欲,虽有不存焉者,寡矣。其为人也多欲,虽有存焉者,寡矣。"

---

① 说引自梁启雄《荀子简释》,第 316 页。
② 诸家说见王天海《荀子校释》,第 919—920 页。
③ 按,引文中两"宣"字,如字读可通,但疑为"寡"之讹字(说本郭沫若)。详见本书上编第四章第一节。

(7) 有欲无欲,异类也,性之具也,非治乱也:今本作"有欲无欲,异类也,生死也,非治乱也"。杨倞《注》:"二者异类,如生死之殊,非治乱所系。"王念孙云:"'生死也'三字,与上下文义不相属,杨曲为之说,非也。'生死也'当作'性之具也'('生'、'性'字相近,又因下文有'生死'字而误)。下文'性之具也'即此句之衍文。有欲无欲,是生而然者也,故曰'性之具也'。'性之具也''情之数也'二句相对为文。下文'虽为守门,欲不可去;虽为天子,欲不可尽',四句亦相对为文,若阑入'性之具也'一句,则隔断上下语气。"①按,王氏说是,当据之校正。荀子所谓"性",乃人之"本始材朴"(《礼论》),即人天生的质性,乃"天之就也,不可学,不可事"(《性恶》)。

(8) 欲之多寡,异类也,情之所也,非治乱也:"情之所",一本作"情之数"。杨倞《注》:"情之数,言人情必然之数也。"注文之"数",一本作"所"。物双松云:"'情之所也'者,在情欲之深浅也。所者,指物辞,盖指情之厚薄言之。"冢田虎则谓:"情之所也,性情之所以然也,亦非关治乱事。"王天海则认为当从或本作"情之数"②。按,诸家说俱不可通。二位日本学者将"情"解为"情欲"或"性情",与下文"性者,天之就也;情者,性之质也;欲者,情之应也"将性、情、欲三概念分立明显不合。王天海谓当作"数"而与"多寡"应,文义亦扞隔不通。颇疑作"数"者,正因上文"多寡"联想而致误③。"所"与"具"对文,当训为直或职。王引之曾指出:"(《诗·魏风》)《硕鼠》篇首章曰'爰得我所',二章曰'爰得我直'……直当读为职,职亦所也。哀十六年《左传》'克则为卿,不克则烹,故其所也。'《史记·伍子胥传》作'故其职也',是职与所同义。……职、直古字通,故'脯五臟'之臟又作植,'羊舌职'之职又作殖。"④所字之所以有当值("直"或"值")、主管("职")之义,疑由"处所""位处"之义引申而来。本篇上文云:"不事而自然谓之性,性之好恶喜怒哀乐谓之

---

① 王念孙:《读书杂志》,第725页。
② 诸家说见王天海《荀子校释》,第920页。
③ 按,校勘学上有"联想之误""联想而衍"之通例,参考王叔岷:《斠仇学》(补订本),"中研院"历史语言研究所,1995年6月修订1版,第290—291、298—299页。
④ 王引之:《经义述闻》卷5,台湾中华书局,1987年1月4版,第20页。

情。"下文又云:"情者,性之质也;欲者,情之应也。"情是性的如实表现,而欲又为情之所应,故此处言欲之多寡,乃情之职或情之直。

(9) **欲不待可得,而求者从所可。欲不待可得,所受乎天也;求者从所可,所受乎心也**:今本"所受乎心也"句无"所"字,俞樾云:"'所受乎心'与'所受乎天'正相对。下文亦以'所受乎天''所受乎心'并言,则此文有'所'字明矣,当据补。"其说是。杨倞《注》释前二句云:"凡人之情欲,虽未可得以有欲之意,及至求之时,则从其所可得也。"俞樾以杨《注》不释"待"字,故以"欲不待可得"之"待"为衍文①。郭嵩焘云:"'待'字不可少。人生而有欲,不待其可得而后欲之,此根于性者也。若无'待'字则文不成义。"王天海云:"所可,心所许也。"②按,郭、王二氏说是。

(10) **所受乎天之欲,制于所受乎心之多(度)**:今本作"所受乎天之一欲,制于所受乎心之多",其下尚有"固难类所受乎天也"一句。数句解者纷纭,有从今本立说者(如金其源③),有释作"所受乎天之一欲,制于所受乎心之计"(杨倞《注》),有释作"所受乎天之一,所受乎天之多,固难类也"(俞樾、刘师培④)。但均不可通。王天海指出:"正文'多固难类所受乎天也'九字,钱佃称诸本无。今按,巾箱三本亦并无此九字,且'多'作'计'。此必后人据杨《注》删改之,非也。"⑤鹏按,王校适得其反。"固难类所受乎天也",钱佃所见诸本及巾箱本俱无,当从之。此数字疑为注文窜入。今本"所受乎天之一欲","一"字疑后人误以校读符号为正文,并涉上文"多寡"、下文"心之多"联想而衍。杨《注》"制于所受乎心之计"正释"制于所受乎心之多","计"字纵使非《荀子》原文,亦当为待释字之近义词。颇疑今之"多"当读为"度"。古音"多"为端母歌部,"度"为定母铎部,音近可通。度与计意义相近。本篇上文云:"情然而心为之择,谓之虑。"是心有择度情、欲之功能。杨倞《注》释上文

---

① 俞樾:《诸子平议》,第165页。
② 两家说见王天海《荀子校释》,第921页。
③ 金其源:《读书管见》下册,商务印书馆,1957年12月,第359页。
④ 俞樾:《诸子平议》,第165—166页;刘师培《荀子补释》,《刘申叔遗书》上册,第975页。
⑤ 王天海:《荀子校释》,第922页。

"欲不待可得"四句云："天性有欲，心为之节制"，亦可移作此二句之注。《韩非子》有《心度》篇，开篇便说："圣人之治民，度于本，不从其欲，期于利民而已。"度于本即度于心，所云正与荀子说相通。

(11) **人有从(纵)生成死者，非不欲生而欲死也，不可以生而可以死也**：杨倞《注》："此明心制欲之义。"陶鸿庆云："'从'读为'纵'。此言心不能制欲，则有纵生以成死者，以其有死之道也。"刘念亲云："《说文》：'成，就也。'"① 梁启雄释此三句云："人的所欲虽在于'生'，但心之所可却在于'死'，故从生就死。《孟子》'舍生取义。'义者，宜也；'宜'亦'所可'也。"② 鹏按，"从"当读为"纵"，"成"训为就，陶、刘二氏说是。"纵"训为"舍"，《说文》："纵，缓也。一曰：舍也。"此三句释义以梁氏说切近。

(12) **以所欲为可得而求之**：一本作"以所欲以为可得而求之"。王念孙云："卢从元刻删'所'字及下'以'字。念孙按，'所'字不当删，下文曰'所欲虽不可尽，求者犹近尽'，是其证。"③ 按，王氏说是。

(13) **以为可而道(导)之，知(智)所必出也**：杨倞《注》："心以欲为可得而导达之，智虑必出于此也。"按，杨氏说是，依其说"道"读为"导"，"知"读为"智"。

(14) **虽为守门，欲不可去**：今本二句下尚有"性之具也"一句，依上文所引王念孙说移至"有欲无欲，异类也"下。杨倞《注》："夫人各有心，故虽至贱，亦不能去欲也。"按，"守门"指阍。《说文》："阍，常以昏闭门隶也。"

(15) **欲虽不可尽，可近尽也；欲虽不可去，可节求也**：今本作"欲虽不可尽，可以近尽也；欲虽不可去，求可节也"。杨倞《注》："以，用也。近尽，近于尽欲也。言天子虽不可尽欲，若知道，则用可近尽而止之，不使故肆之也。"刘师培则谓："近尽者，言穷欲必自近者始也。言欲之远者虽不可尽求，然近己之欲不难依次而得也。"④ 梁启雄云："君人之大欲，仍不过求美求乐，然而宫室车服有制，百

---

① 两家说见王天海《荀子校释》，第 922 页引。
② 梁启雄：《荀子简释》，第 322 页。
③ 王念孙：《读书杂志》，第 725 页。
④ 刘师培：《荀子补释》，《刘申叔遗书》，第 975—976 页。

官人徒有数,极美而必有其度,致乐而必有其节;有度之美,有节之乐,是近尽之义也。"①鹏按,梁说释义是,惟数句疑有衍误。下文"求者犹近尽""虑者欲节求"乃相对而言,又云"进则近尽,退则节求",知"近尽""节求"对文,则此处"求可节也"当作"可节求也",而"可节求也"与"可以近尽也"对文,则"以"字为衍文可知。

(16) **所欲虽不可尽,求者犹近尽;欲虽不可去,所求不得,虑者欲节求也**:一本"所求不得"作"求必不得""所求必不得"。杨倞《注》仅云:"为贵贱之谋虑,皆在节其所求之欲也。"卢文弨以杨《注》"贵贱"二字当作"贱者"②。鹏按,数句与上文"欲虽不可尽,可近尽也;欲虽不可去,可节求也"词句、语意重复,疑非《荀子》本文,乃后人注语窜入,杨《注》"为贵贱之谋虑,皆在节其所求之欲也",似为总结"欲虽不可尽,可近尽也;欲虽不可去,可节求也"之语,非专释"欲虽不可去,所求不得,虑者欲节求也"三句,卢氏说疑非。

(17) **假之有人而欲南,无多〈远〉;而恶北,无寡〈近〉**:杨倞《注》:"有人欲往南而恶往北也。欲南无多,谓南虽至多,犹欲之也;欲北无寡,谓北虽至寡,犹恶之也。"梁启雄云:"《释词》:'之犹若也。'……多、寡都指路程。无多,谓无论多么的多。"王天海云:"无多,不嫌其路之长。无寡,不嫌其路之近。"③鹏按,诸家释义是,惟"无多""无寡"指路程长短,颇不词。疑本作"无远""无近",今本涉下文"所欲,无多;所恶,无寡"而误。"无"义犹"不论""不管"。《论语·尧曰》:"君子无众寡,无小大,无敢慢。"前二句之"无",用法与此同。

(18) **今人所欲,无多;所恶,无寡。岂为夫所欲之不可尽也,离得欲之道而取所恶也哉**:杨倞《注》:"今夫人情,欲虽至多,犹欲之;恶虽至寡,犹恶之。岂为欲之不可得尽,因肯取所恶哉?言圣人以道节欲,则各安其分矣。而宋、墨之徒不喻斯理,而强令去欲、寡欲,此何异使之离南而北走,舍欲而取恶,必不可得也。"其说是。

(19) **可道(导)而从之,奚以损〈益〉之而乱?不可道(导)而离之,奚以**

---

① 梁启雄:《荀子简释》,第 323 页。
② 卢氏说见王先谦《荀子集解》,第 695 页。
③ 梁启雄:《荀子简释》,第 323 页;王天海:《荀子校释》,第 926—927 页。

益〈损〉之而治：杨倞《注》："可道，合道也。损，减也。言若合道则从之，奚以损乱而过此也。"刘念亲云："损、益字疑互误，当作'奚以益之而乱''奚以损之而治'。"梁启雄从之，并说："《释词》七：'而犹则也。'这二句说：合于道的欲，就尽量地放纵它，何尝由于增益它就乱呢！不合于道的欲就要离开他，何尝由于减损它就治呢！"①鹏按，"损""益"当互倒，刘氏说是。"可道""不可道"之道当读为"导"，二句皆蒙上文省主语"欲"。从者，由也、顺也。数句是说：欲可导者则顺从之，怎么会由于增益它而乱？欲不可导者则远离之，怎么会因为减损它而治？

(20) 知（智）者论道（导）而已矣，小家珍（纷）说之所愿者皆衰矣：杨倞《注》："知治乱者，论合道与不合道而已矣，不在于有欲无欲也。能知此者，则宋、墨之家自珍贵其说，愿人之去欲寡欲者，皆衰矣。"刘师培云："珍，疑作纾。纾与抌同，《广雅》：'抌，憝也。'《孟子》赵《注》云：'纾，戾也。'又与轸同，《方言》：'轸，戾也。'则'纾说'即辟违乖戾之说。"②钟泰、刘念亲则训"珍"为"异"，谓"珍说"即"异说"。梁启雄引《尔雅·释诂》训"愿"为"思"。王天海读"知者"为"智者"③。按，"知"当读为"智"，王氏说是。"知（智）者论道"之"道"读为"导"。道、导二字及知、智二字通用，如前文"以为可而道（导）之，知（智）所必出也"。"小家珍说"一词即"小说"④，《汉志》视《宋子》为小说家，荀子盖已导夫先路。"珍"疑本作"纷"，《说文》："纷，稠发也。……鬒，或从髟，真声。"引申为丛密（缜、稹二字皆其同源词）。"小家珍说"即"小家丛说"，亦即桓谭所谓"残丛小语"⑤。"愿"训为"思"，又见《方言》卷一："虑、愿、念、靖、慎，思也。……虑，谋思也。愿，欲思也。念，常思也。"

---

① 梁启雄：《荀子简释》，第 324 页。刘念亲说亦引自此。
② 刘师培：《荀子补释》，《刘申叔遗书》，第 976 页。
③ 梁启雄：《荀子简释》，第 324 页；王天海：《荀子校释》，第 927—928 页。刘念亲说引自梁著，钟泰说引自王著。
④ 按，《庄子·外物》："饰小说以干县令，其于大达亦远矣，"其"小说"一词即《荀子》所谓"小家珍说"。
⑤ 按，《文选》卷 31 江文通《杂体诗·拟李都尉》李善注引桓谭《新论》云："若其小说家，合残丛小语，近取譬喻，以作短书，治身理家，有可观之辞。"

第三节　其他先秦诸子书评述宋钘之资料

一、《孟子·告子下》孟子遇宋牼章

宋牼将之楚,孟子遇于石丘,曰:"先生将何之?"曰:"吾闻秦、楚构兵,我将见楚王,说而罢之;楚王不悦,我将见秦王,说而罢之。二王我将有所遇焉。"曰:"轲也请无问其详,愿闻其指。说之将何如?"曰:"我将言其不利也。"曰:"先生之志则大矣,先生之号则不可。先生以利说秦、楚之王,秦、楚之王悦于利,以罢三军之师;是三军之士乐罢而悦于利也。为人臣者怀利以事其君,为人子者怀利以事其父,为人弟者怀利以事其兄,是君臣、父子、兄弟终去仁义,怀利以相接,然而不亡者,未之有也。先生以仁义说秦、楚之王,秦、楚之王悦于仁义,而罢三军之师,是三军之士乐罢而悦于仁义也。为人臣者怀仁义以事其君,为人子者怀仁义以事其父,为人弟者怀仁义以事其兄,是君臣、父子、兄弟去利,怀仁义以相接也。然而不王者,未之有也。何必曰利?"①

二、《韩非子·外储说》及《显学》对于宋钘之评论

是以言有纤察微难而非务也,故李〈季〉、惠、宋、墨(1)皆画策也。(《外储说左下》)

　　漆雕之议,不色挠,不目逃,行曲则违于臧获,行直则怒于诸侯(2),世主以为廉而礼之。宋荣子之议,设不斗争,取(趣)不随仇(3),不羞囹圄,见侮不辱,世主以为宽而礼之。夫是漆雕之廉,将非宋荣之恕也;是宋荣之宽,将非漆雕之暴也。今宽廉、恕暴俱在二子,人主兼而礼之。自愚诬之学、杂反之辞争,而人主俱听之,故海内之士,言无定术,行无常议。(《显学》)

---

① 此章所记秦、楚构兵事可资考证宋钘、孟子之年世约数,参见本书下编第七章第一节。

【校释】

(1) 李〈季〉、惠、宋、墨：顾广圻云："李当作季。季梁、惠施、宋钘、墨翟也。"①《荀子·成相》："慎、墨、季、惠百家之说诚不祥。"杨倞《注》："或曰：季即《庄子》'季真之莫为'者也。又曰'季子闻而笑之'。据此，则是梁惠王、犀首、惠施同时人也。韩侍郎云'或曰：季梁也。'《列子》曰：'季梁，杨朱之友。'"鹏按，《韩非子·难二》论李子"夫言语辩，听之说，不度于义者，谓之窕言"之说，疑"李子"即此文之"李"。李当作季，顾氏说是。季指季真，非季梁也，季真与季梁非一人，钱穆《季梁考》已辨之，可参看②。《庄子·则阳》："季真之莫为，接子之或使，二家之议，孰正于其情，孰偏于其理？"成玄英《疏》："季真、接子，齐贤人，俱游稷下。"钱穆云："季真事迹多在梁，其一时交游亦以梁为盛。成氏谓之齐人、游稷下，未审所据，岂以接子而连类说之耶？"③《吕氏春秋·有度》载季子与客论尧、舜等圣人无私一节，高诱、王念孙、王利器皆以"季子"乃尧时诸侯"东尸季子"，惟范耕研、陈奇猷力辩"季子"即此篇之"李"，即《庄子·则阳》之季真④。陈氏且以《吕氏春秋·有度》《务本》《谕大》《务大》皆季真学派之言⑤。鹏按，陈氏说是。季真学说据上引《庄子·则阳》《韩非子·难二》有二要：一为"度于义"，一为"莫为"。《吕氏春秋·审分览·有度》及《似顺论·知度》论君主有度而听⑥，故无尤，合于季子"度于义"之义，二篇所说又有近于慎、韩等法家说者，成玄英谓季子曾游稷下，说当有据。《有始览·谕大》载季子

---

① 见王先慎：《韩非子集解》，中华书局，1998年7月，第262页引。
② 钱穆：《先秦诸子系年》，东大图书公司，1999年6月台北东大三版，第244—245页。
③ 钱穆：《接子考》，《先秦诸子系年》，第429页。
④ 诸家说参考陈奇猷《吕氏春秋校释》，华正书局，1988年8月，第728注22、第1652注1、第1653—1654页注8；王利器：《吕氏春秋注疏》，巴蜀书社，2002年1月，第2972页。
⑤ 见陈奇猷：《吕氏春秋校释》，第715页注1、第723页注1、第1652页注1、第1707页注1。
⑥ 刘咸炘云："度即数也。《似顺论》有《有度篇》，此篇（《知度》）有法家意。首段所谓'安职不听议'，慎到、韩非之所同也。"陈奇猷则以《知度》乃尹文学派之著作。刘氏说见《吕氏春秋发微》，《刘咸炘学术论集·子学编》，广西师范大学出版社，2007年7月，第310页；陈氏说见《吕氏春秋校释》，第1094页注1。按，《吕氏春秋·去宥》云"夫不可激者，其唯先有度"，《去宥》乃宋、尹一派著作，然则"有度"一义乃季真与尹文共通之说。

论人臣当免于燕雀之智,其旨不外"度于义""无私"①,与《有度》合。《务本》论臣佐当先公后私,亦合于上述季子之说。至于《务大》则《务本》《谕大》之合编,亦可视为该派著作。

(2) **漆雕之议,不色挠,不目逃,行曲则违于臧获,行直则怒于诸侯**:陈奇猷云:"挠,曲也。不色挠者,盖谓虽以威严之势临之,亦无曲从之色。《孟子·公孙丑上篇》赵岐《注》:'不目逃,云人刺其目,目不转睛。逃,避也。'又案:违,避也。臧获,俘虏以为奴隶者。……'行曲则违于臧获,行直则怒于诸侯',言己行而不合于仁义时,则虽臧获之下贱亦必避之;已行而合于仁义者,则虽诸侯之尊亦必责之。"②梁启超云:"《漆雕子》十二篇,已佚,其学说赖此仅存。儒家以智、仁、勇为三达德,故见义不为谓之无勇,孔子疾之。曾子云:'吾尝闻大勇于夫子矣,自反而不缩,虽褐宽博无不惴焉;自反而缩,虽千万人吾往矣。'即'行曲则违于臧获,行直则怒于诸侯'之义。孟子称北宫黝不肤挠,不目逃,不受于褐宽博,亦不受万乘之君,正与漆雕说同。黝疑漆雕氏之儒。"③按,陈、梁二氏说是。

(3) **设不斗争,取(趣)不随仇**:王先慎云:"设,疑'语'讹。"④高亨则说:"《说文》:'设,施陈也。从言,从殳。殳,使人也。'设既从言,则本为陈言敷论之谊。设不斗争,正用此谊耳。《庄子·人间世篇》:'忿设无由,巧言偏辞。'《淮南子·原道篇》:'口不设言,手不指麾。'本书《难二篇》'李子设辞'又《五蠹篇》:'为设诈称'并用设之本谊也。"⑤陈奇猷云:"设不斗争,犹言设为不斗争之论。下文'取不随仇,不羞囹圄,见侮不辱'即所设不斗争之论。"又云:"取,读为趣。随仇,即《五蠹篇》'知友被辱随仇者贞也'之随仇,谓追随其友而仇其仇。故取不随仇者,犹言趣不随人之仇,盖不斗争也。"⑥按,

---

① 陈奇猷云:"季真之学重在'莫为',莫为者不为也;重在'虚',虚者外物不足以居其心;重在'物之虚',物之虚者无私。"说见《吕氏春秋校释》,第1651页注8。
② 陈奇猷:《韩非子新校注》下册,上海古籍出版社,2000年10月,第1131页。
③ 梁启超:《〈韩非子·显学篇〉释义》,《清代学术概论》附录,第150页。
④ 王先慎:《韩非子集解》,第458页。
⑤ 高亨:《诸子新笺》,《高亨著作集林》第六卷,第233页。
⑥ 陈奇猷:《韩非子新校注》,第1133页。

高、陈二氏说是。

三、《尹文子·大道下》田子读书章①

田子读书,曰:"尧时太平。"宋子曰:"圣人之治以致此乎?"彭蒙在侧,越次答曰:"圣法之治以至(致)②此,非圣人之治也。"宋子曰:"圣人与圣法,何以异?"彭蒙曰:"子之乱名甚矣!圣人者,自己出也;圣法者,自理出也。理出于己,己非理也;己能出理,理非己也。故圣人之治,独治者也;圣法之治,则无不治矣。此万物之利,唯圣人能该之。"宋子犹惑,质于田子。田子曰:"蒙之言然。"③

四、《尸子·广泽》论诸子④

墨子贵兼,孔子贵公,皇子贵衷(1),田子贵均,列子贵虚,料〈宋〉子贵别囿(2),其学之相非也,数世而不已,皆弇于私也(3)。……若使兼、公、虚、均、衷、平易、别囿一实,则无相非也。

【校释】

(1) 皇子贵衷: 梁启超云:"皇子无考,《庄子·达生篇》云:'其有皇子告敖者……。'《列子·汤问篇》论火浣布云:'皇子以为无此物。'疑即此人。《汉书·艺文志》天文家有《皇公杂子星》二十二卷,恐未必出一人。贵衷者,衷,中也,其说盖如子莫执中耶。"⑤按,梁氏所引《庄子·达生》之"皇子"为齐人,该篇云:"桓公田于泽,管仲御,见鬼焉。……齐士有皇子告敖者曰:'公则自伤,鬼恶能伤

---

① 今本《尹文子》前人多以为魏晋人依托之作,但笔者认为其书不伪。相关讨论见本书下编第九章第一节。
② 王启湘《尹文子校诠》:"至与致通。"
③ 关于此章之讨论参看本书下编第七章第二节。
④ 《汉书·艺文志》杂家录《尸子》二十篇。是书至三国前已散失九篇(见《隋书·经籍志》),唐魏徵《群书治要》载录十三篇,疑非其旧。明代学者陶宗仪、归有光俱有《尸子》辑本,清代则有惠栋、任兆麟、孙志祖、孙星衍、汪继培等五家辑佚,其中以汪氏所辑较全。此章自《尔雅·释诂》邢昺疏辑出。见《尔雅注疏》,《十三经注疏》下册,中华书局影印世界书局缩印阮刻本,1980年9月,第2568页。
⑤ 梁启超:《〈尸子·广泽篇〉〈吕氏春秋·不二篇〉合释》,《清代学术概论》附录,第151页。

公！……'"而《列子·汤问》云:"周穆王大征西戎,西戎献锟铻之剑、火浣之布。……皇子以为无此物,传之者妄。萧叔曰:'皇子果于自信,果于诬理哉!'"俞樾亦疑此皇子即《庄》书之"皇子告敖",但光聪谐云:"此指魏文《典论》中火浣布事。皇子者,魏文也。"俞正燮亦引《抱朴子·论仙》:"魏文帝穷览洽闻,自呼于物无所不经,谓天下无切玉之刀、火浣之布,及著《典论》,尝据言此事。其间未期,二物必至。帝乃叹息,遽毁斯论。"证《列子·汤问》之皇子当指魏文①。

(2) 料〈宋〉子贵别囿: 或以"料子贵别"为句,以"囿"属下读②。阮元云:"'料子贵别囿',监本、毛本同。正德本、闽本'囿'作'原',则句下属。惠栋云:'料'疑作'科'。"③鹏按,当以"料子贵别囿"为句,下文"若使兼、公、虚、均、衷、平易、别囿一实",亦"别囿"连读。"平易"二字疑释"田子贵均"之"均",当为注文误入而衍。惠栋以"料子"当作"科子"之说,未闻其详。马叙伦已疑料子即宋子,其说谓"宋"以形近误为"敕(省攵)",后者与"料"音近(《说文》"料"读若"辽",而"敕"音与"料"同),因而致误。《征异录》载历朝异姓有"木(上从穴)"姓者(引自李鼎祚《周易集解》),徐鼒谓此字即"宋"字之讹,亦形近而误④。郭沫若径以"料子"为"宋子"之误,谓"料乃钘之讹。准匡章称章子,陈仲子称仲子,尹文称文子之例⑤,则宋钘自可称为钘子,钘与料字形是极相近的"⑥。顾实则云:"料子即宋子,盖古音料读如小,故与宋为幽冬阴阳对转。古人姓名往往随方音而

---

① 三家说见杨伯峻《列子集释》,华正书局,1987年9月,第190—191页。
② 见孙星衍《尸子集本》,收入《百子全书》上册,浙江古籍出版社影印扫业山房本,1998年8月,第479页。按,陈汉章亦以"料子贵别"句,谓当时有别家之学,并引《墨子·兼爱》所设别士之言为说,刘咸炘《子疏定本》从之,又谓"陈澧谓别士乃杨朱之说(鹏按,说见《东塾读书记》卷12),则未见必然。别家之学恐是主各爱其家,非为我也。"
③ 郭璞注、邢昺疏:《尔雅注疏》,《十三经注疏》下册,第2571页附阮元《校勘记》。
④ 马叙伦:《庄子天下篇述义》,龙门联合书局,1958年6月,第25页。
⑤ 郭氏自注云:"《韩非·内储说上》载文子与齐王论赏罚之道为'国之利器不可以示人',自即尹文子无疑。"鹏按,郭氏此说实袭自钱穆,见《先秦诸子系年·老子杂辨》第14条"老子弟子文子"。
⑥ 郭沫若:《宋钘尹文遗著考》,《郭沫若全集·历史编》第一卷,第550页。

转,无一定之用字也。"①鹏按,"料子"疑即"宋子"之误,马叙伦之说是。《说文》:"敩,择也。"朱骏声指出,"敩""料"通假之例见于《鬼谷子·捭阖》"料其情也",此"料"字训作简择,其本字为"敩"②。"敩"字左旁所从,段玉裁谓即典籍中训为"冒"之"罙"字(《说文》上从"网")③,而《集韵·支韵》谓此字或作"罙",其形尤与"宋"近。

(3) **其学之相非也,数世而不已,皆弇于私也**:此三句《尔雅·释诂》邢疏原作"其学之相非也,数世矣,而已皆弇于私也"④。汪继培据何焯说,认为"而"字下缺一"不"字,校读为"其学之相非也,数世矣而不已,皆弇于私也"⑤。按,后说是。邢疏"矣"字又疑为衍文。

---

① 顾实:《庄子天下篇讲疏》,第44页。
② 朱骏声:《说文通训定声》,中华书局影印临啸阁刻本,1984年6月,第318页。
③ 段玉裁:《说文解字注》,上海古籍出版社影印经韵楼藏版,1981年10月,第124页。
④ 见孙星衍《尸子集本》,《百子全书》上册,第479页。
⑤ 引自朱海雷《尸子译注》,上海古籍出版社,2006年11月,第38页注8。

第二章　战国楚竹书《彭祖》考论

第一节　楚竹书《彭祖》复原及校释

一、竹简概况及编联

本篇竹书原无篇题,整理者李零拈首简第一句"彭祖"为题,合于古书通例,兹从之。《彭祖》共存简八枚,完简约53厘米(依整理者说)①,一简容字约53至55字。竹简编绳有三道。上契口距竹简顶端约9.8厘米,抄写9到10字;上契口至中契口约17.5厘米,抄写17到18字;中契口至下契口约17厘米,亦抄写17到18字;下契口至尾端约9.8厘米,抄写7至10字不等②。本篇第八简于书写文字后有墨钩"乚"作为篇号,下并留有一段空白,可知此简为最后一简③。

竹书残断较甚,赵炳清、季旭昇、杨芬及周凤五都曾对此篇竹书提出重编意见④。兹将四家编联方案罗列如下:

---

① 若依《上博三》图版测量,完简约54厘米。杨芬《上博简〈彭祖〉〈亘先〉〈中弓〉集释》(武汉大学硕士论文,2006年5月,第4页)指出:"7号简现长53.1厘米,算上其约容二字长度的缺掉部分,估计7号简原完简长度应在54.5至55厘米之间。"
② 整理者未提供竹简编绳情况,此依《上博三》原大图版测量而得,并参考周凤五《上海博物馆楚竹书〈彭祖〉重探》"竹简概述"一节及杨芬《上博简〈彭祖〉〈亘先〉〈中弓〉集释》,第3页。
③ 马承源编:《上海博物馆藏战国楚竹书(三)》,第308页。
④ 赵炳清:《上博三〈彭祖〉补释》、《上博三〈彭祖〉篇的性质探析》,两文载简帛研究网,2005年1月26日、11月20日。季旭昇:《上海博物馆藏战国楚竹书(三)读本》,万卷楼图书公司,2005年10月,第246页。杨芬:《上博简〈彭祖〉〈亘先〉〈中弓〉集释》,武汉大学硕士论文,2006年5月,第3—5页;又见《上博(三)彭祖编联小议》,武汉大学简帛网,2006年6月10日。周凤五:《上海博物馆楚竹书〈彭祖〉重探》,《南山论学集——钱存训先生九五生日纪念》,第9页。

赵炳清：简1、简2、简5、简3、简4、简6、缺简、简7、简8。
季旭昇：简1、简3、简2、简5、简6、缺简、简4、缺简、简7、简8。
杨　芬：简1、简4+简3、简2、简5+简6、简7、简8。
周凤五：简1、简3、简4、简2、简6、简5、简7、简8。

简1以"耆老问于彭祖"始，简7与简8连读，语意一贯而下，简8下有勾识符号，标示全篇结束，诸家编联仅此二处与整理者同，简2至简6之位置皆有所调整。对于各家编联之得失，可以由竹简形制、文义及韵脚三方面考察。笔者以为：

1. 简1与简2疑不能连读。黄人二将简1末字与简2首字连读为"恒言"（赵炳清说略同），并引《孟子·离娄上》"人有恒言，皆曰'天下国家'"为说，解为人之常言①。但杨芬指出："就完简长度估计，1号简现存末字'亘'下很可能缺失一字。"②周凤五指出：简1与简2连读，文意不顺。"细心体会简文，应是耇老请教彭祖，如何方能长享国祚？彭祖以'天道'答之，耇老辞以'未则于天'而'敢问为人'。"是以简1后应接简3③。季旭昇对于此段的理解与周凤五同④。鹏按，后说是。简1下半彭祖之语以"由""道"为韵（幽部），与简3（上残）首句"不知所终"之"终"可谐（幽、冬合韵），可证简1后当接简3。简1长度已达53.7厘米，简末虽略残，但恐已容不下另一字，杨芬说非。

2. 简3之后，季旭昇与杨芬皆系以简2；周凤五与赵炳清则接简4。季旭昇认为，简3与简2相连，是说"狗老谦逊地说不敢学习天道，只想问为人之道。彭祖于是说天道与人道是互为表里的"⑤。杨芬于简3（下残）末二字"彭祖"下补"乃"字，与简2首字"言"连读为"彭祖乃言"⑥。周凤五将简3与简4连读，认为简文是说"彭祖仍欲阐述

---

① 黄人二：《上海博物馆藏战国楚竹书（三）研究》，高文出版社，2005年8月，第160—161页。
② 杨芬：《上博简〈彭祖〉〈亘先〉〈中弓〉集释》，第4页。
③ 周凤五：《上海博物馆楚竹书〈彭祖〉重探》，《南山论学集——钱存训先生九五生日纪念》，第11—12页。
④ 季旭昇：《上海博物馆藏战国楚竹书（三）读本》，第246页。
⑤ 同上。
⑥ 杨芬：《上博简〈彭祖〉〈亘先〉〈中弓〉集释》，第13页。

天道,耇老又辞以德行不及,而更请教人道"①。鹏按,杨芬说虽能通读简文,但其编联方案中将简 4 置于简 1 之后,文意不甚通畅②。季旭昇所提出的简序亦存在类似问题,他认为"简 4 文义孤悬,无所归属,显然上下俱缺。"暂寄于简 6 与简 7 之间③。季氏以"缺简说"回避简 4 的编联问题,但此说变数较多。疑此处当从周凤五说,将简 3 与简 4 相连。细味简文所述耇老与彭祖之应对,一推一就,充满贵族雍容气度,若将简 4 耇老盛赞彭祖之语(即"既跻于天"四句)略去,不免质直无文。

3. 简 2、简 5、简 6 分别有"余告汝人伦""余告汝咎""余告汝祸",句例一致,同为彭祖回答耇老之语,三简可视为一编联组④。季旭昇、杨芬及周凤五都将三简编在一起,惟对于简 5 和简 6 之先后顺序尚有不同意见。季旭昇以简 5、简 6 为序,认为二简都谈人伦,可接在简 2 后;杨芬更以简 5、简 6 可能为一简之折⑤。周凤五指出:"第五简亦可编在第六简前,以第六简尾'余告汝咎'之'咎'与第七简头'□者不以,多务者多忧,贼者自贼也'的'以''忧''贼'为韵脚,之、幽合韵,见于《楚辞》。但参照第二简'余告汝人伦,曰'的句法,'余告汝咎'下应有'曰'字,亦即第六简尾'余告汝咎'与第七简头'□者不以'之间至少要有'曰□'二字,但第六简尾与第七简头都是完整的,两简之间仅容一字,故不采取。"⑥鹏按,简 5、简 6 文义接续,当为前后接续的两枚简,但两简各仅存一契口,且简 5 上下皆残,是否如杨芬所说为一简之折,尚难断定,故仍依整理者说将简 5、简 6 视为两枚独立的简。周凤五所举简 6"咎"与简 7"以""忧""贼"为韵,可作为简 6、简 7 连读之证。笔者疑简文所论"尤"(据文例及韵例补,详下

---

① 周凤五:《上海博物馆楚竹书〈彭祖〉重探》,《南山论学集——钱存训先生九五生日纪念》,第 12 页。
② 按,杨芬以简 4(上端完整,下残)与简 3(上、下皆残)为一简之折之说,疑亦不可从。
③ 季旭昇:《上海博物馆藏战国楚竹书(三)读本》,第 246 页。
④ 按,此点周凤五及杨芬前揭文已指出。
⑤ 季旭昇:《上海博物馆藏战国楚竹书(三)读本》,第 246 页;杨芬:《上博简〈彭祖〉〈亘先〉〈中弓〉集释》,第 4 页。
⑥ 周凤五:《上海博物馆楚竹书〈彭祖〉重探》,第 9 页。

文校释),"祸""咎"俱为人纶之过,故仅在简2"余告汝人纶"句下著一"曰"字,至于简2接简5之"余〔告汝尤〕"、简5末之"余告汝祸"、简6末之"余告汝咎"可能省去"曰"字,盖皆踵上而言。

综上所论,《彭祖》之简序当重编为:简1、简3、简4、简2、简5、简6、简7、简8,即周凤五所提之第二方案。

二、楚竹书《彭祖》校释

今依上文所定简序将竹书释文迻录于下。释文中简号以【1】、【2】、【3】等标于各简末。凡需加注之字句,于其后以(1)、(2)、(3)等标志,并在下文"校释"依序出注。释文采宽式,习见通假字直接破读,亦不摹写疑难字(其字形结构在校释中说明)。涉及文字校读处,将改释之字以括号夹注于原字下,通假字以( )表示,讹误字以〈 〉表示。缺简文字以……表示,可依上下文例拟补之缺文则外加方框标志(在校释中则以〔〕表示)。

狗(耇)老问于彭祖曰(1):"狗(耇)是(氏)执心不忘(芒)(2),受命羕(永)长。臣何执(设)何行(3),而与(举)于朕身(4),而毖于帝(禘)常(尝)(5)?"彭祖曰:"休哉,乃将多问因由,乃不失度(6)。彼天之道唯亘(恒)【1】……不知所终(7)。"狗(耇)老曰:"眇=(眇眇)余朕(冲)孳(子)(8),未则于天,敢问为人?"彭祖 乃曰:"…… 耇老曰 (9)、【3】"既只(跻)于天,或(又)椎(遂)于渊(10),夫子之德登(盛)矣,可(何)其宗(充)(11)!古(顾)君之愿,良(12)……"

彭祖曰:"……【4】言。天地与人,若经与纬,若襮(表)与里(13)。"问〔曰〕:"三去其二,几(奚)若已(14)?"彭祖曰:"于(吁),汝孳孳専(博)问(15),余告汝人纶(16),曰:戒之毋骄,慎终保(葆)劳(17)。大(泰)匡之衍(愆)(18),难易〈以〉遣欲(19)。余 告汝【2】尤 :父子兄弟(20),五纪必(毕)周,唯(虽)贫必攸(21);五纪不正,唯(虽)福(富)必失(22)。余告汝祸:……【5】……慁慁之谋不可行(23),怵(怵)惕之心不可长(24)。远虑甬(用)索(素)(25),心白身泽(怿)(26)。余告汝咎:【6】怀(倍)者不以(27),多务者多忧,恻(贼)者自恻(贼)也。"

彭祖曰:"一命式(二)俯(28),是谓益愈。一〈二〉命三俯,是谓自厚。三命四俯,是谓百姓之主。一命式(二)仰(29),是谓遭殃。式(二)

命三仰,【7】是谓不长。三命四仰,是谓绝世(30)。毋由〈故(怙)〉富(31),毋倚贤(32),毋向(尚)桓(斗)(33)。"

耇老式(三)拜旨(稽)首曰(34):"朕(冲)孶(子)不敏,既得闻道,恐弗能守。"└【8】

【校释】

(1) **狗(耇)老问于彭祖**:简文"狗老""狗是"二词,从整理者读为"耇老""耇氏"①。整理者云:"彭祖,以彭为氏……。《国语·郑语》和《世本》等书讲'祝融八姓',其中有彭姓。……彭祖老寿,为神仙家所乐道。此篇与彭祖对话者为耇老,耇老于文献无征,但见于马王堆医书《十问》'帝盘庚问于耇老'章,王家台秦简《归藏》有'耆老',可能也是同一人。在《十问》中,彭祖、耇老分见于不同的对话,似乎无关,但此篇却以耇老问道彭祖的形式写成,可见是相关人物。这是目前发现年代最早的彭祖书。"②周凤五则指出:此篇为对问体,"设为上古耇老与彭祖二人问答。耇老自称'眇眇余冲子',又说'宗寡君之愿',推测他应是国君的继承人。所问的主题'臣何艺何行,而举于朕身,而愆于禘尝',以'愆于禘尝'为要务,也从侧面强调了这个身份,他侍奉国君之命,前来请教彭祖如何治国,如何得以长享国祚的。"③依此说,耇老在篇中之身份为储君,彭祖则为得道之帝师。

(2) **执心不忘(芒)**:赵炳清读"执"为"慹"训为畏服;魏启鹏读为"臬",训为准则、法度;周凤五训"执"为"守",谓"执心"即掌握自己的心,与下文"心白"相呼应④。按,周凤五说是。简文"芒"原作"忘",陈

---

① 马承源编:《上海博物馆藏战国楚竹书(三)》,第 304 页。按,汤志彪《上博简(三)〈彭祖〉篇校读琐记》读"狗是"为"苟是",以为有假设之意,其说非。
② 马承源编:《上海博物馆藏战国楚竹书(三)》,第 303—304 页。
③ 周凤五:《上海博物馆楚竹书〈彭祖〉重探》,《南山论学集——钱存训先生九五生日纪念》,第 10—11 页。
④ 赵炳清:《上博简三〈彭祖〉补释》,简帛研究网,2005 年 1 月 26 日;魏启鹏:《楚简〈彭祖〉笺释》,《新出楚简国际学术研讨会会议论文集(上博简卷)》,武汉大学,2006 年 6 月,第 285 页;周凤五:《上海博物馆楚竹书〈彭祖〉重探》,《南山论学集——钱存训先生九五生日纪念》,第 11 页。

斯鹏读为"妄",训为妄乱;孟蓬生如字读,训为"忽忘"之"忘"(又作"荒");魏启鹏读为"亡",训为断绝①。按,"忘"疑读为"芒",训为昧。《庄子·齐物论》:"人之生也,固若是芒乎？其我独芒,而人亦有不芒者乎？"陆德明《释文》:"芒,芒昧也。"《管子·势》:"分其师众,人既迷芒,必其将亡。"(引文依王引之校)尹知章《注》:"人既迷惑,不知所从,则无所用其力,是以灭其师众矣。"马王堆帛书《十问》:"俗人茫生,乃恃巫医。"马继兴云:"生假为性。……茫字古又异写作芒,其义为昏昧、不明。《集韵·上·荡》:'芒,昏也。'"②《管子·七臣七主》:"芒主目伸五色,耳常五声。四邻不计,司声不听,则臣下恣行,而国权大倾,不寤,则所恶及身。"尹知章《注》:"芒,谓芒然不晓识之貌。"

(3) **何埶(设)何行**：简文"埶",整理者读为"艺",训为才能。并训"行"为德行。魏启鹏读为"槷",训为准则、法度③。鹏按,"埶"当读为"设",训为施行。郭店楚简《老子·乙》简7"埶大象,天下往。"裘锡圭云:"首字实为'埶',当读为'设',各本作'执'恐误。"④古音"埶"为疑母月部,从其得声之"势"则为书纽月部,与"设"同音,故可通假⑤。马王堆帛书《缪和》:"列埶尤尊,赏禄甚厚""埶为赏庆爵列""埶列爵位之尊"等文句之"埶",裘锡圭亦指出当读为"设",并举《荀子·儒效》及武威汉简《仪礼》中"埶"通为"设"为例证⑥。此外,马王堆帛书《称》:"〔圣人〕不埶偃兵,不埶用兵。兵者不得已而行。"魏启鹏亦读"埶"为"设"⑦。凡此皆为二字通假之例证。《说文》:"设,施陈也。"

---

① 陈斯鹏:《上海博物馆藏竹简〈彭祖〉新释》,《华学》第七辑,第157页;孟蓬生:《〈彭祖〉字义疏证》,简帛研究网,2005年6月21日;魏启鹏:《楚简〈彭祖〉笺释》,《新出楚简国际学术研讨会会议论文集(上博简卷)》,第285页。
② 马继兴:《马王堆古医书考释》,湖南科学技术出版社,1992年11月,第928页。
③ 马承源编:《上海博物馆藏战国楚竹书(三)》,第304页;魏启鹏《楚简〈彭祖〉笺释》,《新出楚简国际学术研讨会会议论文集(上博简卷)》,第285页。
④ 荆门市博物馆:《郭店楚墓竹简》,文物出版社,1998年5月,第122页注7。裘锡圭后来在《关于郭店简中的道家著作》一文申论此说。见《中国出土古文献十讲》,复旦大学出版社,2004年12月,第215—216页。
⑤ 刘钊:《郭店楚简校释》,福建人民出版社,2003年12月,第39页。
⑥ 裘锡圭:《出土古文献与其他出土文字资料在古籍校读方面的重要作用》,《中国出土古文献十讲》,第173—175页。
⑦ 魏启鹏:《马王堆汉墓帛书〈黄帝书〉笺证》,中华书局,2004年12月,第203页。

《仪礼》中祭祀陈列器具、祭品多用"设",下文云"毖于禘尝",则此云"设"又与之呼应。简文"何设何行"犹言"何施何行","行"训为从事。

(4) 与(举)于朕身:"与",当从整理者释为"举"。诸家或释"迁""营(当由"兴"破读)"①,皆非。楚文字的"兴""迁""举"三字虽有混用现象,但字形仍可分别清楚。季旭昇从上博《诗论》简28"青蝇(原从邑声,从兴省声,从二虫)②"之释进一步归纳楚简中"兴""与"二字之别,其说云:"上部'臼'形中间从'凡'形、'人'形、'八'形的都是'兴';从'牙'形、'丩'形、'丨'形的才是'与'。"③鹏按,其说大致不误,唯从"丨"者当是"弄"字。郭店楚简《唐虞之道》简21"民迁教而化乎道"之"迁"(繁体作遷)字原作"𦥑",中间从"丨",与郭店《五行》简32"迁于兄弟"之"迁"所从同,惟下部从足,乃后增义符④。简文此字上部"臼"形中间从"丩",当为"与"字无疑,惟下从"足",则与"迁"字所从混用。简文"举于朕身"之"举"当依周凤五说训为"君举必书""王举则从"之"举",即行也、为也⑤。

(5) 毖于帝(禘)常(尝):"毖"字原从言,必声。黄人二读为"闷",训为慎重;陈斯鹏读为"匹",训为配;周凤五读为"毖",训为慎;魏启鹏读为"比",训为"合"⑥。按,周凤五说是。《说文》:"毖,慎也。从

---

① 释"迁",见陈斯鹏:《上海博物馆藏竹简〈彭祖〉新释》,《华学》第七辑,第157页;张新俊:《上博楚简文字研究》,吉林大学博士学位论文,2005年;季旭昇:《上海博物馆藏战国楚竹书(三)读本》,第253页。释"营",见黄人二《上海藏简彭祖试探》,《上海博物馆藏战国楚竹书(三)研究》,第159—160页。

② 关于此字的释读参考周凤五《〈孔子诗论〉新释文及注解》,《上海馆藏战国楚竹书研究》,上海书店,2002年3月,第164页。

③ 季旭昇:《〈孔子诗论〉新诠》,引自季旭昇主编:《上海博物馆藏战国楚竹书(一)读本》,万卷楼图书公司,2004年7月,第64页。

④ 参考拙文《郭店楚墓竹书〈唐虞之道〉重探》,《楚地简帛思想研究(三)》,湖北教育出版社,2007年6月,第495页。

⑤ 周凤五:《上海博物馆楚竹书〈彭祖〉重探》,《南山论学集——钱存训先生九五生日纪念》,第11页。

⑥ 黄人二:《上海藏简彭祖试探》,《上海博物馆藏战国楚竹书(三)研究》,第160页;陈斯鹏:《上海博物馆藏竹简〈彭祖〉新释》,《华学》第七辑,第157页;周凤五:《上海博物馆楚竹书〈彭祖〉重探》,《南山论学集——钱存训先生九五生日纪念》,第11—12页;魏启鹏:《楚简〈彭祖〉笺释》,《新出楚简国际学术研讨会会议论文集(上博简卷)》,第285页。

比,必声。"段《注》:"《释诂》曰:'毖,慎也。'《大雅》'为谋为毖',《传》曰:'毖,慎也。'"①字从"比",《说文》训比为密,引申为周密、密合,故从"比"之"毖"有慎敬义。简文"帝常(原从示,尚声)",黄人二、杨芬从整理者说释为"帝常",训为帝王之常道、天常②。陈斯鹏、孟蓬生及周凤五则读为"禘尝",即《礼记·祭义》"夏祭曰禘,秋祭曰尝"之禘尝③。陈斯鹏且谓:"'匹于禘尝'字面意思是配司禘尝之事,实即居于君位之意。此与古书习见的'承宗庙''保社稷'等说法相类。"④周凤五则指出:"禘尝与治国有关,见《礼记·仲尼燕居》引孔子曰:'明乎郊社之义、禘尝之礼,治国其如指诸掌而以乎!'《中庸》亦有类似词句⑤。鹏按,"帝常"当从周凤五、陈斯鹏读为"禘尝"。《书·洛诰》"予冲子夙夜毖祀","毖于禘尝"即"毖祀"。国之大事在祀与戎,掌国柄者主祭祀、专征伐,所以"毖于禘尝"隐含有延续国祚之意。

(6) 乃将多问因由,乃不失度: 赵炳清认为"乃不失度"之"乃"为时间副词,相当于"才"⑥。张新俊云:"'因'下一字,释为'古',可以读为'故'。'因故'属下读。'因故乃不失度',就是彭祖告诫耉老,希望他能多问,因循旧章,这样的话行事就不会出现失度的现象。"⑦鹏按,简文"由"即下文简 8"毋由〈故(怙)〉富"之"由(简文从攵)"字所从,当从整理者隶定为"由","因由"连读。"由"与下句"乃不失度"之"度"谐韵。"乃将多问因故"之"乃"训为汝,"将"作推度副词

---

① 段玉裁:《说文解字注》,艺文印书馆影印经韵楼藏版,1989 年 2 月六版,第 390 页。
② 黄人二:《上博藏简彭祖试探》,《上海博物馆藏战国楚竹书(三)研究》,第 160 页;杨芬:《上博简〈彭祖〉〈亘先〉〈中弓〉集释》,第 9 页。
③ 孟蓬生:《〈彭祖〉字义疏证》,简帛研究网,2005 年 6 月 21 日;陈斯鹏:《上海博物馆藏竹简〈彭祖〉新释》,《华学》第七辑,第 157 页;周凤五:《上海博物馆楚竹书〈彭祖〉重探》,《南山论学集——钱存训先生九五生日纪念》,第 12 页。
④ 陈斯鹏:《上海博物馆藏竹简〈彭祖〉新释》,《华学》第七辑,第 157 页。
⑤ 周凤五:《上海博物馆楚竹书〈彭祖〉重探》,《南山论学集——钱存训先生九五生日纪念》,第 12、15 页注 2。
⑥ 赵炳清:《上博简三〈彭祖〉补释》,简帛研究网,2005 年 1 月 26 日。
⑦ 张新俊:《上博简〈彭祖〉"毋怙富"解》,2004 年全国博士学术论坛论文,武汉大学,2004 年 10 月;又见《上博楚简文字研究》,吉林大学博士学位论文,2005 年。

用,语气趋向肯定,义犹"当"。"乃不失度"之"乃"为判断副词,表示对前面动作行为的判断,义犹"自""必"。①

(7) 彼天之道唯亘(恒)……不知所终:"彼天之道唯亘"六字位于简 1 末,下接简 3。整理者以简 1、简 2 连读作"彼天之道,唯亘言:天地与人,若经与纬"("言"以下为简 2)。黄人二从整理者说,读"亘言"为"恒言",并谓:《孟子·离娄上》云:'人有恒言,皆曰:天下国家。天下之本在国,国之本在家,家之本在身。'即人常言之语也。"②周凤五依据文义的关联,将简 1 下接简 3(见上节之说明),并释"亘"为"亟"③。杨芬则认为:"据完简长度估计,'亘'下很可能因简残损缺失一字。'道'下似可不断读。'唯',专辞。《吕氏春秋·异实》'其唯此也',高诱《注》:'唯,独也。'此句疑作'彼天之道唯亘□',似可与 4 号简文'既只于天,又椎于渊'连读,后句是对前句的申说,以阐释'天之道'或'亘□'。'亘□'怀疑是表示极至或恒德之类的意思。"④鹏按,简序当依周凤五说。简 1"亘"字位于该简末端,其下非如杨芬说尚缺一字(说已见前)。"彼天之道唯亘"疑连读,"唯"作为判断副词,起系词的作用,意犹"为""是"⑤。"亘"可读为"恒",训为常,与下文"不知所终"应。简 3 上、下皆残,简上有一契口,在"未则于天"的"未"字下。此契口之上尚存 13 字,可知此契口非完简之上契口(依上文所述,简头至上契口仅容 9 到 10 字)。从文义推敲,此契口当为中契口,而简头至中契口容字约 26 字,则"□不知所终"("不"前一字仍见残笔)之前约有 13 字的缺文。

(8) 眊=(眇眇)余朕(冲)孳(子):整理者云:"'眊=',重文,读为'眊眊',是昏愦之义。《韩诗外传》卷六:'不闻道术之人,则冥于得失。

---

① 关于"将"及"乃"的此种用法,参考王叔岷:《古籍虚字广义》,华正书局,1990 年 4 月,第 274—275、360—361 页;何乐士:《古代汉语虚词词典》,语文出版社,2006 年 2 月,第 231、281 页。
② 黄人二:《上博藏简彭祖试探》,《上海博物馆藏战国楚竹书(三)研究》,第 160—161 页。
③ 周凤五:《上海博物馆楚竹书〈彭祖〉重探》,《南山论学集——钱存训先生九五生日纪念》,第 12 页。
④ 杨芬:《上博简〈彭祖〉〈亘先〉〈中弓〉集释》,第 10 页。
⑤ 王叔岷:《古籍虚字广义》,第 103—104 页;何乐士:《古代汉语虚词词典》,第 415 页。

不知治乱之所由,眊眊乎其犹醉也。'这里是耇老的谦称。'朕孳',从文义看,应是耇老之名(疑"耇老"是以老寿称,非本名)。"①黄人二从整理者说将"朕孳"视为耇老之名,并进一步说:"此老意极谦冲,从其名之字义可知,'朕孳'即'逊子',意谦逊之子。朕、逊互假,例见《缁衣》《昔者君老》;孳(兹)、子互假,例见《尚书·金縢》与其诸引本间之异文。"②陈斯鹏将此句与"未则于天"连读,并说:"'朕'为第一人称代词,耇老自称也;'孳'读作'兹',今也。……本简'舍(余)'、'朕'两代词并出,二者恐有一衍。依全篇耇老自称'朕'、彭祖自称'舍(余)'之例,疑此处'舍(余)'为误衍之文。"③陈伟武则认为:"'余'与'朕'为第一人称代词同义连文,与人名'孳'构成同位关系。"并举两周金文"朕吾""朕余""余朕"连用及《逸周书·商誓解》"肆予小子发"为说④。孟蓬生及周凤五均读"眊="为"眇眇"(二字皆明母宵部),引《书·顾命》'眇眇予末小子'为说。周凤五并指出,"朕孳"当读为"冲子"。朕,古音定母侵部;冲,定母冬部,音近可通。《书·洛诰》:"公,明保予冲子""予冲子夙夜毖祀"之"冲子",伪孔《传》皆以"童子"解之,盖自谦之辞⑤。鹏按,孟蓬生、周凤五说与传世文献辞例吻合,当从之。本篇简8耇老谓"朕孳不敏",亦读为"冲子不敏"。

(9) 彭祖〔乃曰〕"……"〔耇老曰〕: 简3为残简,简末"彭祖"二字下有一残字,整理者释为"曰"⑥。杨芬则指出:简末残笔与整理者所释之"曰"字形不合,疑为"乃"字之残,并将简3与简2连读为"彭祖乃言:天地与人,若经与纬"⑦。按,简3末残字依杨芬释,惟简3后当接简4(说见前),"乃"字下更补"曰"字。简3末"耇老曰"三字依

---

① 马承源编:《上海博物馆藏战国楚竹书(三)》,第305页。
② 黄人二:《上博藏简彭祖试探》,《上海博物馆藏战国楚竹书(三)研究》,第162—163页。
③ 陈斯鹏:《上海博物馆藏竹简〈彭祖〉新释》,《华学》第七辑,第159—160页。
④ 陈伟武:《读上博藏第三册零札》,《华学》第七辑,第176页。
⑤ 周凤五:《上海博物馆楚竹书〈彭祖〉重探》,《南山论学集——钱存训先生九五生日纪念》,第12页;孟蓬生:《〈彭祖〉字义疏证》,简帛研究网,2005年6月21日。
⑥ 马承源编:《上海博物馆藏战国楚竹书(三)》,第306页。
⑦ 杨芬《上博简〈彭祖〉〈亘先〉〈中弓〉集释》,第13页。

周凤五说补①。此简所存中契口至简尾可容字 24 至 28 字,若以 26 字计,则"彭祖乃曰"至"耇老曰"间当缺 12 字。从前后文句看,彭祖与耇老的对话多四字一句,则此处所缺 12 字正合 3 句。

(10) **既只(跻)于天,或(又)椎(邃)于渊**:"只"读为"跻",从整理者释。"椎"字,整理者读为"坠",史杰鹏则释为"就"或"集"(训为至),杨芬读为"推"(训为进),周凤五读为"潜",刘洪涛读为"椎"为"遡(遁)",魏启鹏则读为"追"②。按,《尔雅·释诂》:"驾、假、格、陟、跻、登,升也。"简文"椎"与"跻"对文,整理者读为"坠"虽可通③,但疑读为音近之"邃",训为深、穷。《说文》:"邃,深远也。"《广雅·释诂三》:"邃,深也。"由"深远"之本义又引申为"穷至"之"穷",《玉篇》:"邃,穷也。"

(11) **夫子之德登(盛)矣,可(何)其宗(充)**:整理者断读作"夫子之德登矣,何其宗(崇)"。周凤五则读"登"为"盛",断句作"夫子之德,盛矣何其",以"盛矣何其"即"何其盛矣"之倒装,"宗"则属下读④。按,此从整理者断句。"登"字从周凤五说读为"盛"。"宗"疑读为"充",二字声母分别为精母、昌母,韵则同为冬部,音近可通。古籍中从"宗"得声之"崇"与"充"常相假借⑤。"充"与前句"盛"意义相近,于此训为充实、充足。二句赞叹彭祖之德充实盛大。

---

① 周凤五:《上海博物馆楚竹书〈彭祖〉重探》,《南山论学集——钱存训先生九五生日纪念》,第 10 页。
② 马承源编:《上海博物馆藏战国楚竹书(三)》,第 306 页;史杰鹏:《上博竹简(三)注释补正》,简帛研究网,2005 年 7 月 16 日;杨芬:《上博简〈彭祖〉〈亘先〉〈中弓〉集释》,第 11 页;周凤五:《上海博物馆楚竹书〈彭祖〉重探》,《南山论学集——钱存训先生九五生日纪念》,第 12 页;刘洪涛:《读上博竹书〈彭祖〉札记一则》,武汉大学简帛网,2007 年 4 月 3 日;魏启鹏:《楚简〈彭祖〉笺释》,《新出楚简国际学术研讨会会议论文集(上博简卷)》,第 288 页。
③ "坠"本作"队",《说文》:"队,从高队也。"即由高处落下之意。上古音"椎"为章母微部,"坠"为定母物部,声母皆为舌尖塞音,韵则微、物二部阴入对转可通。
④ 周凤五:《上海博物馆楚竹书〈彭祖〉重探》,《南山论学集——钱存训先生九五生日纪念》,第 12 页。
⑤ 经师往往训"崇"为"充""重""终",段玉裁《说文解字注》于"崇"字下云:"《大雅》'福禄来崇'《传》曰:'崇,重也。'《礼经》'崇酒'《注》:'崇,充也。'《邶风》'崇朝其雨'《传》曰:'崇,终也。'皆音近假借。"

(12) 古(顾)君之愿,良:此五字位于简4末,"良"字下尚有缺文。简4上端完整,下残,现存22字。若以一简53字计,其下约有31个缺字,中间可依周凤五说补"彭祖曰"三字①。简文"古",整理者读为"故",周凤五读为"寡"②。鹏按,"古"疑读为"顾",二字上古音皆为见母鱼部。从"古"得声之"固""故"在传世文献中往往与"顾"通(其例俱见《经传释词》卷五③)。《说文》:"顾,还视也。"简文"顾"作为转折词,义犹"但"④。"良"字下部残损,此据整理者释。良犹诚,表示肯定。此处耇老婉拒彭祖欲开示天道的美意,表达其父王(即简文"君")的意愿,坚持向彭祖请教人道。

(13) 若褾(表)与里:"褾"字,整理者依字形隶定而无说,惟已读为"表"。周凤五指出:"简文作左从纟,右从衣,中间从'暴'省,即'褾'字。《诗·唐风·扬之水》:'素衣朱褾,从子于沃。'毛《传》:'褾,领也。'引申为表,《玉篇·衣部》:'褾,衣表也。'《广雅·释诂四》:'褾,表也。'按,褾,古音并母药部;表,帮母宵部,二字音近可通。"徐在国说略同⑤。按,诸家说是。褾、表二字音近义通,当为一组同源词。

(14) 问〔曰〕三去其二,几(奚)若已:简文"问"下疑漏抄"曰"字。整理者云:"三,指天、地、人。二,指天、地。'三去其二',所余者为人。'几'疑读'岂'。"⑥周凤五读"几"为"奚",并说:"'奚若已'犹'何若矣'。"并引《礼记·檀弓》"天久不雨,吾欲暴尪而奚若?"郑《注》:"奚若,何如也。"为说⑦。按,上句从整理者释,下句"几"字从周凤五说读为"奚"。

---

① 周凤五:《上海博物馆楚竹书〈彭祖〉重探》,《南山论学集——钱存训先生九五生日纪念》,第10页。
② 同上书,第12页。
③ 王引之:《经传释词》,江苏古籍出版社影印王氏家刻本,2000年9月,第54页。
④ 同上书,第55页。
⑤ 周凤五:《上海博物馆楚竹书〈彭祖〉重探》,《南山论学集——钱存训先生九五生日纪念》,第12页;徐在国:《上博竹书(三)札记二则》,简帛研究网,2004年4月26日。
⑥ 马承源编:《上海博物馆藏战国楚竹书(三)》,第305页。
⑦ 周凤五:《上海博物馆楚竹书〈彭祖〉重探》,《南山论学集——钱存训先生九五生日纪念》,第12页。按,陈斯鹏虽主张"几若"犹言"何若",但未破读,且说"文献中'几'训为'何'的时代似偏晚,故此处释读尚可再作研究"。

(15) 孳孳尃(博)问：周凤五指出："'孳孳'即'孜孜'。《礼记·表记》：'俛焉日有孳孳，毙而后已。'《汉书·贡禹传》：'孳孳于民'，颜师古《注》：'孳与孜同。孜孜，不怠也。'《说文》：'孳孳，汲汲生也。'段玉裁《注》：'孜、孳二字古多通用。'"陈斯鹏说略同①。简文"尃问"，整理者读为"布问"，黄人二、陈斯鹏读为"敷问"，周凤五、汤志彪读为"博问"，汤氏并引《淮南子·主术》"于是略智博问，以应无方"。《汉书·成帝纪》"博问公卿大夫，无有所讳。"《说文解字·叙》"慎博问通人"为证②。按，当从周、汤二家说读为"博问"。

(16) 人纶：简文"纶"，整理者读为"伦"。鹏按，"纶"疑如字读。《说文》："纶，纠青丝绶也。"段玉裁《注》："各本无纠字，今依《西都赋》李《注》、《急就篇》颜《补注》。纠，三合绳也。纠青丝成绶是为纶。"本义为治丝而合之，引申有纲纶之意。《广雅·释诂三》："纶，道也。"简文"人纶"即人之行为纲领。《礼记·中庸》"唯天下之至诚，为能经纶天下之大经"，朱熹云："经、纶皆治丝之事。经者，理其绪而分之；纶者，比其类而合之也。"③马王堆帛书《九主》有"天纶"一词，原文作"法君者，法天地之则者。志曰天，曰〔地〕，曰四时，覆生万物，神圣是则，以配天地。礼数四则，曰天纶，唯天不失范，四纶〔是〕④则。古今四纶，道数不忒，圣王是法，法则名分。""争道得主者薨起⑤，大干天纶，四则相侵。"帛书整理者引《庄子·刻意》："一之精通，合于天伦。"《礼记·王制》："凡制五刑，必

---

① 周凤五：《上海博物馆楚竹书〈彭祖〉重探》，《南山论学集——钱存训先生九五生日纪念》，第 12 页；陈斯鹏：《上海博物馆藏竹简〈彭祖〉新释》，《华学》第七辑，第 158 页。
② 马承源编：《上海博物馆藏战国楚竹书（三）》，第 305 页；黄人二：《上博藏简彭祖试探》，《上海博物馆藏战国楚竹书（三）研究》，第 162 页；陈斯鹏：《上海博物馆藏竹简〈彭祖〉新释》，《华学》第七辑，第 158 页；周凤五：《上海博物馆楚竹书〈彭祖〉重探》，《南山论学集——钱存训先生九五生日纪念》，第 112 页；汤志彪：《上博简（三）〈彭祖〉篇校读琐记》，《江汉考古》2005 年第 3 期，第 89 页。
③ 朱熹：《四书章句集注》，长安出版社，1991 年 2 月，第 38 页。
④ "是"字，依魏启鹏《马王堆汉墓帛书〈黄帝书〉笺证》补。
⑤ "薨起"之"薨"，马王堆帛书整理者破读为"萌"，笔者以为如字读即可。《诗·周南·螽斯》"螽斯羽，薨薨兮。"毛《传》："薨薨，众多也。"朱熹《集传》："薨薨，群飞声。"然则帛书"薨起"即薨薨然而起之意，义犹"蠢起"。

即天伦。"将《九主》"天纶"一词读为"天伦"①。魏启鹏则指出:"纶字无须破读。《尔雅·释诂》:'貉缩,纶也。'《礼记·缁衣》:'王言如丝,其出如纶。'《易·系辞上》:'故能弥纶天地之道。'《疏》:'纶谓经纶牵引。''天纶'及下文之'四纶',正与本书所云'绳适臣主之罪'②'木其能侵绳乎'③文意相呼应。"④按,魏启鹏联系《九主》上下文,将"天纶"如字读,其说甚确。《彭祖》上文谓"天地与人,若经与纬",下文云"五纪毕周""五纪不正",皆以治丝为喻,正与"人纶"呼应。

(17) 慎终保(葆)劳:黄锡全解释此句为"始终谨慎,保持勤劳(或褒奖劳绩)"⑤。鹏按,《说文》:"终,絿丝也。"前人已指出《说文》古文及金文之"终"字象丝线两端有结形⑥,所以"终"可训为尽(引申为人死之代称),亦有周、成之意(引申为时间上的从开始到结束)。黄锡全将简文"终"训为始终,盖取后义。笔者以为简文"慎终"即"慎终如始""慎始敬终"之意。《老子》:"慎终如始,则无败事。"《说苑·谈丛》:"慎终如始,常以为戒。"《左传》襄公二十五年:"慎始而敬终,终以不困。"皆可移为简文脚注。简文"保劳"之"劳"训为功。"保"与"抱"为同源词⑦,可引申为持、守,但在此疑破读为"葆"。《说文》:"葆,艸盛貌。"引申为隐蔽,如《庄子·齐物论》:"注焉而不满,酌焉而不竭,而不知其所由来,此之谓葆光。"同书《田子方》:"其为人也真,人貌而天,虚缘而葆真,清而容物。"《论语·公冶长》载颜渊语:"愿无伐善,无施劳。"施劳与伐善对文,朱熹《集注》

---

① 国家文物局古文献研究室:《马王堆汉墓帛书〔壹〕》,文物出版社,1980年3月,第32页。
② 原文作"请明臣法,以绳适臣之罪"。"主不失道,〔则恒得其义,请明〕主法,以绳适主之罪"。整理者云:"适,疑当读为谪。绳谪,犹言绳责。"按,魏启鹏盖从帛书整理者说。裘锡圭则指出:"疑'适'(谪)当与'君''臣'连作一词读。'谪君''谪臣'是对法君、法臣之外的那八种被指谪的君臣的通称,也就是所谓的'八谪'。"裘说见《读马王堆帛书〈九主〉札记一则》,《裘锡圭学术文化随笔》,中国青年出版社,1999年10月,第141页。
③ 原文作"木直,绳弗能罪也。木其能侵绳乎?"
④ 魏启鹏:《马王堆汉墓帛书〈黄帝书〉笺证》,第255页。
⑤ 黄锡全:《读上博战国楚竹书(三)札记数则》,简帛研究网,2004年6月22日。
⑥ 见《古文字诂林》第九册(上海教育出版社,2004年10月),第1173页所引林义光《文源》、高田忠周《古籀篇》之说。
⑦ 参考王力:《同源字典》,文史哲出版社,1991年10月,第244页。

云:"伐,夸也。善,谓有能。施,亦张大之意。劳,谓有功。《易》曰'劳而不伐'是也。"①简文"葆劳"即"蔽劳",亦即颜渊所谓"无施劳"。

(18) 大(泰)匡之衍(愆):"泰"字,简文原作"大",整理者及诸家皆如字读。颇疑简文"大"当读作"泰"。《说文》:"泰,滑也。……㚿,古文泰如此。"段玉裁《注》:"滑则宽裕自如,故引申为纵泰……又引申为泰侈。"②今本《老子》第二十九章:"是以圣人去甚、去奢、去泰。"马王堆帛书甲、乙二本"泰"俱作"大"③,即"大"读为"泰"之例证。"匡"字,简文原从竹、从坒,整理者释为"匡"。周凤五释此字为"往",以"大往"为人死之讳称④。李锐指出,此字与上博《诗论》简1、《子羔》简1、简5的"者"字同,当释为"箸",季旭昇更详考字形,欲证成其说⑤。陈斯鹏亦从此说,读"箸"为"图",以"大图"犹"大谋""大业"⑥。鹏按,整理者说是。此字所从"坒",即《说文》"匡""往"二字所从声符。《说文》:"匡,饭器,筥也。从匚,坒声。筐,匡或从竹。"简文此字为"匡"之异体,"匡"(或作"筐")本竹器之称(所从"匚"象竹木器形),故其异体从"竹"。"匡"可训为"满",如《广雅·释诂一》:"匡,满也。"《楚辞·九叹·怨思》"筐泽泻以豹鞟兮,破荆和以继筑",王逸《章句》:"筐,满也。"由此义引申又可训为"亏",如《国语·越语下》:"日困而还,月盈而匡",韦昭《注》:"匡,亏也。"简文"匡"训为满溢。盈满为道家所深戒,故今本《老子》第九章云:"持而盈之,不如其已。"《庄子·徐无鬼》:"君将盈耆欲,长好恶,则性命之情病矣。"《管子·白心》:"持而满之,乃其殆也。名满于天下,不若其已也。名进而身退,天之道也。满盛之国不可以仕,满盛之家不可以嫁子,骄倨傲暴之人不

---

① 朱熹:《四书章句集注》,第82页。
② 段玉裁:《说文解字注》,第570页。
③ 国家文物局古文献研究室:《马王堆汉墓帛书〔壹〕》,第12、97页。
④ 周凤五:《上海博物馆楚竹书〈彭祖〉重探》,《南山论学集——钱存训先生九五生日纪念》,第13页。
⑤ 李锐:《〈彭祖〉补释》,简帛研究网,2004年4月19日;季旭昇:《上海博物馆藏战国楚竹书(三)读本》,第258页。
⑥ 陈斯鹏:《上海博物馆藏竹简〈彭祖〉新释》,《华学》第七辑,第158页。

可与友。"本篇与稷下道家有关（详下节），而泰与盈皆老、庄所欲去，是以简文亦"泰匡"连言。简文"衍"字，整理者依字摹写而无说。杨泽生、黄锡全释此字为"要"①。陈斯鹏及季旭昇则释为"娄"，分别读为"数""䋣"（训为谨）②。周凤五指出，此字从遣、陷二字省声，当释为"衍"，训为行。类似的字形见郭店《语丛四》第19简"善事其上者，若齿之事舌，而终弗悁"。及《老子·甲》："大曰衍，衍曰转，转曰反。"③鹏按，周凤五说是。"衍"疑读为"愆"，训为过、失。简文"泰匡之愆"意即泰奢盈满之过失。

(19) 难易〈以〉遣欲：简文"难"原从心。"遣"字原从言、从欠，其字又见于郭店《性自命出》简62"身欲静而毋欠（从言）"。李锐据陈剑之说，释此句为"难易滞欲"，陈斯鹏则释为"难易遣欲"④。周凤五联系上句"大往之衍"之解，释为"难以迁延"⑤。鹏按，郭店《性自命出》的"身欲静而毋欠（从言）"之"欠（从言）"，上博《性情论》简27作"遣（从陷省）"（后者即上句释为"衍（愆）"之字），周凤五已释为"遣"⑥。疑简文"欠（从言）⑦欲"可依陈斯鹏说读为"遣欲"。"易"则从周凤五说释为"以"。简文"以"书作"易"，可能非单纯声音通假，疑因联想致讹（受前字"难"影响而"难

---

① 杨泽生：《上博竹书第三册零释》，简帛研究网，2004年4月29日；黄锡全：《读上博战国楚竹书（三）札记数则》，简帛研究网，2004年6月22日。
② 陈斯鹏：《上海博物馆藏竹简〈彭祖〉新释》，《华学》第七辑，第158页；季旭昇：《上海博物馆藏战国楚竹书（三）读本》，第261页。
③ 周凤五：《上海博物馆楚竹书〈彭祖〉重探》，《南山论学集——钱存训先生九五生日纪念》，第13页。按，上引《老子·甲》及《语丛四》之考释又见林素清《郭店竹简〈语丛四〉笺释》，《郭店楚简国际学术研讨会论文集》，湖北人民出版社，2000年5月，第393页；周凤五：《楚简文字琐记（三则）》，《第一届简帛学术研讨会论文集》（简帛研究汇刊第一辑），中国文化大学史学系及简帛学文教基金会筹备处，2003年5月。
④ 李锐：《彭祖补释》，简帛研究网，2004年4月19日；陈斯鹏：《上海博物馆藏竹简〈彭祖〉新释》，《华学》第七辑，第159页。陈剑说见《郭店简补释三篇》，《古墓新知——纪念郭店楚简出土十周年论文专辑》，国际炎黄文化出版社，2003年11月，第121—125页。
⑤ 周凤五：《上海博物馆楚竹书〈彭祖〉重探》，《南山论学集——钱存训先生九五生日纪念》，第13页。
⑥ 周凤五：《上博〈性情论〉小笺》，《齐鲁学刊》2002年4月，第15页。
⑦ 按，据陈剑前揭文，简文所从"言"实即"遣"字所从"音"。

易"连读)。"泰匡之愆,难以遣欲"是说泰奢盈满将使人难以去除贪欲,此乃其过失。

(20) **余〔告汝尤〕:父子兄弟**:竹书简 2 下端残,整理者在简末"余"字下补"告汝"二字,揆诸文例,知其说是。简 2 后当接简 5。简 5 所存之契口在"周"字下,其上尚存八字,假设此契口为第一道编绳所在,则依前文所述竹简形制,其上可能还有一至二字的缺文。笔者在简 5 前拟补"尤"字,而与"父子兄弟"连读。此段盖以尤、弟、周、攸为韵,"尤"字为之部,"弟"字为脂部,后二字为幽部,之、脂、幽合韵(之、幽旁转,楚方言之、脂二部可通)。后文云"余告汝祸"(简 5 末)、"余告汝咎"(简 6 末),此云"余告汝尤",文例一致。"尤"训为《论语·为政》"言寡尤,行寡悔"之"尤",即过失也。下文"五纪",周凤五及李锐已引清人俞樾之说,谓即君臣、父子、兄弟、夫妇、朋友等"五伦"(详下注),其说是。简文盖举"父子兄弟"以赅五伦,其上未必有缺文。观前后文皆四字句,若必尽数"君臣、父子、兄弟、夫妇、朋友",亦与文例不合。

(21) **五纪必(毕)周,唯(虽)贫必攸**:"必"读为"毕","唯"读为"虽",皆从整理者说①。简文"五纪",周凤五与李锐、魏启鹏等学者皆解为君臣、父子、兄弟、夫妇、朋友五伦,其说是②。按,上文云"人纶",此则云"五纪",《说文》云:"纪,别丝也。"段玉裁《注》:"别丝者,一丝必有其首,别之是为纪。众丝皆得其首,是为统。"③"纶"为纠丝而合之,"纪"则为别丝。纶纪犹纲纪,《说文》:"纲,网纮也。"《白虎通义·三纲六纪》云:"纲者,张也。纪者,理也。大者为纲,小者为纪。所以张理上下,整齐人道也。"纲纪以网罟为喻,张之为纲,理之为纪;纶纪则以丝绳为喻,合之为纶,别之为纪。简文"五纪毕周"之"周",训为密、固。"五纪毕周"是说五伦皆密固不乱。"虽贫必攸"之"攸",整理者读为"修",颇疑可如字读。《说文》:

---

① 马承源编:《上海博物馆藏战国楚竹书(三)》,第 306 页。
② 周凤五:《上海博物馆楚竹书〈彭祖〉重探》,《南山论学集——钱存训先生九五生日纪念》,第 13 页;李锐:《〈彭祖〉补释》,简帛研究网,2004 年 4 月 19 日;魏启鹏:《楚简〈彭祖〉笺释》,《新出楚简国际学术研讨会会议论文集(上博简卷)》,第 289 页。
③ 段玉裁:《说文解字注》,第 651 页。

"攸,行水也。"所录秦刻石峄山石文"攸"字从水从攵。段玉裁云:"戴侗曰:'唐本作水行攸攸也,其中从水。'按,当作'行水攸攸也'。行水顺其性,则安流攸攸而入于海。"又云:"《小雅》《大雅》毛《传》皆云:'修,长也。'经文'修'字皆'攸'之假借,本作'攸',后改耳。《释诂》:'永、悠、迥、远、遐也。'悠当作攸。"①简文"虽贫必攸"之"攸"即训攸长,与下文"虽富必失"之"失"对文。

(22) **五纪不正,虽福(富)必失**:"福"读为"富",乃整理者之说②。简文"不正",诸家多从整理者说释为"不工",但季旭昇指出,简文此字与习见"工"字不同,唯上博三《周易》简16、17之"工"字中间作二竖笔,与此字形似,但考虑到押韵问题,则此字可能非"工"字③。周凤五引范丽梅说指出,上博三《周易·谦卦》简13"征"字所从与此同,当释为"不正"④。按,周凤五说可从。

(23) **恖恖之谋不可行**:简6上残,整理者指出,首字上部不清,下从心,且有重文符。陈斯鹏和陈伟武都指出,简文与《说苑·说丛》:"忽忽之谋,不可为也;惕惕之心,不可长也。"同出一源。陈伟武以为简首可据《说丛》补"忽忽"二字,训为匆遽轻率;陈斯鹏则以为首字上从"虫"声,可径读为"忽",二字晓母双声,微、物对转,并训"忽忽"为忧虑不定⑤。汤志彪认为首字为"忽"字之残,"忽忽"读为"湝湝"⑥。鹏按,《说文》:"忽,忘也。""忘,不识也。"当非其谊。此字当分析为从心,虫省声,其下有重文符,当读为"恖恖"("恖"字俗作"匆"或"忽"),训为急遽轻率。上古音"虫"为定母冬部,"恖"为清母冬部,音近可通。《说文》:"恖,多遽恖恖也。从心、

---

① 段玉裁:《说文解字注》,第125—126页。按,周凤五亦曾据楚竹书《東大王泊旱》"攸"字的用法,确认"修"为"攸"之借字。说见《上博四〈東大王泊旱〉重探》,《简帛》第一辑,上海古籍出版社,2006年10月,第130页注29。
② 马承源编:《上海博物馆藏战国楚竹书(三)》,第306页。
③ 季旭昇:《上海博物馆藏战国楚竹书(三)读本》,第263—264页。
④ 周凤五:《上海博物馆楚竹书〈彭祖〉重探》,《南山论学集——钱存训先生九五生日纪念》,第13页。
⑤ 陈斯鹏:《上海博物馆藏竹简〈彭祖〉新释》,《华学》第七辑,第160—161页;陈伟武:《读上博藏简第三册零札》,《华学》第七辑,第176页。
⑥ 汤志彪:《上博简(三)〈彭祖〉篇校读琐记》,《江汉考古》2005年第3期,第89—90页。

囪,囱亦声。"颇疑从心、虫声之字即"恩"字异体,其字所从声符"虫"或误省为"虫"(如简文),故又得与"勿"通(二字同为晓母,韵则微物对转)。《说文》:"勿,州里所建旗,象其柄有三游,杂帛,幅半异,所以趣民,故遽称勿勿。"①

(24) 述(怵)惕之心不可长:"述惕",整理者径读为"怵惕"而无说,陈斯鹏以为"怵惕"乃"忧惧"之义②。陈伟武指出,"述惕之心不可长"之类似语句又见于睡虎地秦简《为吏之道》,作"术愍之心不可长",并读"述惕""术愍"为"坠易",训为轻慢大意(为"坠失废弛"义之引申)③。鹏按,本篇竹书多见敬慎之论,如"毖(训为慎)于禘尝",又如"戒之毋骄,慎终葆劳",篇末与正考父铭相似之一段,主旨亦为敬谨,故陈氏不从整理者说,然道家虽强调处世之敬慎,但也认为时时怵惕忧恐,则持身无法长久,故又有"怵惕之心不可长"之论。类似的说法如银雀山汉简《定心固气》:"怵惕,心不〔定,气不固者〕也。心不动,气不佗(移)。实者,心定气固也;虚者,心怵惕,气从(纵)而不反者也。心失其知,气离〔其体〕。"④《灵枢·本神》亦云:"心,怵惕思虑则伤神,神伤则恐惧自失。"

(25) 远虑甬(用)索(素):"用素"二字从整理者释⑤,惟"远虑用素"当断读。陈伟武指出:简文"素"字中有两手之形,实当释为"索",读为"素"⑥。其说是。周凤五云:"老、庄'朴''素'常连言,如《老

---

① 《颜氏家训·勉学》云:"世中书翰,多称勿勿,相承如此,不知所由。或有妄言此'忽忽'之残缺尔。按,《说文》:'勿,州里所建之旗,象其柄及三游之形,所以趣民事,故恩遽者称勿勿。'"黄伯思《东观余论》云:"仆谓颜氏以《说文》证此字为长。而今世流俗,又妄于勿勿字中斜益一点,读为'恩'字,弥失真矣。"鹏按,"勿"之训为遽而与"恩"通,当缘于声之误,疑非"勿"字之引申。
② 马承源编:《上海博物馆藏战国楚竹书(三)》,第 307 页;陈斯鹏:《上海博物馆藏竹简〈彭祖〉新释》,《华学》第七辑,第 161 页。
③ 陈伟武:《读上博藏简第三册零札》,《华学》第七辑,第 176—177 页。
④ 参考拙文《银雀山汉墓竹书〈定心固气〉探论》,《传统中国研究集刊》第九、第十合辑,2012 年 3 月。
⑤ 马承源编:《上海博物馆藏战国楚竹书(三)》,第 307 页。
⑥ 陈伟武:《读上博藏简第三册零札》,《华学》第七辑,第 177 页。

子》第十九章'见素抱朴';《庄子·天道》:'朴素而天下莫能与之争美。'单言'素'者见《庄子·刻意》:'纯素之道,唯神是守;守而勿失,与神为一;一之精通,合于天伦。……能体纯素,是谓真人。'《管子》一书由'素也者,五色之质也'推论出'素质不留,与地同极',于人事修养亦言'素',见《心术》:'君子恬愉无为,去智与故,言虚素也。'韩非受道家影响,于驾驭臣下之道亦强调'素',如《韩非子·二柄》:'去好去恶,群臣见素。群臣见素,则大君不蔽矣。'"①鹏按《说文》:"素,白致缯也。"即本色未染之生帛,引申为事物之本然,如《庄子·刻意》:"素也者,谓其无所与杂也。"

(26) 心白身泽(怿): 简文"泽",整理者读为"释",赵炳清从之,将之训为解脱、放松;孟蓬生如字读,训为润泽、光鲜;魏启鹏读为"绎",训为理、治;陈伟武、周凤五读为"怿",训为悦怿②,周凤五且指出:"'心白'一词当与《管子·白心》有关,值得注意的是《庄子·天下》:'不累于俗,不饰于物,不苟于人,不忮于众,愿天下之安宁以活民命,人我之养毕足而止,以此白心,古之道术有在于是者,宋钘、尹文闻其风而悦之。''白心'之说和宋钘一派又有关系。"③按,周凤五所论甚是。关于本篇及《管子·白心》与宋钘一派之关系,详见下文析论。

(27) 怀(倍)者不以: 简文原作"怀者不目"。整理者云:"首字似从人旁,从不。简文'怀'多用作'负'或'倍'。此句疑作'不□者不目'。"④盖于"□"(从人从不)上补一"不"字,求与下文"多务者多忧"对称。杨芬则指出,本简首端完整,无缺字。"怀"读为"背",

---

① 周凤五:《上博博物馆楚竹书〈彭祖〉重探》,《南山论学集——钱存训先生九五生日纪念》,第13页。
② 马承源编:《上海博物馆藏战国楚竹书(三)》,第307页;赵炳清:《上博简三〈彭祖〉补释》,简帛研究网,2005年1月26日;孟蓬生:《〈彭祖〉字义疏证》,简帛研究网,2005年6月21日;魏启鹏:《楚简〈彭祖〉笺释》,《新出楚简国际学术研讨会会议论文集(上博卷)》,第290页;陈伟武:《读上博藏简第三册零札》,《华学》第七辑,第177页;周凤五:《上海博物馆楚竹书〈彭祖〉重探》,《南山论学集——钱存训先生九五生日纪念》,第13页。
③ 周凤五:《上博博物馆楚竹书〈彭祖〉重探》,《南山论学集——钱存训先生九五生日纪念》,第13页。
④ 马承源编:《上海博物馆藏战国楚竹书(三)》,第308页。

训为违背,在简文中指"有违为人之道",并训"㠯(以)"为用①。鹏按,杨芬说近是。简端如整理者说略残,但实未缺字,不必再于"怀"字前补字。简文"怀"从整理者说读为"倍",《说文》:"倍,反也。"训为逆反。"以"训作"为"②。"倍者不以"是说不为逆反之事。

(28) 一命弌(二)俛:"俛"字,整理者隶定为从"忧"(省下)、从攸之字,并云:"含义待考,或读为'修'。"③陈斯鹏认为此字上从"首",下所从声符"攴(从人)"疑为"付"之异体,并读此字为"俯"④。周凤五则明确指出:"俛,《说文》作'俯',简文作从页,攴声。攴,滂母屋部;俯,帮母侯部,可以通假。"⑤按,此字当从周凤五说改释。简文"弌",整理者释为"一",周凤五则据林素清说指出:"西周金文'四匹'二字,往往在'匹'字上作三横画,借匹字上部一横,共为积画的'四'字,见《彔伯簋》《吴方彝盖》《鄂侯驭方鼎》等。简文此字从弋,从一,盖以弋为一,加一为二;参照下文'一命二仰''二命三仰''三命四仰',知此处当为'一命二俯''二命三俯''三命四俯',乃完整的数字序列。但抄写者误作'一命二俯''一命三俯''三命四俯',于是遂错落而不可理解。"⑥按,其说是,当据之校正。

(29) 一命弌(二)仰:"仰"字原从肉,襄声,陈斯鹏、周凤五皆读为"仰"。周凤五并指出:"所谓'一命''二命''三命'见《左传·昭公七年》:'及正考父佐戴、武、宣,三命兹益共,故其鼎铭云:一命而偻,再命而伛,三命而俯,循墙而走,亦莫余敢侮。饘于是,鬻于是,以糊余口。其共也如是。'"⑦按,其说是。简文"弌"当释为

---

① 杨芬:《上博简〈彭祖〉〈亘先〉〈中弓〉集释》,第18页。
② 传世文献中"以"训作"为"者,如《左传》定公十年"所以事君,封疆社稷是以",杜预《注》:"以,犹为也。"《论语·为政》"视其所以",朱熹《集注》:"以,为也。"
③ 马承源编:《上海博物馆藏战国楚竹书(三)》,第308页。
④ 陈斯鹏:《上海博物馆藏竹简〈彭祖〉新释》,《华学》第七辑,第161—162页。
⑤ 周凤五:《上海博物馆楚竹书〈彭祖〉重探》,《南山论学集——钱存训先生九五生日纪念》,第13页。
⑥ 同上书。
⑦ 陈斯鹏:《上海博物馆藏竹简〈彭祖〉新释》,《华学》第七辑,第162页;周凤五:《上海博物馆楚竹书〈彭祖〉重探》,《南山论学集——钱存训先生九五生日纪念》,第14页。

"二",见前注所引林素清、周凤五说。

(30) 是谓绝世: 简文"世"原从纟,蔡声,整理者读为"缀"。陈斯鹏则读此字为"杀",训为衰①。周凤五读为"世",并谓:"'绝世'即'绝后',见《左传·哀公十五年》'大命陨队,绝世于良',杜《注》:'绝世,犹弃世。'又见《论语·尧曰》:'兴灭国,继绝世。'又见《礼记·中庸》:'继绝世,举废国。'"②魏启鹏释为"绝祭",并引《老子》"善建者不拔,善抱者不脱,子孙以祭祀不绝"。《说苑·节士》"至于身死,废子道,绝祭祀,不可谓孝"为说③。按,周凤五说是。

(31) 毋由〈故(怙)〉富: 简文"由"本从攵,诸家或读"抽"(训展示)、"妯"(训动)、"逐"(训争求)、"偷"(训苟且)、"聚"(训聚敛)、"育"(训畜养)等④。张新俊则指出,字当隶定作"故",读为"怙",训为依恃,并引《左传》昭公元年:"无礼而好陵人,怙富而卑其上,弗能久矣。"定公四年:"无始乱,无怙富,无恃宠,无违同,无敖礼,无骄能,无复怒,无谋非德,无犯非义。"为证⑤。按,张氏说释义是,惟其字本从"由"(即本篇简1"多问因由"之"由"),当视为"故"字之讹。"由""古"二字在楚简中形近,容易混讹。

(32) 毋倚贤: 简文"贤"字原省"贝"。"倚"字,原从力,可声,杨泽生、魏启鹏读为"诃"或"呵",训为斥责;陈伟武读为"苛",训为烦、

---

① 马承源编:《上海博物馆藏战国楚竹书(三)》,第308页;陈斯鹏:《上海博物馆藏竹简〈彭祖〉新释》,《华学》第七辑,第162页。
② 周凤五:《上海博物馆楚竹书〈彭祖〉重探》,《南山论学集——钱存训先生九五生日纪念》,第14页。
③ 魏启鹏:《楚简〈彭祖〉笺释》,《新出楚简国际学术研讨会会议论文集(上博简卷)》,第291—292页。
④ 读为"抽",见杨泽生《上博竹书第三册零释》,简帛研究网,2004年4月29日;读为"妯",见魏启鹏《楚简〈彭祖〉笺释》,《新出楚简国际学术研讨会会议论文集(上博简卷)》,第292页;读为"逐",见陈斯鹏《上海博物馆藏竹简〈彭祖〉新释》,《华学》第七辑,第162页;读为"偷",见陈伟武《读上博藏第三册零札》,《华学》第七辑,第177页;读为"聚",见周凤五《上海博物馆楚竹书〈彭祖〉重探》,《南山论学集——钱存训先生九五生日纪念》,第14页;读为"育",见黄人二《读上博藏简彭祖后》,《上海博物馆藏战国楚竹书(三)研究》,第177页。
⑤ 张新俊:《上博〈彭祖〉"毋怙富"解》,2004年全国博士学术论坛论文,武汉大学,2004年10月;又见《上博楚简文字研究》,吉林大学博士学位论文,2005年。

扰;黄人二释为"堕",并引《荀子·成相》"愚暗愚暗堕贤良"为说;季旭昇读为"夸";周凤五读为"倚",训为仗、恃,并谓"倚贤"有二解,一是自负贤能而不纳谏,二是听信贤者而大权旁落;陈斯鹏亦读为"倚",谓"倚贤"即"任贤",但又疑可读为"阿",训为近、私①。鹏按,当从周凤五读为"倚贤",并疑其前解近是②。"毋倚贤"指君主自恃贤能而不与众共治。《尹文子》云:"天下万事,不可备能。责其备能于一人,则贤圣其犹病诸。设一人能备天下之事,左右前后之宜③、远近迟疾之间,必有不兼者焉。苟有不兼,于治阙矣。"又说:"所贵圣人之治,不贵其独治,贵其能与众共治;贵工倕之巧,不贵其独巧,贵其能与众共巧也。今世之人,行欲独贤,事欲独能,辩欲出群,勇欲绝众。独行之贤,不足以成化;独能之事,不足以周务;出群之辩,不可为户说;绝众之勇,不可与征阵。凡此四者,乱之所由生。"④《管子·心术上》也说:"强不能遍立,智不能尽谋。"意旨略同,皆稷下道家"毋倚贤"之说。"倚贤"与上文"恃富"对文,作者盖以"贤""富"为拘蔽人心之概念,故有此说。

(33) **毋向(尚)桓(斗)**:简文原作"毋向桓"。杨泽生释为"毋相短"或"毋相渎";陈斯鹏读为"毋向斗",以"向斗"犹"尚战";孟蓬生、黄人二读为"毋向(或向)竖",即勿亲近小人之意;魏启鹏释为"毋向短",训"短"为短见;季旭昇读为"毋尚树",谓"尚树"即崇尚建树;

---

① 见杨泽生:《上博竹书第三册零释》,简帛研究网,2004年4月29日;魏启鹏:《楚简〈彭祖〉笺释》,《新出楚简国际学术研讨会会议论文集(上博简卷)》,第292页;陈伟武:《读上博藏简第三册零札》,《华学》第七辑,第177页;黄人二:《读上博藏简彭祖书后》,《上海博物馆藏战国楚竹书(三)研究》,第177页;季旭昇:《上海博物馆藏战国楚竹书(三)读本》,第270页;周凤五:《上海博物馆楚竹书〈彭祖〉重探》,《南山论学集——钱存训先生九五生日纪念》,第14页;陈斯鹏:《上海博物馆藏竹简〈彭祖〉新释》,《华学》第七辑,第162页。
② 按,《庄子·天下》称田骈、慎到"笑天下之尚贤",简文"毋倚贤"若解为听信贤者而大权旁落,即稷下道家弃人治而尚法治之说。
③ 按,今本"左右前后"之前有"能"字,盖涉上而衍。
④ 王启湘:《尹文子校诠》,《周秦名家三子校诠》,世界书局,1978年3月再版,第25、26—27页。

周凤五则释为"毋易树",即"无易树子",指贵族立嗣之后不得擅易①。鹏按,陈斯鹏说近是,"毋向桓"疑读为"毋尚斗"。"斗"一作"鬥",与简文"桓"皆从"豆"声,可以通假②。季旭昇指出:"'向'疑读为'尚',《说文》以为'尚'从'向'声。尚,崇尚也。"③按,"尚""向"皆为阳部字,古籍中亦见通假之例④,季旭昇说可从。《说文》:"尚,曾也,庶几也。从八,向声。"段《注》:"曾,重也;尚,上也,皆积累加高之意,义亦相通也。"⑤简文"尚"训为好、崇尚,乃其义之引申。《国语·晋语八》:"其为人也,刚而尚宠。"韦昭《注》:"尚,好也。好自尊宠。"尚斗即好斗、好战之意。

(34) 弎(三)拜旨(稽)首:整理者释为"二拜稽首",诸家多从之,杨芬云:"'弎拜稽首',犹言再拜稽首。"陈斯鹏更谓:"二拜,金文及传世古书作'再拜'。此作'二拜'颇为特别。以前一般认为上古汉语动词前加'再'不加'二'(按,引王力《汉语史稿》),现在看来是太绝对化了。这是新材料带来的新认识。"⑥周凤五释简文"弎"为"三"并指出:"'二'与'再'虽为同义词,但上古文献有'再拜'无'二拜',考虑上古汉语构词法与使用的习惯,此处不能读作'二拜'。且上文'二命'之'二'从弋,从一,此字从弋,从二,当释作'三'。《左传·僖公十五年》'晋大夫三拜稽首'是其证。"⑦按,周凤五说是。

---

① 杨泽生:《上博竹书第三册零释》,简帛研究网,2004年4月29日;陈斯鹏:《上海博物馆藏竹简〈彭祖〉新释》,《华学》第七辑,第163页;孟蓬生:《〈彭祖〉字义疏证》,简帛研究网,2005年6月21日;黄人二:《读上博藏〈彭祖〉简札后》,《上海博物馆藏战国楚竹书(三)研究》,第177页;魏启鹏:《楚简〈彭祖〉笺释》,《新出楚简国际学术研讨会会议论文集(上博简卷)》,第292页;季旭昇:《上海博物馆藏战国楚竹书(三)读本》,第270页;周凤五:《上海博物馆楚竹书〈彭祖〉重探》,《南山论学集——钱存训先生九五生日纪念》,第14页。
② 陈斯鹏:《上海博物馆藏竹简〈彭祖〉新释》,《华学》第七辑,第163页。
③ 季旭昇:《上海博物馆藏战国楚竹书(三)读本》,第270页。
④ 参考高亨:《古字通假会典》,齐鲁书社,1989年7月,第296页。
⑤ 段玉裁:《说文解字注》,第49页。
⑥ 杨芬:《上博简〈彭祖〉〈亘先〉〈中弓〉集释》,第22页;陈斯鹏:《上海博物馆藏竹简〈彭祖〉新释》,《华学》第七辑,第163、164页注25。
⑦ 周凤五:《上海博物馆楚竹书〈彭祖〉重探》,《南山论学集——钱存训先生九五生日纪念》,第14页。

第二节　从《彭祖》之思想特征论其学派归属

陈斯鹏以为竹书《彭祖》乃先秦道家佚籍,赵炳清以此篇为稷下黄老道家之作品[①]。周凤五更明确指出,全篇内容夹杂儒、道,篇中"心白身怿"一语和《管子·白心》及《庄子·天下》所述宋钘一派有关。他说:

> 第六简"心白身怿"四字,其用语、思想明显与《管子》书中"白心"之说有关。然则本篇可能与"稷下"有关,不妨假设其为稷下学派的产物,或至少受到"稷下"的影响。巧合的是,《郭店楚墓竹简》以儒家典籍《性自命出》《缁衣》《五行》《尊德义》《六德》《成之闻之》等六篇为主,与道家典籍《老子》三种同出,且在上述儒家典籍中也出现了"心术"[②]"内业"[③]等见于《管子》篇名的用语。众所周知,《管子》书的《心术上》《心术下》《白心》《内业》四篇是稷下学派的重要思想资料。上博楚竹书与郭店这两批竹简,反映的究竟是个别现象抑或战国晚期学术的共同趋势?值得深入探究。[④]

今试从竹书的思想特征,具论楚竹书《彭祖》所属学派。

若将楚竹书《彭祖》放在学术史的发展轨迹中观察,不难看出此篇的时代及学派归属。竹书之思想可归纳为以下七项要点:

1. 以天地人之关系若经纬、表里,不能偏废,但仍强调天道。周凤五指出:本篇"主张似以儒家思想为主。但从彭祖、耇老二人问

---

① 陈斯鹏:《上海博物馆藏竹简〈彭祖〉新释》,《华学》第七辑,第156页;赵炳清:《上博三〈彭祖〉篇的性质探析》,简帛研究网,2005年11月20日。
② 周文原注:"《性自命出》简14:'凡道,心术为主。'"
③ 周文原注:"《性自命出》简54:'独处而乐,有内业者也。'此外,《性自命出》简63:'貌欲庄而毋废,欲柔齐而泊',下'欲'字上或可补'心'字,读作'心欲柔齐而泊',则似与'白心'之说有关。"关于儒家的"内业"说,参本书附录二。
④ 周凤五:《上海博物馆楚竹书〈彭祖〉重探》,《南山论学集——钱存训先生九五生日纪念》,第11、13、15页。

答的过程来考察,彭祖所欲阐述的显然是'天道'而非'人道'。因此,本篇虽以儒家思想为主,但不排斥道家,甚至有'扬道抑儒'的倾向"①。

2. 论君王应无为。简文云:"倍者不以,多务者多忧,贼者自贼也。"即今本《老子》第57章所谓"天下多忌讳,而民弥贫;民多利器,国家滋昏;人多伎巧,奇物滋起;法令滋彰,盗贼多有。故圣人云:我无为而民自化,我好静而民自正,我无事而民自富,我无欲而民自朴。"

3. 强调处世之敬慎谦恭,如简文云"愍于祶尝""戒之毋骄""慎终保劳""恖恖之谋不可行",篇中借彭祖之口反复申告远尤、远祸、远咎以及篇末"一命二俯"一段所论,皆有此意。先秦儒、道二家咸主张处世应敬慎谦恭,《老子》尤其重视这点,如云:"江海所以能为百谷王者,以其善下之,故能为百谷王。是以欲上民,必以言下之;欲先民,必以身后之。""豫兮若冬涉川,犹兮若畏四邻,俨兮其若客,涣兮若冰之将释。""富贵而骄,自遗其咎。""民之从事,常于几成而败之。慎终如始,则无败事。"由上述三点可以确定竹书的思想基调为道家,当为服膺老子学说者所作。

4. 倡导等级名分乃人之纲纪,必须遵守,即简文"父子兄弟,五纪毕周,虽贫必攸;五纪不正,虽富必失。"白奚曾指出,道家老、庄一派主张平等,并不特别强调伦理名分,稷下道家则颇以等级名分乃天经地义,必须遵守,如马王堆帛书《经法》《称》认为遵守名分谓之顺,违背名分谓之逆,对逆顺之道极为重视,并作了大量的阐述,如"五逆""六逆""六顺""六危"等。《经法·大分》云:"凡观国,有六逆:其子父,其臣主,虽强大不王。……主两则失其明,男女争威,国有乱兵,此谓亡国。"《称》:"臣有两位,其国必危。""子有两位者,家必乱。"②由此可推论《彭祖》"五纪"之说乃援儒入道,作者与稷下道家有关。

---

① 周凤五:《上海博物馆楚竹书〈彭祖〉重探》,《南山论学集——钱存训先生九五生日纪念》,第11页。
② 白奚:《稷下学研究——中国古代的思想自由与百家争鸣》,三联书店,1998年9月,第122—123页。

5. 重视"心"之认识功能,并涉及如何排除外在干扰,恢复心的本然状态,如简文"执心不芒"与"远虑用素,心白身怿"呼应①,皆认为人应守心不昧,抛弃智巧而纯任本心。"白"可引申为"空素之意"②。《说文》:"素,白致缯也。"引申为事物之本然,《庄子·刻意》云:"素也者,谓其无所与杂也。"白奚指出,把作为认识主体的"心"当作特定的对象来考察,标志着哲学认识的深化。战国中期前的《论语》《老子》《墨子》虽用"心"字,但都不是独立的哲学概念,要到战国中后期,庄、管、孟、荀等书均把"心"引入认识论,"心"才成为重要的哲学概念。在认识论关注的重点上,春秋末期到战国早期,学者关心的是知识的来源及求知的途径等问题,战国中期后,则着重探讨两方面的问题:一是妨碍正确认识的因素是什么,二是"心"处于什么状态才能获得正确认识。关于后者,战国中期之后的大部分学者都认为是主观的偏见和成见造成自我中心,导致认识上的偏差③。宋钘提出"别宥""白心"之说,深化了这方面的讨论④。《庄子·天下》云:"不累于俗,不饰于物,不苟〈苛〉于人,不忮〈伎〉于众。愿天下之安宁,以活民命。人我之养,毕足而止。以此白心,古之道术有在于是者,宋钘、尹文闻其风而悦之,作为华山之冠以自表,接万物以别宥为始。"⑤别宥即去囿,谓人心有所拘囿,当辨而去之也⑥。《吕氏春秋·去宥》《去尤》两篇为宋钘学派遗说⑦,《去宥》云:"凡人必别宥然后知,别宥则能全其天矣。"凡此皆欲去除人心囿限,达到"白心"⑧之

---

① 按,此点周凤五前揭文已指出。
② 见朱骏声《说文通训定声》,中华书局影印临啸阁刻本,1984年6月,第464页。
③ 参考白奚《稷下学研究——中国古代的思想自由与百家争鸣》,第104—107页。
④ 刘节在《管子中所见之宋钘一派学说》已指出:"古代人是以'文'与'德'说心,同时也从'文德'说社会文化。于是有'远人不服,则修文德以来之'的说法。越到后来,知道文德的基本发祥地是'心',所以孔子之后,对于心的研究越加普遍与深刻。其代表的人物是孟子与宋钘。"说见《刘节文集》,中山大学出版社,2004年11月,第194页。
⑤ 按,引文"苟"为"苛"之误,"忮"读为"伎",见本书上编第一章第一节。
⑥ 顾实:《庄子天下篇讲疏》,台湾商务印书馆,1980年12月,第44—45页。
⑦ 陈奇猷《吕氏春秋校释》指出:"此篇(指《去尤》)及《去宥》为料子、宋钘、尹文等流派之言也。"按,其说是,惟"料子"即"宋子"之误,说见本书上编第一章第三节。关于《去尤》《去宥》之学派归属及著成时代参考上编第六章第三节。
⑧ 按,《经典释文》:"白心,崔云:明白其心也。"

目的,而与简文"远虑用素,心白身怿"意旨相通。周凤五指出简文"心白"一语与宋子一派有关,可谓只眼独具。战国晚期的荀子、韩非子虽然极力反对宋钘"情欲寡浅"及"见侮不辱"之说,但皆吸收并发展宋子"别宥"之理论,荀子所谓"蔽",韩非所谓"前识"皆为人心之囿。

6. 认为少欲乃人之本性,反对过度的行为与要求。此牵涉简文"泰匡之愈,难以遣欲"的理解问题。简文是说泰奢盈满之行为,会使人误以己之欲为多,而难以遣去贪欲,成为人心之囿限。此二语隐含人之情欲寡而不欲多的假设,合于文献中所述宋钘学说。宋钘所要破除人心之囿限主要有两方面,其一即人自以为本性多欲。《庄子·天下》谓宋钘"以情欲寡浅为内",又引其言曰:"请(情)固欲置〈寡〉①,五升之饭足矣,先生恐不得饱,弟子虽饥,不忘天下。"《荀子·正论》:"子宋子曰:'人之情欲寡,而皆以己之情为欲多,是过也。'故率其群徒,辨其谈说,明其譬称,将使人知情之欲寡也。"②先秦诸子多主张在合理范围内节制欲望,宋钘则认为人的本性欲寡而不欲多。从这种观点出发,只要恢复人的自然本性,就没有贪欲,自然也就不需节欲③。从人性实然的角度看,这种理论将人类欲求的差异性泯除,并将之降到仅足以维持生存的程度,所以荀子批评他"有见于少,无见于多"(见《天论》),"蔽于欲而不知得(德)"(见《解蔽》)。《荀子·正名》则说:"凡语治而待去欲者,无以道(导)欲而困于有欲者也;凡语治而待寡欲者,无以节欲而困于多欲者也。"都是针对此点而发。《孟子·尽心下》云:"养心莫善于寡欲。其为人也寡欲,虽有不存焉者,寡矣;其为人也多欲,虽有存焉者,寡矣。"孟子虽未必同意宋钘人之情欲寡之假设,但其"养心莫善于寡欲"一语在修养论上颇与宋子相通④。

---

① 关于此句之释读,参考本书上编第一章第一节。
② 按,"情之欲寡"今本作"情欲之寡",此依王念孙《读书杂志》校改(杨倞《注》已指出或作"情之欲寡")。
③ 参考白奚《稷下学研究——中国古代的思想自由与百家争鸣》,第197页。
④ 按,刘节《管子中所见之宋钘一派学说》谓:"宋子的情欲寡浅说,正适与孟子的'养心莫善于寡欲'一说相合。"

7. 反对争斗攻战,即篇末所云"毋尚斗"。前文论宋钘所欲破人心之囿,在内即自以为本性欲多,在外则为荣辱。荣辱之囿既破,则可寝兵无斗。《庄子·逍遥游》谓宋子"举世而誉之而不加劝,举世而非之而不加沮,定乎内外之分,辨乎荣辱之境"。同书《天下》谓其"见侮不辱,救民之斗,禁攻寝兵,救世之战。""以禁攻寝兵为外"。《荀子·正论》亦引子宋子曰:"明见侮之不辱,使人不斗。人皆以见侮为辱,故斗也;知见侮之为不辱,则不斗矣。"《韩非子·显学》云:"宋荣子之议,设不斗争,取(趣)不随仇,不羞囹圄,见侮不辱,世主以为宽而礼之。"《孟子·告子下》并载宋子欲游说秦、楚罢兵,以行动实践其反斗寝兵之主张。

通过以上的讨论,笔者认为楚竹书《彭祖》当为宋钘一派遗著。《汉书·艺文志》小说家"《宋子》十八篇",班固自注云:"孙卿道宋子。其言黄老意。"① 从《庄子·天下》等先秦文献所述宋钘学说及楚竹书《彭祖》看,涉及养生者极少,盖宋子一派有取于老学者独多,钱穆已通过文献所述宋子之说与《老子》互相印证②(见本书下编第八章第一节),此不赘言。

楚竹书《彭祖》出现典型的儒家思想③,如"五纪毕周"之重视名分伦理,又如"一命二俯"一段暗引正考父铭(见《左传》昭公七年及《史记·孔子世家》),也颇让人怀疑此篇为儒家学者所作。关于前者,前文已指出,《彭祖》"五纪毕周"与马王堆帛书《经法》《称》维护等级名分之主张,皆稷下学者援儒入道之论;至于后者,则可举《庄子·列御寇》为说。《列御寇》亦引此正考父铭,但从正、反申说,其文作"正考父一命而伛,再命而偻,三命而俯,循墙而走,孰敢不轨!如而夫者,一命而吕巨,再命而于车上儛,三命而名诸父,孰协唐、许"。简文与之相较,语句整饬,且在"一命""二命"等句下加以论断之语。可见道家之寓言不独依

---

① 班固:《汉书》,中华书局点校本,1962 年 6 月,第六册,第 1744 页。
② 参考钱穆:《宋钘考》,《先秦诸子系年》,东大图书公司,1999 年 6 月,第 375—376 页。
③ 魏启鹏《楚简〈彭祖〉笺释》一文指出:竹书《彭祖》惟"怵惕之心不可长,远虑用素,心白身泽"一语稍涉及养生之术,且含稷下黄老意。值得注意的是,简文主旨有较浓的儒家思想色彩。

托儒家孔、颜,亦取其言而改造之①。战国中后期,因受政治大一统氛围之影响,各家学说尚融合,儒、道两大学派既对立又互相影响,著作难免印上他派之思想印记,且在部分论题上,二家往往皆有涉及。观《汉志·诸子略》儒家中有《内业》十五篇,稷下道家代表作之一的《管子·内业》亦以此为名,于此可思过半矣②。

关于上海博物馆所藏战国楚竹书之年代,李学勤有较深入的考察,他说:

> 上博简有一种现题为《柬大王泊旱》,"柬大王"即楚简王,卒于公元前408年。上博简包括这个王谥,自然不能更早。简王的轶事成为一种文献流传,可能要在他身后若干年,把简的整体年代估计在战国中期后段以下较为合理。与这批简同时,有一些丝织品流散,传说出于一墓。其刺绣技法、纹饰都和江陵马山一号墓的出土品相若,很可能属于同时。马山一号墓的时代,发掘报告云:"为战国中期偏晚或战国晚期偏早,约公元前340年之后,至公元前278年。"因此,我们估计上博简所出的墓,时代为战国中期偏晚到晚期偏早,简的书写时代也不出此限。③

竹书的书写、流传年代必定晚于著成时代。由此推论,《彭祖》的著成年代当在战国中期(可能早于公元前340年)。宋钘之生卒年约数,据顾实所考为公元前382年至305年④,适与上博竹书的著作及流传

---

① 按,《庄子》一书尤擅此道。如《庄子·知北游》:"天地有大美而不言,四时有明法而不议,万物有成理而不说。"郭象注云:"此孔子所以云'予欲无言'。"即《论语·阳货》:所载孔子语"天何言哉,四时行焉,百物生焉,天何言哉!"又如《论语·微子》:"楚狂接舆歌而过孔子曰:凤兮!凤兮!何德之衰?往者不可谏,来者犹可追……。"在《人间世》描述相同情节,楚狂接舆之语却变成"来世不可待,往世不可追也。"既否定往世,也不寄望来世。参考拙著:《从神话素材的再创造论〈庄子〉的文学表现》,《中国文学研究》第14期(2000年5月),第253—254页。

② 按,马国翰定《管子·内业》即《汉志》儒家类之《内业》十五篇;梁启超则以今本《管子·内业》为十五篇中之一篇。关于儒家《内业》十五篇及《管子·内业》的关系及其学派归属,参考本书上编第五章第二节及附录二。

③ 李学勤:《孔孟之间与老庄之间》,《新出土文献与先秦思想重构》,台湾古籍出版社,2007年8月。

④ 顾实:《庄子天下篇讲疏》,第128页。关于宋钘年世之讨论,详见本书下编第七章第一节。

时代相合。本篇竹书从字体上看,应是楚国的文本①。宋钘一派学说在战国中晚期盛行于楚;还有一项旁证,即《孟子·告子下》载:"宋牼将之楚,孟子遇于石丘,曰:'先生将何之?'曰:'吾闻秦、楚构兵,我将见楚王,说而罢之;楚王不悦,我将见秦王,说而罢之。二王我将有所遇焉。'"可知宋子曾入楚游说,然其说必定传布于楚地。

第三节 论《彭祖》之体制特色——兼论《宋子》入小说家

一、前人对《宋子》入《汉志》小说家之解释

对于《汉书·艺文志》将《宋子》十八篇归入小说家,前人颇有疑问,如张舜徽云:"考《庄子·天下篇》以宋钘与尹文并论;《荀子·非十二子》将墨翟与宋钘同讥;是宋子在战国时,固一大名家也。故孟子与之对语,称之为先生;而《荀子》书中,两引宋子,又两引子宋子;其为人尊重复如此。不解其十八篇之书,何以入之小说?此殆后人撰集而托名于宋子者,其言浅薄杂乱,不主一家,故归诸小说家耳。使如班《注》所云'言黄老意'而甚专深,则必入道家矣"②。钱穆以宋、尹并称而《尹文子》入名家,从而推论"名家者流,大率取譬相喻,务在众晓,故《汉志》评小说家曰'街谈巷语,道听途说者之所造',此宜与名家为近。荀子讥宋说,亦以入溷擩豕为譬,亦宋子书多此类,所以归之小说家,而实与当时名家辨士白马非马之论相通流也"③。顾颉刚也怀疑:"宋钘上承儒、墨、杨三大学派而调和之,又下开尹、告、孟、荀之学,其魄力伟矣,顾《汉书·艺文志》乃列《宋子》十八篇于

---

① 周凤五:《上海博物馆楚竹书〈彭祖〉重探》,《南山论学集——钱存训先生九五生日纪念》,第 11 页。
② 张舜徽:《汉书艺文志通释》,华中师范大学出版社,2004 年 3 月,第 341—342 页。
③ 钱穆:《宋钘考》,《先秦诸子系年》,第 376 页。

小说家中,与浅薄之《伊尹》《师旷》,方士依托之《黄帝》《周说》同列,其何故也?"他从《吕氏春秋·去尤》《去宥》所录寓言得到启示(顾氏以二篇为宋钘一派著作,参看本书上编第六章第三节):

> 此类故事,想《宋子》十八篇中必在不少。以其突梯滑稽,类于市井之谈,遂使刘向、歆校书时视为不雅驯而抑之。观其《序录》曰:"小说家者流盖出于稗官,街谈、巷语、道听、涂说者之所造也。……闾里小知者之所及,亦使缀而不忘;如或一言可采,此亦刍荛狂夫之议也。"盖以形式观《宋子》,诚闾里小知矣。班固虽注云:"孙卿道宋子,其言黄、老意。"其眼光已超出形式主义,然终不敢援之以入道家,则高文典册专制之害也。原宋钘之所以如是,原非淳于髡、东方朔之流之好为滑稽,乃含有通俗文学之意,取其为群众之生活常情,适其听闻,便于借以宣传己所见到之真理。《天下篇》云:"以此周行天下,上说下教,虽天下不取,强聒而不舍者也,故曰'上下见厌而强见'也。"知其不独游说君主,亦复向人民大众说教,假事于邻父、邻子则最易得人了解。①

按,顾氏说是。《汉志》小说家虽多依托之作,但因托之对象多为上古之圣王(如黄帝、汤)及帝师(如务成子、伊尹、鬻子),且小说十五家之书,班固俱见,若其为后人依托之作必于自注说明②,故《宋子》未必如张舜徽所言为"后人托名"之作。钱穆认为宋钘之说与名家合流,乃受《新论·九流》影响③,其说恐非。《汉志》将《尹文子》及《宋子》分别归入名家及小说家有不同的考虑标准,前者着眼于思想内涵,后者则着眼于体制特色,钱穆以"名家者流,大率取譬相喻,务在众晓"解释《宋子》书入小说家,较为含混。战国晚期已有将宋钘学说视为名辨之说者,此点从

---

① 顾颉刚:《宋钘书入小说家》,《史林杂识初编》中华书局,1963年2月,第294—295页。按,蒋伯潜《诸子通考·诸子著述考》亦持类似看法,唯其说简略,此不具录。
② 如《师旷》六篇,班注云:"见《春秋》。其言浅薄,本与此同,似因托也。"又如《天乙》三篇,班注:"天乙谓汤,其言非殷时,皆依托也。"
③ 《新论·九流》:"名家:宋钘、尹文、惠施、公孙、捷〔子〕之类。"("子"字依孙诒让《札迻》补)。王范之《吕氏春秋》亦据此说,将宋钘与尹文同列名家。

《荀子·正名》将"见侮不辱""情欲寡"分别归入"用名以乱名""用实以乱名"之列可以得到证明。宋钘虽受儒家影响而有"正名"之主张(参考本书下编第七章第二节),但他提出"情欲寡""见侮不辱"乃着眼于救世之弊,与惠施、公孙龙等名辨之言大异其趣,其学说是否可径目为名家,不无可疑。战国后期名辨之学大盛,尹文一派学者由道家转入名、法,宋钘学说可能在此时为该派学者改造,而与墨辩、名家之言合流,是以荀子有上述之批评。

二、从《彭祖》论《汉志》小说家"依托"之特质

楚竹书《彭祖》如前节所说,为宋钘一派遗书。若进一步分析该篇之体制,对于《汉志》小说家之特质及班固为何将《宋子》归入小说家之缘由,可以得到较清楚的认识。《彭祖》之体制特色有二,一是假借上古圣君贤臣之对话铺陈思想义理,二是全篇对话以四言韵语为主,类似箴铭体。前者之手法即《庄子》中"藉外论之"之"寓言""重言",多见于道家、小说家之著作。先秦道家著作中,以《庄子》最擅长假托人物以寄理。此外,马王堆帛书《老子》乙本卷前佚书《经》中有多章假托黄帝君臣之对话论说君道①,而抄于帛书《老子》甲本卷后之《伊尹·九主》则依托汤与伊尹畅谈君王治国之得失。《汉书·艺文志》所录小说十五家之书虽皆不存,但从班固自注中,可知依托古人之作不少,如《伊尹说》《鬻子说》《师旷》《务成子》《天乙》《黄帝说》等。《宋子》在《汉志》中入小说家,前文以竹书《彭祖》为宋钘一派遗著,其依托人物之手法适与上述诸书同。

班固于《汉志》自注往往以言语浅薄、非古语或依托称小说家书,顾实批评曰:"必文章尔雅,通一经之士不能晓,而后为古耶?则汉武、新莽优为之,此吾所以愈不能释然于班氏之言也。"②笔者以为班固所云"非古语"乃疑诸书非上古圣贤自著,或后人假借其名以作书,或依托人物问答铺陈义理。值得注意的是,所论诸书之非古,重点在"依托",此

---

① 见《观》《五正》《果童》《正乱》《姓争》《成法》《顺道》等章。
② 顾实:《汉书艺文志讲疏》,广文书局,1995年10月再版,第169页。

点颇可作为《汉志》小说家的特征之一①。《汉志·诸子略》九家所分标准俱为学说内涵,小说家未有明显学派特征,若必谓有之,则为依托问答、汇聚杂说②,此既从形式着眼,则往往与其他诸家界限不清③。

从《汉志·诸子略》之分类来看,道家有《伊尹》五十一篇、《鬻子》二十二篇及以黄帝题名者四种(《黄帝四经》四篇、《黄帝铭》六篇、《黄帝君臣》十篇、《杂黄帝》五十八篇);与此对应,小说家有《伊尹说》二十七篇、《鬻子说》十九篇、《黄帝说》四十篇,篇数皆不能吻合,必非一书④。归入道家之诸书可视为该派之经,小说家诸书则为对《伊尹》《鬻子》《黄帝》诸书等某些篇章的说解发挥,以其依托假借而失实、荟萃丛谈而流于琐碎,因此入于小说家。

《汉志》所录部分小说家著作与黄老道家关系密切⑤。班固于《宋子》著录下引荀子之说,谓"其言黄老意",从竹书《彭祖》来看,可知其说有据。《宋子》以思想论虽属道家,但可能因为书中此类依托之篇章,被

---

① 叶岗指出,刘向、班固等人认为史书唯有"直言""据行事""仍人道""论本事",才能不"失其真"。对于史书的这种看法直接影响到他们对小说家"违实"之特点,遂导致《汉志》排除小说于诸子"可观者"之列。说见《中国小说发生期现象的理论总结——〈汉书·艺文志〉中的小说标准与小说家》,《文艺研究》2005年第10期,第73—74页。
② 按,《汉志》小说家著作"汇聚杂说"者如《周考》《青史子》《百家》等。
③ 胡应麟《少室山房笔丛》卷29云:"小说,子书流也,然谈说理道或近于经,又有类注疏者;记述事迹或通于史,又有类志传者。……至于子类杂家,尤相出入。郑氏谓古今书家所不能分有九,而不知最易混淆者小说也,必备见简编,穷究底里,庶几得之,而冗碎迂诞,读者往往涉猎,优伶遇之,故不能精。"
④ 顾实在《汉书艺文志讲疏》辨道家《伊尹》与小说家《伊尹说》非二书,其说云:"道家名《伊尹》,此名《伊尹说》,必非一书。礼家之《明堂阴阳》与《明堂阴阳说》为二书,可比证。然亦可明道家、小说家一本矣。"张舜徽《通释》则认为:"伊尹有书五十一篇,见前道家。与此不同者,一则发摅道论,一则荟萃丛谈也。"
⑤ 见卢世华、楚永桥:《黄老之学与〈汉志〉小说家》,《湖北大学学报(哲学社会科学版)》第26卷第2期(1999年3月),第56—60页。按,前揭文将《汉志》小说家除《臣寿周纪》《周考》之外的十三家都说为与黄老道家有关,但依愚见,《百家》《师旷》及《青史子》当排除在外。《百家》依袁行霈《〈汉书艺文志〉小说家考辨》(载《文史》第七辑)所考,乃刘向校书时汇集各家书中"浅薄不中义理"的片段而成的,既为杂志性质,则未可说为黄老一派著作。"兵书略"兵阴阳家之《师旷》与小说家之《师旷》关系不明,若据后文之讨论,可知此书记录师旷言行,未必与黄老有关。《青史子》犹存三则佚文(见鲁迅《古小说钩沉》《中国小说史略》引),一述古代胎教,一说巾车教之道,一讲鸡祀,有两条内容还见于《大戴礼记·保傅》,疑本为儒家经说,但以其琐碎、无关乎义理而入小说家,更与黄老无涉。

刘向、班固等汉代学者认为迂诞失真,是以归入小说家。

三、论《汉志》小说家之成立背景

《汉志》"小说"一类之成立与战国至汉代传、说著作兴盛之学术背景有关。先秦诸子著作中,《墨子》有《经》《说》,《韩非子》则有《内储说》《外储说》《说林》。以《韩非子》为例,其"经"的部分首先概括指出所要说的事理,然后用"其说在某事"的简单词句,略举传说条目为证;"说"的部分则把经文中所举的传说条目逐一详叙。值得注意的是,学者指为宋子学派著作的《吕览·去尤》《去宥》两篇犹留有此种经说分立的遗迹。顾颉刚云:"《吕氏春秋·有始览》有《去尤篇》,末云:'解在乎齐人之欲得金也,及秦墨者之相妒也,皆有所乎尤也。'此两事皆见《先识览·去宥篇》,一若《去宥》为《去尤》之传者。"[①]

在战国楚竹书中,也有不少属于儒家传、说之作品,周凤五曾指出,郭店《忠信之道》、上博竹书《从政》《昔者君老》与《论语》所记子张相关诸章关系密切,可以假设这些竹书是儒家后学传习《论语》的记录或《论语》原始材料的记载[②]。郭店的《语丛一》《语丛二》及《语丛三》为短小语录,其内容论性情、德行,与竹书《性自命出》《五行》诸篇相表里。李零认为,其形式类似古代注解,盖杂录先儒之说,以备诸篇之"说"[③]。此外,笔者亦曾撰文指出,上海博物馆所藏楚竹书《子羔》可能为儒家学者研习《诗·大雅·生民》之传[④]。

道家部分,上述《黄帝铭》《黄帝君臣》《杂黄帝》三书,从其名称看,当属于黄老学派的传、说,其依附之对象可能即《汉志》之《黄帝四经》,以西汉前期学风尚黄老,其内容又不若小说家《黄帝说》浅薄,故未入小说家。马王堆帛书《经》篇之《观》《五正》《果童》《正乱》《姓争》《成法》《顺道》诸章假借黄帝与其臣力黑、阉冉、果童之问对为说,疑此篇非近

---

① 顾颉刚:《宋钘书入小说家》,《史林杂识初编》,第 293 页。
② 周凤五:《读上博竹书〈从政〉甲篇札记》,《上博馆藏战国楚竹书研究续编》,上海书店,2004 年 7 月,第 188—189 页。
③ 李零:《郭店楚简校读记(增订本)》,第 156—157 页。
④ 见拙文《战国楚竹书〈子羔〉篇复原刍议》,《上博馆藏战国楚竹书研究续编》,第 66—67 页。

世学者所盛称之《黄帝四经》佚篇①，而为《黄帝君臣》或《黄帝说》之属。值得注意的是，上述七章中有五章与力黑有关，而"力黑"即"力牧"②，《汉志》道家类有《力牧》二十二篇，班固自注："六国时作，托之力牧。力牧，黄帝相。"亦与《黄帝君臣》同类，颇疑帛书《经》有关力牧诸章可能即取自《力牧》一书③。

此外，《韩非子·说林》丛聚短小传说，以为游说者之资④。郭店竹书《语丛四》以古代成语为谈资，专讲游说之道，李零、林素清将之命名为"说之道"，其内容与阴谋游说、纵横长短有关，可视为纵横家之"说"⑤。说体之功能本为"上说下教"，除作为学说传授之用外，亦具游说之性质，此点《文心雕龙·论说》所论最翔实："说者，悦也。兑为口

---

① 叶山(Robin Yates)曾对学者将马王堆帛书《经》视为《黄帝四经》提出质疑，他说："在关于黄帝的九章中，有些是托黄帝之言，有些是论他的谋士做为圣人指教一个无知而困惑的统治者。在这九章中，有些文字提示到还有别的文章未被纳入帛书之中，而那些文章着重探讨著者的和《经法》中所信奉的不同的哲学观念和价值(按，举《果童》一章具平等观念，与它章强调等级名分不同)。……此外，前面已提到这部书中有六章根本未言及黄帝。据此，我认为假定这些各不相同、互无联系的文章源于一本著作(按，指《黄帝四经》)是一个误解。"见《对汉代马王堆黄老帛书的几点看法》，《马王堆汉墓研究文集》，湖南出版社，1994年5月，第23页。
② 马王堆帛书整理者云："力黑，即黄帝臣力牧。敦煌所出汉简作'力墨'，古书中亦有作'力墨'、'力黑'者。"见国家文物局古文献研究室：《马王堆汉墓帛书〔壹〕》，第63页注11。
③ 裘锡圭在《马王堆〈老子〉甲乙本卷前后佚书与"道法家"——兼论〈心术上〉〈白心〉为慎到田骈学派作品》一文已指出："乙本佚书中的《十六经》也依托黄帝及其臣力牧等人，也许就包含在《杂黄帝》、《力牧》所收各篇之中。"叶山前揭文指出："高衡和童健一九七五年提过这样的意见：他们认为《十六经》中与黄帝有关的九章实为《黄帝君臣》一书。"但如同叶氏所指出的，《汉志》之《黄帝君臣》有十篇，而《经》中与黄帝相涉者仅九章，二者不能相合，高、童二氏之说似推论过度。
④ 按：王先慎《集解》引《索隐》："说林者，广说诸事，其多若林，故曰说林也。"陈奇猷《校注》云："此盖韩非搜集史料备著书及游说之用。"
⑤ 李零：《郭店楚简校读记(增订本)》，第44、51页；林素清：《郭店竹简〈语丛四〉笺释》，《郭店楚简国际学术研讨会论文集》，第390页。按，李零在前揭书(第52页)中也提到此类著作与小说家的关系，他说："古之所谓小说，本来是'街谈巷语，道听途说者之所造'，被人瞧不起，但对研究谈话技巧却很重要。《汉书·艺文志》收载的小说，估计很多都是演义类的故事或诸子百家语的发挥……它们应与口头文学更为接近。我们可以估计，其中必有许多跟谈话技巧有关的资料。"并参考张铁《语类古书研究》，北京大学中国语言文学系硕士论文，2003年5月，第15—17页。

舌,故言咨悦怿;过悦必伪,故舜惊逸说。说之善者,伊尹以论味隆殷;太公以辨钓兴周;及烛武行而纾郑,端木出而存鲁,亦其美也。暨战国争雄,辨士云踊;从横参谋,长短角势;转丸骋其巧辞,飞钳伏其精术;一人之辨,重于九鼎之宝,三寸之舌,强于百万之师;六印磊落以佩,五都隐赈而封。"①

下至汉代,经学昌盛,《汉书·艺文志·六艺略》所记西汉传、说、故、训多至七十余种,计一千三百余篇②,学者或说"尧典"二字至十余万言③。汉初流行黄老之学,《汉志》载西汉《老子》之传、说亦有四部,计五十一篇。除了《汉志·六艺略》及《诸子略》所载经师及道家之传、说外,还有一类文献值得注意,即儒家类中由刘向所采之《新序》《说苑》之属及《淮南子·说山》《说林》二篇。后者性质近于《韩非子·说林》,但其内容少故事而多杂说,不少地方似是辑录当时的格言谚语,与《说苑·谈丛》、马王堆帛书《称》最为接近(详见本章第四节)。至于刘向所序《新序》《说苑》等书,本与小说家《百家》一书来源、性质相近,《百家》诸篇乃因"浅薄不中义理"而入小说家④。屈守元说:

> 《说苑》的取材,十分广博,上自周秦经、子,下及汉人杂著,"以类相从,一一条别篇目"(见《序录》),很像后代的类书。……翻开《说苑》的《君道篇》第一章便载师旷的话,说:"人君之道……务在博爱,趋在任贤;广开耳目,以察万方;不固溺于流俗,不拘系于左右。"这段古代名言,便可能出于《汉志》著录在小说家类中的"《师旷》六篇"……名之为《说苑》,使我们很自然地联想到《韩非子》的《储说》和《说林》,刘向所序六十七篇中就还有《世说》。这些以"说"为名的典籍、篇章,它的特点往往近于讲故事。《说苑》除《谈丛》以外,大多数的章节都具有一定的故事性。通过故事讲明道

---

① 参考范文澜:《文心雕龙注》,人民文学出版社,1958年9月,第328—329页。
② 参考冯浩菲:《中国训诂学》,山东大学出版社,1995年9月,第34—35页。
③ 按,桓谭《新论》记《尚书》今文家学者秦恭,说"尧典"二字至十余万言,解"曰若稽古"四字至三万言(见《汉书·艺文志》颜师古注引)。
④ 袁行霈:《〈汉书艺文志〉小说家考辨》,《文史》第七辑,第184页。

理,一般还多采用相与往复的对话体。不仅有首有尾,而且短短的一段文字,往往波澜起伏,出现高潮。这可以说是颇具中国特色的古代"说话"形式。①

小说家《师旷》之佚篇,除屈氏所举外,鲁迅也曾指出:"《逸周书·太子晋篇》记师旷见太子,聆声而知其不寿,太子亦自知'后三年当宾于帝所',其说颇似小说家。"②此外,《韩非子·外储说右上》所载齐景公问政于师旷章,疑亦取自小说家《师旷》。《后汉书·苏竟传》:"论者若不本于天,参之于圣,猥以《师旷杂事》轻自眩惑,说士作书,乱夫大道,焉可信哉?"李贤《注》以《师旷杂事》即兵阴阳之《师旷》,并说为"杂占之书"。笔者认为《师旷杂事》当为小说家之《师旷》,其为"说士作书",并以"杂事"题名,其性质盖近于《伊尹说》《黄帝说》,乃杂记师旷之言行。至于《汉志》兵阴阳家之《师旷》,如其所言,当属"杂占之书"。

综上所论,《韩非子·说林》《储说》诸篇、《淮南子·说林》及刘向所编《新序》《说苑》,实小说之渊薮,其性质如鲁迅所云:"或托古人,或记古事,托人者似子而浅薄,记事者近史而幽缪。"③《说林》《储说》以其编入《韩非子》《淮南子》中而未被摒弃;《新序》《说苑》则因可借以感悟时主,有益教化而入儒家,皆得以传世,其命运自较《伊尹说》《师旷》《宋子》等书为善。

四、论《彭祖》与箴铭体之关系

《彭祖》全篇之对话以四言韵语为主,亦为其体制特色之一。《庄子·天下》谓宋钘"上说下教,虽天下不取,强聒而不舍者也"。知其不独游说君王,亦向大众说教,故宋子一派除依托老寿之圣贤、假事于邻人外④,以韵语编缀文句,使之朗朗上口,更易浃髓沦肤而入于人心。

---

① 屈守元:《说苑校证·序言》,收入向宗鲁《说苑校证》,中华书局,1987 年 7 月,第 2—3 页。
② 鲁迅:《中国小说史略》,《小说史论文集》,里仁书局,1992 年 9 月,第 23 页。
③ 同上书,第 9 页。
④ 参考顾颉刚:《宋钘书入小说家》,《史林杂识初编》,第 294 页。按,"假事于邻人"如《吕览·去尤》《去宥》所载"人有亡铁者,意其邻之子""鲁有恶者""邻父有与人邻者,有枯梧树"等寓言,皆取譬相喻,务在众晓。

刘节曾云：

> 在战国初期的思想家，有一种共同的风气，各家往往把自己的思想，造成韵语，作为格言。例如《吕氏春秋·知度篇》引子华子的话说："厚而不薄，敬守一事，正性是喜。群众不周，而务成一能。尽能既成，四夷乃平。唯彼天符，不周而周。此神农所以长，而尧、舜之所以章也。"又如《意林》引《慎子》，有"不聪不明，不能为王；不瞽不聋，不能为公"。而《心术》《白心》《内业》诸篇中的韵语更多。笔者以为这些韵语，原本都是宋钘、尹文的话。①

从体制上看，诸子或小说家这类浓缩的韵语格言若省去依托对话之人物及背景，即成为简练的"语"（文献常以"语曰"称引），其形式与箴铭体尤近。《汉志》谓小说家"街谈巷语，道听途说者之所造也"。"闾里小知者之所及，亦使缀而不忘。"即桓谭所说"合残丛小语，近取譬喻，以作短书，治身理家，有可观之辞"②。其所"缀"者盖为短小故事或韵语，以二者皆浅近，易动人心。

关于小说家之源流，《隋书·经籍志》所论较全面：

> 小说者，街谈巷议之说也。《传》载舆人之诵，《诗》美询于刍荛。古者圣人在上，史为书，瞽为诗，工诵箴谏，大夫规诲，士传言而庶人谤。孟春，徇木铎以求歌谣，巡省观人诗，以知风俗，过则正之，失则改之，道听涂说，靡不毕纪。《周官》诵训"掌道方志以诏观事，道方慝以诏辟忌，以知地俗"；而训方氏"掌道四方之政事，与其上下之志，诵四方之传道而观衣物"是也。

按，此说引《周礼·地官·诵训》《夏官·训方氏》及《左传》襄公十四年师旷答晋悼公语为据。胡应麟论小说种类有六：志怪、传奇、杂录、丛谈、辨订、箴规。所谓"箴规"即《家训》《世范》《劝善》《省心》之类③。盖小说既有取于"工诵箴谏"之意，故本有近于箴铭之一类。《四库全书总目》谓历代小说"迹其流别，凡有三派：其一叙述杂事，其一记录异闻，

---

① 刘节：《管子中所见之宋钘一派学说》，《刘节文集》，第209页。
② 见《文选》卷三一江文通《杂体诗·拟李都尉》李善《注》所引。
③ 胡应麟：《少室山房笔丛》，上海书店，2001年8月，第282—283页。

其一缀辑琐语也"。并论小说具"寓劝戒、广见闻、资考证"之功能①。张舜徽更谓:"顾世人咸知史钞之为钞撮,而不知小说之亦所以荟萃群言也。"②凡此所论,皆合于《汉志》小说之观念。

战国时期,道家擅长以类似箴铭之格言说教,此不独《老子》然③,前文所举稷下道家作品,如《管子·心术》《白心》等篇及马王堆帛书《称》、竹书《彭祖》皆有此一特色④。《汉志·诸子略》道家类有《黄帝铭》六篇,顾实云:"黄帝《金人铭》,见于《荀子》、《太公金匮》、刘向《说苑》;黄帝《巾几铭》,见于《路史》。是六铭尚存其二也。"⑤按,《路史·疏仡纪》引黄帝《巾几之铭》云:"毋弇弱,毋俷德,毋违同,毋敖礼,毋谋非德,毋犯非义。"⑥至于黄帝《金人铭》,今本《荀子》并无此文,顾实谓:"《太平御览》三百九十引《孙卿子》。又五百九十引《家语》孔子观金人节,《注》云:'《孙卿子》《说苑》又载也。'皆可为荀子书有黄帝《金人铭》,今本脱佚之证。"⑦《说苑·敬慎》载孔子之周,于太庙见三缄其口的金人,其背有铭曰:

　　古之慎言人也。戒之哉！戒之哉！无多言,多言多败;无多

---

① 按,关于"资考证"一项,可举《青史子》为代表。此外,《说文》两引"伊尹曰"与《吕氏春秋·本味》,学者多指为《伊尹说》之佚文,从其内容看,颇有记述名物,以资考证之意味。参考鲁迅:《中国小说史略》,《小说史论文集》,第21页;袁行霈:《〈汉书·艺文志〉小说家考辨》,《文史》第七辑,第181—182页;王庆华:《论〈汉书·艺文志〉小说家》,《内蒙古社会科学(汉文版)》第22卷第6期(2001年11月),第74页。
② 张舜徽:《四库提要讲疏》,台湾学生书局,2002年3月,第174—175页。又参考宋莉华:《清代笔记小说与乾嘉学派》,《文学评论》2001年第4期,第110—111页。
③ 关于《老子》的文体,冯友兰说是"经体"非"问答体",钱穆说是"韵化的论文",顾颉刚说是"赋体",王先进说是"格言体"。唐兰《老子时代新考》指出:"周初的无逸,是一篇将近七百字的文章。大雅的抑,是近乎格言的诗,也有四百七十多字。此外还有许多周任、史佚等遗言,这大概是老子这一类文体所从出的。"按,王先进、唐兰说是。《老子》及宋子一派著作与《金人铭》一类的箴铭体有关(说详下)。诸家对于《老子》文体的讨论,参考张扬明:《老子考证》,黎明文化公司,1995年3月再版,第254—261页。
④ 陈伟武:《试论简帛文献中的格言资料》(发表于"2008年国际简帛论坛",芝加哥大学国际学社,2008年11月)认为"格言"即"恪言"(取其谨慎、恭敬义),并从出土简帛中辑出数十则格言,详细为之疏证,可参看。
⑤ 顾实:《汉书艺文志讲疏》,第129页。
⑥ 罗泌:《路史》,第一册《后纪五》,第9页。
⑦ 顾实:《汉书艺文志讲疏·自序》,第3页。

事,多事多患。安乐必戒,无行所悔。勿谓何伤,其祸将长;勿谓何害,其祸将大;勿谓何残,其祸将然;勿谓莫闻,天妖伺人。荧荧不灭,炎炎奈何;涓涓不壅,将成江河;绵绵不绝,将成网罗;青青不伐,将寻斧柯。诚不能慎之,祸之根也;曰是何伤,祸之门也。强梁者不得其死,好胜者必遇其敌,盗怨主人,民害其贵。君子知天下之不可盖也,故后之、下之,使人慕之,执雌持下,莫能与之争者。人皆趋彼,我独守此;众人惑惑,我独不徙;内藏我知,不与人论技;我虽尊高,人莫我害。夫江河长百谷者,以其卑下也。天道无亲,常与善人。戒之哉!戒之哉![1]

据郑良树所考,《金人铭》与《老子》关系密切,有不少雷同的文字可相互印证,其时代当在春秋之季。他又指出,《老子》的作者不但引用该铭,且推崇《金人铭》,以之为教父、圣人,其著成时代应不晚于孔子[2]。取《金人铭》《巾几铭》《老子》及楚竹书《彭祖》合观,可知道家咸取箴铭"规谏御过"之思想,于人世之论多尚敬慎,并擅长编缀格言以说理。

马王堆帛书《老子》乙本卷前佚书《称》篇,体裁亦类似箴铭格言。叶山(Robin Yates)认为该篇"不是一部系统完整的著作中的一个有机的部分,而是一部引自早期文献或口头名言的格言集锦汇编。从这部汇编中,帛书其他文章的著者吸收了灵感。也就是说,这意味着其他文章著于这一格言汇编之后"[3]。李学勤进一步指出,其年代早于《慎子》[4],而与《老子》《逸周书·周祝》一脉相承[5]。该篇之所以题为"称",乃称引、称述之意,王利器云:

《管子》有《小称》篇,盖即对《称》而言,谓之小者,谦也。有如

---

[1] 参考向宗鲁:《说苑校证》,第258—259页。
[2] 郑良树:《〈金人铭〉与〈老子〉》,《诸子著作年代考》,北京图书馆出版社,2001年9月,第12—19页。按,张舜徽云:"自'老子'以前,为道论者已众,老子裒集以为一书,其言论既不出于一时,不成于一手,故前后字句多复见,且有后人附增之辞。"说见《汉书艺文志通释》,第263页。
[3] 叶山:《对汉代马王堆黄老帛书的几点看法》,《马王堆汉墓研究文集》,湖南出版社,1994年5月,第21页。
[4] 按,李氏引钱穆《先秦诸子系年》所定慎子年世(公元前350至275年)为说。
[5] 李学勤:《〈称〉篇与〈周祝〉》,《道家文化研究》第三辑(1993年8月),第241—244页。

是者，特其一隅尔。取他人之说以为己说，非掠人之美，搶人之长，盖将以为此乃天下之常言，人所共知，故人得而用之，孔子所谓"述而不作"是也。①

《称》篇之性质近于《说苑·谈丛》《逸周书·周祝》②，当为稷下学者所搜集，用来作为教学或谈资的格言录。关于《称》与《周祝》之关系，李学勤认为：祝专掌文辞，他们在工作中搜集、累积一些格言谚语，正是其职业之需要。先秦祝、史每相兼互通③，史官掌记述"成败存亡祸福古今之道"，历史经验的凝结也往往以当时流传的格言谚语表现。《汉书·艺文志》云"道家者流，盖出于史官"实际是说，道家之所以有"秉要执本，清虚以自守，卑弱以自持"的思想，乃是导源于史的经验④。老子之被传为"太史""守藏室之史""柱下史"，或亦与此有关⑤。

---

① 王利器：《吕氏春秋注疏·序》，巴蜀书社，2002年1月，第22页。
② 按，《逸周书》中有《殷祝》《周祝》二篇，朱右曾《集训校释》以为二篇乃商祝、周祝所记，故以名篇。《殷祝》叙汤放桀之事，并记汤与诸侯之誓辞。《周祝》无叙事成分，全篇辑录格言，形式多为一章十二至十五字的韵语，内容上则突出一"道"字，如"时之徙也勤以行，不知道者以福亡""天地之间有沧热，善用道者终不竭"，并涉五行、阴阳、刚柔之理及君人南面之术。
③ 李氏引孙诒让《周礼正义》为说。按，从《左传》等文献中可知春秋时代的史与祝均有参与祭祀、禳除灾祟的职能，所以祝史往往连称，如《礼记·郊特牲》："礼之所尊，尊其义也。失其义，陈其数，祝史之事也。"《左传》桓公六年："祝史正辞，信也。"祝、史负责仪式中的文辞，祝所重在口语的言辞；史则重在书面的文字记载，二者在祭仪中相辅相成。参考拙著《殷代巫觋活动研究》，台湾大学中国文学研究所硕士论文，2003年1月，第91—93、100—101页。
④ 李学勤：《〈称〉篇与〈周祝〉》，《道家文化研究》第三辑，第247—248页。
⑤ 关于老子其人其书与史官之关系可参考王博：《老子思想的史官特色》，文津出版社，1993年11月，第7—103页。

第三章 《管子·白心》校释及其学派归属探论

前文已论证战国楚竹书《彭祖》为宋钘学派遗著,本章以下将进一步讨论前人指为宋钘、尹文作品的《管子·心术》等四篇之性质及学派归属问题。

目前学界倾向将《管子·心术上》《心术下》《白心》及《内业》视为一组不可分割的作品。此看法肇于郭沫若、刘节。后人虽对二氏将《管子·心术》等四篇视为宋钘一派著作提出诸多质疑,但皆承认诸篇为思想内涵相通、学派性质一致、时代相近的一组文献(参考本书导论)。不过,学界对于此一"共识"的论证并不充分,实在需要在文献的校理基础上,分篇考证,才能提出确凿的论断。关于此点,朱伯崑在《再论〈管子〉四篇》一文中作了初步的尝试。在该文中,他主张从《管子》篇卷的分合及思想内涵,将《内业》一篇与《心术上》《心术下》及《白心》区别开来。他说:

> 《心术》《白心》既谈养生,又谈刑名,而《内业》只谈养生,不谈刑名。据此,不能将此四篇混为一谈。《管子》一书的编者,将《心术》上、下和《白心》编为一组,同《内业》区别开来,是有眼力的。①

本文即从分篇考察的角度讨论《管子·心术》等四篇的性质及学派归属问题。

笔者在讨论《白心》及《心术上》的学派归属前都列有专节校释二篇,唯《心术下》及《内业》关系密切,二篇有较多相应的段落,所以在本编第五章第一节改以对照表的方式呈现两篇文本,凡表中有改释或校正处皆以脚注说明,弥补未有专节校释二篇的缺憾。

---

① 朱伯崑:《再论〈管子〉四篇》,《朱伯崑论著》,沈阳出版社,1998年5月,第435页。

第一节 《白心》校释

　　建当(常)立有〈首(道)〉(1)：以靖为宗(2)，以时为宝，以政(正)为仪(3)，和则能久(4)。非吾仪(义)，虽利不为(5)；非吾当，虽利不行；非吾道，虽利不取(6)。上之随天，其次随人(7)。人不倡不和，天不始不随，故其言也不废，其事也不随(堕)(8)。原始计实，本其所生(9)。索其象(像)，则知其形(型)(10)；缘其理，则知其情；索其端，则知其名。故苞物众者莫大于天地，化物多者莫多于日月，民之所急，莫急于水火。然而天不为一物枉其时，明君圣人亦不为一人枉其法(11)。天行其所行，而万物被其利。圣人亦行其所行，而百姓被其利，是故万物均既(概)夸(姱)众矣(12)。是以圣人之治也，静身以待物，物至而名自治(13)。正名自治，奇名自废(14)。名正法备，则圣人无事(15)。不可常居也，不可废舍也(16)。随变以断事，知时以为度(17)。大者宽，小者局。物有所余，有所不足(18)。

　　兵之出，出于人；其入，入于身(19)。兵之胜，从于适(敌)；德之来，从于身(20)。故曰：祥于鬼者义于人，兵不义不可(21)。强而骄者损其强，弱而骄者亟死亡。强而卑，义(宜)信(伸)其强；弱而卑，义(宜)免于罪(22)。是故骄之余(徐)卑，卑之余(徐)骄(23)。道者，一人用之，不闻有余；天下行之，不闻不足，此谓道矣。小取焉，则小得福；大取焉，则大得福(24)；尽行之，而天下服；殊无取焉，则民反，其身不免于贼(25)。左者，出者也；右者，入者也(26)。出者不伤人，入者自伤也(27)。不日不月，而事以从(28)；不卜不筮，而谨知吉凶。是谓宽乎形，徒居而致名(29)。去善之言，为善之事(30)，事成而顾反无名(31)。能者无名，从事〈者〉无事(32)，审量出入，而观物所载(33)。孰能法无法乎？始无始乎？终无终乎？弱〈为〉无弱〈为〉乎(34)？故曰：美哉弟〈莆〉弟〈莆〉(35)！故曰：中有(又)有中。孰能得夫中之衷乎(36)？故曰：功成者隳，名成者亏。孰能弃名与功，而还与众人同(37)？孰能弃功与名，而还反无成？无成，贵〈责〉其有成也；有成，贵其无成也(38)。故曰：日极则仄(昃)，月满则亏(39)。极之徒仄(昃)，满之徒亏，巨之徒灭(40)。孰能己〈亡(忘)〉已乎，效夫天地之纪(41)？人言善亦勿听，人言恶亦勿听,持而待之,空然勿两之(42),淑然自清,无以旁言为事成(43)。察而征之,无听而辩〈辨〉(44),万物归之,美恶乃自见。

天或维之,地或载之。天莫之维,则天以坠矣;地莫之载,则地以沈矣。夫天不坠,地不沈,夫或维而载之也夫,又况于人乎(45)! 人有治之者,辟〈譬〉之若夫雷鼓之动也(46),夫不能自摇者,夫或摇之(47)。夫或者何? 若然者也(48):视则不见,听则不闻。洒乎天下,不见其塞(49)。集于肌肤,知于颜色(50)。责其往来,莫知其时。薄乎其方也,镎〈挎〉乎其圜也,镎(淳)镎(淳)乎莫得其门(51)。故口为声也,耳为听也,目有视也,手有指也,足有履也,事物有所比也(52)。当生者生,当死者死。言有西有东,各死其乡(53)。

置常立仪,能守贞乎(54)? 事常通道,能官人乎(55)? 故书其恶者,言其薄者(56)。上圣之人,口无虚习也,手无虚指也,物至而命之耳(57)。发于名声,凝于体色,此其可谕者也;不发于名声,不凝于体色,此其不可谕者也(58)。至于至者,教存可也,教亡可也(59)。故曰:济于舟者,和于水矣;义于人者,祥于神〈鬼〉矣(60)。

事有适,无适若有适;觿可解,不解而后解(61)。故善举事者,国人莫知其解。为善乎,毋提(媞)提(媞)(62);为不善乎,将陷于刑。善不善,取信而止矣。若左若右,正中而已矣。县乎日月,无已也。故曰:愕(咯)愕(咯)者不以天下为忧,剌(暨)剌(暨)者不以万物为笑(怢)(63)。孰能弃剌(暨)剌(暨)而为愕(咯)愕(咯)乎?

难(谨)言宪术,须(需)同而出(64)。无益言,无损言,近(几)可以免(65)。故曰:知何知乎? 谋何谋乎? 审而出者,彼自来(66)。自知曰稽,知人曰济(67)。知苟周,可为天下适(帝)(68)。内固之一,可以久长(69)。论而用之,可以为天下王(70)。

视天之精(清),四璧(辟)而知请(情),与壤土而生(71)。能若夫风与波乎? 唯其所欲适(72)。故子而代其父曰义也,臣而代其君曰篡也,篡何能歌? 武王是也(73)。故曰:孰能去辩与巧,而还与众人同道(74)? 故曰:思索精者明益衰,德行修者王道狭,名利卧者写生危(75)。知周于六合之内者,为吾知生之有阻也(76)。持而满之,乃其殆也。名满于天下,不若其已也。名进〈遂〉而身退,天之道也(77)。满盛之国,不可以仕;满盛之家,不可以嫁子;骄倨傲暴之人,不可与交〈友〉(78)。

道之大如天，其广如地，其重如石，其轻如羽，民之所知者寡(79)。故曰：何道之近，而莫之能服也？弃近而就远，何费力也(80)！故曰：欲爱吾身，先知吾情。君〈周〉亲〈视〉六合，以考内身(81)。以此知象（像），乃知行情；既知行情，乃知养生(82)。左右前后，周而复所(83)。执仪服象（像），敬迎来者。今夫来者，必道其道(84)。无迁无衍，命乃长久(85)。和以反中，形性相葆（抱）。一以无贰，是谓知道(86)。将欲服之，必一其端而固其所守(87)。责其往来，莫知其时。索之于天，与之为期(88)。不失其期，乃能得之。故曰：吾语若大明之极。大明之明，非爱人不予也(89)。同则相从，反则相距也。吾察反相距，以故知从之同也(90)。

【校释】

(1) 建当（常）立有〈首（道）〉：王念孙云："'当'当为'常'，'有'当为'首'，皆字之误也。……'首'即'道'字也。'道'字古读如'首'，故与宝、久为韵。'建常立道'者，建亦立也。立之而可行，谓之道；立之而可久，谓之常，其实一也。"①按，其说是。本句"当"读为"常"，非误字②。"有"为"首"字之误，当如王氏说读为"道"。下文云："事常通道"（今本"事""常"二字倒，详下），"常"与"道"亦并举。所谓"建常立道"，即以下文"以靖为宗，以时为宝，以政（正）为仪，和则能久"为治国处事之纲领。

(2) 以靖为宗："靖"字如字读，训为安定。《广雅·释诂一》："靖，安也。"《说文》："静，审也。""竫，亭安也。""靖，立竫也。"段玉裁《注》："谓立容安竫也。安而后能虑，故《释诂》《毛传》皆曰：靖，谋也。"③静、竫、靖三字音同义通，为一组同源词④。宗者，尊尚也⑤，义与下

---

① 王念孙：《读书杂志》，江苏古籍出版社影印王氏家刻本，2000 年 9 月，第 469—470 页。
② 王叔岷云："王氏谓'有'为'首'之误，是也；惟当、常古通，则无烦改字。"说见《管子斠证》，《诸子斠证》，世界书局，1964 年 4 月，第 26 页。
③ 段玉裁：《说文解字注》，第 504 页。
④ 参考王力：《同源字典》，文史哲出版社，1991 年 10 月，第 336 页。
⑤ "宗"之本义为祖庙，故引申有"尊"义。《说文》："宗，尊祖庙也。"段玉裁《注》："宗、尊双声。当云'尊也，祖庙也。'今本夺上'也'字。"

句"宝"字相近。

(3) **以政(正)为仪**：王念孙则云："政与正同。仪，法也。言以正为法也。"张佩纶云："政即正，仪即义。以正为义，和则能久。"张舜徽云："大抵古之明于君道者，自守必静，故曰以静为宗。……其处事必及时，故曰以时为宝。……其应物必以正，故曰以政为仪。本书《法法篇》曰：'政者，正也。正也者，所以正定万物之命也。是故圣人精德立中以生正，明正以治国。'是其义也。"①按，二氏说是。《说文》："仪，度也。""度，法制也。"

(4) **和则能久**：陶鸿庆以"和"乃"利"字之误②，张舜徽则以为"私"字之讹③。按，稷下道家言"别囿"（宋钘、尹文主之）、"无私"（彭蒙、慎到等主之），若云"私则能久""利则能久"颇与诸家所论不合。和即《书·尧典》"协和万邦"之和，训为和谐、和顺。"和则能久"乃针对君人者言，其义本通，不必改字为说。

(5) **非吾仪(义)，虽利不为**：诸家多以此"仪"字即上文"以政(正)为仪"之仪，惟张舜徽云："吾，谓人君也。仪与义古字通。义者，宜也。此处所云'吾仪''吾常''吾道'，实一物耳。'不为''不行''不取'，亦一意而分言之。谓人君分内所宜为者，虽暂见利，亦不为之。"④兹从之。

(6) **非吾当，虽利不行；非吾道，虽利不取**：王念孙以"非吾当"之"当"本作"常"⑤。按，此"当"字不必破读。《说文》："当，田相值也。"段玉裁云："值者，持也。田与田相持也。引申之，凡相持相抵皆曰当。""当"可训为"任"，《国语·晋语九》"夫幸非福，非德不当雍"，韦昭《注》："当，犹任也。雍，飨也。言惟有德者任以福禄为飨乐也。"《玉篇·田部》亦云："当，任也。""非吾当"即"非吾任"，义与前文"非吾义"近。颇疑此文"当""道"二字互倒，本当作"非吾道，虽

---

① 张舜徽：《管子四篇疏证》，《周秦道论发微》，华中师范大学出版社，2005年12月，第269页。
② 陶鸿庆：《读诸子札记》，《陶鸿庆学术论著》，浙江人民出版社，1998年6月，第191页。
③ 张舜徽：《管子四篇疏证》，《周秦道论发微》，第268页。
④ 同上书，第269页。
⑤ 王念孙：《读书杂志》，第469—470页。

(7) **上之随天，其次随人**：张舜徽云："上文既言无为之要，此又续申如不得以而有为，亦当随乎自然之变化，应乎人事之推移，物倡而己随之，亦即《老子》'不敢为天下先'之旨也。"① 按，随天、随人，所谓"因也"。《心术上》云："毋先物动，以观其则。"又云："因也者，舍己而以物为法者也。感而后应，非所设也；缘理而动，非所取也。"

(8) **其事也不随（堕）**：王念孙云："随，当作堕……《吕氏春秋·必己篇》注曰：'堕，废也。''不废''不堕'义正相承。今作'不随'者，涉上文'不始不随'而误。"② 此从之。

(9) **原始计实，本其所生**：张舜徽云："'原始计实'，乃总起下文之语。'本其所生'，即原始之意，谓推原事物之所由起也。'知其象则索其形'三语，即计实之事，谓由表可以知里，由此可以知彼，而人君因应变化，制物而不制于物。而物先己随，物倡己和之效宏矣。"③ 按，张氏所释是。

(10) **索其象（像），则知其形（型）**：今本作"知其象，则索其形"，郭沫若云："宋本、古本作'刑'，刘本、朱本、赵本作'形'。刑、形古通用。"④ 鹏按，二句与下文"缘其理，则知其情；索其端，则知其名"并列，且形、情、名为韵，疑"索"与"知"二字误倒，且"形"当读为型范之"型"，"象"则读为"像"。《邓析子·无厚》："故见其象，致其形；循其理，正其名；得其端，知其情"，所云与此文雷同。"见其象，致其形（型）"即"索其象，则知其型"。至于《白心》"缘其理，则知其情；索其端，则知其名"，义自可通，不必据彼改此。"像"字本义为似，引申为类、法效之义，又有形象之训，其字与"型""形"疑皆取义于铸器。《说文》："型，铸器之法也。""形，象（像）也。"铸器之模范称为"型"，所成之器以其似型而称"形""象"。古书"型"字多作"形"或"刑"，后人往往昧于"型"字本义，往往以"形""刑"说之。

---

① 张舜徽：《管子四篇疏证》，《周秦道论发微》，第270页。
② 王念孙：《读书杂志》，第469页。
③ 张舜徽：《管子四篇疏证》，《周秦道论发微》，第270—271页。
④ 郭沫若：《管子集校》，《郭沫若全集·历史编》第六卷，人民出版社，1984年10月，第446页。

《左传》昭公十二年:"形民之力,而无醉饱之心。"杜预《注》:"言国之用民,当随其力任,如金冶之器,随器而制形。故言形民之力,去其醉饱过盈之心。"阮元《校勘记》:"形,《家语》作刑。"并引段玉裁云:"形同型。型,法也。谓为之程法,以用民之力而不太过也。杜《注》得之。型,古通刑,亦作形。《正义》云'作器而制其模,谓之为形。'正谓形即型也。"①《老子》曰"大〈天〉象无形",解者多以形象、形迹说之,不知此"形"字亦当读为"型",谓天象不以型为之范式②。郭店《老子》乙组简 12 正作从井从土之字,即"型"之异体③。

(11) **明君圣人亦不为一人枉其法**:丁士涵云:"'明君'二字衍。下文但言'圣人',即蒙此文言之,不当有'明君'二字。"张舜徽则指出:"周秦诸子中,常以'明君圣人'连称,乃精于君道者之称,《商君书·更法篇》:'圣人明君者,非能尽其万物也,知万物之要也。'是其例已。"④按,张氏说是。

(12) **是故万物均既(概)夸(姱)众矣**:"均既夸众"四字并列,疑"既"读为"概","夸"则读为"姱"。"概"之本义为平斗斛之木,引申为平。《楚辞·惜誓》"苦称量之不审兮,同权而就衡",王逸《注》:"概,平也。"⑤姱者,美好也。《楚辞·离骚》"苟余情其信姱以练要兮""余虽好修姱以鞿羁兮""纷独有此姱节",诸"姱"字均作此训⑥。"均概姱众"谓万物均平美庶。

(13) **静身以待物,物至而名自治**:今本作"静身以待之,物至而名自治之"。尹知章《注》:"循名责实,则下无隐情,故理。"按,疑今本二

---

① 参考《春秋左传正义》下册,北京大学出版社,1999 年 12 月,第 1308 页。
② 今本《老子》第四十一章"大象无形",郭店本作"天象无型",当从之。对于《老子》此句的讨论详参拙文《简帛〈老子〉"大器免成""天象无型"解——兼说道家型、器之譬》,《杭州师范大学学报(社会科学版)》2017 年第 3 期。
③ 按,《管子·心术下》说:"形(型)不正者德不来,中不精者心不治。正形(型)饬(饬)德,万物毕得。"同书《君臣下》云:"道德定于上,诚心形(型)于内,则容貌定于外矣。"所言均为心之"型"。
④ 丁氏说见郭沫若《管子集校》,《郭沫若全集·历史编》第六卷,第 446 页;张舜徽:《管子四篇疏证》,《周秦道论发微》,第 272 页。
⑤ 王逸:《楚辞章句》,艺文印书馆影印明万历观妙斋刻本,1974 年 4 月再版,第 320 页。
⑥ 参考洪兴祖《楚辞补注》,长安出版社,1991 年 8 月,第 12、14、19 页。

句两"之"字涉上文"之"字而衍,且"物"字下又脱一重文符,当校正为"静身以待物,物至而名自治"。《心术上》云:"纷乎其若乱,静之而自治,强不能遍立,智不能尽谋。物固有形,形固有名,名当谓之圣人。必知不言、无为之事,然后知道之纪。"与此文意旨相通。

(14) **正名自治,奇名自废**:今本作"正名自治之,奇身名废"。王念孙云:"此皆四字为句。'治'下'之'字,涉上文'物至而治之'而衍。'奇身名废'当作'奇名自废','自'与'身'相似,又因上文两'身'字而误为'身',又误倒于'名'字之上耳。尹《注》曰:'奇谓邪不正也。''正名自治,奇名自废',相对为文,谓名正则物自治,不正则物自废也。《枢言篇》曰:'名正则治,名倚则乱',是其证矣。倚与奇通。"①其说是。

(15) **名正法备,则圣人无事**:张佩纶认为"法"当作"治",承上文"自治"②。黎翔凤则云:"《荀子·正名》:'其民莫敢托为奇辞以乱正名,故壹于道法而谨于循令矣。'法与正奇之关系如此。'法'字不误。"③按,黎氏说是。

(16) **不可常居也,不可废舍也**:二句承上启下。承上句"名正法备",言名与法不可常居(即不可执持名、法而不知变通),亦不可废舍,需要因时制宜,即下文所谓"随变以断事,知时以为度"。

(17) **随变以断事,知时以为度**:前句今本作"随变断事也",张佩纶云:"似当作'随变以断事'。"④按,其说是,今本"随变断事也"句脱一"以"字,"也"字涉上文"不可常居也""不可废舍也"而衍。

(18) **大者宽,小者局。物有所余,有所不足**:尹知章《注》:"宽则有余,局则不足。以有余补不足,则事平理均也。"按,《说文》:"局,促也。"今本《老子》第七十七章:"天之道,其犹张弓与?高者抑之,下者举之。有余者损之,不足者补之。之道,损有余而补不足。"尹《注》所谓"事平理均"即前文"万物均概"之意。

(19) **兵之出,出于人;其入,入于身**:后二句今本作"其人入,入于身"。

---

① 王念孙:《读书杂志》,第470页。
② 张佩纶:《管子学》中册,商务印书馆影印张氏手稿本,1971年5月,第1357页。
③ 黎翔凤:《管子校注》中册,中华书局,2004年6月,第793页。
④ 张佩纶:《管子学》中册,第1357页。

尹知章《注》云："兵而有功,入其赏赐,必反于身。"王念孙云："'其人'之'人',涉上句'人'字而衍,寻尹《注》亦无'人'字。……人与身对,尹《注》非。"①按,王氏说是。兵泛指兵械、兵事。身者,人之躯体也。"入于身"指兵械之伤人。

(20) **兵之胜,从于适(敌);德之来,从于身**：尹知章《注》："适,和也。所谓师克在和也。修身则德立也。"洪颐煊云："'适'古'敌'字,言兵之胜则从于敌,德之来则从于身。敌与身对言之。"②张佩纶谓："《枢言》'故德莫如先,应敌莫如后',即此义。适、敌通,元注误。'从敌',《孟子》'量敌而后进,虑胜而后会。'"③按,洪、张二氏说是。"从于身"之"身"训为自身,与上文"入于身"之"身"训为躯体略异。尹《注》释"德之来,从于身"为"修身则德立"亦不误。

(21) **祥于鬼者义于人,兵不义不可**：尹知章《注》："义于人者,则鬼佑之,以福祥也。兵不义而还自害,故不可。"安井衡申其说云："得福祥于鬼神者,必施义于人者也,故用兵不义则不可,以鬼神不佑之也。"④张佩纶云："《枢言》：'人以德使,鬼神以祥使,禽兽以力使。所谓德者,先之之谓也。'此言德足以格鬼神而为祥,其于人则为义矣。"⑤鹏按,安井衡、张佩纶说得之。下文云："义于人者,祥于鬼矣"(据王引之校改,详下),与此呼应。"不义不可"即《墨子·非儒下》"不义不处,非理不行"之意。《管子·问》云："夫兵事者危物也,不时而胜,不义而得,未为福也。"与此文意旨相通。《墨子·公孟》载公孟子持"有义不义,无祥不祥"以难墨子,墨子答曰："古圣王皆以鬼神为神明,而为祸福,执有祥不祥,是以政治而国安也。自桀、纣以下,皆以鬼神为不神明,不能为祸福,执无祥不祥,是以政乱而国危也。"墨子说与本文"祥于鬼者义于人"合。

(22) **强而卑,义(宜)信(伸)其强；弱而卑,义(宜)免于罪**：于省吾说："此应读作'强而卑'句,'义信其强'句,'弱而卑'句,'义免于罪'

---

① 王念孙：《读书杂志》,第470页。
② 引自郭沫若：《管子集校》,《郭沫若全集·历史编》第六卷,第448页。
③ 张佩纶：《管子学》中册,第1358页。
④ 安井衡：《管子纂诂》,河洛出版社,1976年3月,卷13,第16页。
⑤ 张佩纶：《管子学》中册,第1358—1359页。

句。义之言宜也。"①按,于氏说是。此数句承"强而骄者损其强,弱而骄者亟死亡"而言,"强而卑""弱而卑"与"强而骄""弱而骄"相对。

(23) 骄之余(徐)卑,卑之余(徐)骄: 尹知章《注》:"于骄有余则弱,弱则卑也;于卑有余则强,强则又骄。"于省吾谓:"余应读为除,除、余并谐余声,古文亦并省作余。……盖骄傲者则不卑屈,卑屈者则不骄傲,故云'骄之除卑,卑之除骄'。"②鹏按,于省吾读"余"为"除"是,但释义则非。《说文》:"除,殿陛也。"段玉裁云:"凡去旧更新皆曰除,取拾级更易之义也。《天保》'何福不除',传曰:'除,开也。'"③除有"拾级更易"之义,字又与"徐""舒"二字音近义通④。《说文》:"徐,安行也。""徐,缓也"(徐锴云:"与徐字义同。")"舒,伸也。……一曰缓也。"《尔雅·释诂上》:"舒,叙也。"邢昺《疏》:"舒者,展舒徐缓有次也。"此处二"余"字当读为"徐",今本作"余"又涉下文"不闻有余"而误。今本《老子》第十五章:"孰能浊以静之徐清,孰能安以动之徐生。"徐字正取"拾级更易""展舒徐缓有次"之义。"骄之徐卑,卑之徐骄"谓任骄逐步发展则成卑,任卑逐步发展则为骄。

(24) 小取焉,则小得福;大取焉,则大得福: 张舜徽云:"福犹利也。本书《势篇》所云'小取者小利,大取者大利',语意与此正同。"⑤按,其说非。此段论"道"与前文论"兵"对举,文句多相承。前文云"祥于鬼者义于人",福犹祥也,指鬼神之佑助。《说文》:"福,佑也。""祥,福也。"

(25) 殊无取焉,则民反,其身不免于贼: 尹知章《注》:"殊无取焉,则动皆违道,故人反背之而贼害也。"安井衡云:"殊,绝也。绝无取于道,则民反之,终不免于贼杀也。"⑥按,三句之主语为君。反者,叛也。贼者,败也(见《说文》)。谓君主无取于道,则民必叛之,其身

---

① 于省吾:《双剑誃诸子新证》,上海书店,1999年4月,第229页。
② 同上。
③ 段玉裁:《说文解字注》,第743页。
④ 按,上古音"徐""除""舒"三字韵母皆为鱼部,声母则分别为邪、定、书,音近可通。"徐""舒"二字古书中往往通用,如《左传》哀公十四年"陈恒执公于舒州",《史记·齐太公世家》作"徐州"。
⑤ 张舜徽:《管子四篇疏证》,《周秦道论发微》,第278页。
⑥ 安井衡:《管子纂诂》,卷13,第16页。

不免于败。

(26) **左者,出者也;右者,入者也:** 尹知章《注》:"左为阳,阳主生,故为出也;右为阴,阴主死,故为入也。"按,此数句需联系上文"兵之出,出于人;其入,入于身。兵之胜,从于敌;德之来,从于身"为解,所云与阴阳刑德说有关。古人有"左文右武"之说,见于《管子·版法解》:"四时之行,有寒有暑,圣人法之,故有文有武。天地之位,有前有后,有左有右,圣人法之,以建经纪。春生于左,秋杀于右,夏长于前,冬藏于后。生长之事,文也;收藏之事,武也。是故文事在左,武事在右,圣人法之,以行法令,以治事理。"类似的说法见于《逸周书·武顺》,但更强调人心之用,其说云:"天道尚右,日月西移;地道尚左,水道东流;人道尚中,耳目役心。……吉礼左还,顺地以利本;武礼右还,顺天以利兵;将居中军,顺人以利阵。"依此观念,则所谓"左"及"出者"指阳,主文德(即前文所谓"德");"右"及"入者"指阴,主刑杀(即前文所谓"兵")。"兵"依一般观念应该在外属阳,但前文已说"兵之出,出于人;其入,入于身",故而可视为在内属阴。此处所谓"左""右"仍紧扣前文"道"而言,"左者"指"道之左"(即阳),"右者"指"道之右"(即阴)。

(27) **出者不伤人,入者自伤也:** 今本作"出者而不伤人,入者自伤也",一本"自"上有"而"字①。按,"出者""入者"对文,二句"而"字疑涉上下文衍。"出者不伤人,入者自伤也"字面的意思是说文德不伤人,但刑兵伤人,但实际上是说在上位者以文德治国可保全其身及其黎民;若徒用刑杀,则"民反,其身不免于贼"。

(28) **不日不月,而事以从:** 郭沫若云:"'从'如《洪范》'庶民从'之从,与'不卜不筮而谨知吉凶'相连成义。《韩非子·亡征篇》'用时日,事鬼神,信卜筮而好祭祀,可亡也',则不'用时日'、不'信卜筮',即此'不日不月''不卜不筮'矣。……言无须假鬼神卜筮,选择日月,已得人心,故举事必吉。"②按,其说是。"以"犹乃③,"从"训为顺。

---

① 郭沫若:《管子集校》,《郭沫若全集·历史编》第六卷,第 450 页;安井衡:《管子纂诂》,卷 13,第 16 页。
② 郭沫若:《管子集校》,《郭沫若全集·历史编》第六卷,第 451—452 页。
③ 参考裴学海:《古书虚字集释》上册,中华书局,1954 年 10 月,第 19—20 页。

(29) 是谓宽乎形,徒居而致名:尹知章《注》:"守道者,静默而已,故其身宽闲,徒然而居,能致令名。"郭沫若指出:"宋本作'刑',古本、刘本、朱本、赵本均作'形'。当以刑为是。上文所言均关于兵事,故以宽刑承之。"①鹏按,尹《注》不误,当从古本作'形'。二句总承上文论道之用,言人主宽绰乎形体,不劳而天下治,美名自致。《管子·任法》云:"圣君任法而不任智,任数而不任说,任公而不任私,任大道而不任小物,然后身佚而天下治。⋯⋯不思不虑,不忧不图,利身体,便形躯,养寿命,垂拱而天下治。"

(30) 去善之言,为善之事:刘绩《补注》云:"'去'乃'云'字误,言云善言、为善事。"许维遹则谓:"'去'疑为'出'字之误。"②黎翔凤云:"《左》闵二年传'卫侯不去其旗',注:'藏也。'"③鹏按,黎氏说是。金文"去"作"𠫓",象一有盖之器,且强调其盖侈大足以掩覆其器,其本义为藏。《左传》昭公十九年"纺焉以度而去之",孔颖达疏:"去,即藏也。"《三国志·魏书·华佗传》"何忍无疾去药,以待不祥",裴松之《注》:"古语以藏为去。"④所谓"去善之言,为善之事"者,人以善言赍之,己则藏而行之。

(31) 事成而顾反无名:王念孙谓:"郭璞注《穆天子传》云:'顾,还也。'下文曰'孰能弃功与名,而还反无成。'"⑤按,王氏说是。《说文》:"反,覆也。"(段《注》:"覆、复同。"⑥)"返,还也。"又"顾,还视也。"引申为还、返。

(32) 能者无名,从事〈者〉无事:"名",宋本作"□",乃缺文,各本均作"名"⑦。尹知章《注》:"深能其事者,必不求名,然其从事安然闲暇,若无事然。"按,据尹《注》,各本作"名"是。"从事无事"前一

---

① 郭沫若:《管子集校》,《郭沫若全集·历史编》第六卷,第 452 页。
② 刘、许二氏说引自《管子集校》,《郭沫若全集·历史编》第六卷,第 452 页。
③ 黎翔凤:《管子校注》中册,第 796 页。
④ 按,惠栋《九经古义·周礼上》亦云:"古人皆谓藏为去。《春秋传》云'去乐,卒事',又云'纺焉以度而去之';《公羊传》云'去其有声者',皆训为藏。"
⑤ 王念孙:《读书杂志》,第 470 页。刘氏说亦引自此。
⑥ 段玉裁:《说文解字注》,第 72 页。
⑦ 郭沫若:《管子集校》,《郭沫若全集·历史编》第六卷,第 453 页。

"事"字疑涉上下文而误,本当作"者"。从,顺也,即上文"而事以从"之从。"从者",谓顺道而行者。

(33) **审量出入,而观物所载**:尹知章《注》:"谓凡出命令,当观物载之所堪,然后当量而出之也。"陈鼓应云:"此谓审量事物之发生与应接是否得当,考究事物与所载之名称是否相符。《心术下》第一章'凡物载名而来,圣人因而才(裁)之'即此。"①按,陈氏说是。

(34) **孰能法无法乎?始无始乎?终无终乎?弱〈为〉无弱〈为〉乎**:尹知章《注》:"凡此皆谓为而忘之者也。"颜昌峣疑"弱"乃"为"之误②。张舜徽云:"此数语乃言人君致治之道,物动而应,随变而化,初无常形,无定法,不知其始,不知其终,以归于无为也。……末句'弱无弱'当作'为无为',乃由传写致讹,则颜说为不可易耳。"③按,此从颜、张二氏说。

(35) **美哉弟〈芾〉弟〈芾〉**:尹知章《注》:"弟弟,兴起貌。谓能为而不为,有契于道。如此,则功美日兴,故曰'美哉弟弟'。"郭沫若云:"'弟弟'当是'赤弟'之讹,即赤芾也。……芾衣与中、衷之必相连属矣。'美哉赤弟,有中有中',殆古谚。引用之者,取中、衷之义云耳。"④张舜徽云:"弟弟,犹昏昏也。即所以形容人君无智无能,冥冥昏昏之状。……(《说文》)'弟,山胁道也。'山胁道自视常道为阴暗矣。……盖人君南面之术,不以察察为尚,而以昏昏为美。"⑤鹏按,尹《注》释"弟弟"为"兴起貌",疑其所见本作"芾芾"。"芾"因形近误为"弟"。《诗·大雅·皇矣》"临冲芾芾",毛《传》:"芾芾,强盛也。"《广雅·释训》:"芾芾"与"茆茆"同训"茂也"。《说文》:"芾,道多艸,不可行。""宋,艸木盛宋宋然。"其字孳乳为"茆"。上古音"芾"为滂母物部,"茆"为帮母月部,帮、滂二母为旁纽,韵则物、月旁转可通。芾与茆音近义通,为一组同源词。

---

① 陈鼓应:《〈白心〉注释与诠释》,《管子四篇诠释——稷下道家代表作》,三民书局,2003年2月,第188页。
② 颜昌峣:《管子校释》,岳麓书社,1996年2月,第340页。
③ 张舜徽:《管子四篇疏证》,《周秦道论发微》,第282页。
④ 郭沫若:《管子集校》,《郭沫若全集·历史编》第六卷,第455页。
⑤ 同上书,第282—283页。

"莆莆""芇芇"皆艸木茂盛隐蔽貌,与《诗·召南·甘棠》"蔽芾甘棠"之"蔽芾"实为一语之转。典籍常以"芾""蔽"为车蔽字(本字作"韍",王国维有说),二字本相通①。上文云"道者,一人用之,不闻有余;天下行之,不闻不足""尽之而天下服"。道之用,大矣、盛矣,明君圣王顺道而行,"事成而顾反无名"。无名者,掩隐其名,"无伐善,无施劳"之谓也。此云"美哉莆莆"盖以大木茂盛掩覆貌赞颂道用之美。

(36) **中有(又)有中,孰能得夫中之衷乎**:今本前句作"有中有中"。尹知章《注》:"举事虽得其中,而不为中,乃是有中也。"刘绩云:"此即前'心之中又有心'意。"王念孙申刘说云:"'有中有中'当作'中有有中',上'有'字读为'又'。'中又有中'者,中之中又有中也。下句云'孰能得夫中之衷乎',是其明证矣。《内业篇》云'心以藏心,心之中又有心焉',义与此同。'中有'二字误倒,故尹不得其解而强为之词。"②按,刘、王二氏说是。《说文》:"中,内也。"引申为凡内、里之称。人之中即心也。"中之衷",指心之情实。

(37) **功成者隳,名成者亏。孰能弃名与功,而还与众人同**:今本"孰能弃名与功"上有"故曰"二字。王叔岷云:"'故曰'二字疑涉上'故曰'二字而衍,上文'故曰:有中有中。孰能得夫中之衷乎?'与此文例同。"③许维遹、何如璋指出,此四句亦见于《庄子·山木》,何氏更谓《庄》文本此④。张舜徽云:"《庄子·山木》:'孰能去功与名,而还与众人。'郭象《注》云:'功自众成,故还之。'郭《注》此解,可谓精谛。《庄子》彼文,无'同'字,于义为长。"按,王叔岷说是。《庄子·山木》载孔子围于陈、蔡之间,太公任往吊之,曰:"昔吾闻之大成之人曰:'自伐者无功。功成者堕,名成者亏。孰能去功与名,而还与众人。'"由彼文可知《白心》"孰能弃名与功"上当无"故

---

① 王国维:《释韍》,《观堂集林》,河北教育出版社,2003年11月,第142—143页。并参考拙著《释楚系简帛中的"韍"字——兼论车蔽之形制及别名》,《传统中国研究集刊》第三辑(2007年11月)。
② 王念孙:《读书杂志》,第470页。刘氏说引自此。
③ 王叔岷:《管子斠证》,《诸子斠证》,第26页。
④ 许、何二氏说引自《管子集校》,《郭沫若全集·历史编》第六卷,第455页。

曰"二字。本文功、同、名、成为韵,"还与众人同"谓功成后,弃功名而返与众人等同,不必据《庄子》删去"同"字。前引《庄子》文此四句前有"自伐者无功",其语见今本《老子》第二十四章,则其所谓"大成之人"指老子而言。

(38) **无成,贵〈责〉其有成也;有成,贵其无成也**:今本作"无成有贵其成也,有成贵其无成也"。王念孙云:"'有贵其成',当作'贵其有成',与下文'贵其无成'相对。'无成贵其有成'者,功未成则贵其有成也。'有成贵其无成'者,功成而不有其功,即上文所云'弃功与名,而还反无成'也。"①郭沫若则云:"王校适得其反。原文之意贵'无成'而不贵'有成',亦即方生而不贵方死。故曰'无成有贵其成也,有成无贵其成也。'下句误耳。"②鹏按,王氏说近是。上"贵"字疑为"责"之误。下文"责其往来,莫知其时",尹《注》云:"若责生之往来,则期不定。一本'责'字作'贵'"③。贵、责二字形近,传抄易误。《管子·君臣下》"贵之以王禁","贵"疑亦"责"字之误。责者,求也。谓功未成者求其有成,若功已成则贵能还反无成,而与众人同。

(39) **故曰:日极则仄(昃),月满则亏**:今本无"故曰"二字。上文"故曰:中又有中。孰能得夫中之衷乎""故曰:功成者堕,名成者亏。孰能弃名与功,而还与众人"同,皆先引前哲之言或谚语为说,再接以反诘语。"日极则仄,月满则亏。极之徒仄,满之徒亏,巨之徒灭"数句疑当时谚语,上应有"故曰"二字。"月满则亏""满之徒亏"之"满"字疑原作"盈",乃避汉惠帝讳而改。《易·丰卦·彖传》云:"日中则昃,月盈则食,天地盈虚,与时消息,而况于人乎?况于鬼神乎。"据此文,知"仄"当读为"昃"(《说文》训为"日在西方时侧也"),"满"原作"盈"。

(40) **巨之徒灭**:张舜徽指出,"巨之徒灭",亦太盛难守之意④。按,其说是。徒者,类也。巨者,大也。《方言》卷一训巨为大,并云:"齐、宋之间曰巨,曰硕。"《荀子·王霸》"国者巨用之则大",杨

---

① 王念孙:《读书杂志》,第470—471页。
② 郭沫若:《管子集校》,《郭沫若全集·历史编》第六卷,第456页。
③ 参考黎翔凤:《管子校注》中册,第811页。
④ 张舜徽:《管子四篇疏证》,《周秦道论发微》,第284页。

《注》:"巨者,大之极也。"

(41) **孰能己〈亡(忘)〉已乎,效夫天地之纪**:前句今本作"孰能已无已乎"。尹知章《注》:"天地,忘形者也。能效天地者,其唯忘己乎!"王念孙云:"'己无己'当作'亡己',亡与忘同。言唯忘己之人,能效天地之纪也。尹《注》云:'(中略)'是其证。《庄子·天地篇》云:'有治在人,忘乎物,忘乎天,其名为忘己。忘己之人,是之谓入于天。'意与此同也。今本作'己无己'者,俗书'亾'字作'亡',与'己'相似,下文又有'己'字,故'亾'讹为'己',两'己'之间又衍'无'字("无"字涉上文"无成"而衍),遂致文不成义。"①俞樾则谓:"'己无己'犹云'吾丧我'也。"②张佩纶说:"'已无已'即上之'始无始,终无终',《中庸》所谓'至诚无息'是也。"③鹏按,王念孙循尹《注》立论,说较有据。所谓"效夫天地之纪"疑指虚静而言,《心术上》云:"天曰虚,地曰静。"

(42) **人言善亦勿听,人言恶亦勿听,持而待之,空然勿两之**:两"亦"字均作语辞,无义④。"人言善""人言恶"指毁誉。"两之"者,人言毁誉而已从之。《庄子·人间世》:"夫传两喜两怒之言,天下之难者也。夫两喜必多溢美之言,两怒必多溢恶之言。凡溢之类妄,妄则其信之也莫,莫则传言者殃。""空然勿两之"谓毁誉任人,虽入于耳而不受影响,即下文所谓"淑然自清,无以旁言为事成",惟"察而征之",以明事物之情实,便能"万物归之,美恶乃自见"。

(43) **淑然自清,无以旁言为事成**:黎翔凤云:"《说文》:'淑,清湛也。'湛、沉古今字,犹言深沉也。杂质沉淀则清矣。"⑤其说是。旁言,何如璋、许维遹释为旁人之言。张佩纶引《广雅》"旁,大也",训为"大言"。郭沫若则谓:"旁言犹言放言也。"黎翔凤云:"旁言为谤。《说文》:'谤,毁也。'"⑥按,何、许二氏说是。"旁言"即他人毁誉之

---

① 王念孙:《读书杂志》,第 471 页。
② 俞樾:《诸子平议》,第 38 页。
③ 张佩纶:《管子学》中册,第 1365 页。
④ 刘淇:《助字辨略》,中华书局,2004 年 7 月 2 版,第 271—272 页。
⑤ 黎翔凤:《管子校注》中册,第 800 页。李氏说亦见此。
⑥ 诸家说见《管子集校》,《郭沫若全集·历史编》第六卷,第 458 页。

言,义本甚明,不需破读为说。

(44) **无听而辩(辨)**:今本作"无听辩"。李哲明云:"'听'下当有'其'字。《注》云:'无听其利口之辩',则原有'其'字可知。"①按,解者从尹《注》释"辩"为言辞辩论,疑非。辩、辨二字古通,此当读为"明辨"之辨,且疑其上夺一"而"字。"无听而辨"谓无听毁誉之言而美恶自辨,此句承上启下,若作"无听辩"则失其旨。

(45) **夫天不坠,地不沉,夫或维而载之也夫,又况于人乎**:尹知章《注》:"天张于上,地设于下,自古及今而不沉坠者,必有神灵维载之故。"按,"夫或维而载之也夫"与"天或维之""地或载之"之"或"同训为"有"②。前"夫"字作指示词,义犹"彼",下文"夫不能自摇者"之"夫"用法相同。《汉书·萧何传》:"夫李斯之分过,又何足法哉!"句式与本文同③。句末"也夫"连用,表示感叹语气,如《左传》成公十六年:"天败楚也夫!"《国语·鲁语下》:"公孙氏之妇,知也夫!"④下句"又况于人乎",今本无"乎"字,《太平御览·天部》及《地部》两引此文"人"下皆有"乎"字,当据补⑤。数句谓天、地之所以不坠不沉者,乃有物维系、载任之。天、地尚且如此,又何况人乎。下文云"人有治之者"正承此而言。

(46) **人有治之者,辟(譬)之若夫雷鼓之动也**:前句今本作"人有治之"。尹知章《注》:"必有以而动也。"郭沫若谓:"上言'天或维之,地或载之'均出以疑问,盖不能确知也。而人则确有人治之,犹如雷鼓之鞺鞳(从革)乃有人击之使然。《周礼·地官·鼓人》'以雷鼓鼓神祀',郑玄《注》云:'雷鼓,八面鼓也',郑司农则以为六面(见《大司乐》注)。"⑥按,郭沫若说近是,唯上文"或"非或然之词(见前注),且"人有治之"下疑脱"者"字。治训为主、统御。《庄子·在宥》"闻在宥天下,不闻治天下也",成玄英《疏》:"治,统驭

---

① 诸家说见《管子集校》,《郭沫若全集·历史编》第六卷,第 458 页。
② 可参考段玉裁《说文解字注》(第 637 页)对"或"字之说解。
③ 王叔岷:《古籍虚字广义》,华正书局,1990 年 4 月,第 563 页。
④ 何乐士:《古代汉语虚词词典》,语文出版社,2006 年 2 月,第 478 页。
⑤ 《管子集校》,《郭沫若全集·历史编》第六卷,第 459 页所引许维遹、任林圃说。
⑥ 郭沫若:《管子集校》,《郭沫若全集·历史编》第六卷,第 459 页。

也。"尹《注》盖读"治"为"以",以、治二字古通①。以者,为也、因也。二句与下文"夫不能自摇者,夫或摇之"语意一贯,谓人亦有统御者(盖指心也),此犹雷鼓之响,必有人击之使然(参考下注)。

(47) **夫不能自摇者,夫或摇之**:尹知章《注》:"无识之物,皆不能自摇。有时而动,则物摇之也。"按,二句承上"人有治之者,辟之若夫雷鼓之动也"而言。《说文》:"摇,动也。"与上文"雷鼓之动"相应。"夫不能自摇者"之"夫"训为"彼"(见上文),"夫或摇之"之"夫"则犹乃②。"或"训为有也。二句谓彼(指雷鼓)不能自己鼓动,乃有击之者也。

(48) **夫或者何?若然者也**:刘绩《补注》云:"'或者',指上'或摇之'之'或',言天地尚有所以维载者,况人岂无治之者?故问治之者状。下遂详无声无臭之妙,而口目手足等本之。"③安井衡云:"或,不定之辞。上文迭用或字,故解之言:所云或者何也?若如此者也。"④鹏按,此"夫"字义犹"此"⑤,指"人有治之者"言。下文"视则不见"云云即形容"人有治之者"(即"心"也)。此段"或"皆训为有,解者释为疑似之辞,故所说往往失误。

(49) **洒乎天下,不见其塞**:今本上句作"洒乎天下满"。尹知章《注》:"风之洒散满天下也。"丁士涵云:"满字衍。上下文皆四字为句。"郭沫若云:"'洒乎天下满'即'洒乎满于天下'之意。"⑥鹏按,丁氏说是。尹《注》"满"字乃释"塞",其所见本未必即有"满"字。凡人皆有心为之主,故云"洒乎天下满,不见其塞",强调心用之普遍性。

(50) **集于肌肤,知于颜色**:今本作"集于颜色,知于肌肤"。王引之曰:"当作'集于肌肤,知于颜色。'此以塞与色隔句为韵也。知,见也。道见于面,故曰'知于颜色'也。《心术篇》:'外见其形容,知于颜色。'(今本'知'上衍'可'字)《吕氏春秋·自知篇》:'文侯不说,知

---

① 按,如《书·无逸》"治民祇惧",汉石经"治"作"以"。
② 王叔岷:《古籍虚字广义》,第562—563页。
③ 刘说引自《管子集校》,《郭沫若全集·历史编》第六卷,第460页。
④ 安井衡:《管子纂诂》,卷13,第18页。
⑤ 王叔岷:《古籍虚字广义》,第562页。
⑥ 诸家说见《管子集校》,《郭沫若全集·历史编》第六卷,第460—461页。

于颜色。'高《注》：'知，犹见也。'皆谓见于面也。今本倒'肌肤'于下，则既失其义，而又失其韵矣。"① 按，王氏说是。二句仍紧扣"心"言。心在人身之内，故云"集于肌肤"；心之发用为喜怒哀乐，则"知于颜色"。《心术下》云："金〈全〉②心在中不可匿，外见于形容，可知于颜色。"郭店楚竹书《成之闻之》谓："型于中，发于色。"③皆与此文相通。

(51) 薄乎其方也，㔶〈抟〉乎其圜也，㔶（淳）㔶（淳）乎莫得其门：尹知章《注》训"㔶"为"复貌"，释三句云："遇方则为方，遇圆则为圆。虽复圆转，终不见其门也。"安井衡指出《管子·枢言》"沌沌乎抟而圜，豚豚乎莫得其门"与此文相近④。张佩纶以为上句"㔶乎"之"㔶"当作"郭"，读为"郭"；下句"㔶㔶乎"之"㔶"当作"淳"，引《老子》"其政闷闷，其民淳淳"为说⑤。鹏按，三句盖以门枢喻心，并下启"口为声也，耳为听也"数句。《枢言》："圣人用其心，沌沌乎抟而圜，豚豚乎莫得其门，纷纷乎若乱丝，遗遗乎若有从治。"与此文密切相关，其明言"用其心"可证此三句亦论心。"薄"训为迫近。"㔶乎其圜"之"㔶"疑涉下句"㔶㔶"而误，本当作"抟"，以《枢言》"沌沌乎抟而圜"可证。《说文》："抟，以手圜之也。"⑥引申为旋转。迫近门枢时先触及门板，而门板为方，故云"薄乎其方"。"抟乎其圜"则以门枢之转动为喻。枢者，居中以运外，动而不穷者也，故往往用以比喻事物的本原或中心，如《淮南子·原道训》："经营四隅，还反于枢。"《管子·枢言》开篇便云："道之在天者，日也。其在人者，心也。"亦以心为人之枢机。下句"㔶㔶乎"当从张佩纶说读为"淳淳乎"，乃形容心未发时之质朴状态。

(52) 故口为声也，耳为听也，目有视也，手有指也，足有履也，事物有所

---

① 王念孙：《读书杂志》，第 471 页。
② 此篇"金心"一词，《内业》作"全心"，刘绩据此谓"金心"当作"全心"，此从之。
③ 关于郭店《成之闻之》二句之释读，参考周凤五：《郭店竹简文字补释》，《古墓新知——纪念郭店楚简出土十周年论文专辑》，国际炎黄文化出版社，2003 年 11 月，第 65 页。
④ 安井衡：《管子纂诂》卷 13，第 19 页。
⑤ 张佩纶：《管子学》中册，第 1367—1368 页。
⑥ 按，引文据段玉裁《注》本校补。参考《说文解字注》，第 613 页。

比也：张舜徽云："此言五官四体，各有所司。喻百官执事，各守一职。心居五官四体之中，犹君居百官执事之上。事物既各有附属，自可收无为而无不为之效也。本书《心术上篇》曰：'心处其道，九窍寻理。'又曰：'耳目者，视听之官也。心而无与于视听之事，则官得守其分矣。'"①按，此文与《心术上》相通，张氏说是。此段接续前文论心，谓心统感官，并以感官认识外物，使物各有其归属、统类。

(53) **当生者生，当死者死。言有西有东，各死其乡**：数句皆承上文"事物有所比"而言。"当生者生，当死者死"，谓事物归其常处，各得其当。《管子·势》："修阴阳之从，而道天地之常。赢赢缩缩，因而为当。死死生生，因天地之形。天地之形，圣人成之。"与本文意旨相通。"各死其乡"之"死"训为止息，《荀子·大略》："流言止焉，恶言死焉。"正止、死二字并举。"言有西有东"即《庄子·齐物论》"言者有言，其所言者特未定也"之意，所谓"未定""有西有东"，皆由于彼我之情偏②。《齐物论》又云："夫道未始有封，言未始有常，为是而有畛也。请言其畛：有左有右，有伦有义，有分有辩，有竞有争，此之谓八德。"左右为西东之殊号，本文"有西有东"即《庄子》"有左有右"。所谓"各死其乡"，即止息纷杂之言，回归事物的情实。

(54) **置常立仪，能守贞乎**：张舜徽云："本书《正篇》曰：'立常行政，能服信乎？中和慎敬，能日新乎？正衡一静，能守慎乎？废私立公，能举人乎？临政官民，能后其身乎？'彼篇所言，与此数语，辞意大同。此云'置常立仪'，即彼篇之'立常行政'也。本篇篇首已言'以政为仪'，则仪者政之殊号也。'守贞'疑为'守慎'之讹。"③鹏按，张氏举本篇篇首及《管子·正》解"置常立仪"，其说是。下句"贞"字则不需改字为说。贞者，正也、定也。《正》篇云"立常行政(正)""正衡一静"，本篇前文"以靖为宗""以正为仪"，皆言"正""定"(静、靖皆有安定义，说详前)。《管子·正》"正衡一静，能守慎乎"之"慎"亦当读为"贞"，与其前句"正""静"应。

---

① 张舜徽：《管子四篇疏证》，《周秦道论发微》，第289页。
② 按，《齐物论》郭象注："未定也者，由彼我之情偏。"
③ 张舜徽：《管子四篇疏证》，《周秦道论发微》，第290页。

(55) **事常通道,能官人乎**:今本前句作"常事通道",常、事二字疑倒。本篇首句"建常立道"以常、道并举,此不当独异。陈鼓应指出:"'官人'即《正》篇'临政官民'的'官民',管理百姓。"①其说是。

(56) **故书其恶者,言其薄者**:尹知章《注》将二句与下句"上圣之人"合释,其说云:"圣,通也。既设法以教之,立官以主之,犹有恶薄而不化者,则书而陈之居上者,然后化而通之也。"张舜徽谓:"恶犹粗也,薄犹淡也。此言道之载于书传,布之言谈者,皆古人之粗迹,其味不厚,不足以见道之蕴也。"②陈鼓应进一步训两"其"字为"乃",并释二句为"书帛乃圣人之所厌弃,言语乃圣人之所鄙薄"③。按,张、陈二氏说虽似可通,但于前后文义实不能贯串。颇疑二句谓圣人口诛笔伐皆得其当,使恶者服罪,薄者警惕,而为众人之法式。若作此解,则与前文"置常立仪,能守贞乎"相合。

(57) **上圣之人,口无虚习也,手无虚指也,物至而命之耳**:王念孙云:"'上圣之人'四字,意属下,不属上,尹《注》(见前文引)非。"又引刘绩说云:"耳,语辞,注以为耳目之耳,属下为句,非。"④兹从之。尹知章《注》释"口无虚习"三句云:"口之习也,手之指也,终不徒然。必以事物之至,或以手指之,或以口命之。"安井衡从尹说,并谓:"物未至而先讲习之,谓之虚习;物未至而先指示之,谓之虚指。"⑤鹏按,安井衡说是。习字与下文"教存可也,教亡可也"呼应。"口无虚习也,手无虚指也,物至而命之耳"即《心术上》解文所谓"不言,之言应也。应也者,以其出为之入者也。……无为,之言因也。因也者,无益无损也"⑥。

(58) **不发于名声,不凝于体色,此其不可谕者也**:尹知章《注》:"不发不凝,所谓顽鄙者也,故不可告谕也。"张舜徽则谓:"谕与喻通,谓明白也。……《庄子·天道篇》曰:'视而可见者,形与色也;听而

---

① 陈鼓应:《〈白心〉注释与诠释》,《管子四篇诠释——稷下道家代表作》,第197页。
② 张舜徽:《管子四篇疏证》,《周秦道论发微》,第290页。
③ 陈鼓应:《〈白心〉注释与诠释》,《管子四篇诠释——稷下道家代表作》,第197页。
④ 王念孙:《读书杂志》,第471页。
⑤ 安井衡:《管子纂诂》卷13,第19页。
⑥ 引文经笔者校改,参考本编第四章第一节。

可闻者,名与声也。悲夫! 世人以形色名声为足以得彼之情。夫形色名声,果不足以得彼之情。则知者不言,言者不知。而世岂识之哉!'《庄子》所言,可与此数语相互证发。皆言君道之运用,深不可测。其形诸外而可晓者,乃其粗迹;若其精妙,则蕴藏于中,非人所能知也。"①鹏按,张氏说近之,唯此段所说非天道或君道,而是论心术之精妙。心蕴藏于中,若非"形于外"(即此处所云"发于名声,凝于体色",也即上文"知于颜色")则不易为人所知晓。

(59) **至于至者,教存可也,教亡可也**:"至于至者",今本作"及至于至者"。鹏按,典籍中有"及至"连用之例(义犹"等到")②,其后不加介词,如《孟子·滕文公上》:"及至葬,四方来观之。"《史记·儒林列传》:"及至秦之季世,焚《诗》《书》,坑术士。"今本"及至于至者"与上述"及至"之用例不合,颇疑"及"字乃后人注文阑入(释"至"字),本作"至于至者"。前一"至"字当训推至,后一"至"则训为穷至。三句仍扣紧"心"言,谓心术之用推至穷极,道德型范于每个人的内在,外在的教化便可不用,故教存可也,亡亦可也。《庄子·在宥》云:"说明邪? 是淫于色也;说聪邪? 是淫于声也;说仁邪? 是乱于德也;说义邪? 是悖于理也;说礼邪? 是相于技也;说乐邪? 是相于淫也;说圣邪? 是相于艺也;说知邪? 是相于疵也。天下将安其性命之情,之八者,存可也,亡可也。"说较激切,但意旨与此相通。

(60) **济于舟者,和于水矣;义于人者,祥于神〈鬼〉矣**:"祥于神〈鬼〉矣",一本"于"作"其"。尹知章《注》:"水和静无有波浪,则能济舟。与人理相宜,则神与之福祥也。"王引之云:"'其'当作'于'。正文及注'神'字皆当为'鬼',上文曰'祥于鬼者义于人'是也。'鬼'与'水'为韵,后人改'于'为'其',改'鬼'为'神',既失其义,而又失其韵矣。鬼、神,对文则益,散文则通,故神亦谓之鬼。"③按,王氏说是,兹据其说校改。

---

① 张舜徽:《管子四篇疏证》,《周秦道论发微》,第291页。
② 参考杨伯峻:《古汉语虚词》,中华书局,1981年2月,第80—81页。
③ 见王念孙:《读书杂志》,第472页。

(61) **事有适,无适若有适;觿可解,不解而后解**:今本作"事有适而无适,若有适,觿解,不可解而后解"。尹知章《注》:"事虽有所适,可常者若无适然。虽时有适,潜默周密,人莫知其由然。结必待觿而后解。觿,所以解结也。"王引之谓:"此当作'事有适,无适而后适;觿有解,不可解而后解。'言事之有适也,必无适而后适;觿之有解,必不可解而后解。下文云'善举事者,国人莫知其解',正所谓'不可解而后解'也。事之无适而后适,亦犹是也。今本'无适而'误作'而无适','后'误作'若','觿有解'之'有',又误入上句内,遂致文不成义,尹《注》及句读皆非。"①俞樾则云:"《小尔雅·广言》曰:'若,乃也。'管子书《君臣上》篇'若任之以事''若量能而授官',下篇'若稽之以众风,若任以社稷之任',诸'若'字并犹'乃'也。此文'若有适'亦当训为乃有适。"②丁士涵曰:"当作'觿可解,不解而后解',此句原本尚不误,惟'可'字移在'不'字下耳。"③鹏按,王引之说近之,唯"无适若有适"之"若",当依俞樾说训为"乃"(或可训"始")④,今本此句前"而"字涉下文"不解而后解"衍;"觿可解,不解而后解"则依丁士涵说校改。

(62) **为善乎,毋提(媞)提(媞)**:王念孙云:"提提,显著之貌,谓有为善之名也。'提'与'題'同,《说文》:'題,显也。'为善而有名,则必为人所嫉,为不善则陷于刑。《庄子·养生主》曰'为善无近名,为恶无近刑。'语意正与此同。又《山木篇》曰:'子其意者饰知以惊愚,修身以明污,昭昭呼如揭日月而行,故不免也。'《淮南·说林篇》曰:'旳旳者获,提提者射,故大白若辱,大德若不足。'皆是'为善毋提提'之意。"又云:"旳旳、提提,皆明也,语之转耳。"⑤按,"提提"可从王氏说读为"題題",训为显明貌;亦可读为"媞媞",训为分辨貌。"媞媞""題題",意义相通。《说文》:"媞,谛也。从女,是

---

① 王念孙:《读书杂志》,第 472 页。
② 俞樾:《诸子平议》,第 38 页。
③ 丁氏说见《管子集校》,《郭沫若全集·历史编》第六卷,第 465 页。
④ "若",训为"乃""始",参考杨伯峻《古汉语虚词》,第 134 页。
⑤ 王念孙:《读书杂志》,第 472、919 页。

声。一曰妍黠也。"段《注》:"谛者,审也。审者,悉也。"① 媞训为审谛,故"媞媞"者,分别貌、显著貌也。

(63) **故曰:愕(𧩙)愕(𧩙)者不以天下为忧,刺(暨)刺(暨)者不以万物为笑(𢤲)**:今本无"故曰"二字,此依文例补。俞樾曰:"'笑'字义不可通,当读为𢤲。《说文·心部》:'𢤲,快也。'《广雅·释诂》:'𢤲,可也。''不以万物为𢤲',正与'不以天下为忧'相对,言万物不足以快其心也。"②鹏按,俞樾读"笑"为"𢤲",其说是。颇疑"愕愕"当读为"𧩙𧩙"③,愕、𧩙二字皆疑母铎部,可以通用;"刺刺"读为"暨暨","刺"字上古音为来母月部,"暨"则为群母物部,物月旁转可通。《礼记·玉藻》云:"戎容暨暨,言容𧩙𧩙,色容厉肃,视容清明。"正"暨暨""𧩙𧩙"并举。郑玄《注》:"暨暨,果毅貌。𧩙𧩙,教令严也。"但"言容𧩙𧩙"下已云"色容严肃","𧩙𧩙"不当再解为严厉貌。《说文》:"𧩙,论讼(颂)也。传曰:𧩙𧩙,孔子容。"段《注》:"讼当作颂,'论讼'即'言容'也。《玉藻》曰:'戎容暨暨,言容𧩙𧩙'。"又云:"'𧩙𧩙,孔子容',未闻。《论语》曰'子温而厉。'"④鹏按,疑"𧩙𧩙"即《论语·述而》所述孔子"温而厉,威而不猛,恭而安"之貌。《说文》"𧩙""誾"二篆相邻,盖以义系联。"誾"训为"和说而诤",段玉裁申之云:"《论语·乡党》(记孔子"朝,与下大夫言,侃侃如也;与上大夫言,誾誾如也")孔《注》:'侃侃,和乐貌;誾誾,中正貌。'《先进》('闵子侍侧,誾誾如也')皇侃亦云尔。……誾誾为中正者,谓和悦而诤,柔刚得中也。言居门中,亦有中正之意。"⑤据此可推知"𧩙𧩙"为和悦而威严貌,有中正之意,与上文"若左若右,正中而已矣"呼应。《玉

---

① 段玉裁:《说文解字注》,第626页。
② 俞樾:《诸子平议》,第39页。
③ 《史记·天官书》记太岁在酉之年为"作鄂",《汉书·天文志》则为"作诺";《墨子·亲士》"分议者延延,而支苟者𧩙𧩙,焉可以长生保国。"洪颐煊以为:"𧩙𧩙与谔谔同。言分议者皆延延以念久长,而致敬者又谔谔已尽其诚。"二例可作为"愕""𧩙"通假之旁证。
④ 段玉裁:《说文解字注》,第92页。
⑤ 同上。

藻》"山立,时行,盛气颠实扬休,玉色"①,即所谓中正之容也。"暨暨"为即戎之貌②,自当果毅勇猛,鏖万物而不以为慊。本文既强调中正之道,故云"孰能弃暨暨而为洛洛乎?"

(64) **难(谨)言宪术,须(需)同而出**:"难"疑读为"谨"。《说文》有从鸟、从堇声之字,训为鸟名,段《注》谓此字"今为难易字,而本义隐矣"③。甲骨文有"𦰩"字,隶定为"熯(省火)",本义为饥馑④。陈梦家曾指出,艰、嘆、熯、馑、难、叹等字皆由"𦰩"所孳乳⑤。徐中舒也说:"熯、堇初为一字,而古从熯之字,《说文》篆文悉变从堇。"⑥"谨""难"所从声符既同源,则二字可相通。"谨言宪术"四字,言与术、谨与宪皆相对,"宪"当训敏(见《说文》)。"谨言宪术",谓谨于言,敏于术(在内为心术,发于外则为法术)。《大戴礼记·文王官人》:"其老,观其意宪慎,强其所不足而不踰也。"王聘珍《解诂》引《说文》云:"宪,敏也。慎,谨也。"⑦"宪""慎"连言犹此文"谨""宪"并举。"须同而出"之"须"疑读为"需",训为待;"同"训为和同之同;"出",谓发布也。"需同而出",谓言与术需待名实相符、上下和同,才能发布于外。

(65) **近(几)可以免**:黎翔凤谓:"《尔雅·释诂》:'几,近也。'《史记·老庄列传》'则几矣',《索隐》:'庶也。'合言之曰'庶几'。'近'假为'几'。"按,黎氏说是。上古音"几"为见母微部,"近"为群母文部,声母俱为舌根塞音,韵则文、微阴阳对转可通。

(66) **知何知乎?谋何谋乎?审而出者,彼自来**:张佩纶云:"'审而

---

① 郑玄注:"山立,不摇动也。时行,时而后行也。"孙希旦《集解》云:"扬读如字。盛气颠实扬休,谓盛其气以阗实于内,而发扬其休美于外,若《聘礼记》所谓'发气盈容'也。玉色,谓温润也。"
② 按,"暨暨"义犹"娛娛",《诗·周颂·良耜》云:"娛娛良耜",乃形容农具锐利快进之貌。
③ 段玉裁:《说文解字注》,第 152 页。
④ 参考拙著《殷代巫觋活动研究》,台湾大学中国文学研究所硕士论文,2003 年 1 月,第 168—171 页。
⑤ 陈梦家:《殷虚卜辞综述》,大通书局,1971 年 5 月,第 564 页。
⑥ 徐中舒:《甲骨文字典》,四川辞书出版社,1998 年 10 月,第 1463 页。
⑦ 王聘珍:《大戴礼记解诂》,中华书局,1983 年 3 月,第 187—188 页。

出'即上所谓'同而出'。"①按，其说是。数句承"谨言宪术，需同而出"而来，谓审慎发言出术，自能近悦远来，民心归附，不需汲汲于智谋。

(67) 自知曰稽,知人曰济：张佩纶云："'济'即《易》所谓'道济天下'。《尔雅·释言》：'济，成也。'"②张舜徽云："二句当释为'自知之术曰稽，知人之术曰济'，先秦古书，行文简质，故但以四字为句耳。稽犹考也，谓考之于人，以正得失也。……济之言齐也，谓齐度人之才智高下也。"③按，"稽"训为度，有审谛以求情实之意。"济"之本义为渡，可引申为通、成。疑"知人曰济"之"济"如字读，训为通（张佩纶则训为成）。张舜徽谓二句之"自知""知人"即"自知之术""知人之术"之省，其说是。自知之术指心术而言，《管子·七法》："实也、诚也、厚也、施也、度也、恕也，谓之心术。"知人之术指法术而言，即循名责实之术。今本《老子》第33章："知人曰智，自知曰明。"乃从结果论，与此文意旨相通。

(68) 知苟周,可为天下适（帝）：今本作"知苟适，可为天下周"。俞樾云："周字无义，疑'君'字之误。'可为天下君'，犹下文言'可以为天下王'也。'君'古文与'周'相似而误。"④郭沫若云："'周'当为'帝'，与稽、济、适为韵。'帝'古作'啻'……啻稍蠹蚀，故误为'周'。"⑤于省吾则指出："下云'知周于六合之内者'，即此文'知苟适，可以为天下周'之谓也。"⑥鹏按，郭氏以"周"为"帝"之形讹，说颇迂曲；俞氏改"周"为"君"，又失其韵。以于氏所举下文"知周于六合之内"，可证此文当作"知苟周"，今本"适""周"二字误倒。周者，合也、密固也，与上文"需同而出"之"同"及下文"内固之一"相应。"可为天下适"之"适"当读为"帝"（二字同为锡部字），与下文"可以为天下王"之"王"对举。

---

① 张佩纶：《管子学》中册，第1367页。
② 同上。
③ 张舜徽：《管子四篇疏证》，《周秦道论发微》，第296页。
④ 俞樾：《诸子平议》，第39页。
⑤ 郭沫若：《管子集校》，《郭沫若全集·历史编》第六卷，第468页。
⑥ 于省吾：《双剑誃诸子新证》，第230页。

(69) **内固之一,可以久长**:今本"久长"作"长久",张文虎云:"'长久'当作'久长','长'与下'王'字为韵。"郭沫若说:"'长久'殆'人长'之误而倒,或'久'字乃衍文。上句'为天下帝',下句'为天下王',此言'为长久',殊不伦类。'为人长'或'为长',则相类矣。"①鹏按,郭氏必改今本"可以长久"为"可为人长",求与"可为天下帝""可以为天下王"排比,其说非。疑此二句当移至"可以为天下王"下,作为此段结语。"长久"当如张文虎说作"久长"。"内固之一,可以久长","内"指心,"之"训为"至","一"即纯一不杂。二句谓心术密固而至于纯一,帝王之业可长久不坠。

(70) **论而用之,可以为天下王**:二句呼应本段首句"难(谨)言宪术","论"扣紧"言"而说,"用"则针对"术"而言,谓能审慎发言用术(包含前文所谓自知之术、知人之术),可以王天下。"论而用之,可以为天下王"当移至"知苟周,可以为天下帝"之后,帝、王对举,且王字与下文"可以久长"之"长"为韵。

(71) **视天之精(清),四壁(辟)而知请(情),与壤土而生**:今本作"天之视而精,四壁而知请,壤土而与生。"一本"壁"作"璧"②。尹知章《注》:"四壁,《周礼》所谓'四珪有邸'者也,祭天所奠也,同邸于璧,故曰四壁。既能知天,则祭以四壁,而祈请祈福祥也。"丁士涵云:"精者,明也。璧当作辟。辟,开也、通也。《尧典》'辟四门',《史记》作'辟'。请者,情之借字。"张舜徽申其说云:"此言人君之德,上法天地。'天之视而精,谓明四目也'。'四辟而知情',谓辟四聪也。'壤土而与生',谓如地之生长万物,各得其宜也。"③鹏按,三句之主语为人君,张舜徽说是。"精"疑读为"清"。《说文》:"清,朗也。"《淮南子·精神训》:"天静以清,地定以宁。""壁""请"当从丁氏说读为"辟""情"。颇疑今本"天之视而精"当作"视天之精(清)","而"字涉下文衍,"视"当移至句首,训为比照、效法。"四辟而知情",如丁士涵、张舜徽释。所谓"四辟"即《书·尧典》

---

① 二家说见《管子集校》,《郭沫若全集·历史编》第六卷,第468页。
② 参考郭沫若:《管子集校》,《郭沫若全集·历史编》第六卷,第468页。
③ 丁说见《管子集校》,《郭沫若全集·历史编》第六卷,第469页;张舜徽:《管子四篇疏证》,《周秦道论发微》,第297页。

"辟四门,明四目,达四聪",兼耳目聪明言。又疑今本"壤土而与生"当作"与壤土而生"。三句谓人君效法天之明察,耳目四通而知事物之情实,如此则与之土地乃能生养百姓与庶物。

(72) **能若夫风与波乎?唯其所欲适**:尹知章《注》:"风动波应,大小唯所欲适,天地之应圣人,亦犹是也。"张舜徽申尹《注》之意云:"此言道之运用,在能随时推移,与物变化,如波之应风而上下起伏也。"①按,其说是。二句又与上文"事有适,无适若有适"相通。

(73) **故子而代其父曰义也,臣而代其君曰篡也,篡何能歌?武王是也**:郭沫若联系上下文解云:"盖言人能如风波之无心,则能随心所欲,听其自然。苟一涉及人事,则与自然迥异。同一易位也,子代父则为义,臣代均则为篡。既篡矣,而又有可歌者如周武王在焉。是人事之不可端倪,有如此者。故总结以'故曰孰能去辩与巧,而还与众人同道。'"②其说是。

(74) **孰能去辩与巧,而还与众人同道**:张佩纶云:"上武王之事既非解'去辩与巧',而上句与上'弃功与名''弃名与功'实为一类,宜移置于前。而'子而代父'数语,于本篇不伦,乃他篇错简,今不可考矣。"张舜徽驳之曰:"此非错简也。上文既言义之与篡,本无定界。以见此等名目,皆起自衰暗主,所以禁人窥窃,自固其位者之所为也。《老子》第十八章曰:'大道废,有仁义;智慧出,有大伪;六亲不和,有孝慈;国家昏乱,有忠臣。'《老子》斯言,最为透辟。盖自仁、义、忠、孝,此类名目一出,于是好辩之士,巧饰之徒,盖有所取资,而天下纷纷矣。故此处总结之曰:'孰能去辩与巧,而还与众人同道'也。"③按,张舜徽说是。

(75) **思索精者明益衰,德行修者王道狭,名利卧者写生危**:后句今本作"卧名利者写生危"。尹知章《注》:"思索太精则矜名,故王道狭也。卧,犹息也。写,犹除也。能息名利,则除身之危。"马瑞辰据《尔雅·释诂下》训"写"为"忧",释二句云:"谓寝息于名

---

① 张舜徽:《管子四篇疏证》,《周秦道论发微》,第 297 页。
② 郭沫若:《管子集校》,《郭沫若全集·历史编》第六卷,第 469 页。
③ 张佩纶:《管子学》中册,第 1378—1379 页;张舜徽:《管子四篇疏证》,《周秦道论发微》,第 298 页。

利,必多危险,故忧生危。"①张舜徽云:"《说文》:'写,置物也。'此处'写'字,自当训置。谓寝息于名利,贪求不已者,是置其生于险境也。上云'思索精者明益衰,德行修者王道狭'乃言二事,尹《注》合而为一以释之,亦非也。大抵用心深,则流于刻覈,有损主道之明。矜小节,则难图大事,有害王道之广。"②鹏按,张舜徽释"思索精者明益衰,德行修者王道狭"二句,说甚确,当从之。"名利"疑与"思索""德行"对文,今本"卧"字当在"名利"之下,与前两句文例一致。张舜徽训"名利卧者写生危"之"写"为"置",其说是。"写生危"者,置生于危也。解者多训"卧"为寝息,疑非。"卧"当训为委。《说文》:"卧,伏也。从人臣取其伏也。"段玉裁《注》:"伏,大徐本作休,误。卧与寝异。寝于床,《论语》'寝不尸'是也;卧于几,《孟子》'隐几而卧'是也。"③王念孙《广雅疏证》:"卧之言委也。"④此句谓委身于名利者,将处于险境。

(76) **知周于六合之内者,为吾知生之有阻也**:后句今本作"吾知生之有为阻也"。按,"为"疑当移至句首,作"为吾知生之有阻也",此"为"字犹"以""因"也。古书中"……者,为……也"之句式如《墨子·耕柱》:"所谓贵良宝者,为其可以利也。"《管子·版法解》:"今人君之所尊安者,为其威立而令行也。"《荀子·性恶》:"凡人之欲为善者,为性恶也。"阻者,止也、限也。"生之有阻"犹"生之有限""生之有涯"。《庄子·养生主》:"吾生也有涯,而知也无涯。以有涯随无涯,殆已;已而为知者,殆而已矣。"与本文意旨相近。

(77) **持而满之,乃其殆也。名满于天下,不若其已也。名进〈遂〉而身退,天之道也**:张舜徽云:"《老子》第九章曰:'持而盈之,不如其已;揣而梲之,不可长保;金玉满堂,莫之能守;富贵而骄,自遗其咎。功遂身退,天之道。'《老子》所言,与此段文字,意无二致,皆所以诫盈溢也。"⑤许维通云:"'进'当作'遂'。遂,成也。

---

① 郝懿行:《尔雅义疏》,汉京文化公司,1985年9月,第1册,第170页。
② 张舜徽:《管子四篇疏证》,《周秦道论发微》,第299页。
③ 段玉裁:《说文解字注》,第392页。
④ 王念孙:《广雅疏证》,中华书局影印清嘉庆年间王氏家刻本,2004年4月,第118页。
⑤ 张舜徽:《管子四篇疏证》,《周秦道论发微》,第299—300页。

《老子》曰：'功成名遂身退，天之道也。'①是其证。今本作'进'，或后人以为'身退'与'名进'相对而妄改之。尹《注》'未有能名身俱进者'，是其所据本已误。"②按，二氏说是。据上引《老子》"持而盈之"句，又疑此文"持而满之"原当作"持而盈之"。《国语·越语下》"持盈者与天"，《史记·越王勾践世家》作"持满者与天"，即避汉惠帝讳而改③。

(78) **满盛之国，不可以仕；满盛之家，不可以嫁子；骄倨傲暴之人，不可与交〈友〉**：今本"不可以仕"句末有"任"字。尹知章《注》："满盛则败亡，故不可任其仕也。嫁子于满盛之家，则与之俱亡。交于骄暴，则危亡及己也。"王念孙云："'任'即'仕'字之误，今作'仕任'者，一本作'仕'，一本作'任'，而后人误合之也。尹《注》云'不可任其仕'，则所见本已衍'任'字矣。'交'当为'友'，亦字之误也（隶书'交'字或作'犮'，与'友'相似）。仕、子、友为韵（'友'古读若'以'，说见《唐韵正》）。"④鹏按，王氏说是。马王堆帛书《老子》乙本卷前佚书《称》类似文句作："不士于盛盈之国，不嫁子于盛盈之家，不友〔暴傲慢〕易之人。"⑤正作"士""嫁子""友"，与王氏说合。此文"满盛"亦疑本作"盈盛"。

(79) **民之所知者寡**：今本作"民之所以知者寡"。郭沫若云："当于'所以'断句，言道乃民之所用，但知之者寡。此即'百姓日用而不知'之意。"⑥鹏按，"以"字疑涉上文"不可以仕""不可以嫁子"而衍，本作"民之所知者寡"。

(80) **何道之近，而莫之能服也？弃近而就远，何费力也**：今本作"何道之近，而莫之能与服也。弃近而就远，何以费力也"。安井衡指

---

① 按，《老子》此章"功遂身退"句（郭店楚简本《老子》、马王堆《老子》甲乙本同），或作"名成功遂身退""功成名遂身退""成名功遂"。参考岛邦男：《老子校正》，汲古书院，1973年10月，第70页。
② 郭沫若：《管子集校》，《郭沫若全集·历史编》第六卷，第470—471页。
③ 王彦坤：《历代避讳字汇典》，中州古籍出版社，1997年5月，第555页。
④ 王念孙：《读书杂志》，第472页。
⑤ 缺文依魏启鹏补。参考氏著《马王堆汉墓帛书〈黄帝书〉笺证》，中华书局，2004年12月，第203页。
⑥ 郭沫若：《管子集校》，《郭沫若全集·历史编》第六卷，第471页。

出："莫之能服"，"诸本'能'上有'与'字，今从古本。"① 按，安井衡说是。"与"涉上文"不可与友"而衍。今本"何以费力也"当作"何费力也"，"以"字涉下文"以考内身""以此知象"而衍。"何"字在此作状语，兼表询问与慨叹。

(81) **君〈周〉亲〈视〉六合，以考内身**：俞樾云："此'君'字乃为'周'字之误，与上文可互证。尹《注》'遍六合之种，一一考之于身'盖以'遍'释'周'，是其所据本未误也。惟'亲'字无义，尹亦无注，或'视'字之误。"按，俞樾说是。"内身"即上文"内固之一"之"内"，均指心。"周视六合，以考内身"谓遍观上下四方而返求于心。

(82) **以此知象（像），乃知行情；既知行情，乃知养生**：尹知章《注》："于身知象，乃知可行之情。知行情则不违理，不违理则生全，故曰'乃知养生'。"张舜徽则谓："此段文字，言养生之道，贵在自知情欲之所蔽，而有以驱遣之也。'行'，犹驱遣也。'情'，谓悲乐喜怒好恶也。必尽去斯情，而后可清吾心，静吾虑，以摄养其精神。"② 鹏按，此段与"周视六合，以考内身"意义相贯，谓所以养生者，养心也。并呼应上文"索其像，则知其型；缘其理，则知其情"。尹说近之。"行"者，运也、施也。"情"训情实，非情欲也，张舜徽说非。

(83) **左右前后，周而复所**：尹知章《注》："行身之道，或从左右，或从前后，行之既周，还复本所也。"张舜徽云："'左右前后'犹上所云'周视六合'也。'周而复所'即'以考内身'也。"③ 按，张氏说是。"所"非训处所。《心术上》："舍者，言复所于虚也。"复所于虚，即"复于虚"。"所"者，语词耳④。"周而复所"犹"周而复"，言周视六合而返于内（或复于虚）。

(84) **执仪服象（像），敬迎来者。今夫来者，必道其道**：尹知章《注》："执常仪，行常像，将来可行之理，敬而迎之。上道从也，将来之

---

① 安井衡：《管子纂诂》，卷13，第22页。
② 张舜徽：《管子四篇疏证》，《周秦道论发微》，第301页。
③ 同上书，第302页。
④ 王念孙：《读书杂志》，第521页；王引之：《经传释词》，汉京文化公司，1983年4月，第211页。并参考本书上编第四章第一节。

理,并从道而来也。"陈鼓应则说:"执、服皆是用义。仪、象,谓礼数仪节。行用礼数仪节敬迎来者,喻正身诚意应接事物。"①鹏按,"仪""象"非指礼数仪节。尹《注》谓指常仪、常象,其说是。前文云:"以正为仪",即所执持之常仪;又云:"周视六合,以考内身,以此知像",即所服用之常像也。"执仪服象"指正心诚意,即前文所谓"内固之一"。"敬迎来者",即《心术上》所谓"虚其欲,神将入舍;扫除不絜,神乃留处"。"今夫来者",一本"今"作"令"②。鹏按,作"今夫"是。"今夫"为承上启下,具有提示作用的复音虚词,犹言"若彼"也③。"必道其道"谓"来者"(指"神")将循其道而留处。

(85) **无迁无衍,命乃长久**:尹知章《注》:"理既从道而来,但遵而行之,无迁移,无宽衍,勤而为之,则命久长也。"丁士涵则谓:"衍与延同,《文选·西京赋》'迁延,邪睨',薛综《注》:'迁延,退旋也。'"俞樾亦说:"尹《注》曰'无迁移,无宽衍',两意不伦,恐非也。衍当读为延。……迁、延乃迭韵字,古有此语。襄十四年《左传》'晋人谓之迁延之役'是也。'无迁无延'犹曰无迁延耳,不当分为二义。"④鹏按,尹《注》训"无迁无衍"为"无迁移,无宽衍"不误,丁、俞二氏改读非是。"无迁无衍"扣上文"周而复所"而说。周者,密合也,故无衍余⑤;复者,还返也,故无迁移。

(86) **和以反中,形性相葆(抱)。一以无贰,是谓知道**:二"以"字皆训"而"。"和以反中"即上文"周视六合,以考内身"。"反"即"周而复所"之"复"。"中"指"心",本篇"中又有中,孰能得夫中之衷乎"即《内业》"心以藏心,心之中又有心焉"(此王念孙说,详见前文)。"葆"当读为"抱"或"保"(保、抱二字同源⑥),训为持守。下句"一以无贰"即承"形性相抱"句而言。颜昌峣云:"一者,

---

① 陈鼓应:《〈白心〉注释与诠释》,《管子四篇诠释——稷下道家代表作》,第205页。
② 安井衡:《管子纂诂》,卷13,第23页。
③ 吴昌莹:《经词衍释》,中华书局,1956年10月,第74页;裴学海:《古书虚字集释》,中华书局,1954年10月,第349页。
④ 丁说见《管子集校》,《郭沫若全集·历史编》第六卷,第472页;俞樾:《诸子平议》,第39页。
⑤ 按,《楚辞·天问》"东西南北,其修孰多?南北顺椭,其衍几何?"朱熹《集注》:"衍,余也。"
⑥ 王力:《同源字典》,第244页。

纯一无贰,即诚也。"①其说是。今本《老子》第 10 章:"载营魄抱一,能无离乎?专气致柔,能婴儿乎?涤除玄览,能无疵乎?"与此文意旨相通。

(87) **将欲服之,必一其端而固其所守**:郭沫若云:"宋本无'一'字,古本、刘本、朱本、赵本均有,当据补。"②按,其说是。"一其端而固其所守"即前文"内固之一",其修养工夫均在心上。二句谓心术将发用于外,必一其端绪而使所守密固。

(88) **索之于天,与之为期**:尹知章《注》:"求性命之理于天,则期时可知也。"张舜徽云:"《广雅·释诂》:'期,会也。'会与合同义,此云'与之为期''不失其期',皆言与天道合也。"③鹏按,尹《注》释"索之于天"为"求性命之理于天",其说是。"与之为期"之"期"则当从张舜徽说训为合。心术(即性命之道)与天道贯通,疑受儒家子思一派之影响(参考本书下编第八章第三节)。郭店楚竹书《性自命出》第 2 至第 3 简云:"性自命出,命自天降。"《礼记·中庸》也说:"天命之谓性,率性之谓道,修道之谓教。道也者,不可须臾离也,可离非道也。"

(89) **吾语若大明之极。大明之明,非爱人不予也**:尹知章《注》:"若,女也。大明之极,谓天也。爱,惜也。非有所隐惜于人而不与之也。"按,尹《注》释义可从。"大明"即"天"之代称(文献或以"大明"代称日、月)。"极"之本义为房屋的脊檩,引申有中正、准则之意。"大明之极"指天之准则,即天道也。"大明之明"即天之明德、天之明命。

(90) **同则相从,反则相距也。吾察反相距,以故知从之同也**:今本末句作"吾以故知古从之同也"上有"吾"字。尹知章《注》:"与天同则从,反则相距也。察今反则有距,故知古之从者以其同也。"于省吾云:"'之'犹'与'也,详《经传释词》。'从之同'谓'从与同'也,即承上文'同则相从'为言。"④按,于氏说是。末句当作"以故知从之同也",

---

① 颜昌峣:《管子校释》,第 346 页。
② 郭沫若:《管子集校》,《郭沫若全集·历史编》第六卷,第 472 页。
③ 张舜徽:《管子四篇疏证》,《周秦道论发微》,第 304 页。
④ 于省吾:《双剑誃诸子新证》,第 230 页。

今本衍"吾"(涉上句衍)、"古"(涉本句"故"字衍)二字。

第二节 论《白心》之学派归属——
兼论其与《庄子》之关系

一、论《白心》之学派归属

《庄子·天下》云:"不累于俗,不饰于物,不苛于人,不忮于众。愿天下之安宁,以活民命。人我之养,毕足而止。以此白心,古之道术有在于是者,宋钘、尹文闻其风而悦之,作为华山之冠以自表,接万物以别宥为始。"白心者,彰明其心,使心恢复本然的状态。从内言为"白心";从外言则为"别宥"或"去宥",二者实相通。陈鼓应指出:"白心"即《心术上》所谓"絜其宫""虚其欲"①。战国楚竹书《彭祖》亦云:"远虑用素,心白身怿。"白心一词应为宋子学派之专门术语。

朱伯崑、白奚等学者反对郭沫若将《管子·白心》视为宋、尹一派著作的理由之一,便是《庄子》所谓的"白心"与篇名《白心》含意不同。朱伯崑说:"《庄子·天下》中讲的'白心',白为动词,意谓表白。'白心'即表白心意。《白心》讲的白为形容词,乃'虚素生白'的白,即'去辩与巧',也就是《心术上》说的'虚素'。'白心'指排除情欲和智巧干扰的心理状态。"白奚说略同②。按,此说疑非。前引《天下》论宋、尹一段"以此白心"句实承上启下,"白"当训彰明而非训表白,《荀子·正名》"说不行,则白道而冥穷(躬)","白"字用法正与此同。"以此白心"是指以前面所说"不累于俗,不饰于物,不苛于人,不忮于众""人我之养,毕足而止"作为处世应对之原则,以达到"白心"的目的,而所谓"不累于俗,不饰于物,不苛于人,不忮于众"亦即下文所说"别宥"(去外在之宥蔽)之具体方法,故云"接万物以别宥为始"。以此理解《天下》"白心"一词,便

---

① 陈鼓应:《〈白心〉注释与诠释》,《管子四篇诠释——稷下道家代表作》,三民书局,2003年2月,第175页。
② 朱伯崑:《〈管子〉四篇考》,《朱伯崑论著》,沈阳出版社,1998年5月,第415页;白奚:《稷下学研究——中国古代的思想自由与百家争鸣》,三联书店,1998年9月,第188页。

不存在与篇名《白心》内涵上的差异。

战国时期,学者将知识的来源归结为心统感官,并以耳、目接触外物而获得知识①。在认识论上,着重探讨两方面的问题:一是妨碍正确认识的因素是什么,二是"心"处于什么状态才能获得正确认识。宋钘提出"别囿""白心"之说,便是对于此一问题之响应②。别囿者,去除外在事物对于内心之拘囿,其工夫乃在心上。白心者,洁白其心。二者互为表里。《白心》云"中又有中。孰能得夫中之衷乎",与《内业》"心以藏心,心之中又有心焉"意同(说本王念孙),宋钘一派重视心之作用及修养如此,其学可谓"心学"矣。

《白心》论心,但全篇却绝不见"心"字,可见该篇采用一种隐晦的方式论述,此种形式疑与文献中所谓"隐"有关。《汉书·艺文志·诗赋略》杂赋类著录有《隐书》十八篇,颜师古引刘向《别录》云:"隐书者,疑其言以相问,对者以虑思之,可以无不谕。"③春秋之时,贵族流行赋《诗》断章取义,或可视为隐语风气之滥觞。后世的谜语为隐语之嫡裔,《文心雕龙·谐讔》:"君子嘲隐,化为谜语。"《说文》新附:"谜,隐语也。"④诗赋有"咏物"一类,疑亦源于隐语、谐隐之赋。

《白心》论心多以隐语出之,后人往往误解其意,如"中又有中。孰能得夫中之衷乎",尹知章《注》解为"举事虽得其中,而不为中,乃是有中也",以"中"为"执两用中"之"中"(两端之中);又如"人有治之者,辟之若夫雷鼓之动也……视则不见,听则不闻。洒乎天下满,不见其塞。集于肌肤,知于颜色。责其往来,莫知其时。薄乎其方也,韕〈抟〉乎其圜也,韕(沌)韕(沌)乎莫得其门。故口为声也,耳为听也,目有视也,手有指也,足有履也,事物有所比也。""发于名声,凝于体色,此其可谕者也;不发于名声,不凝于体色,此其不可谕者也。至于至者,教存可也,教亡可也。"二段言心为身主及心之发用,却未见"心"字。

---

① 参考拙文《〈大学〉"格物"读为"观物"说》,《传统中国研究集刊》第7辑,2010年3月。
② 参考本书上编第二章第二节以及白奚《稷下学研究——中国古代的思想自由与百家争鸣》,第104—107页。
③ 班固:《汉书》,中华书局点校本第六册,第1753页。
④ 关于隐语和谜语的关系,参考詹锳《文心雕龙义证》上册,上海古籍出版社,1989年8月,第548页注3。

第三章 《管子·白心》校释及其学派归属探论

《白心》用隐语论心,疑与齐稷下之风气有关,《史记·田敬仲完世家》《新序·杂事》载淳于髡以隐语向邹忌陈志,《滑稽列传》又载"齐威王之时喜隐,好为淫乐长夜之饮",故淳于髡以"国中有大鸟"之隐语劝谏。至战国末,荀卿更作礼、智、云、蚕、箴等谐隐之赋,亦为此风之遗。《文心雕龙·谐隐》云:"隐者,隐也。遁辞以隐意,谲譬以指事也。……隐语之用,被于纪传,大者兴治济身,其次弼违晓惑。"精确地道出此体之特色。

《白心》篇中多处呼吁人们去除外在事物对心的干扰,其目的不外是"白心",如云:"静身以待物""去善之言,为善之事""孰能去功与名,而还反无成""人言善亦勿听,人言恶亦勿听,持而待之,空然勿两之,淑然自清,无以旁言为事成。察而征之,无听而辨,万物归之,美恶乃自见。"篇中更说:"原始计实,本其所生。索其像,则知其型;缘其理,则知其情;索其端,则知其名"已从理论的高度将"白心""去囿"归纳为抽象原则。

除重视"心"的作用外,《白心》还有以下思想特点与传世文献及楚竹书《彭祖》所反映的宋钘学说相合:

1. 以天道为尚,亦不废人道:《白心》说:"上之随天,其次随人"可见其立场乃以天道为主,但亦重视人道。本篇首句说"建常立道",其具体内容为"以靖为宗,以时为宝,以正为仪,和则能久"兼天道、人道言,下更云"非吾义,虽利不为;非吾当,虽利不行;非吾道,虽利不取"则直言人道。又以天与圣人并举,其言云:"天不为一物枉其时,明君圣人亦不为一人枉其法。天行其所行,而万物被其利。圣人亦行其所行,而百姓被其利,是故万物均概侉众矣。"更可见其一贯主张。楚竹书《彭祖》云:"天地与人,若经与纬,若表与里。"正与《白心》之说合拍。

2. 重视"正名":稷下道家取儒家"正名"之说而发展其形名论,法家更取形名论而发展为君王"循名责实"之术,此为"正名"说在战国时期的发展大势[①]。楚竹书《彭祖》说:"余〔告汝尤〕:父子兄弟,五纪毕周,虽贫必攸;五纪不正,虽富必失。"近于儒家之正名说。《白心》则

---

① 参考本书下编第九章第一、二节对于尹文、慎到二派学说之评述。

说:"圣人之治也,静身以待物,物至而名自治。正名自治,奇名自废。名正法备,则圣人无事。"所述与《心术上》"纷乎其若乱,静之而自治,强不能遍立,智不能尽谋。物固有形,形固有名,名当谓之圣人"相通,可视为孔子"正名"说之进一步阐释,但未如后来法家之苛刻,也没有名家末流苛察缴绕之失。

3. 主张"义兵":楚竹书《彭祖》有"毋尚斗"之说,《白心》则云:"兵之出,出于人;其入,入于身。兵之胜,从于敌;德之来,从于身。故曰:祥于鬼者义于人,兵不义不可。"此处言"兵不义不可",知作者主张"义兵"而非"偃兵"。《吕氏春秋·孟秋纪》:"古之圣王有义兵而无有偃兵。"《庄子·天下》谓宋钘"禁攻寝兵,救世之战。"论者或以"寝兵"即"偃兵",但吕思勉指出:"《墨子》但言攻之不义不利,以抑人好斗之念;宋子则兼言见侮不为辱,人情本不欲多,以绝其争心之萌,其说盖益进矣。……墨子之所非,不过当时之所谓攻国。至于兵,则墨子非谓其竟不可用,亦非谓其竟可不用……其后由非攻变为偃兵,一若兵竟可以不用者,则墨家末学之流失,非墨子之说本然也。"①按,寝字本义为病卧,偃字本义为僵死(见《说文》②),二者意义有别。宋子主张"寝兵"犹如墨子之"非攻",皆非谓兵可尽偃而不用。《孟子·告子下》载宋子至楚、秦游说罢兵,遇孟子于石丘,二子论兵,宋子的着眼点在利与不利,孟子则主张以仁义说服二国息兵,二者似不能相容,实则在宋子的观念中,义、利是二而为一的,所谓"利"本有"义"作为正当性之前提(此点与孔子思想相通③);孟子则主张严义利之辨,高揭仁义之价值,此为其学说之发展④,故其与宋

---

① 吕思勉:《非攻寝兵平议》,《吕思勉论学丛稿》,上海古籍出版社,2006年12月,第26—27页。
② 段玉裁:《说文解字注》,第344、351、385页。
③ 按,《论语·宪问》:"见利思义,见危授命,久要不忘平生之言,亦可以为成人矣。"《季氏》《子张》并言"见得思义",知孔子所谓"利""得"需有"义"作为其正当性的保证。孔子亦说:"君子喻于义,小人喻于利"(《里仁》),又可见孟子严义利之辨、公私之分,孔子已发其端。
④ 按,《孔丛子·杂训》:"孟轲问:'牧民何先?'子思曰:'先利之。'曰:'君子之所以教民亦有仁义而已矣,何必曰利?'子思曰:'仁义固所以利之也,上不仁则下不得其所,上不义则下乐为乱也,此为不利大矣。故《易》曰:利者,义之和也。又曰:利用安身,以崇德也。此皆利之大者也。'"此段所记虽非实录,但可看出义利之辨确为孟学之发展。

子论寝兵主张"怀仁义以相接""何必曰利",与梁惠王论政也说:"王何必曰利,亦有仁义而已矣。"(《梁惠王上》)。

4. 反对"盈满":《老子》云:"见素抱朴,少私寡欲""少则得,多则惑"。又说:"持而盈之,不如其已;揣而锐之,不可长保;金玉满堂,莫之能守;富贵而骄,自遗其咎。"宋子发展《老子》之说,倡人情欲寡而不欲多,亦反对盈满贪求,所以《庄子·天下》述其语云"情固欲寡,五升之饭足矣!"楚竹书《彭祖》则说:"泰匡之愆,难以遣欲。"《白心》亦反对盈满,如云:"日极则昃,月满则亏。极之徒昃,满之徒亏,巨之徒灭。"又说:"持而满之,乃其殆也。名满于天下,不若其已也。名遂而身退,天之道也。满盛之国,不可以仕;满盛之家,不可以嫁子;骄倨傲暴之人,不可与友。"

综合上文所说,《白心》多处申论《老子》义理①,又谈"正名""义兵",反对"盈满",凡此皆与《彭祖》及文献所述宋钘学风较近,当为该派著作。

二、论《白心》与《庄子》之关系

李存山、陈鼓应曾指出,《白心》有与《庄子·养生主》及《山木》二篇相应的文句,并据此推论《白心》晚于《庄子》。此点涉及《白心》的学派及时代,需稍加辩说。二氏所说《白心》与《庄子·养生主》对应之文句为:

> 为善乎,毋提(媞)提(媞);为不善乎,将陷于刑。善不善,取信而止矣。若左若右,正中而已矣。(《白心》)
>
> 为善无近名,为恶无近刑。缘督以为经,可以保身,可以全生,可以养亲,可以尽年。(《养生主》)

陈鼓应认为:"为善乎,毋提提;为不善乎,将陷于刑"数句承继《养生主》"为善无近名,为恶无近刑"之论点,此为《白心》晚于《庄子》之一证②。李存山则分析说:"'为善乎,毋提提',实就是'为善无近名'。'为不善

---

① 胡家聪在《管子新探》(第309—310页)有《白心》与《老子》相关词句的对照表,可参看。
② 陈鼓应:《〈白心〉注释与诠释》,《管子四篇诠释——稷下道家代表作》,第200页。

乎,将陷于刑',这是'为恶无近刑'的换文,辞意和文彩已均不及《庄子》。'若左若右,正中而已矣',这实际上是对'缘督以为经'的解释。……《白心》的作者为求其辞意显明,所以把'缘督以为经'改写为'若左若右,正中而已矣'。但这样一改,就破坏了原文的韵脚,为避免失韵,所以作者在前边又加上'善不善取信而止矣'。《白心》篇作于《养生主》之后是确定无疑的。"①鹏按,《白心》与《养生主》有相应文句,只能说明两篇有一定的关联,但二篇著作时代先后,其间关系为何,实难遽定。仅以李存山所举《白心》相关文句"辞意和文彩已均不及《庄子》"而言,也可据此反向推论《白心》之语言质朴,近于民间之俗谚,《养生主》则较为整饬,后者为对前者的提炼。再就韵脚而论,也不存在李氏所说《白心》作者改写"缘督以为经"为"若左若右,正中而已矣"于是失韵,遂得加上"善不善取信而止矣"一句以求谐韵的情形。"善不善,取信而止矣"为对上句"为善乎""为不善乎"二句的进一步说明,并非后人所加。《白心》以"提"(支部)、"刑"(耕部)、"止"(之部)、"已"(之部)为韵,支、耕二部阴阳对转,之、支二部则为旁转关系。"正中而已矣"本与前文押韵,无待乎增"善不善取信而止矣"而后谐韵。《养生主》以"名""刑""经"为韵,三字皆为耕部。从押韵现象看,甚至可以推论:《养生主》的作者除重新改造《白心》的文句外,也进一步将韵脚统一为同部字。

《白心》与《庄子·山木》相应的文句为:

> 故曰"功成者堕,名成者亏。"故曰:孰能弃名与功,而还与众人同?孰能弃功与名,而还反无成?无成,贵〈责〉其有成也;有成,贵其无成也。(《白心》)

> 昔吾闻之大成之人曰:"自伐者无功。"功成者堕,名成者亏。孰能去功与名,而还与众人。(《山木》)

陈鼓应认为:《白心》"故曰"一词显然表明是引用古语,而所引与《山木》相合,故此为《白心》晚于《庄子·山木》之一证②。李存山则说:

---

① 李存山:《〈内业〉等四篇的写作时间和作者》,《管子学刊》1987年创刊号,第35页。
② 陈鼓应:《管子四篇诠释——稷下道家代表作》,第192页。

"(《庄子》)成玄英《疏》云:'大成之人即老子也。''自伐者无功'见于今本《老子》二十四章。'功成者堕,名成者亏。孰能去功与名,而还与众人。'这当是《山木》作者对老子话的发挥。《白心》篇的作者把《山木》发挥老子的话破为两句,又加上两个'故曰'。这说明是《白心》的作者引用了《山木》的话。"①张固也批评李氏所说为"一种或然的解释",他说:"(《白心》)把紧接着的短短几句话用两个'故曰'破读为二,终究有点不合情理,也可以推测《白心》是从另外两处抄来的,而《山木》又用来解释老子的话。"②鹏按,诸家所说疑非。《白心》"孰能弃名与功"前"故曰"二字当为衍文,此从该篇前文"故曰:'中又有中。'孰能得夫中之衷乎?"可证,二者皆先引前哲之言或谚语为说,再接以反诘语。颇疑"功成者堕,名成者亏"为当时俗谚,故《白心》作者引以为说,并进一步质问"孰能弃名与功,而还与众人同? 孰能弃功与名,而还反无成?"然后提出"无成,贵〈责〉其有成也;有成,贵其无成也"之说。《庄子·山木》载孔子围于陈、蔡之间,太公任往吊之,并说了前引"昔吾闻之大成之人"云云的那段话。"大成之人"自指老子,但其谓之"大成",未尝不可视为对《白心》"无成""有成"数句的精炼归纳。《山木》"功成者堕,名成者亏。孰能去功与名,而还与众人"为寓言中太公任之语,究竟是该篇作者自铸其词还是承袭前人之语,实难判定。但《白心》"孰能弃名与功,而还与众人同? 孰能弃功与名,而还反无成?"从文例上可以肯定是作者对于当时谚语"功成者堕,名成者亏"的发挥。由此来看,实在没有理由将《山木》的那段话视为《白心》所本。如果从情理上推论,很可能是《山木》作者改造了《白心》,而并非相反。

《白心》与《庄子》关系密切,不独从上述两段类似文句的比对中可见,二者在义理上也有颇多相通之处。下举数例明之:
1. 《白心》云:"孰能忘己乎,效夫天地之纪"与《庄子·天地篇》:"有治在人,忘乎物,忘乎天,其名为忘己。忘己之人,是之谓入于天"意旨相通③。

---

① 李存山:《〈内业〉等四篇的写作时间和作者》,《管子学刊》1987年创刊号,第35页。
② 张固也:《管子研究》,齐鲁书社,2006年1月,第279页。
③ 见上节校释第41所引王念孙说。

2.《白心》论心术云:"发于名声,凝于体色,此其可谕者也;不发于名声,不凝于体色,此其不可谕者也。"《庄子·天道篇》曰:"视而可见者,形与色也;听而可闻者,名与声也。悲夫!世人以形色名声为足以得彼之情。夫形色名声,果不足以得彼之情。则知者不言,言者不知。而世岂识之哉!"二者可相互证发①。

3.《庄子·在宥》:"说明邪?是淫于色也;说聪邪?是淫于声也;说仁邪?是乱于德也;说义邪?是悖于理也;说礼邪?是相于技也;说乐邪?是相于淫也;说圣邪?是相于艺也;说知邪?是相于疵也。天下将安其性命之情,之八者,存可也,亡可也。"可视为对《白心》"至于至者,教存可也,教亡可也"的进一步阐释。

4.《白心》:"视天之清,四辟而知情,与壤土而生"与《庄子·天道》:"明于天,通于圣,六通四辟,于帝王之德者,其自为也,昧然无不静者矣"相通②。

5.《庄子·秋水篇》:"差其时,逆其俗者,谓之篡夫;当其时,顺其俗者,谓之义之徒。"即《白心》"能若夫风与波乎?唯其所欲适。故子而代其父曰义也,臣而代其君曰篡也,篡何能歌?武王是也"之意③,但前者之说较为显豁。

6.《白心》"知周于六合之内者,为吾知生之有阻也"谓吾知生之有限,故仅求"知周于六合之内",而不妄于六合之外求之。《白心》二句实与《庄子·养生主》:"吾生也有涯,而知也无涯。以有涯随无涯,殆已;已而为知者,殆而已矣。"意旨相通。《白心》下文又云:"周视六合,以考内身。以此知象,乃知行情;既知行情,乃知养生。"则知周于六合之内,而不妄论六合之外(妄论者如邹衍之属),乃得养生之方,此又与《庄子》所云合。"知周于六合之内",即《齐物论》所谓"六合之外,圣人存而不论;六合之内,圣人论而不议。"

7.《白心》"周视六合,以考内身"谓遍观上下四方而返求于心,与《庄

---

① 见上节校释第58所引张舜徽说。
② 张佩纶:《管子学》中册,第1377页。
③ 张舜徽:《管子四篇疏证》,《周秦道论发微》,第298页。

子·知北游》"六合为巨,未离其内"相通。

宋子、庄子皆为宋人,年世又相及①,仅《白心》一篇就与《庄子》诸篇有如此多对应或相关的段落,可见宋、庄二派关系匪浅(关于二者之关系,见本书下编第八章第一节)。

---

① 宋钘的生卒年约数为公元前382至前305年,庄子则为公元前369至前295年。关于二者之年世,参考本书下编第七章第一节、第八章第一节。

第四章 《管子·心术》校理及其学派归属析论

第一节 《心术上》经、解复原及校释

一、前言

《心术》分上、下二篇,上篇前经后解,尹知章《注》于经末句"静因之道也"下云:

> 此已下,上章之解也。然非管氏之辞。岂有故作难书,而复从而解之?前修之制,皆不然矣。凡此书之解,乃有数篇,《版法》《势》之属,皆简错不伦,处非其第。据此则刘向编授之日,由谓为管氏之辞,故使然也。今究寻文理,观其体势,一〔似〕《韩非》之论,而《韩》有《解老》之篇,疑《解老》之类也。①

郭沫若则云:"经乃先生学案,解则为讲习录。"并说:"尹谓解文非管氏之辞,然经文亦非管氏之辞。此乃宋钘师弟在稷下学宫之传授录,亦非韩非之论也。"②按,此篇区分经、解,当为稷下先生的著作及后学的传习录。关于此篇的学派归属详见下节析论。

篇名"心术"二字见于解文:"心术者,无为而制窍者也,故曰君。"乃释经"心之在体,君之位也;九窍之有职,官之分也"之语。"心术"一词又见于《管子·七法》:"正天下有分:则、象、法、化、决塞、心术、计数。……实也、诚也、厚也、施也、度也、恕也,谓之心术。……不明于心

---

① 所引尹知章注经郭沫若校改,见《管子集校》,《郭沫若全集·历史编》第六卷,第413页。
② 郭沫若:《管子集校》,《郭沫若全集·历史编》第六卷,第403、413页。

术,而欲行令于人,犹倍招而必拘之。……布令必行,不知心术不可。"
关于"心术"一词之源流,参考本书下编第七章第三节。

《说文》:"解,判也,从刀判牛角。"其本义为分析。与"经"相对的"解"体之特征为:依傍经文,随句说解,分析文义。从先秦文献的形式观察,《管子》有《形势解》《版法解》用以解说《形势》《版法》等篇,"解"的部分逐句解说正文,并在各章后援引正文。如《形势解》第一章"山者,物之高者也"云云乃解释《形势》首二句"山高而不崩,则祈羊至矣",在解的章末便引《形势》二句作结。《韩非子·解老》借着训解字词意义来分析《老子》思想内涵,如其第一章"德者,内也;得者,外也。上德不德,言其神不淫于外也"云云便是对《老子》:"上德不德,是以有德"的解说,章后亦引二句作结。马王堆帛书《五行》亦有经有解,经在前,解接抄于后,其形式近于上述《管子·形势解》《韩非子·解老》。唯一不同者,是帛本《五行解》①各章引文在解说文字之前,这点正与《管子·心术上》合。今依《心术上》原文区分经、解,并循上述解体之特征,复原此篇,并详加校释。

二、经、解复原及校释

经②	解
心之在体,君之位也。九窍之有职,官之分也。心处其道,九窍循理。嗜欲充益〈盈〉(1),目不见色,耳不闻声。上离其道,下失其事(2)。	"心之在体,君之位也。九窍之有职,官之分也。"耳目者,视听之官也。心而无与于视听之事,则官得守其分矣。夫心有欲者,物过而目不见,声至而耳不闻也。故曰"上离其道,下失其事"。心术者,无为而制窍者也,故曰"君"(3)。
毋代马走,使尽其力;毋代鸟飞,使弊其翼(4)。	"毋代马走""毋代鸟飞",此言不夺能,能(而)不与下诚(成)也(5)。
毋先物动,以观其则。	"毋先物动"者,摇者不定,趮者不静,言动之不可以观〔其则〕也(6)。

---

① 按,帛书本解说经文的部分,学者习称《五行说》,此依周凤五说改称。参考拙文《简帛〈五行〉篇文本差异析论》,《中国文学研究》第 15 期(2001 年 6 月),第 26 页注 13。
② 经文略依文义分为六章,分章参考陈鼓应:《〈白心〉注释与诠释》,《管子四篇诠释——稷下道家代表作》,第 125 页。

续表

经	解
动则失位,静乃自得。	"位"者,谓其所立也。人主者,立于阴,阴者静,故曰"动则失位"。阴能制阳矣,静则能制动矣,故曰"静乃自得"。
道不远而难极也,与人并处而难得也。	道在天地之间也,其大无外,其小无内(7),故曰"不远而难极也"。虚之与人也无间,唯圣人得虚道,故曰"并处而难得也"。
虚其欲,神将入舍;扫除不絜,神乃留处(8)。	人之所职者,精也(9)。去欲则宣〈寡〉,宣〈寡〉则静矣(10);静则精,精则独矣(11);独则明,明则神矣。"神"者,至贵也。故馆不辟除,则贵人不舍焉,故曰:不絜则神不处。
人皆欲智,而莫索其所以智(知)。智乎!智(知)乎?(12)	"人皆欲知(智),而莫索其所以知。"其所知,彼也;其所以知,此也(13)。不修之此,焉能知彼?修之此,莫(漠)能(而)虚矣(14)。
投之海外无自夺。求之者不得〈及〉处〈虚〉之者(15)。夫正(圣)人无求也,故能虚(16)。	"虚"者,无藏也。故去知则奚求矣(17)?无藏则奚设矣?无求无设则无虑,无虑则反虚矣(18)。
虚无〈而〉无形谓之道,化育万物谓之德。	天之道"虚其〈而〉无形"(19),虚则不屈(竭)(20),无形则无所位〈低(抵)〉啎(21)。无所位〈低(抵)〉啎,故遍流万物而不变。"德"者,道之舍。物得以生,生得以知,职道之精(22)。故德者,得也。得也者,谓其所以得也(23)。无为之谓道(24),舍之之谓德。道之与德无间(25),故言之者不别也。无间者,谓其所以舍也(26)。

续表

经	解
君臣父子人间之事谓之义。登降揖让、贵贱有等、亲疏之体谓之礼(27)。	"义"者,谓各处其宜也(28)。"礼"者,因人之情,缘义之理,而为之节文者也(29)。故礼者,谓有理也(30)。理也者,明分以谕义之意也。故礼出乎义,义出乎理。理,因乎宜者也(31)。
简物(勿〈参〉)小末〈大〉一道,杀僇禁诛谓之法(32)。	"法"者,所以同出(33),不得不然者也。"杀僇禁诛",以一之也(34)。事督乎法,法出乎权,权出乎道(35)。
大道安而不可说(36)。	道也者,动不见其形,施不见其德,万物皆以得,然莫知其极(37)。故曰:"安而不可说"也。
直(惪)人之言,不义(俄)不顾〈颇〉(38)。	"莫〈直(惪)〉人",言至人也(39)。"不宜(俄)",言应也。应也者,非吾所设,故能无宜(俄)也。"不顾〈颇〉",言因也。因也者,非吾所顾〈取〉(40),故无顾〈颇〉也。
不出于口,不见于色。	"不出于口,不见于色",言无形也。
四海之人,孰知其则(41)。	"四海之人,孰知其则",言深囿也。
天曰虚,地曰静,乃不伐〈贷〉(42)。	天之道虚,地之道静。虚则不屈(竭),静则不变,不变则无过,故曰"不伐〈贷〉"。
絜其宫,开其门,去私言,神明若存(43)。	"絜其宫,阙(开)其门。"宫者,谓心也。心也者,智之舍也,故曰"宫"。絜之者,去好过〈恶〉也(44)。"门"者,谓耳目也。耳目者,所以闻见也。
纷乎其若乱,静之而自治。强不能遍立,智不能尽谋。	

续表

经	解
物固有形,形固有名,名当谓之圣人。	"物固有形,形固有名",此言言不得过实,实不得延(衍)名(45)。姑(号)形〈物〉以形,以形务(侔)名(46)。督言正名,故曰"圣人"(47)。
必知不言、无为之事(48),然后知道之纪。	"不言",之言应也。应也者,以其出为之人〈入〉者也(49)。执〈执(设)〉其名,务其应,所以成,之应之道也(50)。"无为",之道〈言〉因也(51)。因也者,无益无损也。以其形,为之名,此因之术也(52)。名者,圣人之所以纪万物也。
殊形异执(设),与万物异理(53),故可以为天下始。	人者,立于强,务于善,未(昧)于能,动于故者也(54);圣人无之,无之则与物异矣,异则虚(55)。虚者,万物之始也。故曰:"可以为天下始"。
人之可杀,以其恶死也;其可不利,以其好利也。是以君子不怵(怵)乎好(56),不迫乎恶。恬愉无为,去智与故(57)。	人迫于恶,则失其所好;怵(怵)于好,则忘其所恶,非道。故曰"不怵(怵)乎好,不迫乎恶。"恶不失其理,欲不过其情,故曰"君子"(58)。"恬愉无为,去智与故",言虚素也(59)。
其应也,非所设也;其动也,非所取也。	"其应也,非所设也;其动也,非所取也"(60),此言因也。因也者,舍己而以物为法者也(61)。感而后应,非所设也;缘理而动,非所取也。
过在自用,罪在变化(62)。是故有道之君〔子〕(63),其处也若无知,其应物也若偶之,静因之道也。	"过在自用,罪在变化",自用则不虚,不虚则忤于物也。变化则为(伪)生,为(伪)生则乱矣(64),故道贵因。"因"者,言因其能而用者也(65)。君子之"处也若无知",言至虚。"其应物也若偶之",言时适也。若影之象形,响之应声也。故物至则应,过则舍矣。舍者,言复所于虚也(66)。

【校释】

(1) **嗜欲充益〈盈〉**：王念孙云："'充益'当为'充盈'，字之误也。上以道、理为韵，此以盈、声为韵。此篇中多用韵之文。"[①]此从之。

(2) **上离其道，下失其事**：今本二句上有"故曰"二字。俞樾认为此二字涉解文而衍[②]。按，其说是。本篇经文不引它书或古语为证，"故曰"二字无着落，当删。何如璋又据解文指出，此下脱"心术者无为而制窍者也"十字，以解文引此有"故曰"字可证[③]。按，解文"心术者"前"故曰"二字乃衍文，且此十字乃释经文"君"字（详下文），不当据此补入经文。

(3) **心术者，无为而制窍者也，故曰君**：今本"心术者"前有"故曰"二字，王念孙云："凡言'故曰'者，皆覆举上文之词。此文'心术者'二句，是释'无代马走，无代鸟飞'之意，不当有'故曰'二字，盖涉上下文而衍。"[④]按，王氏说是。"心术者，无为而制窍者也"乃释经"君之位也"之"君"字。下解文云："督言正名，故曰'圣人'。""恶不失其理，欲不过其情，故曰'君子'。"皆属同类之训解。

(4) **使獘其翼**：此句今本作"使獘其羽翼"，戴望引陈奂说云："'羽'字衍，'使尽其力'与'使獘其翼'皆四字为句，'力''翼'为韵。尹《注》云'尽力獘翼'，其所见本无'羽'字。"[⑤]按，其说是。"羽"字疑后人之注文阑入。

(5) **此言不夺能，能（而）不与下诚（成）也**：于省吾指出，下"能"字读作"而"。"诚"本应作"成"，后人不解"成"义，遂改为"诚"。于氏引《诗·节南山》："谁秉国成。"《传》："成，平也。"《周礼·地官·质人》："掌成市之货贿、人民、牛马、兵器、珍异。"《注》："成，平也。"为说，谓此言上不夺下之能，而不与下平也[⑥]。此从其说改释。

[①] 王念孙：《读书杂志》，2000年9月，第465页。
[②] 俞樾：《诸子平议》，第36页。
[③] 参郭沫若：《管子集校》，《郭沫若全集·历史编》第六卷第405页所引何如璋说。
[④] 王念孙：《读书杂志》，第466—467页。
[⑤] 戴望：《管子校正》，第228页。
[⑥] 于省吾：《双剑誃诸子新证》，第229页。

(6) **摇者不定,趮者不静,言动之不可以观〔其则〕也**：末句今本作"言动之不可以观也"。戴望引丁士涵说云："'观'下疑脱'其则'二字。上文'毋先物动,以观其则。'"①按,其说是,当据补。今本《老子》二十六章："重为轻根,静为躁君。……轻则失本,躁则失君。"即解文"趮者不静"之意。道家于修身讲求虚、静,今本《老子》十六章云："致虚极,守静笃。万物并作,吾以观复。"若躁动而心有旁骛,不可以观其则也,故下文云："动则失位,静乃自得。"

(7) **道在天地之间也,其大无外,其小无内**：《管子·内业》："灵气在心,一来一逝。其细无内,其大无外。所以失之,以躁为害。心能执静,道将自定。"解文此处之"道"即指灵气或精气而言。心能执静,则灵气驻止于心,此即解文所谓"静乃自得"。

(8) **扫除不絜,神乃留处**："神乃留处"一句,俞樾、丁士涵认为当从宋本作"神不留处",并引解文"不絜则神不处"为证。张舜徽则认为："扫除不絜,即虚其欲也。神乃留处,即神将入舍也。后解所云'不絜则神不处',正所以说明'扫除不絜神乃留处'之意。"②鹏按,张舜徽说是。尹《注》："但能空虚心之嗜欲,神则入而舍之。"宋杨忱本作"神乃留处",丁、俞二氏所谓"宋本"当为"朱本"之误③。解文"不絜则神不处"乃约此二句而言,非直引经文,不必如丁、俞二氏据解改经。"絜"之本义为麻一束(见《说文》),束之则齐,故引申为洁净(说本段《注》)。《说文》无"洁"字(见于《说文》新附),洁净之"洁"经典作"絜",本篇"絜"如字读,不需改释。

(9) **人之所职者,精也**：今本"人"字上有"世"字,安井衡引猪饲彦博云："世当作也",并认为"也"字属上读作"并处而难得也",下句则作"人之所职者"④。鹏按,经、解互参,知其说是。郭沫若将"职"字读为"炽",又从俞樾说读"精"为"情",更以下文"宣"为"寡"字之

---

① 戴望：《管子校正》,第229页。
② 俞樾：《诸子平议》,第36页;张舜徽：《管子四篇疏证》,《周秦道论发微》,第215—216页(丁氏说亦见此)。
③ 郭沫若：《管子集校》,《郭沫若全集·历史编》第六卷,第406页;张舜徽：《管子四篇疏证》,《周秦道论发微》,第216页。
④ 安井衡：《管子纂诂》卷13,第4页。

误,谓"人之所烖者,情也。去欲则寡,寡则静矣"合于《庄子·天下》所述宋钘、尹文"情欲寡浅"之说①。张舜徽指出,《淮南子·精神》高诱《注》:"精者,人之气也;神者,人之守也。"《管子·内业》:"精也者,气之精也。"本文"人之所职者精也"乃谓人之所赖以为生者在气,必去欲而气乃通②。鹏按,张舜徽说是。郭沫若迁就其《管子·心术》等篇为宋、尹遗著之主张③,故改释诸字,其说得失互见。"去欲则宣"可依其说校改为"去欲则寡"(详下),但"人之所职者,精也",语甚平易,不必如其说改读。

(10) **去欲则宣〈寡〉,宣〈寡〉则静矣**：尹知章《注》:"宣,通也。去欲则虚自行,故通而静。"安井衡申其说云:"心之所以壅塞而不通者,唯以嗜欲充溢,故去欲则心宣通,宣通则心有所安而能静。"④郭沫若则谓今本"宣"为"寡"字之误,并谓:"欲本不易去,但苟去之,则情欲可寡。"鹏按,"寡"字残去下半则与"宣"形近,古书中二字混讹的现象见于《易·说卦》:"巽为木……其为人也,为寡发",《释文》谓寡字"如字,本或作宣,黑白杂为宣发。"《考工记·车人》"半矩谓之宣",《释文》亦谓宣字"如字,本或作寡"⑤。本文"宣"可如郭氏说视为"寡"之误字,"去欲则寡"谓去欲则能使心恢复寡欲的本然状态。《庄子·山木》云:"吾愿君刳形去皮,洒心去欲,而游于无人之野。南越有邑焉,名为建德之国。其民愚而朴,少私而寡欲。"可见在道家心目中"寡欲"乃是人性本然,但凡俗之人追逐物欲,要恢复此一纯朴状态,就需"洒心去欲"。所谓"洒心"者,扫除不洁也。《荀子·正名》批评"去欲""寡欲"说云:"凡语治而待去欲者,无以导欲而困于有欲者也;凡语治而待寡欲者,无以节欲而困于多欲者也。"亦去欲、寡欲并举。

---

① 郭沫若:《管子集校》,《郭沫若全集·历史编》第六卷,第415—416页。
② 张舜徽:《管子四篇疏证》,《周秦道论发微》,第234页。
③ 参考郭沫若:《宋钘尹文遗著考》,《郭沫若全集·历史编》第一卷,人民出版社,1982年9月,第547—572页。
④ 安井衡:《管子纂诂》卷13,第4页。
⑤ 参考陆德明:《经典释文》,艺文印书馆四库善本丛书本,第1册第2卷31页、第4册第9卷30页;黄焯:《经典释文汇校》,中华书局,2006年7月,第309页;孙诒让:《墨子间诂》(中华书局点校本),第14册,第3507、3509页。

(11) 静则精，精则独矣：今本后句作"精则独立矣"，刘师培指出"立"字衍①。鹏按，从上下文例观之，知其说是。《说文》："精，择米也。"即经拣择之米，引申为不含杂质之意（此义与"清"相通）。"静则精"指静定然后能去除在外之干扰（即所谓杂质），使心澄澈。此"精"字与上文"人之所职者，精也"之"精"（指精气）含义不同。若嫌语复，则不妨改读此"精"字为"清"，不过两"精"字的语境略有不同，不致混淆，故仍如字读。张舜徽谓"独与一同义"，并引《韩非子·扬榷》"道无双，故曰一，是故明君贵独道之容"为说。鹏按，郭店楚竹书《五行》第16简引《诗·曹风·鸤鸠》"淑人君子，其仪一也"，并谓"能为一，然后能为君子，君子慎其独也"②。亦可证"独"与"一"同义。《广雅·释诂》："蜀，弌也。"《方言》："一，蜀也。南楚谓之独。"钱绎《疏证》："《管子·形势篇》云'抱蜀不言，而庙堂既修。'惠氏定宇云：'抱蜀'即《老子》'抱一'也。"③"慎独"及"精则独"之"独"皆训为纯一，皆指内心的专一及真实状态，与"诚"相通④。

(12) 人皆欲智，而莫索其所以智（知）。智乎智（知）乎：今本"智"下原有"乎"字，王念孙以为涉下经文两"智乎"而衍，当删。解文"莫索其所以知"，今本"莫索"下有"之"字，王念孙亦以为衍文⑤。鹏按，经、解互参，知其说是。"人皆欲智"之"智"指"仁义礼智"之智；"莫索其所以智"之"智"疑读为知觉之"知"，二义稍别。下句"智乎！知乎？"与此呼应，是说"你们所盛称的'智'啊，难道真的是'知'吗"？此章与今本《老子》第18章"智慧出，有大伪。"第19章"绝圣弃智，民利百倍。"皆道家非智之论。

(13) 其所知，彼也；其所以知，此也：今本作"人皆欲知，而莫索之其

---

① 刘师培：《管子斠补》，《刘申叔遗书》上册，江苏古籍出版社，1997年11月，第801页。
② 按，简文末句脱"君子"二字，据马王堆帛书本补。参考荆门市博物馆：《郭店楚墓竹简》，第149、152页注18。
③ 参考华学诚：《扬雄方言校释汇证》上册，中华书局，2006年9月，第861页。
④ 关于此点，参考戴君仁：《荀子与大学中庸》，《梅园论学集》，台湾开明书店，1970年9月，第225—231页；梁涛：《郭店竹简与"君子慎独"》，《古墓新知》，台湾古籍出版公司，2002年5月，第228—229页。
⑤ 王念孙：《读书杂志》，第466页。

所以知,彼也。其所以知,此也"。王念孙校改为:"人皆欲知,而莫索其所以知。其所知,彼也;其所以知,此也"。①按,王氏说是。疑"莫索其所以知"句"其""所""知"下俱有重文符,后人不明古书通例,遂有此误。所谓"彼"指外物;所谓"此"指自身(或指己心)。

(14) **莫(漠)能(而)虚矣**:张文虎谓:"能"读为"而","而""如"古通用②。按,"能"当读为"而",张氏说是,并疑以此"而"字为连接词。"莫"读为"漠",训为清明。《说文》:"漠,北方流沙也。一曰清也。"《尔雅·释言》:"漠、察,清也。"郭璞《注》:"皆清明。"《庄子·知北游》:"澹而静乎! 漠而清乎!"是漠为清也③。《应帝王》:"汝游心于淡,合气于漠,顺物自然而无容私焉,而天下治矣。"漠亦训清。

(15) **投之海外无自夺。求之者不得〈及〉处〈虚〉之者**:尹《注》释前句云:"其智虽复远投海外,虚心用之,他毋从而夺之也"。盖训"无自夺"之"自"为由、从。此从之。下句今本作"求之者不得处之者",俞樾以下"之者"二字为衍文,张佩纶则以"处之者"三字衍。许维遹于"处之者"下补"不知"二字,求与"求之者不得"对文④。郭沫若云:"'处'当为'虚',字之误也。'得'当作'及',草书形近而讹。此处所谓'智'皆俗智世故,故下文言'去智与故'。此言'求之者不及虚之者',正起下文'夫圣人无求也故能虚'之意。"⑤鹏按,郭沫若说是。此言外求不如内虚以待之,故解文以"无求无设则无虑,无虑则反虚矣"说之,前后解文"修之此,漠而虚矣""恬愉无为,去智与故,言虚素也",意旨皆与此相通。

(16) **夫正(圣)人无求也,故能虚**:今本作"夫正人无求之也,故能虚无"。王念孙据解文指出,今本"圣人"作"正人",声之误也。"无求"下有"之"字,涉上文"求之"而衍,"故能虚"下有"无"字,则后

---

① 王念孙:《读书杂志》,第 466 页。
② 张氏说见郭沫若《管子集校》引。
③ 参考王引之:《经义述闻》卷 27,第 5 页。
④ 诸说见《管子集校》,《郭沫若全集·历史编》第六卷,第 406—407 页引。
⑤ 同上书,第 407 页。

人所加①。按,王氏说是,当据之校正。本篇解文云:"督言正名,故曰圣人。"以"正"释"圣",今本经文之"圣"作"正"疑后人据此解而改。

(17) **故去知则奚求矣**:今本作"故曰去知则奚率求矣",王念孙指出:"故"下衍"曰"字,"奚"下不当有"率"字,此即"奚"字之误而衍者。"去知则奚求""无藏则奚设"相对为文②。张舜徽引郭大痴说云:"去知者,外不纷骛于视听也。无藏者,内不豫有所意必设谓,挟成心以县待物之至也。"③按,王、郭二氏校改、释义皆是,此从之。

(18) **无虑则反虚矣**:此句今本作"无虑则反复虚矣",疑"覆"释"反"字,乃后人之注文阑入。解文末句云:"舍者,言复所于虚也。"所谓"复所于虚"即"复于虚"("所"为虚词,详下),也即"反虚"。

(19) **天之道"虚其〈而〉无形"**:王念孙、刘师培据《文选·游天台山赋》注、《啸赋》注、左思《咏史诗》注、嵇康《杂诗》注、应贞《晋武帝华林园集诗》注引此文作"虚而无形""虚无形",谓经文"虚无无形"当作"虚而无形"④。鹏按,解文"虚则不屈,无形则无所抵牾"以"虚"及"无形"并列,亦可证此句经文当作"虚而无形"。据此,则解文之"虚其无形"亦为"虚而无形"之讹⑤。解文"天之道虚而无形",与下解文"天之道,虚;地之道,静"合,皆以"天之道"为"道",明显将"道"置于"天"之下,此与《老子》所说"道"在"天"之上,作为宇宙根源不同⑥。刘笑敢、裘锡圭曾指出,《庄子》外篇的《天道》《天

---

① 王念孙:《读书杂志》,第466页。
② 同上。
③ 张舜徽:《管子四篇疏证》,《周秦道论发微》,第236页。
④ 王念孙:《读书杂志》,第466页;刘师培:《管子斠补》,《刘申叔遗书》上册,第801页。
⑤ 许维遹谓解文"天之道,虚其无形"之"其"犹"而"也。按,虚词"其"可训"而",见吴其昌《经词衍释》,中华书局,1956年10月,第89页;王叔岷:《古籍虚字广义》,华正书局,1990年4月,第205页。但二书所引例证,"其"字可训为"而"者,皆作为顺承连词(前项多表示动作行为的时间,后项表示动作行为),没有作并列连词用者,但经文"虚而无形"之"而"乃并列连词,则解"虚其无形"当改为"虚而无形",不当以"其犹而也"说之。参考何乐士:《古代汉语虚词词典》,语文出版社,2006年2月,第103、105页。
⑥ 裘锡圭:《稷下道家精气说的研究》,《文史丛稿》,第45—46页。

地》《在宥》等篇,道通常被放在天之下,这种思想可能受到稷下道家的影响[1]。

(20) **虚则不屈(竭)**:尹知章《注》:"屈,竭也。"按,"屈"字,《说文》训为"无尾也",引申为凡短之称。文献中"屈"又有竭尽一义,如《庄子·天运》:"目知穷乎所欲见,力屈乎所欲逐。"此二义别为二音,前者为溪母物部,后者为群母物部。颇疑"屈"之竭尽一义(读群母物部)乃其假借,其本字即"竭"(群母月部),二者双声,韵则物、月旁转可通。今本《老子》第五章云:"虚而不屈,动而愈出。"疑此"屈"亦读为"竭"。王弼注:"橐籥之中空洞,无情无为,故虚而不得穷屈,动而不可竭尽也。"即以穷尽释"屈"。严复云:"屈音掘,竭也。虚而不屈,虚而不可竭也。"[2]

(21) **无形则无所位〈低(抵)〉啎**:"啎"字,今本作"午(从走)",王引之以此文"位午(从走)"二字义不相属,"位"当为"低",隶书二字形近,故"低"讹为"位","低午(从走)"即"抵啎",乃谓:"凡物之有所抵啎者,以其有形。道无形,则无所抵啎,故下文云'无所抵啎,故遍流万物而不变也。'"[3]此从其说校读。

(22) **德者,道之舍。物得以生,生得以知,职道之精**:尹知章《注》:"谓道因德以生物,故德为道舍。"郭沫若谓"舍"为"施舍"之舍[4]。鹏按,下文解云:"心也者,智之舍也。"乃馆舍之舍。上文经"虚其欲,神将入舍",解文云:"馆不辟除,则贵人不舍焉。"则作为动词,训为寓居、停留。"德者,道之舍"之"舍"亦作此解[5]。黎翔凤释此句云:"道为虚位不可见,道即寓于德中。"[6]裘锡圭则解为"道停留在物之中的那部分就是德"[7],较黎氏说为确。"物得以生,生得以

---

[1] 刘笑敢:《庄子哲学及其演变》,中国社会科学出版社,1988年,第305页;裘锡圭:《稷下道家精气说的研究》,《文史丛稿》,第46页。
[2] 陈鼓应:《老子注译及评介》,中华书局,1984年5月,第81页。
[3] 王念孙:《读书杂志》,第467页。
[4] 郭沫若:《管子集校》,《郭沫若全集·历史编》第六卷,第417—418页。
[5] 冯友兰:《中国哲学史新编》第二册,人民出版社,1984年10月修订二版,第207页;裘锡圭:《稷下道家精气说的研究》,《文史丛稿》,第22页。
[6] 黎翔凤:《管子校注》中册,中华书局,2004年6月,第772页。
[7] 裘锡圭:《稷下道家精气说的研究》,《文史丛稿》,第22页。

知,职道之精",今本作"物得以生生知得以职道之精",诸家多以"物得以生生"为句,唯张佩纶指出,"生知得以"当作"生得以知"①。鹏按,《庄子·天地》:"物得以生,谓之德。"与此文"德者,道之舍。物得以生"相合,知当在前一"生"字下断句。今本下句"生知得以"当从张佩纶说校改为"生得以知"。裘锡圭指出,《管子·内业》"彼道不远,民得以产。彼道不离,民因以知",可与此文对照②。"职道之精"之"职",张文虎读为"识",又以前句"知"为衍文③。鹏按,"知"非衍文。"职"虽"识"之本字④,唯此处与上解文"人之所职者,精也"之"职"皆训为主、守。

(23) **谓其所以得也**:今本作"其谓所得以然也",张舜徽云:"原句当作'谓其所以得也',与下文'谓其所以舍也'句法一致。今本文字既有误倒,又衍'然'字,而字义晦矣。'然'字因注而衍。"⑤按,其说是,此从之。

(24) **无为之谓道**:今本此句"无为"上有"以"字。俞樾、戴望谓"以"字衍,并引尹《注》"无为自然者,道也"为说⑥。鹏按,从句例上看,"无为之谓道"与"舍之之谓德"对文,不应有"以"字,疑涉上句衍。

(25) **道之与德无间**:今本此句"道"前有"故"字,疑涉下文而衍。尹知章《注》:"道德同体,而无外内、先后之异,故曰无间。"其说是。

(26) **无间者,谓其所以舍也**:前句今本作"间之理者"。王引之谓:"'之理'二字,因注而衍。'间者'上又脱'无'字。无间者,谓其所以舍也。言道之与德,所以谓之无间者,谓德即道之所舍,故无间也。"⑦郭沫若则认为:"'舍'者,施舍之谓。……施舍亦即'化育万物'之意。'间之理者'上脱'人'字。上文'君臣父子,人间之事谓

---

① 张佩纶:《管子学》中册,第1320页。
② 裘锡圭:《稷下道家精气说的研究》,《文史丛稿》,第22页。
③ 张氏说引自《管子集校》,《郭沫若全集·历史编》第六卷,第418页。
④ 《说文》:"职,记微也。"段玉裁《注》:"记犹识也。纤微必是曰职。"桂馥《义证》:"经典通用从言之识,以此职为官职,又以帜代识,行之既久,遂为借义所夺,今人不之识为帜之正文,职为识之本字矣。"
⑤ 张舜徽:《管子四篇疏证》,《周秦道论发微》,第237页。
⑥ 俞樾:《诸子平议》,第36页;戴望:《管子校正》,第230页。
⑦ 王念孙:《读书杂志》,第467页。

之义'彼'事'当是'理'字之误,不然则下文诸'理'字即无着落。'人间之理者谓其所以舍也','其'指道言,言道不仅化而为万物,且发而为万理,而礼义刑法生焉。"①按,郭沫若说非。"舍"当训馆舍,且下解文分释"义""礼""法"乃紧扣经文,未必与此解前后呼应。下经文"君臣、父子人间之事谓之义",尹知章《注》:"人事各有宜也",是尹氏所据本已作"事",解文"礼也者谓有理也""理也者明分以谕义之意""义出乎理""理因乎道者也"之"理"乃由前解文"礼也者,因人之情,缘义之理,而为之节文者也"推衍而来,不必与经文"人间之事"相涉。此从王引之说校改。

(27) **亲疏之体谓之礼**:今本"亲疏之体",丁士涵以为当作"亲疏有体",体犹分也。陈鼓应谓:"体者,体统也,指不同身份者之间关系的合乎体统。"②按,"之"字不误。体当训为分,"亲疏之体"即"亲疏之分"。《墨子·经上》:"体,分于兼也。"孙诒让云:"盖并众体则为兼,分之则为体。"③《周礼·天官·序官》"体国经野"郑玄《注》、《礼记·朝事》"以体上下"王聘珍《解诂》皆谓:"体,犹分也。"《礼记·仲尼燕居》"官得其体",郑玄《注》:"尊卑异而合同。"文献中体、礼、履三字常互训④。此处经文以"体"说"礼",解文则云:"故礼也者,谓有理也;理也者,明分以谕义之意也"进一步以"理"(本有剖析之意,详下)、"分"说礼。

(28) **义者,谓各处其宜也**:戴望云:"各,一本作名。"张舜徽指出,作"各"是。经云"君臣父子人间之事谓之义",此则以各处其宜解之。《荀子·强国》:"分义则明",杨倞《注》:"义谓各得其宜。"⑤按,张氏说是。

(29) **礼者,因人之情,缘义之理,而为之节文者也**:郭店竹书《语丛一》第31、97 号简"礼,因人之情而为之即(节)文者也"。陈伟缀合二简,

---

① 郭沫若:《管子集校》,《郭沫若全集·历史编》第六卷,第 419 页。
② 丁说见戴望:《管子校正》,第 229 页引;陈鼓应:《管子四篇诠释——稷下道家代表作》,三民书局,2003 年 2 月,第 138 页。
③ 孙诒让:《墨子间诂》上册,中华书局,2001 年 4 月,第 309 页。
④ 宗福邦等:《故训汇纂》,商务印书馆,2003 年 7 月,第 2559—2560 页。
⑤ 戴望:《管子校正》,第 230 页;张舜徽:《管子四篇疏证》,《周秦道论发微》,第 238 页。

并指出类似的表述见于《礼记·坊记》:"礼者,因人之情而为之节文,以为民坊者也。"《淮南子·齐俗训》:"故礼因人情而为之节文,而仁发併以见容。"郭店《性自命出》第 15 至 20 简:"诗、书、礼、乐,其始出皆生于人。……圣人比其类而纶会之①,观其先后而逆顺之,体其义而节文之,理其情而出入之,然后复以教。教,所以生德于中者也。礼作于情,或兴之也。当事因方而制之,其先后之序,则义道也。或序为之节,则文也。致容貌,所以文节也。"他解释"节文"一词云:"'节文'是围绕着礼的等级制度和仪式规定,亦即礼外在的表现形式。依这种观念,'人之情'只是礼的基础,'节文'才是礼的具体表现。"②鹏按,陈氏之说可移为此文之解。《心术上》此处所论与《坊记》《性自命出》等子思学派作品相合③,可见该篇受儒家子思一派之影响。本篇解文重视"因",疑又与慎到一派有关,《慎子·因循》云:"天道因则大,化则细。因也者,因人之情也。"④白奚指出,田骈、慎到"因性任物"之说,主张顺应人的自然本性并加以利用。《心术上》的作者不仅对"因"作了明确界定,并且提出"静因之道",将"因"之原则引入认识论,影响荀子、韩非,如《韩非子·八经》:"凡治天下,必因人情。人情者,有好恶,故赏罚可用。"⑤

(30) 故礼者,谓有理也:"故"字,张舜徽疑涉下文而衍⑥,但此处"礼

---

① "纶",原作"仑",整理者读为"论",此依陈伟说改释。参考《郭店简书〈性自命出〉校释》,《新出土文献与古代文明研究》,上海大学出版社,2004 年 4 月,第 195 页。
② 陈伟:《〈语丛一〉零释》,《郭店竹书别释》,湖北教育出版社,2003 年 1 月,第 209—210 页。
③ 周凤五:《郭店竹简的形式特征及其分类意义》(载《郭店楚简国际学术研讨会论文集》)指出:"《鲁穆公问子思》《穷达以时》《缁衣》《五行》《性自命出》《成之闻》《尊德义》《六德》等八篇的写作,直接间接都与子思有关,内容也都是子思生平或学术思想的记录与阐述。……上述八篇似乎可以汇为一编,且很可能就是传自先秦、北宋以后日渐散佚的《子思子》的主体。"《隋书·音乐志》引沈约语:"《中庸》《表记》《坊记》《缁衣》,皆取《子思子》"关于《礼记》此四篇为子思学派所作,还可参考李学勤《周易溯源》,巴蜀书社,2006 年 1 月,第 98—101 页;范丽梅:《郭店儒家佚籍研究——以心性问题为开展之主轴》,台湾大学中国文学研究所硕士论文,2002 年 1 月,第 199—222 页。
④ 见《慎子》,台湾中华书局影印守山阁本,1981 年 10 月,卷 1,第 4 页。
⑤ 白奚:《稷下学研究——中国古代的思想自由与百家争鸣》,第 104 页。
⑥ 张舜徽:《管子四篇疏证》,《周秦道论发微》,第 239 页。

者,谓有理也。理也者,明分以谕义之意也"乃承上启下,"故"字非衍。此"理"训为文理。《韩非子·解老》"理者,成物之文也。"《说文》:"理,治玉也。"段玉裁云:"《战国策》郑人谓玉之未理者为璞,是理为剖析也。"朱骏声亦训"理"为"顺玉之文而剖析之"①。理引申有剖析义,故下文以"明分以谕义"释"理"。《礼记·乐记》云:"礼也者,理之不可易者也。"亦以"理"论"礼"。

(31) **礼出乎义,义出乎理。理,因乎宜者也**:王引之依文意将数句校改为"礼出乎理,理出乎义,义因乎宜"。郭沫若则以王校不可从,谓"原文当作'礼出乎义,义出乎理,理因乎道','道'因形近误为'宜'耳。此与下文'事督乎法,法出乎权,权出乎道'同例"②。鹏按,上文谓"礼者,因人之情,缘义之理,而为之节文者也"其重点在"缘义之理"一句,据此可知礼由义出,而理又义之基础,故下文云"礼也者,谓有理也"。此"理"即"义之理"。是以解文当作"礼出乎义,义出乎理",今本不误。至于"理因乎宜者也"一句,非与"礼出乎义,义出乎理"并列,否则"者也"二字无着落③(除非视"者"字为衍文)。颇疑"因乎宜者也"五字乃释"理"字,其句式与下文"事督乎法,法出乎权,权出乎道"小异。郭沫若必改"宜"为"道",求与下文"权出乎道"对文,但二者句式本不相同,不必据彼改此④。

(32) **简物(勿〈多〉)小末〈大〉一道,杀僇禁诛谓之法**:丁士涵曰:"'末'疑'大'字之误,六字作一句读。"⑤郭沫若谓:"'简'与'物'对文,物者众也,杂也。故众论谓之'物论',于旗则'杂帛为物'。……'简物小大一道'者,言不问事之繁简、物之大小,其本一也。"⑥鹏按,

---

① 段玉裁:《说文解字注》,第 15 页;朱骏声:《说文通训定声》,第 190 页。
② 王引之说见《读书杂志》,第 467 页;郭沫若:《管子集校》,第 420 页。
③ 按,"者也"为惯用词组,其中"者"为结构助词,它与之前的动词词组构成名词性短语,然后由"也"表达判断语气,如《礼记·乐记》:"乐也者,情之不可变者也。礼也者,理之不可易者也。"又如解文"礼者,因人之情,缘义之理,而为之节文者也。""法者,所以同出,不得不然者也。"参考何乐士:《古代汉语虚词词典》,第 592 页。
④ 张舜徽《管子四篇疏证》(第 239 页)且谓:"郭氏必谓'宜'字为'道'字之讹,不特前无所承,而语意亦坠虚矣。"
⑤ 戴望:《管子校正》,第 229 页。
⑥ 郭沫若:《管子集校》,《郭沫若全集·历史编》第六卷,第 408 页。

"末"为"大"之误,丁氏说是。"物"字疑由"勿"转读而来,本为"参"之误书。郭店竹书《五行》简 37 至 40 云:"不简,不行。不匿,不察于道。有大罪而大诛之,简也。小罪而赦之,匿也。……简之言犹练(阑)①也,大而晏者也②。匿之为言也犹匿匿(忒)③,小而轸者也。"④裘锡圭指出,《五行》以简、大、晏(或罕)与匿、小、轸对言,疑《心术上》"简物小未"为"简轸小大"之误,"简轸"犹言"疏密"⑤。鹏按,裘氏说是。"轸"可训为车马凑集盛多貌⑥,形容一般事物的稠密盛多,疑当读为"参"或"缜"(与"简"之训为"疏"相对)。《说文》:"参,稠发也。……《诗》曰'参发如云'。"所录篆文或体作"鬒"。"缜"与"参"为同源词,可训为密致⑦。《礼记·聘仪》:"缜密以粟,知也。"郑玄《注》:"缜,致也。"《方言》卷四:"纩谓之缜",郭璞《注》:"谓纩缕也。"丁惟汾《音释》:"缜为致密,布缕之缜密者谓之缜。今俗谓缝纫精致者谓之细缜密缕,言其缜密如织,如布之纩缜平匀,无缝纫之迹象也。"⑧"参""勿"二字形近,因而致讹。

(33) **法者,所以同出**:郭沫若云:"此释'简物小大一道'。'出'谓参

---

① 此字马王堆帛书本作"贺",帛书整理者读"贺"为"加",庞朴《帛书五行篇研究》及魏启鹏《德行校释》皆依帛本解文"简为言,犹衡也",改读为"衡"。鹏按,《说文》:"衡,牛触横大木。"帛本"衡"字盖用此义,段玉裁《注》:"许于'告'字下曰'牛触角警横木,所以告也。'是设于角者谓之告,此云'牛触横大木',是阑闲之谓之衡。"衡有阑闲之意,然则郭店竹书本"练"当读为"阑"(二字上古音皆来母元部字),训为遏止、限制。
② "晏"字马王堆帛书本作"罕"。
③ 庞朴《帛书五行篇研究》读后"匿"字为"慝"。按,《说文》无"慝"字,"慝"即"忒",训为过差。
④ 荆门市博物馆:《郭店楚墓竹简》,第 150—151、154 页;国家文物局古文献研究室:《马王堆汉墓帛书〔壹〕》,第 18、25 页。帛本有解,见前揭书第 22 页。
⑤ 裘锡圭:《马王堆〈老子〉甲乙本卷前后佚书与"道法家"——兼论〈心术上〉〈白心〉为慎到田骈学派作品》,《文史丛稿》,第 72、77 页注 19。
⑥ 如《淮南子·兵略》:"甲坚兵利,车固马良,畜积给足,士卒殷轸,此军之大资也。"高诱《注》:"轸,乘轮多盛貌。"
⑦ 王力:《同源字典》,文史哲出版社,1991 年 10 月,第 534 页。
⑧ 丁惟汾:《方言音释》,齐鲁社,1985 年 1 月,第 86 页。鹏按,简帛《五行》下文云:"大而晏者,能有取焉;小而轸者,能有取焉,索纩纩达诸君子道,谓之贤。"疑此"纩"字亦训为布缕缜密,盖以纺织之事比喻君子成德之进程。

差,'同出'谓统一其参差。"①陈鼓应则认为,"出"为"之"字之讹,二字形近,且涉上下文"出"字而讹。"同之"即下文"一之"②。鹏按,郭氏说是。《说文》:"出,进也。象草木益兹,上出达也。"引申为外出、高出。《孟子·公孙丑上》:"出于其类",朱熹《集注》:"出,高出也。"本文训为参差,又此义之进一步引申。若改"同出"为"同之",则"之"字上下文皆无所承。下文"一之"针对"出"(参差)而言,若此改为"同之",不仅语意重复,且"杀僇禁诛,以一之也"亦无着落。

(34) **杀僇禁诛,以一之也**:二句释经"杀僇禁诛"。"杀僇"二字前本有"故"字,疑涉下文而衍。"以"字在此为连词,用以连接前后两项,后项为前项之目的,义犹"用以""用来"。类似的结构如《孟子·滕文公下》:"我亦欲正人心、息邪说、距诐行、放淫辞,以承三圣者。"《韩非子·五蠹》:"构木为巢,以避群害。"③

(35) **事督乎法,法出乎权,权出乎道**:今本首句有"故"字,许维遹以为衍文。"督"字,许氏以为与《庄子·养生主》"缘督以为经"之"督"同训"中",但郭沫若、张舜徽皆以尹《注》训督察为是④。鹏按,此从许氏说删"故"字,但"督"仍从尹《注》训察。本文说:"法出乎权,权出乎道",法即由道而出,马王堆帛书《经法》开篇便云"道生法",意旨与本文相通。"法"有权衡义,故本文说"法出乎权",《慎子·威德》谓:"蓍龟,所以立公识也。权衡,所以立公正也。书契,所以立公信也。度量,所以立公审也。法制礼籍,所以立公义也。凡立公,所以弃私也。"⑤《管子·七法》亦云:"尺寸也、绳墨也、规矩也、衡石也、斗斛也、角量也,谓之法。"

---

① 郭沫若:《管子集校》,《郭沫若全集·历史编》第六卷,第420页。
② 陈鼓应:《管子四篇诠释——稷下道家代表作》,第142页。
③ 参考王海棻等:《古汉语虚词词典》,北京大学出版社,1996年12月,第414页;王叔岷:《古籍虚字广义》,第8页。
④ 见郭沫若:《管子集校》,《郭沫若全集·历史编》第六卷,第420页;张舜徽:《管子四篇疏证》,《周秦道论发微》,第240页。
⑤ 《太平御览》卷830引《慎子》佚文:"揩钩石使禹察锱铢之重,则不识也;悬于权衡,则毫发之不可差,则不待禹之智,中人之智,莫不足以识之矣。"同书卷429又引《慎子》:"有权衡者不可欺以轻重,有尺寸者不可差以长短,有法度者不可巧以诈伪。"皆与此文所云相通。见中华书局影印守山阁丛书本《慎子》,1981年10月,第4页、逸文部分第1、2页。

(36) **大道安而不可说**：此句今本作"大道可安而不可说"，解文引作"可以安而不可说"，蒙上省"大道"二字，并添一"以"字。按，经文前"可"字疑涉"不可说"而衍。《说文》："安，静也。""大道安"即"大道静"，是以解文云："动不见其形，施不见其德。"解文"可以安而不可说"亦当据经文校改为"安而不可说"。"大道"之称，先秦道家著作习见，如今本《老子》第18章"大道废，有仁义。"第34章"大道泛兮，其可左右。"《庄子·齐物论》："大道不称。"《尹文子》："大道无形，称器有名。"

(37) **万物皆以得，然莫知其极**：郭嵩焘谓"以得"二字倒，"然"字当属上读，二句作"万物皆得以然"。张舜徽云："'然'字应属下。'然莫知其极'与'动不见其形，施不见其德，万物皆以得'俱五字成句。德、得、极为韵。"① 按，张氏说是。

(38) **直(悳)人之言，不义(俄)不顾〈颇〉**：王念孙云："直人当作真人。"又指出解文"莫"亦"真"之形讹，二字隶书形近② 张舜徽则认为"直"乃"悳"（"德"之本字）之脱误，德人即《庄子·德充符》之"全德之人"③。鹏按，《管子》中无"真人"一词。张舜徽说是。《说文》："悳，外得于人，内得于己也。从直、心。"字从直亦声，直亦可径读为德，未必为脱误。"不义不顾"一句，张佩纶谓："顾当作侧，字之误也，侧与色、则、貣为韵，义读为俄④。言无反无侧也。"⑤郭沫若认为，"顾"乃"颇"之误，义、颇为韵，并引《书·洪范》"无偏无颇"为说⑥。鹏按，"义"当读为"俄"⑦，张佩纶说是。俄者，倾斜也。"顾"字则从郭沫若说视为"颇"之误字。解文"不宜""无宜"之"宜"疑当从经文释为"俄"，义、宜二字古书常通用，而义、俄则同从"我"声。解文"不顾""无顾"则亦"不颇""无颇"之误。

---

① 说见张舜徽：《管子四篇疏证》，《周秦道论发微》，第240页。
② 王念孙：《读书杂志》，第466、467—468页。
③ 张舜徽：《管子四篇疏证》，《周秦道论发微》，第220页。
④ 按，章炳麟亦以"义"为"俄"之借字，说见《管子余义》。此不具引。
⑤ 张佩纶：《管子学》中册，第1311页。
⑥ 郭沫若：《管子集校》，《郭沫若全集·历史编》第六卷，第409页。
⑦ 按，二字上古音皆歌部疑母。《说文》将"义"字分析为"从我、羊"，盖视为会意，但此字从"我"得声，其后当云"我亦声"。

(39) **莫〈直(悳)〉人，言至人也**：今本作"莫人，言至也"，俞樾据经文认为"莫人"乃"直人"之误，并疑原文作"直人，言正也"，盖以正释直，今本"至"为"正"之误①。郭沫若指出，"至"下夺一"人"字②。按，今本"莫人言至也"之"莫"，疑涉上文"莫知其极"而误，当依经文改为"直"（读为"悳"）。"至"字下则如郭氏说，脱一"人"字。悳、至二字音近，盖为声训。《庄子·天道》："通乎道，合乎德，退仁义，宾礼乐，至人之心有所定矣。"同书《田子方》引老聃语："至人之于德也，不修而物不能离焉，若天之自高，地之自厚，日月之自明。"皆谓至人之合德。

(40) **非吾所顾〈取〉**：一本重一"所"字，黎翔凤据此谓"非吾所所顾"即"非吾处所顾"③。俞樾则指出，"非吾所顾"当作"非吾所取"，与上文"应也者，非吾所设"对文。下文云"其应非所设也，其动非所取也"，又云"感而后应，非所设也；缘理而动，非所取也"，并以"所设""所取"对言。《广雅·释诂》："取，为也。"④郭沫若从俞樾说，并谓："宋本作'所所'，下'所'字即'取'字之讹。"⑤鹏按，俞、郭二氏说是。"取"可训"为"，《广雅·释诂三》："取，为也。"《大戴礼记·主言》："虽有国焉，不教不服，不可以取千里。"王聘珍《解诂》即引《广雅》训"取"为"为"⑥。张洪义《广雅疏证拾补》云："《老子》'取天下常以无事'，河上公《注》云：'取，治也。''为'亦'治'也，见《小尔雅·广诂》，是'取'与'为'同义。"⑦

(41) **四海之人，孰知其则**：尹《注》联系上文云："谓安道之君子，虽人言其不义，惊然不顾。言既不出于口，理又不见于色。言理既绝，四海之人，谁有能知其则义哉。"今本"孰知其则"上有"又"字，丁士涵以"又"即上文"人"字讹衍，下解无，当删。许维遹更指出：

---

① 俞樾：《诸子平议》，第36—37页。
② 郭沫若：《管子集校》，《郭沫若全集·历史编》第六卷，第422页。
③ 黎翔凤：《管子校注》，第774页。
④ 俞樾：《诸子平议》，第37页。
⑤ 郭沫若：《管子集校》，《郭沫若全集·历史编》第六卷，第423页。
⑥ 王聘珍：《大戴礼记解诂》，第2页。
⑦ 徐复：《广雅诂林》，江苏古籍出版社，1998年2月，第273页。

"据尹《注》亦不当有'又'字,今本'又'字涉《注》'又不见于色'而窜入正文内。"①按,许氏说是。

(42) **天曰虚,地曰静,乃不伐〈贷〉**:俞樾据解文"不变则无过",以"伐"为"贷"字之阙坏,并以"不贷"即"不忒",并谓"贷"与上文"色""则"二字为韵。张舜徽不从俞氏改字,认为"不伐者,谓不自矜夸也"②。鹏按,"伐"当为"贷"之坏字,俞樾说是。惟"不贷"自亦可通,不需进一步破读为"忒"。《说文》:"贷,施也。""貣,从人求物也。"段玉裁《注》:"我施人曰贷也。""向人求物曰貣也。按,代、弋同声,古无去、入之别。求人、施人,古无贷、貣之分,由貣字或作贷,因分其义,又分其声。如求人曰乞,给人之求亦曰乞,今分去讫、去既二音。"③此文"不贷"乃兼施、求言,谓天地虚静,无求无施(即"无为"之表现),故能无所损益而不穷不竭,是以解文云:"虚则不屈(竭)。"(前文亦以此句释经"虚而无形谓之道")今本《老子》第五章云:"天地之间,其犹橐籥乎?虚而不屈(竭),动而愈出。"与此文意旨相通。

(43) **絜其宫,开其门,去私言,神明若存**:"开其门"解文引作"阙其门"。孙星衍、俞樾皆以解文之"阙"当作"开"。张文虎则认为"开""阙"皆"关"字之误,"关其门"即收返视听也④。黎翔凤则引《汉书·王莽传》"围城为之阙",注:"不合也。"以解文作"阙"实与经文"开"同⑤。鹏按,此处解文引经训释,不当别为二文。"阙"字作为动词虽有留出空阙之意(如《孙子·军争》:"归师必遏,围师必阙"),但作"阙其门",语意稍嫌迂曲。疑解文"阙"当从经文读为"开",二字同为溪母,韵则月、微旁对转可通。从义理上说,本篇前文云:"四海之人,孰知其则,言深囿也",下文论"静因之道"更谓"因也者,舍己而以物为法者也",故须使心清静(絜其宫)、耳目聪明(开其门),方能去囿而应物无穷。若作"关其门",则耳目

---

① 郭沫若:《管子集校》,《郭沫若全集·历史编》第六卷,第 409 页。
② 俞樾:《诸子平议》,第 36 页;张舜徽:《管子四篇疏证》,《周秦道论发微》,第 221 页。
③ 段玉裁:《说文解字注》,第 282 页。
④ 以上三家说见《管子集校》,《郭沫若全集·历史编》第六卷,第 423 页。
⑤ 黎翔凤:《管子校注》,第 774 页。

闭塞,无由"以物为法"①。解文以耳目闻见释"门",合于《说文》"门,闻也"之训。"去私言"本作"去私毋言","毋"字疑涉注文而衍(尹知章《注》:谓无私言)。

(44) 洁之者,去好过〈恶〉也: 丁士涵指出,今本"好过"当作"好恶"。好恶,谓私也(经文云"去私言")②。按,其说是。此段解文至"耳目者,所以闻见也"。郭沫若因经文"去私毋言"至"智不能尽谋"一字无解,以为其下当有脱简。鹏按,解文"絜之者,去好过也"兼释经文"去私言",至于"纷乎其若乱,静之而自治。强不能遍立,智不能尽谋"四句,语意显豁,可能作者认为不需进一步解释,是以无解。马王堆帛书本《五行》有经有解,解文虽依傍经文,但于经文浅显处,仅以"直之"注明经文显而易懂,毋庸解释③。此段经文无解,未必即有缺文。

(45) 此言言不得过实,实不得延(衍)名: 前句今本作"此言不得过实",王念孙、安井衡俱以"不得过实"上当有"名"字,陶鸿庆则以为"言"下当重"言"字,盖脱一重文符④。张舜徽指出:"'此言'二字下乃解说之语。解者以'言'当'名',以'实'当'形',故云'言不得过实,实不得延名'也。……(韩非子)《主道篇》曰:'有言者自为名,有事者自为形。形名参同,君乃无事焉。'据此,可知'言'犹'名'也。"⑤鹏按,陶、张二氏说是。言、名错综成文,下文"督言正名",言、名亦并举。后句"实不得延名",疑"延"当读为"衍",二字声母同为余母,韵则真元旁转,可以通假⑥。《管子·白心》"无迁无衍",俞樾云:"衍当读为延。"(按,《白心》此"衍"字疑如字读,详上章第一节)又指出:《周官·大祝》"衍祭",郑《注》曰:"衍字当

---

① 郭沫若:《管子集校》,《郭沫若全集·历史编》第六卷,第 423 页。鹏按,前文云"嗜欲充盈,目不见色,耳不闻声",耳目之闭塞乃因过度纵欲。
② 戴望:《管子校正》,第 231 页。
③ 庞朴:《帛书五行篇研究》,齐鲁书社,1988 年 8 月 2 版,第 78 页。
④ 王念孙:《读书杂志》,第 468 页;安井衡:《管子纂诂》,卷 13,第 7 页;陶鸿庆:《读诸子札记》,第 190 页。
⑤ 张舜徽:《管子四篇疏证》,《周秦道论发微》,第 244 页。
⑥ 按,延、衍同有"引"之一义,声音又相近,或以为二字同源。见王力:《同源字典》,第 537—538 页。

为延。"《男巫》"掌望祀望衍授号",《注》曰:"衍读为延"。《诗·椒聊》"蕃衍盈升",《一切经音义》卷 19 引作"蕃延盈升",是衍、延古通用也①。段玉裁谓:"衍字水在中。在中者,盛也。"②"衍"字可训为满溢,其例如《诗·小雅·伐木》"伐木于版,酾酒有衍",又引申为余,如《楚辞·天问》"东西南北,其修孰多? 南北顺椭,其衍几何?"朱熹《集注》:"衍,余也。"③"衍"字与上句"过"对文。

(46) **姑(号)形〈物〉以形,以形务(侔)名**:二句上承"言不得过实,实不得衍名",仍释经"物固有形,形固有名"。此二句今本作"姑形以形,以形务名"。郭沫若谓:"姑读为诂,言诂物之形而象之也。务读为侔,取也。《说文》'蝥'或作'蟊',是敄音与牟音可通之证。"鹏按,若依郭氏说,则今本"姑形以形"当作"姑(诂)物以形",前一"形"字当为"物"之讹。又疑"姑"当读为"号"。"姑"字上古音为见母鱼部,"号"为匣母宵部,二字声音相近,可以通假。"姑"从"古"声,而从"古"之"胡"字在文献中与"号"通假,如《荀子·哀公》"君号然也",杨倞《注》:"号读如胡,声相近,字遂误耳。《家语》作'君胡然也'。"号者,呼也、名也。《诗·小雅·正月》"维号斯言,有伦有脊",马瑞辰云:"《周官·司常》:'官府各象其事,州里各象其名,加各象其号。'《注》:'或谓之事,或谓之名,或谓之号,异外内也。'是名与号对文则异,散文则通。'维号斯言'即《论语》'名之必可言也'之义。……'有伦有脊',即正名之本。"④此云"号物以形",乃依事物本然之样态命名之意⑤。"以形务名"之"务"疑当如郭沫若说读为"侔",训为齐等。"以形侔名"即"以形(训为实)正名"之义。

(47) **督言正名,故曰圣人**:张舜徽认为"故"字为"是"字之讹⑥,但本篇

---

① 俞樾:《诸子平议》,第 39 页。
② 段玉裁:《说文解字注》,第 551 页。
③ 朱熹:《楚辞集注》,艺文印书馆,1983 年 6 月 4 版,第 107 页。
④ 马瑞辰:《毛诗传笺通释》中册,中华书局,1989 年 3 月,第 604 页。
⑤ 按,所谓"形"指"实"而言,疑读为"型"。型者,模范也,姑以"事物之本然样态"释之。参看本书下编第八章第三节论"型"字。
⑥ 张舜徽:《管子四篇疏证》,《周秦道论发微》,第 244 页。

解文前有"故曰君",后有"故曰君子"之例,则此句"故"字不误。此处盖以"正"释"圣","督言"与"正名"对举,"督"如字读可通,训为察。又疑此"督"字与《庄子·养生主》"缘督以为经"同读为"裻"①,取其正中之义。《心术下》云:"凡物载名而来,圣人因而裁之,而天下治。"与解文此段相通。

(48) **必知不言、无为之事**:今本作"故必知不言无为之事","故"字疑衍。王念孙认为"不言"下脱"之言"二字,盖据今本解文"不言之言,应也"而补。郭沫若则云:"当作'不言之意',意、是、纪为韵。"张舜徽谓:"'不言'与'无为',乃君道之纲。周秦故书中有分举之者,亦有合言之者。《老子》第二章曰:'圣人处无为之事,行不言之教。'四十三章'不言之教,无为之益,天下希及之。'此分举之例也。《管子》此处所云'不言无为之事',乃合言之例,不必如王、郭二家说为增二字也。"②按,张舜徽说是。尹《注》释解文"不言之言应也"云:"言则言彼形尔,于我无言",疑解文当于"不言"下断读,而"之言应也"作一句读。前句即引经文"不言",后"之言应也"即"此言应也"③"之"犹"此"也④。依校正之解文,则经文当作"必知不言、无为之事"。今本《老子》第七十三章谓天之道"不言而善应",《庄子·知北游》云"至言去言,至为去为。"皆与此文意旨相通。

(49) **应也者,以其出为之人〈入〉者也**:下句今本作"以其为之人也"。张舜徽指出"以其"下脱"出"字,"人"字当为"入"字之误,并引《吕氏春秋·审应览》:"人主出声应容,不可不审。凡主有识,言不欲先。人唱我和,人先我随。以其出为之入,以其言为之名。取其

---

① 按,"裻"字本义为衣背之中缝,引申为人身后中脉之称(即"缘督以为经"之"督")。
② 王念孙:《读书杂志》,第466页;郭沫若:《管子集校》,《郭沫若全集·历史编》第六卷,第411页;张舜徽:《管子四篇疏证》,《周秦道论发微》,第224—225页。
③ 按,经师训解有"A,之言B也"之体式,例为声训,但此为汉代以下之通例,《心术解》为先秦故籍,或不受此限制。
④ 段玉裁《说文解字注》云:"之有训为此者,如'之人也、之德也、之条条、之刀刀。'《左传》:'郑人醢之三人也。'《召南》毛《传》曰:'之事,祭事也。'《周南》(毛《传》)曰:'之子,嫁子也'此等之字皆训为是。""之"训为"此"或"是"之例,详见宗福邦等编:《故训汇纂》,第37—38页。

实以责其名,则说者不敢妄言,而人主之所执其要矣。"为说。①
按,兹依其说校改。

(50) **执〈埶(设)〉其名,务其应,所以成,之应之道也**:王引之据尹《注》"物既有名,守其名而命合②之,则所务自成。"认为"务其"下"应"字,"所以成"下"之"字皆衍文,校改作"执其名,务其所以成,应之道也"③。张佩纶以"之应之道也"当作"此应之道也",许维遹亦以"之"字为"此"字之烂脱而误④。鹏按,末句不误。"之应之道"即"此应之道"。解文"之"训为"此",已见上文"不言,之言应也"。"之应之道也"与下文"此因之术也"句例一致。此处以名、应、成为韵,疑数句当断读为"执其名,务其应,所以成,之应之道也"。并疑首句"执"字当为"埶"之误,"埶"读为"设",训为制置。今本《老子》第三十五章"执大象,天下往",郭店本《老子·乙》简 7 "执"作"埶",裘锡圭云:"首字实为'埶',当读为'设'。"⑤上古音"执"为疑母月部,从其得声之"势"则为书纽月部,与"设"同音,故可通假。本篇下文云:"名者,圣人之所以纪万物也",故"名"乃圣人所设。《礼记·祭法》:"黄帝正名百物,以明民共财。"《书·吕刑》云:"禹平水土,主名山川。"《列子·汤问》列举世上极大、极小之物后,也说"大禹行而见之,伯益知而名之"。裘锡圭指出,古人以黄帝、大禹等圣人具有为万物命名之能力,显然是由于这些人具有生而知之的能力⑥。"务其应"之"务"如字读,训为求。《吕氏春秋·孝行览》"凡为天下,治国家,必务本而后末。所谓本者,非耕耘种殖之谓,务其人也",高诱《注》:"务犹求也"。

(51) **无为,之道〈言〉因也**:张佩纶据经文"必知不言、无为之事"谓今

---

① 张舜徽:《管子四篇疏证》,《周秦道论发微》,第 245 页。
② 按,王氏以尹《注》"合"字为"令"之误。
③ 王念孙:《读书杂志》,第 468 页。
④ 张佩纶:《管子学》中册,第 1325 页;许氏说见《管子集校》,《郭沫若全集·历史编》第六卷,第 425 页。
⑤ 荆门市博物馆:《郭店楚墓竹简》,第 122 页注 7。裘锡圭后来在《关于郭店简中的道家著作》一文(《中国出土古文献十讲》,复旦大学出版社,2004 年 12 月,第 215—216 页)申论此说。
⑥ 裘锡圭:《说"格物"——以先秦认识论的发展过程为背景》,《文史丛稿》,第 5 页。

本解文"之道"乃"之事"之讹①。按，其说非。此段解文分别释经"不言"及"无为"，解说之结构与句式对称，前文以"应"释"不言"，此则以"因"释"无为"。疑"道"涉上文"之应之道"而讹，本当作"言"，"之言因也"与上文"之言应也"句式一致。

(52) **以其形，为之名，此因之术也**：今本"为之名"上有"因"字，盖涉上下文"因"字而衍。"以"训由、因，"以其形，为之名"即前文所谓"号物以形，以形侔名"。此三句与前文"设其名，务其应，所以成，此应之道也"对应，其后"名者，圣人之所以纪万物也"乃总摄"物固有形"至"此因之术也"一段解文，不当如黎翔凤《校注》别立一段②。

(53) **殊形异执（设），与万物异理**：后句今本作"不与万物异理"，王念孙谓"不"字涉上文"不言"而衍③。按，王氏说是。解文谓圣人"与物异矣"，亦可证经无"不"字。"殊形异执"之"执"诸家多读为"势"，颇疑此"执"字当读为"设"，指设名。"殊形异设"即前解文"设其名""以其形，为之名"之意。李零曾指出，先秦兵家讲"形势"，"形"是已素备者，势是因敌而设。作为合成词，"形势"是人为制造的格局。《韩非子·难势》分别自然之势与人为之势，并说："吾所为言势者，言人之所设也。"便是以音训的方法来解释（"势""设"皆书母月部字）④。据此说，"势""设"或有同源的关系。

(54) **人者，立于强，务于善，未（昧）于能，动于故者也**："未于能"之"未"字，诸家解释纷纭⑤。陈鼓应读"未"为"昧"，谓"昧于能"即"执迷于一己之能"⑥，说较平实，此从之。此节解文以"人"与"圣人"对举，谓众人为"强、善、能、故"四者所囿，拘执于一端；圣人则

---

① 张佩纶：《管子学》中册，第1326页。
② 黎翔凤：《管子校注》中册，第776页。
③ 王念孙：《读书杂志》，第466页。
④ 李零：《兵以诈立——我读〈孙子〉》，中华书局，2006年8月，第168—195页。
⑤ 丁士涵、姚永概以为乃"本"之误；安井衡则读为"昧"；吴汝纶以"未"当作"成"，两字汉隶形近，因而致误；陶鸿庆疑本作"习于能"，今本"未"字涉注文而误；李哲明认为"未"当为"制"之缺讹；郭沫若以"未"为"举"之误。说俱见《管子集校》，《郭沫若全集·历史编》第六卷，第425—426页。
⑥ 陈鼓应：《管子四篇诠释——稷下道家代表作》，第151页。

与物异理,随时推移,故能虚而为万物之始。《庄子·渔父》云:"圣人法天贵真,不拘于俗。愚者反此。不能法天而恤于人,不知贵真,禄禄而受变于俗,故不足。"圣人法天,故能虚(本篇前文云"天之道虚");常人"立于强,务(训趋)于善,于能,动于故",皆所谓"拘于俗"也。上文云"名者,圣人之所以纪万物也",此节经、解谓圣人可为"天下始""万物之始"疑指制名及"督言正名"而言。

(55) **圣人无之,无之则与物异矣,异则虚**:郭沫若谓:"'圣人无之'者,无上述四端通习……亦即是舍己。如是则能因应于物。'与物异'者,随物而异也。物有万汇,理有万殊,因其异而异之,无所凝滞。故云'异则虚'也。"①其说是。

(56) **君子不怵(诱)乎好**:王念孙云:"怵与㤜通。《说文》曰:'㤜,诱也。'《汉书·贾谊传·鵬赋》'怵迫之徒,或趣西东',孟康曰:'怵,为利所诱怵也。迫,迫贫贱也。'此云怵乎好,迫乎恶,即承上好利恶死而言。"②按,王氏说是。

(57) **去智与故**:许维遹则云:"智与故相对,故犹诈也。《吕氏春秋·论人篇》'释智谋,去巧故',高《注》:'巧故,伪诈也。'"王叔岷谓:"故犹巧也,《淮南子·俶真篇》:'不以曲故是非相尤',《注》:'曲故,曲巧也。'《主术篇》:'上多故则下多诈',《注》:'故,巧也。'并其证。《韩非子·扬榷篇》:'去智与巧',故正作巧。"③鹏按,二氏说是。《说文》:"故,使为之也。"《墨子·经上》:"故,所得而后成也。"张惠言云:"故者,非性所生,得人为乃成。"④则故者,伪(人为)也,进一步引申为巧、诈。《庄子·刻意》:"去知与故,循天之理。"郭庆藩云:"故,诈也。《晋语》:'多为之故以变其志',韦《注》:'谓多设计术以变易其志。'"⑤

(58) **故曰君子**:丁士涵据经文,以"君子"二字当在此节解文"不怵乎

---

① 郭沫若:《管子集校》,《郭沫若全集·历史编》第六卷,第 426 页。
② 王念孙:《读书杂志》,第 466 页。
③ 许氏说见《管子集校》,《郭沫若全集·历史编》第六卷,第 412 页;王叔岷:《管子斠证》,《诸子斠证》,第 25 页。
④ 张氏说引自孙诒让《墨子间诂》上册,中华书局,2001 年 4 月,第 309 页。
⑤ 郭庆藩:《庄子集释》第三册(中华书局,1961 年 7 月),第 540 页。

好"前。郭沫若则以为原文乃先释"不怵乎好,不迫乎恶",再释"君子",先后分为两项,故有两"故曰"。"故曰君子"四字当自为句。张舜徽从郭氏说,并指出"故曰君子",与上文"故曰圣人",句例正同①。按,郭、张二氏说是。

(59) **言虚素也**:张舜徽云:"周秦故书言及君道,以虚素为言者多矣。《韩非·扬权篇》:'权不欲见,素无为也。虚而待之,彼自以之。'《吕氏春秋·上德篇》曰:'爱恶不臧,虚素以公。'皆言人君贵能清虚自守,任人而不任智也。"②鹏按,《吕氏春秋·分职》云:"夫君也者,处虚服素③而无智,故能使众智也。"战国楚竹书《彭祖》也说:"远虑用素,心白身怿。"皆所谓"虚素"之意。"虚"者,空也。《庄子·人间世》言"瞻彼阕者,虚室生白,吉祥止止(之)"。虚其心即"白心"也。素者,亦白也。《说文》:"素,白致缯也。"引申之,凡白而无文饰者皆谓之素。

(60) **其应也,非所设也;其动也,非所取也**:本作"其应,非所设也;其动,非所应也"。"应""动"字下当据经文各补一"也"字。

(61) **因也者,舍己而以物为法者也**:丁士涵、陶鸿庆将"舍己而以物为法者也"连作一句读,此从之。张舜徽指出,"以"为"从"字之讹。鹏按,"舍"读为"舍",训为释。"以"字可径训为由、因、从④,不烦改字。"舍己而以物"即"释己而由物"或"释己而因物"之意。前文云"物固有形,形固有名""号物以形,以形侔名""以其形,为之名,此因之术也",所谓"以物为法"疑指"督言正名"而言。

(62) **过在自用,罪在变化**:"过在自用"承上文"其应也,非所设也;其动也,非所取也"而言,人君有所预设而致物,动而皆为自取,乃所谓私也,亦即"自用"也。《心术下》云:"圣人若天然,无私覆也;若

---

① 丁氏说见戴望《管子校正》,第 231 页;郭沫若:《管子集校》,《郭沫若全集·历史编》第六卷,第 427 页;张舜徽:《管子四篇疏证》,《周秦道论发微》,第 248 页。
② 张佩纶《管子学》中册,第 1327 页;张舜徽:《管子四篇疏证》,《周秦道论发微》,第 248 页;郭沫若:《管子集校》,《郭沫若全集·历史编》第六卷,第 427 页。
③ 按,本作"处虚素服",王念孙谓:"'素服'疑当为'服素'。"
④ 王引之:《经传释词》,汉京文化公司,1983 年 4 月,第 19—20 页;刘淇:《助字辨略》,中华书局,2004 年 7 月 2 版,第 128—129 页;王叔岷:《古籍虚字广义》,第 8—9、14 页。

地然,无私载也。私者,乱天下者也。"本篇前文云"殊形异设,与万物异理",是顺物而异理;此云"变化",则是物变而己亦随之化。《心术下》谓圣人之道乃"与时变而不化,应物而不移"。本篇下文论及对待物之态度也说"物至则应,过则舍矣"。马王堆帛书《经法·名理》亦云:"道者,神明之原也。……静而不移,动而不化,故曰神。"《心术》等篇主张应物"变而不化",《庄子》则云"物化",异趣相映。稷下道家以君王为陈论之对象,故言"因",言"变而不化";庄子则以"物化""气化"破除主、客之界限,达到"万物与我为一"之境界①,建立一套士人得以安身立命的修养论。

(63) **有道之君〔子〕**:郭沫若云:"下解作'君子',此'君'下当夺'子'字。"②按,解文云"君子之'处也若无知',言至虚也"似隐括经文"君子",郭氏说是。

(64) **变化则为生,为生则乱矣**:尹知章《注》"为生"云:"谓有为于营生",俞樾则以"为"字当读为"伪"③。按,此"为"指人为之智巧,可依俞氏说读为"伪"。

(65) **因者,言因其能而用者也**:此兼释经"静因"及解文上句"贵因"之"因"。今本作"因者,因其能者,言所用也"。张舜徽校改为"因者,因其能而用之也";陈鼓应则改为"因者,言因其能而用者也"④。鹏按,陈氏说是。今本"言"字领"因其能而用也"句,不当删。

(66) **舍者,言复所于虚也**:今本作"舍矣者,言复所于虚也"。李哲明以此"矣"字涉上而衍,"所"字亦衍文。鹏按,"矣"涉上句"过则舍矣"而误,李说是。"所"为语词,非衍文。《诗·小雅·采菽》"载骖载驷,君子所届。"王念孙云:"届者,至也。'君子所届'者,君子至也。所,语词耳。"王引之也指出:"所,语助也。《书·无逸》曰:

---

① 参看拙文《从神话素材的再创造论〈庄子〉的文学表现》,《中国文学研究》第 14 期(2000 年 5 月),第 259—260 页。
② 郭沫若:《管子集校》,《郭沫若全集·历史编》第六卷,第 413 页。
③ 俞樾:《诸子平议》,第 37 页。
④ 李哲明说见《管子集校》,《郭沫若全集·历史编》第六卷,第 428 页;张舜徽:《管子四篇疏证》,《周秦道论发微》,第 249 页;陈鼓应:《管子四篇诠释——稷下道家代表作》,第 156 页。

'呜乎！君子所其无逸。'言君子其毋逸也。君子,谓人君也。所,语词耳。《礼记·檀弓》曰:'君之臣免于罪,则有先人之敝庐在。君无所辱命。'言君毋辱命也。成二年《左传》曰:'能进不能退,君无所辱命。'义与此同。襄二十七年《公羊传》曰:'无所用盟,请使公子鱄约之。'言毋用盟也。昭二十五年《传》曰:'君无所辱大礼。'言君毋辱大礼也。"①"复所于虚"即"复于虚""返于虚"。"舍"读为"舍",《说文》:"舍,释也。"二句谓物过则释之而不随物化,即回复心之虚静状态。

第二节 论《心术上》经、解之学派归属

《管子》将《心术上》《心术下》及《白心》同列"短语"十八篇中,且前后接续,三篇之性质、来源可能有关。郭沫若曾指出:

> 《心术》和《内业》同在一卷,而《白心》是被编在《心术》的直后。这不正表示着所据的原有资料本来是有一定的先后的吗？那么,《内业篇》为什么又编次得很后去了呢？这也不难说明,因为那是另一组资料,来源不同。②

虽说《心术上》《心术下》及《白心》具有内在联系(都强调"心"的功能及地位),且编入同卷,但三篇内涵、体制仍有差异,需要进一步分辨。个人认为,《白心》是一篇独立的作品,前章已论证其为宋钘一派著作;至于《心术》上、下两篇,则为一组由经、解、传组成的作品,其形成的过程较为复杂,非一人一时所作。以下先就《心术上》经、解的学派归属提出个人浅见。

一、论《心术上》经文之学派归属

《心术上》经、解应该分别看待,郭沫若认为经的部分乃稷下先生

---

① 王念孙:《读书杂志》,第521页;王引之:《经传释词》,第211页。
② 郭沫若:《宋钘尹文遗著考》,《郭沫若全集·历史编》第一卷,第569页。

学案,解则为后人讲习录①,其说大致不误。《心术上》经的部分极为简练,全文仅四百余字,内容所论虽围绕篇名"心术",但段落的联系并不紧密。该篇经的部分大致可分为两段,前半部分由心为身主谈到"虚其欲""扫除不絜",提出虚静的修养原则,但在"虚而无形谓之道,化育万物谓之德"之下却紧接着谈义、礼、法,又忽言"大道安而不可说",并有"不出于口,不见于色"等数句申述。下半部分转而以"天曰虚,地曰静"论虚静之道,又有"絜其宫,开其门,去私言,神明若存"数句,颇与上文"扫除不絜,神乃留处"义复。下文则以物之形、名关系论圣人应当"殊形异设,与万物异理",并由此推出"静因之道"。全篇多以韵语编缀,语句多似格言,文义则若断若续,不像是一篇结构严谨的文章。其实,《白心》也有这种倾向,该篇有十三个"故曰",其下皆引前贤嘉言或谚语为说,刘节曾怀疑"《白心》篇恐怕也是为许多句子作解的,所有'故曰'以下的句子,原本也都是正文……所以这一篇的句子,泰半自为起讫,不大很连贯"②。鹏按,刘氏谓《白心》一篇自为经、解,恐怕推论过度③,但他指出该篇往往被"故曰"云云隔断,而使全篇文义不甚连贯,却是事实。从文体上看,《心术上》经、《白心》与《老子》文体最接近,如果我们将二篇的内容依文义分成若干独立的章节,所得出的结果便是一部类似今本《老子》八十一章的格言体著作。

前文述及《白心》时曾指出,该篇以隐语形式论"心",《心术上》亦有此种倾向,如经的部分说"虚其欲,神将入舍""扫除不洁,神乃留处""絜其宫,开其门,去私言,神明若存",只是《心术上》开篇便点出"心之在体,君之位也",又有解文阐释,后人不易误解。

篇名"心术",亦当为宋钘一派术语。《庄子·天下》谓宋子:"语心之容(庸),命之曰心之行。"意即宋子论心之用,将之名为"心之行"。

---

① 郭沫若:《管子集校》,《郭沫若全集·历史编》第六卷,第403页。
② 刘节:《管子中所见之宋钘一派学说》,《刘节文集》,第198页。
③ 按,《白心》以"故曰"引用前人话语之后,往往接上作者的反诘语(以"孰能"开端,其例有三),或接以"是故"云云(有一例),亦有连用两"故曰"云云者(有三例)。上述这几种形式都与先秦解经的传、说体式不尽相合,只能视为单纯的引用。

"心之行"即"心之术",行、术二字本义皆为道①。《说文》:"术,邑中道也。"《广雅·释言》:"术,道也。"甲骨文、金文"行"字像四通之衢,本义为行道。此外,《管子·七法》云:"实也、诚也、厚也、施也、度也、恕也,谓之心术",以"恕"为心术,而《韩非子·显学》将宋钘思想归纳为"宽""恕",或亦间接说明"心术"与宋子一派有关。

《心术上》经的部分与宋子学说相合处有四:

1. 重视心之功能及地位:《心术上》经云:"心之在体,君之位也。九窍之有职,官之分也。"以心为身之君,统领耳目口鼻等感官,并谓"心处其道,九窍循理",皆与《庄子·天下》"语心之用,命之曰心之行"内涵相通。类似的表述见于《管子·君臣下》:"君之在国都,若心之在身体也。道德定于上,戒〈成(诚)〉②心形(型)③于内,则容貌定于外矣。"

2. 主张去除心之拘蔽:《心术上》经虽无"白心""别囿"之用语,但篇中云"扫除不絜""去私言""君子不诪乎好,不迫乎恶。恬愉无为,去智与故""过在自用,罪在变化",皆存去囿之旨。

3. 反对盈满,重视虚静无为:《心术上》经云:"嗜欲充盈,目不见色,耳不闻声。上离其道,下失其事。"此与宋子"情欲寡"之说相合,也即楚竹书《彭祖》"泰匡之怂,难以遣欲"、《白心》"持而盈之,乃其殆也"之意。《心术上》经文从反对盈满,进一步谈到"静"("动则失位,静乃自得")、"虚"("虚其欲,神将入舍"),又将"虚静"视为天、地之道,故云:"天曰虚,地曰静,乃不贷。"谓天地正因虚静,故无求无施,终能不穷不竭,此即《老子》"天地之间,其犹橐籥乎?虚而不竭,动而

---

① 郭沫若已指出此点,说见《宋钘尹文遗著考》,《郭沫若全集·历史编》第一卷,第553页。
② 王念孙以为"戒"为"成"字之误,"成"与"诚"通。见《读书杂志》,第458页。
③ 郭店竹书及马王堆帛书《五行》开头以仁、义、礼、智、圣"型于内谓之德之行:不型于内谓之行。"二本的整理者皆读"型"字为"形"。周凤五指出:此字不需破读。"型"之本义为模型、器范。可引申为规范。所谓"型于内谓之德之行"指仁、义、礼、智、圣五种道德意识在人心中产生如模型、器范的规范作用,使人的行为合乎道德标准。说见《郭店竹简文字补释》,《古墓新知——纪念郭店楚简出土十周年论文专辑》,国际炎黄文化出版社,2003年11月,第65页。鹏按,《君臣下》此文云"诚心形于内",则"形"字亦当读为"型"。关于战国时期"型"之概念的形成及内涵,参考本书下编第八章第三节、第九章第一节。

愈出"之意。此处将"虚静"视为人与天地共通之道,亦合于《彭祖》"天地与人,若经与纬,若表与里"之说。

4. 融合儒家学说,兼重"礼""义":《心术上》经文在"虚而无形谓之道,化育万物谓之德"下紧接着说:"君臣、父子人间之事,谓之义。登降揖让、贵贱有等、亲疏之〈有〉体,谓之礼。"融合儒、道二家的意图十分明显,这点与楚竹书《彭祖》强调"五纪毕周",皆为援儒入道之说。

综上所论,《心术上》经的部分与《彭祖》《白心》内涵、意旨相通,且其以"心术"名篇,作为该派术语,此与《庄子·天下》谓宋钘论心之用,将之名为"心之行"吻合,故可断定此部分为宋子一派作品。

二、《心术上》经、解比较——并论解文之学派归属

《心术上》经之大意及思想特色已如前述,兹再取经与解合观,比较二者之差异:

1.《经》言"神""神明",但不言"精";《解》则言"精""神"(但未言"气"或"精气"):"神"与"神明"分见《经》之二处,前者见于"虚其欲,神将入舍;扫除不絜,神乃留处",后者见于"絜其宫,开其门,去私言,神明若存",二者所论主旨相同,可见本篇"神"与"神明"为同义词。熊铁基曾指出:"神明"一词在先秦典籍中有多种意涵,一是作为神祇,或专指日神;二为无所不知,"如神之明",并引申为神圣之意;三为与物质对立的精神,如《黄帝内经》:"心者,君主之官,神明出焉。"《楚辞·远游》:"保神明之清澄兮,精气入而粗秽除"皆指人的精神。熊氏并说:"以神明形容人的智慧或精神作用,甚至扩大到天地精神,与道、与天地联系起来,属于道家系统的著作。"[1]鹏按,《心术上》的"神明"无疑是指与物质相对的精神而言。该篇说"神将入舍""神乃留处",可见精神可由外而来。值得注意的是,《黄帝内经》"心者,君主之官,神明出焉"的说法与《心术上》"心之在体,君之位也""虚其欲,神将入舍"若合符节,一言出,一

---

[1] 熊铁基:《对"神明"的历史考察——兼论〈太一生水〉的道家性质》,《郭店楚简国际学术研讨会论文集》,湖北人民出版社,2000年5月,第533—534页。

言入,皆承认心为身主,神明以心为宫室而往来于人身内外。《心术上》论心、神明既与《黄帝内经》同,可知班固谓《宋子》十八篇"其言黄老意",并非虚言①。此外,由《远游》"保神明之清澄兮,精气入而粗秽除"二句,又可知"神明""精气"混言之无别;析言之则"神明"指人内在的精神,"精气"则为往来天地、万物之间的精粹之气。《心术上》解文以"精"释《经》之"神乃入舍""神乃留处"之"神",其言云:

> 人之所职者,精也。去欲则寡,寡则静矣;静则精,精则独矣;独则明,明则神矣。"神"者,至贵也。故馆不辟除,则贵人不舍焉。故曰:不絜则神不处。

前言"精",后言"神",可见二者内涵相通。解文作者描述修养过程时,把"精""神"的概念套入其中,且将"神""明"分言(在经文中"神明"与"神"相通),于是精、明、神三者又成为不同的修养境界。解文此说为《经》的进一步发展,与经文不尽相合。解文言"精",而不言"神明",又以之为"人之所职",已见稷下道家精气论的色彩。严善照指出,"神"字较"精"字早出,而且使用广泛。"神明"亦早于"精神"一词。战国后期,"精""神"正式结合,形成"精神"之复合词。

---

① 按,《汉书·艺文志》所录黄帝书,以道家、医家及术数类著作为大宗。稷下道家重视虚静、养生,其说与医家理论相通,二者当有相互影响、融合的历程(道家与术数家之相通则源于史官的传统)。"黄老"之学的成立并不单纯为道家内部的发展,李零就曾指出:"数术方伎是道家所本。黄帝书既是数术方伎之书最时髦的题材,而《老子》也是道论之雄,二者并称,当然也就是代表了这两方面的结合。前者是后者的知识基础,后者是前者的理论抽象,正好相得益彰。"班固说:《宋子》十八篇"其言黄老意"。今从《彭祖》《白心》《心术上》看,宋子一派发挥《老子》义理不遗余力,又有与医家《黄帝内经》相通之说,可见所谓"黄老意"乃是指宋钘的思想与黄老道家相近。白奚曾将班固所谓"孙卿道宋子,其言黄老意"解释为"孙卿是以'黄老意'来'道宋子'的,即这个'黄老意'应归之于孙卿"。其说有待商榷。笔者认为班固的话应断作二句读,前句"孙卿道宋子"之"道"犹"称"也,即荀卿曾称引《宋子》之意(荀子引宋子之说见于《正论》《正名》等篇),其例犹同书《列子》八篇"班固自注"先庄子,庄子称之"、《郑长者》一篇班氏注"先韩子,韩子称之",皆谓后人曾称引该书之说。至若"其言黄老意"自指宋钘学说而言,不容有它解。李零说见《说"黄老"》,《李零自选集》,桂林,广西师范大学出版社,1998年2月,第288页。白奚说见《稷下学研究——中国古代的思想自由与百家争鸣》,第201页;又见《"孙卿道宋子,其言黄老意"正解》,《中国哲学史》1996年第4期。

"精神"一词似乎寓意"精"为"神"之物质基础,古代医家认为这两者皆发生于男女性爱之中。《灵枢·本神》:"故生之来谓之精,两神相抟谓之神。"可见"精神"与生命发生的根源有紧密的关系,也是与人体直接相关的一个重要概念。他说:"所谓'精神',首以体内的精液或精气为基础,其次使超越漂游于天地之间的'神'下降至人间,然后再把它移植结合到'精'上。"[①] 鹏按,"精气""精神"二词的形成可能皆与古代医家理论有关,且二词之产生后于"气""神""神明"等词。《心术上》经文言"神""神明",解文则言"精""神",至《心术下》《内业》又云"精气",皆有时代之印记。先秦文献所述宋钘学说并无精气论色彩,由此来看,《心术上》解文、《心术下》及《内业》可能并非宋钘一派著作。

2. 《经》初步提出"静因之道",《解》进一步对此多所发挥:《经》言"虚""静",并由虚静推出静因之道,乃对《老子》虚静无为说的发展。《经》所谓"静因之道"为"其应也,非所设也;其动也,非所取也。""其处也若无知,其应物也若偶之",初步提出"因""应"之概念,但全篇所重仍在"虚""静"。《解》出现大段讨论"因""应"的文字,尤其重视"因"这个概念。"因""应"两概念的提出,是作为解释《经》"不俄不颇"及"不言无为之事"而出现的,但以《经》观之,二句实为"虚""静"概念的延伸,解文以"因""应"释之,乃其进一步之引申,未必符合《经》之原意。值得注意的是,《解》释"不言"为"应",解"无为"为"因",并与形名论结合,如云:"因也者,无益无损也。以其形,为之名,此因之术也。名者,圣人之所以纪万物也。"而所谓"圣人",《解》云:"言不得过实,实不得衍名。号物以形,以形侔名。督言正名,故曰圣人。"又较《经》"名当谓之圣人"更进一步。《解》重视"因"这个概念,应该与田骈、慎到一派有关。《吕氏春秋·执一》载田骈说齐王之语云:"变化应来而皆有章,因性任物而莫不宜当,彭祖以寿,三代以昌,五帝以昭,神农以鸿。"《慎子·因循》云:"天道因则大,化则

---

① 严善炤:《古代房中术的形成与发展:中国固有"精神"史》,台湾学生书局,2007年9月,第11—17页。

细,因也者,因人之情也,人莫不自为也,化而使之为我,则莫可得而用矣。"①所论与《心术上》解文"因也者,非吾所取,故无颇也""因也者,舍己而以物为法也""因者,言因其能而用者也"相通。《解》论"礼"说:"礼者,因人之情,缘义之理,而为之节文者也。"又与《慎子》所谓"因也者,因人之情"合。蒙文通及裘锡圭都曾据《心术上》《白心》等篇对于"应物""因"之重视,推测其为慎到、田骈一派所作②,这一点放到《心术上》解文来说,应该可以成立。《庄子·天下》云:"慎到弃知去己而缘不得已,泠汰于物以为道理。""椎拍辁断,与物宛转。""推而后行,曳而后往,若飘风之还,若羽之旋,若磨石之隧,全而无非,动静无过,未尝有罪。"所言皆慎到、田骈一派因循之义。由此看来,因循说的有无,可作为宋子与慎到、田骈一派学说的分野。《心术上》经文虽有"静因"之说,《白心》也有"上之随天,其次随人。人不倡不和,天不始不随""随变以断事,知时以为度"的话,但都未像《心术上》解文对"因"作出明确界定,并以之为认识论及修养论的重要原则。

3. 《经》云:"虚而无形谓之道,化育万物谓之德",《解》释之云:"天之道'虚而无形',虚则不竭,无形则无所抵牾。无所抵牾,故遍流万物而不变。德者,道之舍。物得以生,生得以知,职道之精。"解文径以"天之道"为"道",明显将"道"置于"天"之下,未必合于《经》义,并与《老子》"道"超乎"天""地"之上不同。解文又云:"道在天地之间也,其大无外,其小无内。"道既已在天地之间,就已非包裹天地、先天地生之"道"③。

从以上的分析,可以看出《心术上》经、解二部分非一时、一人之作,二者之学术渊源也略有不同。我们可以笼统地说,这两部分都是稷下

---

① 见《慎子》,中华书局影印守山阁本,1981年10月,卷一,第4页。
② 蒙文通:《儒家哲学思想之发展》《杨朱学派考》《先秦诸子与理学》,第51、116—123页;裘锡圭:《马王堆〈老子〉甲乙本卷前后佚书与"道法家"——兼论〈心术上〉〈白心〉为慎到田骈学派作品》,《文史丛稿》,第72—74页。
③ 参考裘锡圭:《稷下道家精气说的研究》,《文史丛稿》,第45—46页。鹏按,《老子》非不言"天之道",但其所论"天之道"多与"人之道"对举,而以"圣人之道"与之相应。见今本第9、73、77、81章。楚竹书《彭祖》的情况也与《老子》类似。

道家的作品，但析言之，仍可分出经、解的学派倾向。经的部分疑为宋子一派所作，解的部分则主要受慎到一派的影响，而与宋钘学说关系较远。一般而言，一组有经有解的文献应是同一学派的作品，经、解的作者可能有直接的师承关系，但亦有例外。如郭店楚墓所出战国竹书有《五行》一篇，乃子思学派经典①，马王堆汉墓亦有《五行》的另一抄本（篇章结构、文字略有差异②），但有经有解。帛本《五行》从《经》文的改编到《解》文之撰写均较重视"仁义"的线索（此与楚简本强调"圣智"有异），学者或认为《解》乃孟子或其后学所作③，但《五行解》两引世子之说，亦有学者据此以为《解》乃世硕一派之作品④。严格说来，《五行》经、解的思想并不一致，二者并不形成于同一时期⑤，亦未必为同一派学者所作。又如《韩非子·解老》借着训解字词意义来发挥《老子》思想内涵，但其所论多借《老子》之文表述其法治思想，非为阐明《老子》所作⑥，亦不能据此将二者划为一派。

---

① 李学勤：《荆门郭店楚简中的〈子思子〉》《从简帛佚籍〈五行〉谈到〈大学〉》二文，《重写学术史》，河北教育出版社，2002年1月，第10、114—115页；陈来：《竹帛〈五行〉篇为子思、孟子所作论——兼论郭店楚简〈五行〉篇出土的历史意义》，《儒家文化研究》第1辑（2007年6月），第46页。
② 徐少华：《楚简与帛书〈五行〉篇章结构及其相关问题》，《中国哲学史》2001年第3期；拙文《简帛〈五行〉篇文本差异析论》，《中国文学研究》第15期（2001年6月）。
③ 参考前揭拙文，第28、40页；陈来：《竹帛〈五行〉篇为子思、孟子所作论——兼论郭店楚简〈五行〉篇出土的历史意义》，《儒家文化研究》第1辑（2007年6月），第47—48页。
④ 邢文：《楚简〈五行〉试论》，《文物》1998年第10期，第60页；李学勤：《荆门郭店楚简中的〈子思子〉》，《重写学术史》，第10页。丁四新进一步以《五行》经、解俱为世子一派所作，说见《郭店楚墓竹简思想研究》，东方出版社，2000年10月，第165—168页。
⑤ 梁涛指出：《五行》的经、说在思想内涵上经历了"从'为德''为善'的并重到偏重'为德'""从超越、内在的天人关系到内在、同一的天人关系""从'德之行'到'德之气'"之发展。他认为："《五行》'经'应为子思学派的作品，而'说'则可能完成于孟子后学之手，二者并不形成于同一时期。"说见《从简帛〈五行〉"经"到帛书〈五行〉"说"》，简帛研究网，2008年1月26日。关于《五行》经、解之差异及学派归属，又参考陈来：《帛书〈五行〉篇说部思想研究——兼论帛书〈五行〉篇与孟子的思想》，《中华文史论丛》第87辑，第1—43页。
⑥ 陈奇猷：《韩非与老子》，收入《韩非子新校注》下册（附录九），上海古籍出版社，第1266—1270页。

第三节　论《心术下》之性质及其学派归属

一、论《心术下》之性质[①]

《心术上》由经、解两部分组成，《心术下》则是对《心术上》经文的进一步发挥，可视为其"传"，故附于经、解之后。马瑞辰《毛诗故训传名义考》云：

> 《说文》："诂，训故言也。"至于"传"则《释名》训为"传示"之"传"，《正义》以为传通其义，盖诂、训第就经文所言者而诠释之，传则并经文所未言而引申之，此诂训与传之别也。[②]

"传"着重微言大义的阐发，与"解""说"之依傍经文，随句或随章解释不同。《心术下》全篇论心，许多文句颇能发明《心术上》经文之义理。如：
1. 《经》以心居君位，统领感官，故云："心之在体，君之位也。九窍之有职，官之分也。心处其道，九窍循理。嗜欲充益，目不见色，耳不闻声。上离其道，下失其事。"《心术下》则总结为"毋以物乱官，毋以官乱心"。
2. 《经》以君喻心，重视心之地位与功能。此点在《白心》中以隐语暗示，如云："中又有中。孰能得夫中之衷乎。""人有治之者，辟之若夫雷鼓之动也。"《心术下》则明确地说："心之中又有心""金（全）[③]心在中不可匿，外见于形容，可知于颜色。……不言之言〈音〉[④]，闻于雷鼓。金（全）心之形（型）[⑤]，明于日月，察于父母。"

[①] 该篇释文见本书上编第五章第一节。
[②] 马瑞辰：《毛诗传笺通释》，广文书局，1980年8月再版，第2页。
[③] 刘绩引《内业》"全心在中"，谓此文"金"乃"全"之误。俞樾又进一步以"全"为"正"之误。鹏按，《尹文子》云："金治而无阙者，大小多少，各当其分。"王启湘《尹文子校诠》已指出"金"乃"全"之误，但未引《管子》为说。《尹文子》以"金""阙"对文，知"金"为"全"字之讹。以此例之，则《心术上》"金心"当为"全心"之误。
[④] 张舜徽引《内业》相应文句作"不言之声"，认为下"言"字乃"音"之误，此从之。
[⑤] 上言"全心在中"，则此"形"字当读为"型于内"之"型"。

3. 《经》云:"虚其欲,神将入舍;扫除不絜,神乃留处。"《心术下》亦说:"形(型)不正者德不来,中不精者心不治。正形(型)饰(饬)德①,万物毕得。翼然自来,神莫知其极。"与二者相近的表述见于《庄子·知北游》:"若正汝形,一汝视,天和将至。摄汝知,一汝度,神将来舍。德将为汝美,道将为汝居。"
4. 《经》云:"物固有形,形固有名,名当谓之圣人。"《心术下》:"凡物载名而来,圣人因而裁之,而天下治。"意旨略同。
5. 《经》云:"过在自用,罪在变化。是故有道之君,其处也若无知,其应物也若偶之,静因之道也。"《心术下》谓圣人之道乃"与时变而不化,应物而不移"。论及对待外物之态度也说"物至则应,过则舍矣"。上节已指出《心术上》经文由虚静推出静因之道,初步提出"因""应"之概念;解文则十分重视"因"之概念,且与形名论结合。《心术下》虽言"应物",但未如《心术上》解文离经阐释,从此点来看,《心术下》所说较近经文之原意。

二、论《心术下》之学派归属

《心术下》阐释《心术上》经文,未受慎到一派因任说影响,但篇中论"精气",此则《心术上》经、《白心》及楚竹书《彭祖》等宋钘一派著作所无。《心术下》云:"思之思之,思之不得②,鬼神教之。非鬼神之力也,其精气之极也。一气能变曰精,一事能变曰智。"前节已指出,《心术上》经文言"神""神明",但不言"精";解文则言"精""神",但未言"气"或"精气"。《心术下》谈"精气",似又较《心术上》解文更进一步。《心术下》有明确的"精气"概念,可能受到宋钘、尹文之外的齐国稷下道家学者之影响。

祝瑞开曾指出,《心术下》的"精气"说,是对古代"气"论及子产"物精"说的发展③。他认为《心术下》"使'精'和物质的'气'结合起来……

---

① 按,两"形"字,解者多以"外形"解之,但此篇论心,颇疑"形"字当读为型范之"型"。"饰"字,李哲明读为"饬",此从之。
② 今本"不得"上无"思之"二字,丁士涵据《内业》相应文句补。
③ 祝氏说:"子产曾用所谓'物精'来说明人的灵魂及其来源。他说:'人生始化为魂,既生魄,阳曰魂。用物精多则魂魄强,是以有精爽,至于神明。'(《左传·昭公七年》)"

这就捍卫、发展了古代'气'和子产'物精'的唯物主义哲学,取得了更加精致、完整而统一的形态"①。裘锡圭则据金春峰说指出"精气观念是中国传统思想中一种根深蒂固的古老观念"。并说:"精气观念不但不是稷下道家的创造,也不是子产的创造。不过有一点需要指出,在时代较早的子产的话里,只提到'精'而没有提到'精气'。明确地把精看作一种气的思想,也许是稍晚一些才出现的。所以祝瑞开认为《心术下》派'使精和物质的气结合起来'的意见,是需要重视的。"②裘氏详考古书中跟精气有关的资料,并援引西方文化人类学"马那"说来解释精气,对于稷下道家提出精气说之原因,也作了一些推测。他说:

> 稷下道家为什么需要精气说呢? 比较容易看到的原因,是他们要讲养生之道。道家的先驱杨朱,是以"全生保真,不以物累形"为宗旨的。道家有不少派别,但是重视养生是他们的共同特点。在古人看来,要养生就要保住天所给予的精气。稷下道家在这方面取积极的态度。他们不但要保住精气,还要不断积累精气;不但想使自己长寿,还想成为遍知天下万物、不逢天灾人害的"圣人"。③

按,裘锡圭点出稷下道家精气说与杨朱一派之关系及其养生之目的,颇具启发性。关于《管子》精气说与养生或医学之关系,李道湘有较详细讨论。他说:

> 《黄帝内经》的思想可能早在春秋时期就有其萌芽,战国时期得到发展。但从《黄帝内经》的精气说看,"精气"已被当成一般理论加以运用,用它去解释人体及生命现象,这显然是受哲学的影响,看来二者是互受影响。刘文英教授在《中国古代意识观念的产生和发展》一书中认为……"精作为概念,来自生活,援入医学,后又经过哲学家的概括,其名其实,都同当时的医学有密切的关系。"可见《管子》的精气概念一定与医学有关,因为《管子》也用精气概

---

① 祝瑞开:《先秦社会和诸子思想新探》,福建人民出版社,1981年,第205页。
② 裘锡圭:《稷下道家精气说的研究》,《文史丛稿》,第28—31页。
③ 同上书,第40页。

念去解释生命的构成及各种生理现象。①

诚如裘锡圭所说的,先秦道家皆重视养生,但养生的途径除了积累精气之外,注重心之修养,亦为一途。养气、养心可说是道家对于"养生"所提出的两种方法。所谓养心,即宋钘一派白心、别囿之说。《白心》说:"欲爱吾身,先知吾情。周视六合,以考内身。以此知像,乃知行情;既知行情,乃知养生。"谓遍观上下四方而返求于心,并以心观物,让万事万物各得其情实,此其所谓"养生"(或"养性")。

《淮南子·泛论训》述杨朱学说的要旨在于"全性保真,不以物累形"。《庄子·天下》谓宋、尹"不累于俗,不饰于物",但其目的不在"全生",而在恢复心的本然状态(即"白心"),可说是"不以物累心""不以俗累心",与杨朱"不以物累形"意旨殊异。冯友兰曾指出,从《吕氏春秋·本生》《重己》《贵生》《情欲》《审为》等篇所存杨朱一派遗说来看,"杨朱派所重的'生'就是生命。'生'的根本就是'身',即身体。杨朱派认为一个人的生命是最重要的,生活中的一切都是为的养生,也就是养身。'物也者,所以养性(生)也,非以性(生)养也。'(《吕氏春秋·本生》)……'身者,所为也;天下者,所以为也。'(《审为》)身是主体,一切都是为的它。"②杨朱以身为主体之说,与宋钘"心之在体,君之位也"之主张,适成鲜明对比。此外,《天下》谓宋子一派"其为人太多,其自为太少。曰:'情固欲寡,五升之饭足矣。'"更与《孟子·滕文公下》所述"杨子取为我,拔一毛而利天下不为"之学风迥异。

近年萧汉明重新讨论《管子·心术》等四篇的学派归属,认为诸篇皆重视养生,乃黄老之学的端绪,可能为杨朱后学所作③。他说:

---

① 李道湘:《从〈管子〉的精气论到〈庄子〉气论的形成》,《管子学刊》1994 年第 1 期,第 20 页。

② 冯友兰:《中国哲学史新编》第一册,人民出版社,1982 年 1 月第 3 版,第 245 页。关于杨朱学派之讨论,可参考蒙文通:《杨朱学派考》,《先秦诸子与理学》,第 108—130 页;王博:《论杨朱之学》,《道家文化研究》第 15 辑,第 140—150 页。

③ 萧汉明:《〈管子〉的卫生之经与杨朱学派的养生论》,《诸子学刊》第 1 辑(2007 年 12 月),第 167—182 页。按,郭沫若在《稷下黄老学派的批判》已提出"宋钘大约是杨朱的直系"之观点,蒙文通在《杨朱学派考》也曾说过:"《白心》《心术》者,慎到之书,而足以发杨朱之蕴也。"郭氏说见《十批判书》,《郭沫若全集·历史编》第二卷,人民出版社,1982 年 9 月,第 163 页;蒙氏说见《先秦诸子与理学》,第 120 页。

《庄子·庚桑楚》记载南荣趎向老子问道,老子云:"卫生之经,能抱一乎? 能勿失乎? 能无卜筮而知吉凶乎? 能止乎? 能已乎? 能舍诸人而求诸己乎? 能翛然乎? 能侗然乎? 能儿子乎? 儿子终日嗥而嗌不嗄,和之至也;终日握而手不掜,共其德也;终日视而目不瞚,偏不在外也。行不知所之,居不知所为,与物委蛇而同其波。是卫生之经已。"老子对南荣趎所说的卫生之经,大致与《老子》第十章、第五十五章之义相吻合。黄钊认为南荣趎即阳子居,亦即杨朱,其说可取。杨朱受老子之教,创贵生之论,一时之间成为显学,影响很大。……老子传授给杨朱上述卫生之经,应当是杨朱开创贵生论的重要出发点,因此无论是对杨朱,还是杨朱后学,这些说法都应当在他们的著作中有一定程度的反映。……《管子·内业》云:"抟气如神,万物备存。能抟乎? 能一乎? 能无卜筮而知吉凶乎? 能止乎? 能已乎? 能勿求诸人而得之己乎? 思之思之,又重思之! 思之而不通,鬼神将通之,非鬼神之力也,精气之极也。四体既正,血气既静,一意抟心,耳目不淫,虽远若近"《内业》之言明显承继了老子之教,与《庄子》所记老子教杨朱之言相合,并郑重要对老子之教"思之思之,又重思之",其间的学术渊源与师传关系十分清晰。《心术》上下篇以及《白心》与《内业》的主旨是一致的,都是以卫生之经为主体内容的著作。……就学术属性而言,这几篇著作应属于老学系统中专论卫生之经的著作,是对老子养生思想的继承与拓展。而在老子后学中,着重继承其卫生之经的只是杨朱及其后学,且在孟子时代其言盈满天下,因此就作者而言,这几篇著作只能是杨朱后学所作。由于杨朱及其学派的活动时限紧接老子之后,直至孟子、庄子之时尚被视为显学,故这几篇著作的成书时间当在黄老之学兴起之前的战国中期,是黄老之学的前奏,并非黄老之学本身。①

按,萧氏将《管子·心术》等四篇视为"黄老之学的前奏",其说不为无见,但他将《心术上》《心术下》《白心》及《内业》等四篇视为同一学派的作品,并认为"都是以卫生之经为主体内容",似乎较为笼统。从本章各

---

① 萧汉明:《〈管子〉的卫生之经与杨朱学派的养生论》,《诸子学刊》第 1 辑(2007 年 12 月),第 167—168 页。

节的析论中,可以得知《心术上》《白心》所讨论的重点在于心之作用及修养,与"养身"的关系并不大。以萧氏所举《白心》"欲爱吾身,先知吾情。周视六合,以考内身。以此知象,乃知行情;既知行情,乃知养生"①一段而言,表面上是讲"养生",实际的重点却是"养心",这一点上文已明言。此外,萧汉明认为《心术下》《内业》所引古语(按,《心术上》有"故曰"二字)"思之思之"等句隐含了对老子之教的尊重态度,亦与本文之理解不同。个人认为,二篇中所谓"思之思之"乃扣上文"能勿求诸人而得之己乎"而言,此数句并无推崇老子之意。

  刘节、罗根泽、李存山等人也注意到《庄子·庚桑楚》所引老子"卫生之经"与《心术下》《内业》相应文句的关系。刘节认为,《庚桑楚》中所引老子的那段话,"是从《心术下》篇、《内业》篇中那几句话演绎出来的,而今本《老子》却把它分作两处。……可以看出卫生之经是源于《内业》《心术》两篇所共引的韵语。而今本《老子》又出于卫生之经。"②罗根泽认为,《庄子》此文明引《老子》,且"词意连贯,绝无割袭他书之迹";《内业》则"语意不若《庄子》之衔接,故疑此抄《庄子》,非《庄子》抄此"③。李存山则推论:"(《庚桑楚》)这段话为现本《老子》所无,可能是《庚桑楚》的作者据《老子》十章'载营魄抱一,能无离乎'而发挥。这段话的前半截,'凶'字与'经'字协韵,后半截'己'字与'已'字协韵。《内业》篇的作者在删改这段话时,未能注意音韵,他把'能抟乎? 能一乎? 能无卜筮而知吉凶乎?'放在'抟气如神,万物备存'的后面,'凶'字便失去了韵脚,因而露出了破绽。这个破绽被《心术下》的作者注意到了,他在注解《内业》的这段话时④,把'吉凶'二字的位置颠倒,成为'凶吉',变失韵

---

① 萧氏在文中解释此段说:"爱身,即珍爱自己的生命;六合,指人的生命依存的空间环境,即天地四方。行情,指人体的生成过程与气血运行的情形。……人要珍爱自己的生命,必需首先了解人类的生存环境与自身形体的形成过程与气血运行情况,然后才能谈论如何养生。"理解与本文不同。
② 刘节:《管子中所见之宋钘一派学说》,《刘节文集》,第 198 页。
③ 罗根泽:《〈管子〉探源》,《罗根泽说诸子》,上海古籍出版社,2001 年 12 月,第 347—348 页。
④ 李存山在文中谓"《心术下》为《内业》作注,郭沫若文已有说明"。鹏按,郭沫若在《宋钘尹文遗著考》《管子集校·心术下》认为"《心术下》篇是《内业》篇的副本"。"(《心术下》)即《内业》篇别本之散简,前后遗失,仅余其中段而简次凌乱。"并无李氏所举之说。颇疑李氏误以郭沫若《集校》所引何如璋"《心术上》乃《内业解》"为郭氏本人之说,遂有此误。

为协韵,很是高明。"并推论《心术下》《内业》等篇的作者,很可能揣摩过《庄子》外、杂篇中较早的作品①。鹏按,对于《老子》《庄子·庚桑楚》及《管子·心术下》《内业》中相关段落的文献序列或关系,若仅据相近文句的比对,不同的理解可以得出不同的结果,随意性颇大,应该进一步考察各篇上下文脉络及学术发展的轨迹,才能得到较可靠的结论。以下分四点说明这个问题:

1. 《老子》的成书时代在《庄子》之前,并不晚于战国中期,这一点可从郭店楚墓出土《老子》三组摘抄本得到佐证②。庄子在寓言中往往改造先哲之语,将之融入对话,如《庄子·人间世》颜回向仲尼请教事卫君之道,孔子说:"夫道不欲杂,杂则多,多则扰,扰则忧,忧而不救。古之至人,先存诸己而后存诸人。"前半隐含《论语·里仁》:"吾道一以贯之"之意;后半则与《雍也》:"己欲立而立人,己欲达而达人"相似。又如《论语·微子》曾记载:"楚狂接舆歌而过孔子曰:凤兮!凤兮!何德之衰?往者不可谏,来者犹可追。"在《人间世》描述了相同的情节,接舆的话却变成"来世不可待,往世不可追也",既否定往世,也不寄望来世,此一意境的改变可能反映出战国中期政治、社会环境之黑暗③。《庚桑楚》所引老子之语,性质与此类似,只能视为作者对于老子思想的发挥,不能据此证明《庚桑楚》所述为今本《老子》相关章节所本。

2. 从文理脉络看,《庄子·庚桑楚》中老子与南荣趎关于"卫生之经"的对话有不同的层次,其中与《心术下》《内业》相合的一段,并非作者心目中的最高境界。由此可推论,《庚桑楚》的这段话很有可能即出自《心术下》或《内业》,《庚桑楚》的作者只是借用稷下道家之说作为

---

① 李存山:《〈内业〉等四篇的写作时间和作者》,《管子学刊》1987年创刊号,第35—36页。
② 李学勤在《孔孟之间与老庄之间》一文便说:"郭店简本《老子》的存在,至少把《老子》成书在《庄子》之后的一派说法排除了。"关于郭店楚墓的年代,李学勤在前揭文中通过出土遗物及楚墓分期的分析,定为战国中期后段,不晚于公元前300年。徐少华则认为墓葬的时代应属于战国晚期早段,具体年代应在公元前300年稍后不久。李文见《新出土文献与先秦思想重构》,台湾古籍出版社,2007年8月;徐说见《郭店一号楚墓年代析论》,《江汉考古》2005年第1期。
③ 参考拙文《从神话素材的再创造论〈庄子〉的文学表现》,《中国文学研究》第14期(2000年5月),第253页。

引子,导出自家"身若槁木之枝,而心若死灰"之观点①。

3. 《心术下》的那段话在"思之思之,思之不得,鬼神教之"上有"故曰"二字,依古书通例,此三句当为前哲之言或谚语,余则为作者自己的话。《庚桑楚》中无"故曰"云云等三句,《内业》相应的段落有类似文句,但其前无"故曰"二字,且作"思之思之,又重思之,思之而不通,鬼神将通之"。同样要求思虑周到,《心术下》仅要求人再思,《内业》则更进一步要求三思。由此来看,《内业》的这段话很可能本于《心术下》,并予以改造,除了删落原本作为标示引用之语的"故曰"二字外,《内业》并将《心术下》原本在"能专乎?能一乎"之前的"专于意,一于心,耳目端,知远之近"的相关文句移易于后,并在前、后增补了"四体既正,血气既静""食莫若无饱,思莫若勿致"等文句,将原本单纯的心术转化成养生之道。

4. 李存山基于韵脚的观察,定出"《庚桑楚》→《内业》→《心术下》"的文献序列,但其韵例分析未注意到上述篇章中存在字句误衍的情形,所以其推论也尚待商榷。《庄子·庚桑楚》云:"卫生之经,能抱一乎?能勿失乎?能无卜筮而知吉凶乎?能止乎?能已乎?能舍诸人而求诸己乎?"李氏以此文中经、凶二字为韵,已、已二字为韵,但王念孙指出:"'吉凶'当作'凶吉'。一、失、吉为韵,止、已、已为韵。《管子·心术》篇:'能专乎?能一乎?能无卜筮而知凶吉乎?'是其证。(《内业》篇亦误为'吉凶',唯《心术》篇不误)"②后代传抄者可能未留意文中有韵,故以习见之"吉凶"取代原本的"凶吉"。《白心》有"不卜不筮,而谨知吉凶"二句,与"能无卜筮而知吉凶乎"一句意旨相同,但在《白心》中"凶"字与"从"字为韵(二字韵母皆属东部)。《内业》的改编者也可能受到《白心》的影响,而将《心术下》的"凶吉"改为"吉凶"。

《心术下》除有精气说外,亦强调治心的重要性。若依萧汉明之思

---

① 按,此即《庚桑楚》中"卫生之经"的最高境界。"身若槁木之枝,而心若死灰"二语,王先谦《庄子集解》已指出又见《庄》书中的《齐物论》《徐无鬼》及《知北游》等篇,可见其为庄子学派的重要观点。

② 王念孙:《读书杂志余编》卷上,《读书杂志》,第1018页。

路,由于《心术下》引有老子所述杨朱学说,故可推论此篇为杨朱后学受宋子一派影响之著作。但问题在于,萧氏引黄钊之说,径以"南荣趎"即"杨朱",又依《庄子》寓言视杨朱为老子弟子,其说不无可疑①。且《心术下》论精气,仅见于"非鬼神之力也,其精气之极也。一气能变曰精"数语,并未将存养精气作为修养之主要手段,亦非萧氏所谓专论"卫生之经"之作品。颇疑《心术下》为齐稷下道家取精气说阐释《心术上》之作品,但其是否为宋钘后学所作,实难判定。楚竹书《彭祖》虽借长寿之彭祖申说义理,但全篇并无养生、精气之说。《庄子·刻意》云:"吹呴呼吸,吐故纳新,熊经鸟申,为寿而已矣;此道引之士,养形之人,彭祖寿考者之所好也。"《荀子·大略》也说:"以治气养生,则后彭祖;以修身自强,则配尧、禹。"可见在道家养气一派的眼中,彭祖为治气养生的大师,楚竹书《彭祖》依托彭祖,却绝口不提养气,似乎也间接说明宋子一派修养论的关注焦点不在颐气养身,而专注在养心,即竹书《彭祖》所谓"远虑用素,心白身怪"。

---

① 黄钊认为《庄子·庚桑楚》"南荣趎"即"阳子居"的化名,他引陆德明"阳子居姓阳名戎字子居"之说,认为"南荣趎"之"荣"与"戎"同音,"趎"则为"朱"之假借。鹏按,上古音"荣"为匣母耕部,"戎"为日母冬部,声音并不相近,未必能通假。黄氏说见《道家思想史纲》,湖南师范大学出版社,1991年4月,第83—84页。

第五章 《管子·内业》与《心术下》比较及相关问题综论

第一节 《心术下》与《内业》对照表

一、前贤对于二篇关系之看法

前人已注意到《内业》与《心术下》二篇相出入,关系密切。何如璋认为《心术下》乃《内业解》,因错卷而附在《心术》之后①。郭沫若详细比对二篇之异同,认为"《心术下》是《内业》篇的副本"。他说:

> 《心术下》篇只是《内业》篇的中段,而次序是紊乱了的。依着《内业》所得的新次序,比原有的次序读起来更成条贯。因此,可知《心术下》篇只是《内业》的另一种不全的底本,因为脱简的原故,不仅失掉了首尾,而且把次第都错乱了。……二篇两两对照,虽互有详略,而大抵相同,亦有可以比附之语而错杂于中,无法割裂者。……这是因为两家弟子记录一先生之言,有详有略,而亦有记忆不确、自行损益的地方。这和墨家三派所记录的《尚贤》《尚同》诸篇一样,虽然每篇分为上中下,而实则大同小异。②

按,郭氏将《心术下》与《内业》的关系同《墨子》书中《尚贤》等篇分上、中、下的情形比附,并不恰当。一者,《墨子·尚贤》《尚同》等篇以"子墨子言"开端,直记其语,《心术下》《内业》两篇非语录体,所记非口头语言;二者,《墨子》书中凡别为三篇者必在同卷,《内业》在《管子》书中入"区言",

---

① 何氏说见郭沫若《管子集校》,《郭沫若全集·历史编》第六卷,第430页。
② 郭沫若:《宋钘尹文遗著考》,《郭沫若全集·历史编》第一卷,第556—557页。

不与《心术下》同卷。且郭氏所谓"大同小异"只是着眼于二篇相似文字的比较,其实《心术下》与《内业》的性质及所论重点并不相同(详下文)。

陈鼓应曾提出二篇相关性的三种可能设想:

其一,《心术下》可能是《内业》的摘录,并加上摘录者个人的论点。因为《心术下》有多处与《内业》文字相同,冠以"故曰"字样,而"故曰"中所引,即见于《内业》。

其二,《内业》可能是根据《心术下》扩充而成,然而这种假设较难成立,因《心术下》文意极不完整,疑是残卷,而《内业》则立论完整。

其三,两文可能皆是稷下学士聆听稷下先生讲课所作的笔记,也即是说,此两文可能另有祖本。①

最后他同意郭沫若之说,以《心术下》为《内业》之副本。鹏按,陈氏所设想的第一种可能性初步可以排除,因为《心术下》并无"多处"以"故曰"云云援引《内业》之现象。今本《心术下》"故曰"仅出现两次,一是在篇首"是故曰:毋以物乱官,毋以官乱心"。陶鸿庆认为"曰字不当有,涉(《心术》)上篇之解而误衍也"②。但前文已指出,此二句是对《心术上》"心之在体,君之位也。九窍之有职,官之分也。心处其道,九窍循理。嗜欲充益,目不见色,耳不闻声。上离其道,下失其事"之总结,"故曰"云云当是引《心术》经为说(《心术下》为其传,说见前节)。二是前文已经讨论过的"故曰:思之思之,思之不得,鬼神教之"。若《心术下》要援引《内业》,并为之作解,则篇中"故曰"不应仅有极少数的孤例。《心术下》"故曰"云云都是该篇作者援引前人之说,《内业》的相应文句无"故曰"二字,很可能是为了文义的顺畅而将之删去。陈氏将"《内业》是根据《心术下》扩充而成"的可能性排除,其理由是《心术下》"文意极不完整"而《内业》"立论完整",但这只是基于二篇对照后的概略印象。前文已指出,《心术上》《白心》全篇语句多似格言,文义若断若续(马王堆《老子》乙本卷前佚书亦有类似情形),可见这种以韵语编缀文句,以致"文

---

① 陈鼓应:《管子四篇诠释——稷下道家代表作》,第161页。
② 陶鸿庆:《读诸子札记》,《陶鸿庆学术论著》,第190页。

意不完整"的情形,可能是稷下道家著作的体制特色,并不能据此推出《心术下》为《内业》之残卷之结论。

郭沫若在《宋钘尹文遗著考》曾以《内业》为底本,将《心术下》相应段落比附于旁,作有一对照表,为迁就《内业》之章序,不得不割裂《心术下》。这种比较的方法原无可议,但如果未加入文本脉络及思想内涵的辨析,则很容易得出"底本为完整,副本为残缺"的印象,其结论也就未必可信。本文改弦更张,以《心术下》为底本,将《内业》的相应文句附于其旁,并依内容略为分章,再进一步论证二者之关系。

二、《心术下》与《内业》对照表

对照表中各栏所标数字为各章序号。同一章内依对照关系所区分之段落,另以英文字母标识,以方便下节讨论。凡需校读之字句皆于脚注说明,所引前人意见多见于郭沫若《管子集校》及黎翔凤《管子校注》,少数见于其他著作者,则另作说明。笔者个人之意见则在注中以按语呈现。

《心术下》	《内业》
	(1) 凡物之精,此⟨则(得)⟩则⟨此⟩为生①,下生五谷,上为列星。流于天地之间,谓之鬼神;藏于胸中,谓之圣人。是故民(萌)气②,杲乎如登于天,杳乎如入于渊,淖(绰)③乎如在于海,卒(萃)④乎如在于己。是故此气也,不可止以力,而可安以德;不可呼以声,而可迎以音(意)⑤。敬守勿失,是谓成德。德成而智出,万物果⟨毕⟩⑥得。

---

① 按,疑今本"此则为生","此""则"二字互倒。"则"(精母职部)读为"得"(端母职部)。
② 按,"民"疑读为"萌"。《说文》:"萌,艸芽也。"引申为初生、始生。"萌气"即始生之气,即精气之异称。
③ "淖"读为"绰",训为"宽",乃丁士涵之说。
④ 陈鼓应读"卒"为"萃集"之"萃"。按,其说是。"萃乎如在于己"呼应前文"藏于胸中"、下文"卒(萃)乎乃在于心",皆指精气藏于心中。陈氏说见《管子四篇诠释——稷下道家代表作》,第88页。
⑤ "音"读为"意",从王念孙说。
⑥ 王念孙指出,"果"当为"毕"之误。

续表

《心术下》	《内业》
	(2) 凡心之刑(型)①,自充自盈,自生自成。其所以失之,必以忧乐喜怒欲利。能去忧乐喜怒欲利,心乃反济。彼心之情,利安以宁,勿烦勿乱,和乃自成。折(晢)折(晢)②乎如在于侧,忽忽乎如将不得,渺渺乎如穷无极。此稽不远,日用其德。夫道者,所以充形(型)也,而人不能固。其往不复,其来不舍。谋(晦)③乎莫闻其音,卒(萃)乎乃在于心,冥冥乎不见其形,淫淫乎与我俱生。不见其形,不闻其声,而序其成,谓之道。
	(3) 凡道无所,善心安(焉)爱〈处〉④。心静气理,道乃可止。彼道不远,民得以产。彼道不离,民因以知。是故卒(萃)⑤乎其如可与索,眇眇乎其如穷无所。彼道之情,恶音与声,修心静音(意)⑥,道乃可得。道也者,口之所不能言也,目之所不能视也,耳之所不能听也,所以修心而正形(型)也。人之所失以死,所得以生也。事之所失以败,所得以成也。
(1a) 形(型)不正者德不来,中不精者心不治。正形(型)饰(饬)德⑦,万物毕得。翼然自来,神莫知其极。昭知天下,通于四极。故曰:"毋以物乱官,毋以官乱心",此之谓内德。	(5d) 形(型)不正,德不来;中不静,心不治。正形(型)摄德,天仁地义,则淫然而自至。神明之极,照(昭)知万物,中守不忒⑧。不以物乱官,不以官乱心,是谓中得。

① 按,两篇言内在之心、德,颇疑"凡心之形"及下文"所以充形""修心而正形""形不正,德不来"之"形"皆当读为"型"。
② "折折"读为"晢晢",训为明,乃丁士涵之说。
③ 俞樾已指出"谋"即《礼记·玉藻》"瞿瞿梅梅"之梅,训为微昧貌、晦貌。"梅"之或体从"某"声,故与"谋"可通。鹏按,"谋"可径读为"晦",包山楚简遣册所记陪葬品有"某",即读为"梅"。
④ "安"读为"焉",训为乃,从章炳麟说;"爱"为"处"之讹,从王念孙说。
⑤ 按,前文云"绰乎如在于海,卒(萃)乎如在己",此则云"卒乎其如可与索,眇眇乎其如穷无所",意旨相同,两"卒"字皆当读为"萃"。
⑥ "音"读为"意",从王念孙、猪饲彦博说。
⑦ "饰"读为"饬",与"正"对文,从李哲明说。
⑧ 今本作"神明之极,照乎知万物,中义守不忒",此依洪颐煊、王念孙说校正。

续表

《心术下》	《内业》
(1b)是故意气定然后反正。气者,身之充也;行〈义〉者,正〈身〉之义〈行〉也①。充不美,则心不得;行不正,则民不服。是故圣人若天然,无私覆也;若地然,无私载也。私者,乱天下者也。凡物载名而来,圣人因而财(裁)之②,名实不伤③,不乱于天下,而天下治。	
(2a)专于意,一于心,耳目端,知远之证〈近〉④。	(6c)四体既正,血气既静,一意搏〈抟〉⑤心,耳目不淫,虽远若近。思索生知,慢易生忧,暴傲生怨,忧郁生疾,疾困乃死。思之而不舍,内困外薄(迫)⑥。不蚤为图,生将巽(逊)⑦舍。食莫若无饱,思莫若勿致,节适之齐,彼将自至。
(2b)能专乎?能一乎?能毋卜筮而知凶吉乎?能止乎?能已乎?能毋问于人而自得之于己乎?故曰:思之思之⑧,思之不得,鬼神教之。非鬼神之力也,其精气之极也。	(6b)搏〈抟〉⑨气如神,万物备存。能搏〈抟〉乎?能一乎?能无卜筮而知吉凶乎?能止乎?能已乎?能勿求诸人而得之己乎?思之思之,又重思之。思之而不通,鬼神将通之,非鬼神之力也,精气之极也。

① 按,今本作"行者,正之义也",疑"正"字涉上下文而误,本当作"身",且"行""义"两字互倒。"身之充""身之行"对文,且"正""充""行"为韵。
② 按,今本其下有"而天下治"句,上下文义扞格,疑涉下文而衍。"财"读为"裁",从刘绩之说。
③ 今本作"实不伤",此依郭沫若补"名"字。
④ 此依许维遹说(引《内业》相应文句"虽远若近"为证)校改。
⑤ 本篇"一意搏心""搏气如神""能搏乎"之"搏"字,王念孙已指出皆为"抟"字之误,安井衡也据尹注"搏谓结聚",谓其本作"抟"。鹏按,两家说是。"一意搏〈抟〉心"之"抟心"承上文(《内业》6b)"抟气"而言,似不必据《心术下》相应文句读为"专"。
⑥ "薄"当从陈鼓应说读为"迫"。说见《管子四篇诠释——稷下道家代表作》,第115页。
⑦ "巽"读为"逊",训为让,乃丁士涵、黎翔凤之说。
⑧ 今本作"故曰:思之思之,不得,鬼神教之。"丁士涵云:"当以'思之思之'句,'不得'上又脱'思之'二字。"兹从之。
⑨ 王念孙指出:此两"搏"字亦"抟"字之误。

续表

《心术下》	《内业》
(2c) 一气能变曰精,一事能变曰智。慕⟨纂⟩①选者,所以等事也;极变者,所以应物也。慕⟨纂⟩选而不乱,极变而不烦,执一之君子。执一而不失,能君万物,日月之与同光,天地之与同理。圣人裁物,不为物使。	(5b) 一物能化谓之神,一事能变谓之智。化不易气,变不易智,惟执一之君子能为此乎!执一不失,能君万物。君子使物,不为物使。
(3a) 心安,是国安也;心治,是国治也。治也者,心也;安也者,心也。	(5f) 何谓解之?在于心安(焉)②。我心治,官乃治;我心安,官乃安。治之者,心也;安之者,心也。
(3b) 治心在于中,治言出于口,治事加于民,故功作而民从,则百姓治矣。所以操者,非刑也;所以危者,非怒也。民人操,百姓治,道(导)③其本至也。至不(丕)至无,非所⟨人⟩人⟨所⟩而(能)乱④。	(5c) 得一之理,治心在于中,治言出于口,治事加于人,然则天下治矣。一言得而天下服,一言定而天下听,公之谓也。
(3c) 凡在有司执⟨执⟩⑤制者之利,非道也。圣人之道,若存若亡,援而用之,殁世不亡。与时变而不化,应物而不移,日用之而不化(过)⑥。	(4) 凡道,无根无茎,无叶无荣,万物以生,万物以成,命之曰道。天主正,地主平,人主安静。春秋冬夏,天之时也。山陵川谷,地之枝⟨材⟩⑦也。喜怒取予,人之谋也。是故圣人与时变而不化,从物而不移,能正能静,然后能定。定心在中,耳目聪明。四枝坚固,可以为精舍。精也者,气之精者也。气道(导)⑧乃生,生乃思,思乃知,知乃止矣。

① 俞樾以今本"慕选"为"纂选"之误,并训"纂选"二字为"齐",此从之。
② 此从陈鼓应说读为"焉",训为句末语气词。说见《管子四篇诠释——稷下道家代表作》,第106页。
③ 按,或断读为"道,其本至也",并别为另章之首,疑非。此承本章上文"心安""心治"言,所谓"民人操",所操者,心也,而心为身之本,故云"道(导)其本至也"。下文"至丕至无"仍扣心而言。
④ 此二句依郭沫若说校改。
⑤ 按,"执"疑为"埶"之误,读为"设"。
⑥ 按,"化"(晓母歌部)疑读为"过"(见母歌部),化、移、过为韵。
⑦ 王念孙谓:"'枝'当为'材',字之误也。"
⑧ 按,"道"疑读为"导"。戴望引《左传》襄公三十一年注,训"道"为"通",说亦可通。

续表

《心术下》	《内业》
(4a) 人能正静者,筋肕而骨强;能戴大圆者,体(履)①乎大方;镜大清者,视乎大明。正静不失,日新其德,昭知天下,通于四极。	(5i) 人能正静,皮肤裕宽,耳目聪明,筋信而骨强,乃能戴大圜,而履大方。鉴于大清,视于大明。敬慎无忒,日新其德,遍知天下,穷于四极。敬发其充,是谓内得。然而不反,此生之忒。
(4b) 金〈全〉②心在中不可匿,外见于形容,可知于颜色。善气迎人,亲如弟兄。恶气迎人,害于戈兵。不言之言〈音〉③,闻于雷鼓。金〈全〉心之形(型)④,明于日月,察于父母。昔者明王之爱天下,故天下可附;暴王之恶天下,故天下可离。故货之不足以为爱,刑之不足以为恶。货者,爱之末也;刑者,恶之末也。	(6a) 凡道必周必密,必宽必舒,必坚必固。守善勿舍,逐淫泽薄。既知其极,反于道德。全心在中,不可蔽匿。和〈知〉⑤于形容,见于肤色。善气迎人,亲于弟兄。恶气迎人,害于戎兵。不言之声,疾于雷鼓。心气之形(型),明于日月,察于父母。赏不足以劝善,刑不足以惩过。气意(壹)⑥得而天下服,心意(壹)定而天下听。
(5a) 凡民之生也,必以正平,所以失之者,必以喜乐哀怒。节怒莫若乐,节乐莫若礼,守礼莫若敬。外敬而内静者,必反其性。	(7) 凡人之生也,天出其精,地出其形,合此以为人。和乃生,不和不生。察和之道,其精不见,其征不丑(俦)⑦,平正擅匈⑧,论治在心,此以长寿。忿怒之失度,乃为之图。节其五欲,去其二凶。不喜不怒,平正擅匈。(8) 凡人之生也,必以平正,所以失之,必以喜怒忧患,是故止怒莫若诗,去忧莫若乐,节乐莫若礼,守礼莫若敬,守敬莫若静,内静外敬,能反其性,性将大定。

---

① 按,"体"字当从《内业》相应文句读为"履"。
② 刘绩以此段"金心"之"金"为"全"字之误。按,其说是。《尹文子》:"金〈全〉治而无阙者,大小多少,各当其分。"亦"金""阙"对文,"金"即"全"字之误。
③ 张舜徽认为此"言"字为"音"之误,"不言之音"即《内业》"不言之声"。说见《管子四篇疏证》,《周秦道论发微》,第264页。
④ 按,上文云"全心在中不可匿",可知"全心之形"之"形"当读如郭店《五行》"型于内"之"型"。《内业》对应文句"心气之形(型)"亦作此读。
⑤ 刘绩以为"和"乃"知"之误,《心术下》相应文句正以"见""知"对文。
⑥ 张佩纶云:"两'意'字当作'壹'。"
⑦ 尹知章《注》:"丑,类也。"按,若依尹《注》训解,"丑"当读为"畴"或"俦"。
⑧ 丁士涵认为此句重见下文,疑衍。

续表

《心术下》	《内业》
(5b) 岂无利事哉？我无利心；岂无安处哉？我无安心。心之中又有心。意以先言。意然后刑(型)①，刑(型)然后思，思然后知。	(5g) 心以藏心,心之中又有心焉。彼心之心,音(意)②以先言。音(意)然后形,形然后言,言然后使,使然后治。不治必乱,乱乃死。
(5b) 凡心之形(型),过知失生(性)③。	(5a) 凡心之形(型),过知失生(性)。
(5d) 是故内聚以为原(渊)④。泉〈原〉⑤之不竭,表里遂通〈彻〉⑥；泉之不涸,四支坚固。能令用之,被服四固(国)⑦。	(5h) 精存自生,其外安(焉)⑧荣。内藏以为泉原,浩然和平,以为气渊。渊之不涸,四体乃固；泉之不竭,九窍遂通(彻)。乃能穷天地,被四海。中无惑意,外无邪菑。心全于中,形全于外,不逢天菑,不遇人害,谓之圣人。

---

① 按,《心术下》此句"刑"字(一本作"形")亦读为"型于内"之"型"。《内业》的作者可能已将此"型"字理解为"形于外"之"形",故其下文云:"形然后言,言然后使,使然后治。"与《心术上》此文偏向内在之思与知,恰恰相反。
② 二"音"字读为"意"乃王念孙说,此从之。
③ "生"读为"性"乃陈鼓应之意见。说见《管子四篇诠释——稷下道家代表作》,第97页。
④ 按,今本"内聚以为原",刘绩、王念孙皆以为当从《内业》作"内聚以为泉原",但《内业》有"以为气渊"一句,颇疑《心术下》"内聚以为原"其下本有重文符,前一"原"字(疑母元部)读为"渊"(影母真部);后一"原"则如字读,并属下句。"渊"之本义为深水(《说文》训为回水),《荀子·劝学》:"积水生渊,蛟龙生焉。"引申为人或事物聚集之处。
⑤ 按,此字疑涉下文"泉之不涸"而误,本当作"原"。
⑥ 俞正燮云:"此及《内业》篇皆韵语,汉人改'彻'为'通'。"鹏按,其说是。改"彻"为"通"乃避汉武帝讳。"彻"与"竭"为韵。
⑦ 按,"固"(见母鱼部)疑读为"国"(见母职部)。"四国"即"四域",先秦文献习见,不烦赘举。
⑧ 王念孙云:"安犹乃也。"按,其说是。"安"读为"焉",训为"乃"。

续表

《心术下》	《内业》
(5e) 是故圣人一言解之①,上察于天,下察于地②。	(5e) 有神在身③,一往一来,莫之能思,失之必乱,得之必治。敬除其舍,精将自来。精想思之,宁念治之。严容畏敬,精将至(自)④定,得之而勿舍,耳目不淫,心无他图。正心在中,万物得度。道满天下,普在民所,民不能知也。一言之解,上察(际)⑤于天,下极于地,蟠满九州。
	(9) 凡食之道,大充,形伤而精不藏⑥;大摄,骨枯而血冱。充摄之间,此谓和成,精之所舍,而知之所生。饥饱之失度,乃为之图。饱则疾动,饥则广思⑦,老则长虑。饱不疾动,气不通于四末;饥不广思,饱而不废⑧;老不长虑,困〈因〉乃遫竭⑨。大心而敢〈敞〉⑩,宽气而广,其形安而不移。能守一而弃万苛,见利不诱,见害不惧,宽舒而仁,独乐其身,是谓云〈灵〉气⑪,意行似天。

① 王念孙以此句当依《内业》作"一言之解",并认为"解""地"两字为韵。汪启明指出:"'解'在锡部,'地'在歌部。非韵。"说见《〈管子〉诸家韵读献疑》,《管子学刊》1994年第2期,第21页。鹏按,今本《心术下》"一言解之"不误,"之"(之部)与"地"(歌部)为韵。战国时代之、歌两部可通假,合韵之例则见于《管子·形势》及《孙膑兵法·将失》,当为齐方言之特色。
② 按,颇疑三句当理解为"是故上察于天,下察于地,圣人一言解之",所谓"解之"之解即"心",此即《白心》"周视六合,以考内身"之意,皆谓遍观天地上下四方而返求于心。
③ 按,今本作"有神自在身","自"字疑涉下文"精将自来""精将自定"而衍。
④ 王念孙云:"'至'当为'自',上文'精将自来'即其证。"
⑤ 此"察"字当破读以与"极"对。许维遹云:"'察'与'际'声同而义通,'上察于天'犹《庄子·刻意》篇'上际于天',《淮南子·原道》篇高《注》:'际,至也。'"鹏按,许氏说是。《广雅·释诂》:"察,至也。"王念孙已引《淮南》高诱《注》为说。王叔岷《庄子校诠》引《左传》昭公四年杜《注》训"际"为"接",义较切近。"上际于天,下极于地"即弥漫天地之间。"上察(际)于天,下极于地,蟠满九州"疑本《庄子·刻意》"精神四达并流,无所不极,上际于天,下蟠于地,化育万物,不可为象,其名为同帝"为说,两篇之关系值得注意。

续表

《心术下》	《内业》
	(10) 凡人之生也,必以其欢,忧则失纪,怒则失端,忧悲喜怒,道乃无处。爱欲静之,遇(愚)①乱正之,勿引勿推,福将自归。彼道自来,可藉与谋(媒)②。静则得之,躁则失之。灵气在心,一来一逝。其细无内,其大无外。所以失之,以躁为害。心能执静,道将自定。得道之人,理丞(烝)而屯〈毛〉泄③,匈中无败。节欲之道,万物不害。

(接上页注)

⑥ 今本此句作"伤而形不臧"。鹏按,"形"字当从丁士涵说移至"伤"前,"形伤"与下句"骨枯"对文。"臧",一本作"藏",当从之,并疑其上脱"精"字。此云"大充,形伤而精不藏",下文则说"充摄之间,此谓和成,精之所舍,而知之所生","精不藏"与"精之所舍",文意正相对。

⑦ 戴望云:"此'广'字读如《乐记》'广则容奸'之广,郑《注》曰:'广谓声缓也。'饥则缓思者,亦恐伤其精气也。"

⑧ 戴望云:"'饱'疑'食'字之误。《尔雅·释诂》曰:'废,止也。'言饥不缓思,虽食不能止饥。"鹏按,戴氏训"废"为"止"是,惟"饱"未必为"食"字之误。"饱而不废"谓虽已食饱而不止。

⑨ 马非百云:"'困'乃'囦'字误,即古'渊'字。'遬'古通'速',均见《玉篇》。"并指出与前文"浩然和平,以为气渊。渊之不涸,四体乃固;泉之不竭,九窍遂通"呼应。说见《〈管子·内业〉篇集注(续二)》,《管子学刊》1990年第3期,第18页。

⑩ 何如璋云:"'敢'当作'敵'字,敵与广协。"

⑪ 丁士涵、俞樾皆指出,"云"当为"灵"字之误,下文云:"灵气在心,一来一逝。"

① "遇"读为"愚",从章炳麟、安井衡说。

② 按,此"谋"字读如"谋合"之"谋",本字即"媒",训为合。《说文》:"媒,谋也。谋合二姓。"《周礼·地官·媒氏》郑玄注:"媒之言谋也,谋合异类使和成者。"

③ 此句从王引之说校改。《淮南子·泰族训》:"今夫道者,藏精于内,栖神于心,静漠恬淡,讼〈说〉缪〈穆〉胸中,邪气无所留滞,四枝节族,毛蒸理泄,则机枢调利,百脉九窍,莫不顺比。"杨树达《淮南子证闻》云:"毛蒸理泄,谓毛孔腠理有所蒸发也。"

第二节　论《内业》与《心术下》之关系及其学派归属

一、《内业》与《心术下》比较——并论二篇之关系

仔细分析上节之对照表，可以看出《内业》与《心术下》二篇在论述主旨、篇章结构及遣词用字等方面存在明显差异：

1. 论述主旨：朱伯崑云："《心术》《白心》既谈养生，又谈刑名，而《内业》只谈养生，不谈刑名。"[①] 已注意到二篇所论有异。具体而言，《心术下》与《内业》在论述主旨上有三点差别：

   (1)《心术下》《内业》二篇皆论修心养气，但《心术下》偏重"心"之论述，此与其作为《心术上》之传的性质有关。《内业》"精"字凡十二见，"气"字凡十八见，"精""气"皆指精气言，异名同实[②]。该篇多数"道"字亦为精气之异称[③]，如第 3 章"凡道无所，善心焉处"。第 4 章"凡道，无根无茎，无叶无荣，万物以生，万物以成，命之曰道"。《内业》开篇便说精气"下生五谷，上为列星。流于天地之间，谓之鬼神；藏于胸中，谓之圣人"，以精气为万物生成之根源，而心为涵摄精气之型范，故云"凡心之型，自充自盈"。"夫道者，所以充型也。"（皆见第 2 章）。《内业》专论精气者包括第 1、3、4 章，而第 5、6、7、10 章则兼论精气与心。第 9 章则从饮食之道切入，论述精气与形体的关系。由此可知精气为贯串《内业》之最重要概念。

   (2) 在修养论上，《心术下》较重视心的专一、安静，《内业》则兼重修心与养形，全篇要旨即第 5 章 h 段所云"心全于中，形全于外"。

---

① 朱伯崑：《再论〈管子〉四篇》，《朱伯崑论著》，第 435 页。
② 参考马非百：《〈管子·内业〉篇集注》，《管子学刊》1990 年第 1 期，第 6 页。
③ 马非百、裘锡圭已指出此点。说见马非百前揭文及《〈管子·内业〉篇之精神学说及其他》，《管子学刊》1988 年第 4 期，第 4 页；裘锡圭：《稷下道家精气说的研究》，《文史丛稿》，第 20—21 页。

《内业》第 4 章云:"定心在中,耳目聪明,四枝坚固,可以为精舍。"第 9 章云:"大充,形伤而精不藏;大摄,骨枯而血沍。充摄之间,此谓和成,精之所舍,而知之所生。"饮食得度及四枝坚固皆为精气是否居处于身的前提。第 6 章 c 段云:"思之而不舍,内困外迫。不蚤为图,生将逊舍。食莫若无饱,思莫若勿致,节适之齐,彼将自至。"更见其打通内外,兼重身心的主张。《内业》论节欲除见于此章外,又如第 7 章"节其五欲,去其二凶。不喜不怒,平正擅匈"。第 10 章"爱欲静之,愚乱正之,勿引勿推,福将自归。……得道之人,理烝而毛泄,匈中无败。节欲之道,万物不害"。其节欲之目的乃为养生,与宋钘倡寡欲以息人我纷争,论旨不同。

(3)《心术下》前三章皆以圣人应物之道作结,强调其用心若镜,此点乃延续《心术上》而来。相较之下,《内业》强调"变化"之能动性,而较不重视"因应"之概念。如《心术下》第 2 章 c 段"一气能变曰精,一事能变曰智",《内业》将后句"变"易为"化",且增"化不易气,变不易智"二句,但无《心术下》"极变者,所以应物"句。又如《心术下》第 3 章 c 段论圣人之道有"与时变而不化,应物而不移"之语,《内业》后句"应"字作"从",疑亦出于有意之改动。

2. 篇章结构:这方面的差异可归纳为以下几点:

(1) 从对照表看,二篇最显而易见的差别即郭沫若所指出的:《内业》内容较《心术下》为多,有"一首一尾无可比附"。《内业》多出的一首一尾包括对照表中的第 1 至 3 章及第 9 至 10 章。《内业》篇中的第 7 章亦无可对应,但从另一角度看,该篇第 7、8、10 章都以"凡人之生也"开端,皆倡调节欲望及情绪,论旨相同,可视为与《心术下》第 5 章 a 段"凡民之生也,必以正平"的对应章节。从《内业》多出的章节来看,第 1、3 章专论精气,第 9 章论食之道,皆反映出《内业》较《心术下》重视精气及养形的思想倾向。

(2)《心术下》亦有《内业》无可比附的一段文字,出现在第 1 章 b 段。此段文字之思想内涵与《内业》不能相合,改编者或考虑此点将之删去。该段一开头说"意气定然后反正。气者,身之充也"。所谓"意气"乃承该章 a 段"毋以物乱官,毋以官乱心"及"内德而言,用《内业》的话来说即"心气"(此词《心术下》无,见于《内业》6a)。下句"气者,身之充"之气明显指内在于心的"意气"而非《内业》化生万物的精气。《内业》所说的气(或精气)是"杲乎如登于天,杳乎如入于渊,绰乎如在于海,萃乎如在于己",涵盖天、地、人,范围较《心术下》此段所说为广[①]。此外,《心术下》此段云:"凡物载名而来,圣人因而裁之,名实不伤。"其重视名实概念亦为《内业》所无,此点即前揭朱伯崑所谓《内业》只谈养生,不谈刑名"。《心术下》第 2 章末云"圣人裁物,不为物使",亦呼应首章此段,但这二句出现在《内业》却变为"君子使物,不为物使",易"圣人"为"君子",改前句"裁"为"使",意趣迥异。

(3) 再就二篇对应之段落而论,《内业》往往较《心术下》繁富,许多词句可能即为对《心术下》的进一步阐释或补充说明。下举数例明之:

a. 《心术下》第 2 章 a 段"专于意,一于心,耳目端,知远之近"四句,《内业》相应段(6c)在其前有"四体既正,血气既静"二句,呼应前文修心、养形并重的观点;其后又有"思索生知,慢易生忧"等句,可视为对"专于意,一于心"的阐释;下文又云"内因外迫""食莫若无饱,思莫若勿致"更从正、反两面申述其内外兼修之主张。值得注意的是,《内业》此段说"思之而不舍,内因外迫""思莫若勿致",并不以思辨为贵,但该章前段(6b)说:"能勿求诸人而得之己乎?思之思之,又重思之",却呼吁人返回内在三思,与此段所言不能相容。同一章前后主张矛盾,似说明《内业》并非一人所作,而具有兼容杂糅的性质。

b. 《心术下》第 3 章 c 段仅说"有司设制者之利非道""圣人之道,若存若亡",与之对应的《内业》第 4 章却明确地说"凡道,无根无茎,无叶无荣,万物以生,万物以成,命之曰道"。且包含天地人之道,故云"天主正,地主平,人主安静"。

c. 《心术下》第 4 章 b 段"全心在中不可匿"言心之地位及效用,

[①] 按,换言之,《内业》虽有"心气""灵气在心"的表述,但未像《心术下》将气限定为"身之充"。

《内业》相应段落在其前有"凡道必密必周"数句,进一步以道(精气)的性质规范心的理想状态。

d.《心术下》第 5 章 b 段言"心之中又有心",其下即接"意以先言"数句,与之对应的《内业》第 5 章 g 段则在中间加上"彼心之心"四字,指明"意以先言"数句乃针对心之中之心而言。二篇对"意以先言"的描述并不相同,《心术下》所说的历程是"意→形(型)→思→知",《内业》所云则是"意→形→言→使→治"。郭沫若已注意到此点,他认为二者"大相悬异。一言思辨过程,一言意志过程。盖弟子二人听一先生之言而笔记有误"①。鹏按,二者思路迥异,疑非一人之说。《心术下》所述历程无"言"一项,盖前文"意以先言"明以求意为尚,故其下即接内在之思辨过程,其理路犹《庄子·外物》"言者所以在意,得意而忘言",既已消弭"言"之作用,则可不必再说"言"。《心术下》言"意然后刑(型),刑(型)然后思",《内业》的改编者似将此"型"理解为"形于外"之"形",故其下乃述向外的实践过程。

(4) 前文已指出《内业》以"精气"为论述的主轴,至于《心术下》则以"圣人"作为贯串各章的线索,二者适成对比。《心术下》全篇分五章,章末都以圣人或明王之道作结,可视为对《心术上》圣人观念的进一步阐述。《内业》则以"凡"字领章,显然经过后人的整理、编辑,有经典化的倾向。此种情形可举郭店楚竹书《性自命出》为例说明。该篇竹书为子思学派经典,通篇以"二十凡"领章。李零指出:

> 简文的"凡"字,在古书中有最括总计之义,因此常被误认为是表示"一般地说",但在古书中,"凡"字有发凡起例,表示通则、条例和章法的含义……例如《左传》有"五十凡"。……这种"凡例"既可用于法律文书或仪典、政典类的古书,也可用于专讲技术守则的实用书籍(章学诚《校雠通义》称为"法度名数之

---

① 郭沫若:《管子集校》,《郭沫若全集·历史编》第六卷,第 440 页。

书")。……《孙子兵法》十三篇,它的各篇几乎都是以"凡用兵之法"开头,《司马法》《六韬》《吴子》《尉缭子》,还有《墨子》城守各篇,出土银雀山汉简《孙膑兵法》等书,它们讲军法、军令和战术规则,也都经常是以"凡"字发语。中国古代的数术、方技之书,书中多载处方、配方,它们也多以"凡"字起方。这些"凡例",特点是条分缕析,自成片断,随时所作,即可笔之于札,便于排列组合,重新汇编。①

按,其说有助于理解《内业》之性质。与《内业》相较,《心术下》的"凡"字共四见,仅第 5 章首句"凡民之生"之"凡"字有领章作用,其余则作为承接、总括之词,且不出现于章首。如第 1 章末"凡物载名而来,圣人因而裁之,名实不伤,不乱于天下,而天下治"。乃承上文"圣人若天然,无私覆也;若地然,无私载也。私者,乱天下者也"为说。又如第 5 章 b 段"凡心之型,过知失性"乃对上文"心之中又有心。意以先言,意然后形,形然后思,思然后知"之总结。《内业》中有与上述文句对应之段落,但结构不同,"凡心之型,过知失性"二句被改编者置为第 5 章首,"彼心之心,意以先言"云云则在其后,且中间被一大段文句隔断。今本《内业》各章的先后顺序并非层次分明、井然有序的组合,若考虑到其以"凡"字领章的特性(即李零所说"便于排列组合,重新汇编"),可将该篇各章以类相从,依主题划分为四个层次:

a. 第 1、3、4、6 章:以"凡物之精""凡道"发端,前三章主要论精气或道,第 6 章则兼论精气与心之修持。

b. 第 2、5 章:皆以"凡心之型"发端,偏重于论心。

c. 第 7、8、10 章:皆以"凡人之生"发端,皆倡调节欲望及情绪,使人复归本性之平正。

d. 第 9 章以"凡食之道"开端,前半段以饮食为例说明养形与精气持存的关系,后半段则论及修心、养气及安形三者的联系。

3. 遣词用字:取《心术下》与《内业》比较,可知后者字句较整饬,部分字

---

① 李零:《郭店楚简校读记》(增订本),第 115—116 页。

词有经改动之痕迹。以下举例说明:
(1)《心术下》篇末(5e)"圣人一言解之",用语幽隐。该篇所谓"一言解之"指的是"心",作者虽未明言,但观其前文,其意自见;《内业》则将之和盘托出,于第 5 章 f 段说"何谓解之? 在于心焉"。又改"一言解之"为"一言之解"而失韵(见对照表中该句脚注)。
(2)《内业》因改动字句而失韵的情形除了上述"一言之解"外,又见于该篇第 6 章 b 段"能无卜筮而知吉凶乎","吉凶"二字《心术下》作"凶吉","吉"与一、止、已、已等字协韵,改编者将"凶吉"改为习见之"吉凶",却未留意前后有韵。
(3)《内业》又有改动字句而词义产生变化的情形,如《心术下》第 1 章 a 段"神莫知其极",与之对应的《内业》文句作"神明之极"。前者属上读,"极"训为"来至"之"至"或"招致"之"致";后者则属上读,"极"训为极至之极。又如《心术下》第 2 章 a 段"专于意,一于心"及 b 段"能专乎? 能一乎?"《内业》分别作"一意抟心""能抟乎? 能一乎?"颇疑《内业》经后人改动,其易"专"为"抟",盖受前文"抟气如神"之影响。又改"专于意,一于心"为"一意抟心",字句虽较简练,但含意转较隐晦。
(4)《心术下》第 4 章 b 段"全心在中不可匿"至"察于父母",虽以四字句为主,但仍有五、七字句,《内业》则一律改为四字句,较为整饬。

从文本对勘的角度来看,《内业》可能是据《心术下》及其他相关文献扩充、改编而成的,而非《心术下》为《内业》残缺之副本。

二、论《内业》之性质及学派归属

《汉书·艺文志》儒家类著录《内业》十五篇,王应麟已疑"《管子》有《内业》篇。此书恐亦其类"[1]。马国翰进一步认为《管子·内业》即《汉志》儒家类之《内业》十五篇[2],梁启超则以今本《管子·内业》为十五篇中之一篇[3]。张舜徽云:

---

[1] 陈国庆:《汉书艺文志注释汇编》,中华书局,1983 年 6 月,第 105 页。
[2] 马国翰:《玉函山房辑佚书》第 4 册,广陵书社影印楚南湘远堂刻本,2004 年 11 月,第 2507 页。
[3] 陈国庆:《汉书艺文志注释汇编》,第 105 页。

《内业》)与《管子》书中《心术》上下及《白心篇》,实相表里,皆为君道而发。……其间精义要旨,足与道德五千言相发明。……孔子之言主术,亦无远于道德之论。则《汉志》儒家有《内业》,不足怪也。①

按,张氏从《内业》等四篇言君人南面之术的角度,解释《汉志》将之归入儒家之原因,其说虽可通,但仍存在两个问题:一是《管子·心术》等四篇并非不可分割的一组作品,此点前文已详细论证;二是《心术》上、下及《白心篇》所论重点在"心",而《内业》之要旨则为"精气",四篇中虽涉君王统御之术,但非专为君道而发。不过,张舜徽指出四篇与《老子》相发明,又合于儒家之说,说明四篇具有融合儒、道的思想特色。四篇中以《内业》受儒家思想影响较著,马非百指出:

(《内业》)篇中也有和《孟子》《大学》《中庸》互相雷同的地方,但意义却不尽一致。《孟子》言"万物皆备于我""是非由外铄我也,我自有之也",本篇则言"万物备存",只是"抟气如神"的结果,乃自"外来"而非"固有"。《大学》"定"先于"静",本篇则"静"先于"定"。和《中庸》相雷同的地方特多,但《中庸》言"道"是抽象的,而本篇的"道"则指"精气"而言,是具体的。……篇中又提到"止怒莫若诗,去忧莫若乐,节乐莫若礼,守礼莫若敬,守敬莫若静",比《心术下》多了"止怒莫若诗"和"守敬莫若静"二句。说明本篇所受儒家思想之影响比《心术下》更深。基于以上论述,我初步认为本篇是用道家的唯物主义观点来对《孟子》《大学》《中庸》加以改造的。②

按,《内业》所说的"精气"并非是唯物的。精气除作为化生万物的根源之外,亦有其内在于心的一面,如《内业》说:"凡道无所,善心焉处。心静气理,道乃可止。""修心静意,道乃可得。""定心在中,耳目聪明。四枝坚固,可以为精舍。"

马非百点出《内业》较《心术下》受儒家影响为深以及《内业》与《孟子》《大学》《中庸》有雷同之处,颇具启发性。除马氏所举例证外,《心术

---

① 参考张舜徽:《汉书艺文志通释》,第262—263页。
② 马非百:《〈管子·内业〉篇之精神学说及其他》,《管子学刊》1988年第4期,第7页。

下》第 1 章 a 段"正型饬德,万物毕得",《内业》改为"正型摄德,天仁地义,则淫然而自来";《心术下》第 4 章 a 段"正静不失,日新其德",《内业》改"正静"为"敬慎",所改易之字词皆具儒家色彩,可作为旁证。从传世文献及近世出土的郭店竹书看,战国中期子思、孟子一派儒家的影响力颇大,不但《内业》中出现与《孟子》《大学》及《中庸》相近的观点①,《心术上》《白心》亦见子思学派影响之痕迹(参考本书下编第八章第三节)。事实上,"内业"一词与"心术""白心"可能都是稷下道家援用子思学派术语,并赋予新的含意(关于此点,详见本书下编第七章第三节)②。周凤五已明确指出"内业"一词见于郭店竹书《性自命出》第 54 简"独处而乐,有内业者也"③。在《性自命出》中"内业"与"美情""性善""德""道"等并举,偏重内在的含意,与《内业》以精气说为基础,主张内外兼修,意旨迥异。从这点来看,颇令人怀疑《管子·内业》应非《汉志》儒家类的《内业》十五篇,而儒家《内业》佚书可能即子思一派学者所作④。

杨儒宾将《心术下》《内业》视为孟子后学所作,看法与本文不同,但他留意到"两篇与孟子思想契合极深。这两篇事实上属于同一个来源",却颇值得深思。杨氏归纳二者有以下五点相近:

1. 孟子有"践形"理论;《管子》(按,指《心术下》《内业》二篇,下同)也有"全形"⑤理论。

---

① 传统以《大学》《中庸》为曾子、子思所作,前人虽多所怀疑,但郭店楚竹书出土后,李学勤、郭沂、梁涛等通过传世及出土文献的剖析,重新肯定传统之说。笔者亦主张《大学》《中庸》为曾子、子思一系的著作,见拙文《〈大学〉著作时代及学派归属再探》,《现代儒学》第 1 期,2016 年 9 月。
② 按,应该指出的是,"内业"一词还见于《鹖冠子·夜行》,该篇所谓"夜行"即"心行",也就是"心术"。《夜行》说:"鬼不能见,不能为人业,故圣人贵夜行。"笔者曾指出,"人业"之"人"为"入"字之讹,"入"读为"内"。"人业"当释为"内业"。说见拙文《先秦儒家"内业"说初探》,收入本书附录二。关于"夜行"即"心行",参考李学勤《论先秦道家的"夜行"》,《史学集刊》2004 年第 1 期。
③ 周凤五:《上海博物馆楚竹书〈彭祖〉重探》,《南山论学集——钱存训先生九五生日纪念》,第 15 页注 5。
④ 前揭拙文《先秦儒家"内业"说初探》对于此问题有进一步的研究。
⑤ 按,《管子》二篇无"全形"一词,但《内业》说"心全于内,形全于外"。杨氏在前文说:"全心状态时,全心(意)是气,志(意)气合一,但另一方面,气也渗入身中,全身是气。比照'全心'此语,我们可称呼此时的身体状态是'全形'状态,用孟子的诠释,也就是一种'践形'的状态。"

2. 孟子的"践形"与"尽心"互为表里,有诸内,必形诸外;《管子》也说"心全于内,形全于外"。
3. 孟子言心,必推至四端之心,而由四端之心可再推至"夜气""平旦之气";《管子》言心,也必推至隐藏的心中之心,穷推其极,则为"心气"之流行。
4. 孟子言夜气—四端之心扩充至极,身体自然发出道德的光辉,睟面盎背,这就是践形以后的"生色";《管子》也说"全心在中,不可藏匿,和于形容,见于肤色"。
5. 孟子描述尽心、践形、养气之境界为"君子所过者化,所存者神,上下与天地同流""万物皆备于我矣!"《管子》也说:"敬慎无忒,日新其德,遍知天下,穷于四极。""搏气如神,万物备存。"

杨儒宾认为以上所举并非泛泛的相关,而具有最核心的关联。他说:"孟子的身心理论是相当有原创性的理论,《管子》两篇与它如此相近,绝非偶然。我们如果假设这两篇的作者原本就是孟子后学,这两篇原本就是为发挥孟子的内圣之学而作,那么,两者间的相似继承就不足怪异了。"①鹏按,杨氏从学术源流指出《心术下》《内业》的"全心"与孟子"尽心"理论相通,可谓一语中的,但如前文所述,二篇并非儒家作品。从另一个角度看,孟子之学导源于子思,宋钘思想亦受子思沾溉颇深(详见本书下编第八章第三节),而《心术下》《内业》为稷下道家作品,两篇的心性论,可能受到宋钘或孟子的影响。

综上所论,《管子·内业》当为稷下道家以精气说为基础,杂糅宋钘心术论及医家养生说的作品。由体制特色来看,《内业》以"凡"领章,颇有经典化的倾向,可以将之视为齐稷下道家融合各家思想的集大成之作。钱穆曾说:"或以《白心》篇与《心术》《内业》齐举并称,则非其伦也。大抵《内业》最粹美,《心术上》次之,而《白心》为下,语多歧杂,不足深究。"②以思想的精深及连贯性来说,《内业》后出转精,诚为《管子》四篇之冠,但以《内业》融通之程度非议《白心》之隐晦驳杂,以后例前,似非通达之论。

---

① 杨儒宾:《儒家身体观》,"中研院"中国文哲研究所筹备处,2003年1月修订二版,第56—57页。
② 钱穆:《释道家精神义》,《庄老通辨》,三联书店,2002年9月,第206页。

第六章 《吕氏春秋·去尤》《去宥》校释及相关问题讨论

第一节 《去尤》校释

世之听者,多有所尤(囿)(1)。多有所尤(囿),则听必悖矣。所以尤者多故,其要必因人所喜与因人所恶。东面望者不见西墙,南乡视者不睹北方,意有所在也。

人有亡铁者,意其邻之子(2)。视其行步,窃铁也;颜色,窃铁也;言语,窃铁也;动作态度,无为而不窃铁也。相〈扣〉其谷而得其铁(3),他日复见其邻之子,动作态度,无似窃铁者。其邻之子非变也,已则变矣。变也者无他,有所尤也。

邾之故法,为甲裳以帛(4)。公息忌(5)谓邾君曰:"不若以组。凡甲之所以为固者,以满窍也(6)。今窍满矣,而任力者半耳。且组则不然,窍满则尽任力矣。"邾君以为然,曰:"将何所以得组也?"公息忌对曰:"上用之则民为之矣。"邾君曰:"善。"下令,令官为甲必以组。公息忌知说之行也,因令其家皆为组。人有伤之者曰:"公息忌之所以欲用组者,其家多为组也。"邾君不说,于是复下令,令官为甲无以组。此邾君之有所尤(囿)也。为甲以组而便,公息忌虽多为组,何伤也?以组不便,公息忌虽无组,亦何益也?为组与不为组,不足以累公息忌之说(7)。用组之心,不可不察也。

鲁有恶者,其父出而见商咄(8),反而告其邻曰:"商咄不若吾子矣。"且其子至恶也,商咄至美也。彼以至美不如至恶,尤(囿)乎爱也。故知美之恶,知恶之美,然后能知美恶矣。《庄子》曰:"以瓦殴〈投〉者翔(祥)(9),以钩〈玉〉殴〈投〉者战(10),以黄金殴〈投〉者殆(11)。其祥〈殴(投)〉一也(12),而有所殆者,必外有所重者也;外有所重者,盖内掘

(拙)也(13)。"鲁人可谓外有重矣。

解在乎齐人之欲得金也,及秦墨者之相妒也,皆有所尤(囿)也(14)。老聃则得之矣,若植木而立乎独,必不合于俗,何扩(广)矣(15)!

【校释】

(1) **多有所尤(囿)**：许维遹云："《治要》有注：'尤,过也。'疑'尤'借作'囿',谓有所拘蔽也,'过'字不足以尽其义。"①陈奇猷则谓："以尤为囿,与《去宥》相复。尤当为肬字之初形。肬即今赘疣字。……本篇所谓去尤者,正是去除心意中有所赘疣之意。"②鹏按,许氏说是。"去宥""去尤""多有所尤"之宥、尤皆当读为"囿"。《说文》："囿,苑有垣也。从口,有声。一曰所以养禽兽曰囿。"引申为分别区域之称,又引申为拘限,如《庄子·徐无鬼》："辩士无谈说之序则不乐,察士无凌谇之事则不乐,皆囿于物者也。"本篇下文云："解在乎齐人之欲得金也,及秦墨者之相妒也,皆有所乎尤也。"其说正见于《去宥》,可见二篇关系密切。

(2) **人有亡铁者,意其邻之子**：王利器云："'亡铁',文见《列子·说符》篇,张湛《注》：'铁,钺也。'《释文》：'铁音斧,钺也。'……《汉书·文三王传》：'于是天子意梁。'师古曰：'意,疑也。'"③按,其说是。

(3) **相〈扣〉其谷而得其铁**：《列子·说符》作"俄而扣其谷而得其铁",殷敬顺《列子释文》："扣,胡末切,古掘字,又其月切。一本作相,非也。"毕沅据此改此文"相"为"扣"。许维遹、王利器又指出,《群书治要》《长短经·杂说》引此文作"扣""掘"。王叔岷谓："旧校云：一作'拑其舌而得其铁','拑其舌'亦'扣其谷'之误。"范耕研虽从毕校,又云："相字亦可通。相,视也。谓巡视其谷遂得铁也。"④陈奇猷申范氏说云："《说文》：'泉出通川为谷',又云'相,省视也。'铁既在谷中,则必无意失落于谷中者。失落于谷中,自可省视而得,

---

① 王利器：《吕氏春秋注疏》,巴蜀书社,2002年1月,第1295页。
② 陈奇猷：《吕氏春秋校释》,第690页。
③ 王利器：《吕氏春秋注疏》,第1295—1296页。
④ 许维遹、范耕研及王利器说引自《吕氏春秋注疏》,第1296页；王叔岷说见《吕氏春秋校补》,《慕庐论学集(二)》,中华书局,2007年10月,第46页。

不必扪而得之。若必扪之而后得,则必是被人埋入。若是被人埋入,则邻人窃铁之疑仍不可释也。"①鹏按,陈氏说甚辩,惟《列子》《治要》《长短经》俱作"扪"(通"掘"),当从之。"谷"可引申为坑穴,如《易·井》九二爻辞:"井谷射鲋",王引之云:"《说文》壡字从谷,谷犹壡也。……井中容水之处也。"②《庄子·天运》云:"在谷满谷,在坑满坑。"即此义。

(4) **为甲裳以帛**:高诱《注》:"以帛缀甲。"许维遹云:"此裳字其义为常。裳、常古通。《初学记》二十二、《御览》八百十九引'裳'并作'常'。"③杨树达则说:"古甲有衣有裳。宣公十二年《左传》云:'赵旃弃车而走林,屈荡搏之,得其甲裳。'是也。"④按,杨氏说是。

(5) **公息忌**:王利器则谓:"旧校云:'(忌)一作忘。'器案,《广韵·一东》引作'邴大夫公息忘',《古今姓氏书辨证·一东》引作'郑大夫公息忘',《路史·后纪》卷十引作'郑大夫公息房'。'邴''郑'当为'邾'之误。作'忘'者,与旧校合,作'房'者当为与'忘'音近而讹。"⑤陈奇猷云:"公息忌疑即《史记·弟子传》之公皙哀。《索隐》引《家语》作'公皙克'。'皙克'与'息忌'盖音近通假耳。《弟子传》云:'公皙哀,字季次。'季次见《史记·游侠传》,则公息忌系一游侠,故其明于甲裳之道,与此文所叙正合。"⑥鹏按,陈氏仅以"息忌"与"皙克"音近⑦,谓"公息忌"即孔门弟子"公皙克"(字季次),颇为可疑。季次虽见于《游侠列传》,但太史公仅说:"及若季次、原宪,闾巷人也,读书怀独行君子之德,义不苟合当世,当世亦笑之。故季次、原宪终身空户蓬户,褐衣疏食不厌。"并未视原宪、季次为游侠。且《仲尼弟子列传》引孔子

---

① 陈奇猷:《吕氏春秋校释》,第691页。
② 王引之:《经义述闻》卷一,第30页。
③ 王利器:《吕氏春秋注疏》,第1297页。
④ 杨树达:《读吕氏春秋札记》,《积微居读书记》,上海古籍出版社,2006年12月,第228页。
⑤ 王利器:《吕氏春秋注疏》,第1298页。
⑥ 陈奇猷:《吕氏春秋校释》,第692页。
⑦ 按,上古音"息"为心母职部,"皙"为心母锡部;"忌"为群母之部,"克"为溪母职部,皆音近可通。

称公皙哀云:"天下无行,多为家臣,仕于都,唯季次未尝仕。"①皆与《去尤》所载公息忌之出身(言"令其家皆为组",则其非闾巷寒儒可知)及言行风格不合。关于公息忌之身份,存疑待考。

(6) **凡甲之所以为固者,以满窍也**:惠栋云:"满当作盈,惠帝讳盈,改从满。"②杨树达云:"襄公三年《左传》云:'使邓廖帅组甲三百,被练三千。'《疏》引贾逵云:'组甲,以组缀甲,车士服之;被练,帛也,以帛缀甲,步卒服之。凡甲所以为固者,以盈窍也;甲盈窍而任力者半,卑者所服;组盈窍而尽任力,尊者所服。'按,贾说全本《吕氏春秋》。如其说,则此云'甲裳以帛'者,即《左传》之'被练';'以组',即《左传》之'组甲'也。"③杨伯峻解释《左传》"被练""组甲"云:"《初学记》二十二引《周书》云:'年不登,甲不缨组。'又《燕策》云:'身自削甲札,妻自组甲絣。'絣是用丝锦所织带,以之穿组甲片而组甲,则谓之组甲,较之以绳索穿成者自为牢固;即为兵器所中,穿透后著肉亦无力。然太费工力,故年岁不丰,穿甲不用组絣。……练是煮熟之生丝,柔软洁白,用以穿甲片成甲衣,自较以组甲为容易,但不若组甲之坚牢。"④按,诸家说是。

(7) **不足以累公息忌之说**:许维遹云:"《治要》有注:'累犹辱也。'"陈奇猷疑《群书治要》"辱"乃"缚"字之误,累训为束缚⑤。鹏按,累如字读。《说文》:"累,增也。"又引申为重,下文"外有所重"犹"外有所累"。此谓不管公息忌家是否预先用组,都不足以损益其主张。

(8) **商咄**:章太炎云:"商咄即是宋朝。宋亦称商,朝、咄声转也。"⑥《论语·雍也》:"不免有祝鮀之佞,而有宋朝之美,难乎免于今之世矣。"宋朝即宋公子朝,以美色见爱于卫夫人南子。陈奇猷指出:"国名宋而称商则有之,如宋太宰称商太宰是其例。人姓名宋而称商者,未闻。"⑦鹏按,"咄""朝"二字声母皆为舌尖塞音,但韵则分别

---

① 司马迁:《史记》,中华书局点校本,1959 年 9 月,第 2209、3181 页。
② 王利器:《吕氏春秋注疏》,第 1298 页引。
③ 杨树达:《读吕氏春秋札记》,《积微居读书记》,第 228 页。
④ 杨伯峻:《春秋左传注》下册,第 925 页。
⑤ 许氏说引自王利器:《吕氏春秋注疏》,第 1300 页;陈奇猷《吕氏春秋校释》,第 693 页。
⑥ 王利器:《吕氏春秋注疏》,第 1301 页引。
⑦ 陈奇猷:《吕氏春秋校释》,第 693 页。

为物、宵二部,韵母远隔,恐不可通。存疑待考。

(9) 以瓦㲄(投)者翔(祥): 此下数句盖以博戏为喻。所引《庄子》见《达生》:"以瓦注者巧,以钩注者惮,以黄金注者殙。其巧一也,而有所矜,则重外也。凡外重者内拙。"《淮南子·说林训》《列子·黄帝》引此段,文各小异。洪颐煊云:"字书无'㲄'字。《说文》:'毁,䇂击也。从殳,豆声。古文投如此。'毁即投字。《列子·黄帝》作'抠',张湛《注》:'互有所投曰抠。'抠即投假借字。《庄子·达生》篇作'注',《淮南·说林训》作'铨'。注亦投也,字相近,合讹作'㲄'。"①鹏按,洪氏说近是。"㲄"疑即"投"字异体。《说文》:"投,擿也。从手,从殳。""毁,䇂击也。从殳,豆声。古文投如此。"段玉裁《注》从《说文》体例辨"古文投如此"五字乃后人所加②,惟"投"字古文作"毁"当无可疑。《玉篇》:"毁,徒透切。遥击也。古为投。"③《古文四声韵》卷二引崔希裕《纂古》"投"字正作"毁"④。"毁"从"豆"声,与"投"字上古音皆为定母侯部,故可通用("投"本会意字,后注"豆"为声符,即为形声字"毁")。"㲄"字从殳,主声(章母侯部),与"投""毁"音近可通。从豆与从主之字,古书有通假之例,如《汉书·匈奴传》"逗遛不进",颜《注》:"逗读与住同。"《后汉书·光武纪下》"不拘以逗留法",李《注》:"逗,古住字。"投、驻二字又可通假,如今本《老子》五十章"兕无所投其角",敦煌《想尔注》本"投"字作"驻"。据此可知"㲄"亦"投"字异体。至于"抠""注""铨"则"投"字之假借也。翔,孙鸣锵读为"佯",训为安详,并引《释名》"佯也,言仿佯也"为说;宋慈袌训翔为翔舞⑤。刘师培云:"据《庄子·达生》两'巧'字证之,则翔、祥二字同义而异文。"陈奇猷从其说,读翔为祥,训为善,并说:"《汉修尧庙碑》'翔风膏雨',以翔为祥可证。祥者善也,

---

① 王利器:《吕氏春秋注疏》,第 1301—1302 页。关于㲄字之考释,学者说法纷歧,此不具引,可参考王利器前揭书,第 1301—1304 页;陈奇猷:《吕氏春秋校释》,第 693—696 页;张双棣:《淮南子校释》,北京大学出版社,1997 年 8 月,第 1736—1738 页。
② 段玉裁:《说文解字注》,第 120 页。
③ 顾野王:《大广益会玉篇》,中华书局影印张氏泽存堂本,1987 年 7 月,第 81 页下左。
④ 夏竦:《古文四声韵》,学海出版社影印汲古阁影宋抄本,1978 年 5 月,第 127 页。
⑤ 孙、宋二氏说引自王利器:《吕氏春秋注疏》,第 1302、1303 页。

谓博技善也,则此作'翔'与《列子》《庄子》作'巧'义近。《淮南》作'全',全者完也,谓其博技完善也。"①鹏按,陈奇猷说是。翔通祥又见《论衡·是应》:"翔风起,甘露降。"翔风即祥风②。

(10) 以钩〈玉〉殁(投)者战: 本句"钩",《列子·黄帝》同,《淮南子·说林训》作"金";下句"黄金",《淮南》则作"玉"。钩者,《庄子》成疏训为钩带;《列子释文》云:"钩,银铜为之。"鹏按,此处"钩"指博具。《慎子·威德》:"夫投钩以分财,投策以分马,非钩、策为均也,使得美者不知所以德,使得恶者不知所以怨,此所以塞怨望也。"《荀子·君道》:"探筹投钩者,所以为公也。"郝懿行云:"探筹,刻竹为书,令人探取,盖如今之掣签。投钩,未知其审。古有藏彄,今有拈阄,疑皆非是。"③猪饲彦博云:"投钩,盖掷钱投筊之类。"④鹏按,二氏说近是。《洪武正韵·尤韵》:"钩,与阄同。投钩,今俗谓拈阄。"已混投钩与拈阄为一。殷敬顺《列子释文》:"抠,探也。以手藏物,探而取之曰抠,亦曰藏彄。"⑤后人盖误以"投钩"即"藏彄",《列子》上句殁(投)字遂误为抠。《说文》:"阄,斗取也。"段《注》:"力取是此字本义,今人以为拈阄字,殆古藏彄之讹。"⑥阄为取,投为掷,则"投钩"自与"拈阄"异。博戏所用"钩"疑即投子,今称为骰。《说文》无"骰",其字由"投"字孳乳,班固《奕旨》:"夫博县于投,不专在行。优者有不遇,劣者有侥幸。踦挈相凌,气势力争。虽有雌雄,未足以为平也。"(见《全后汉文》卷26)投即今骰字。投、钩二字音近(上古音同为侯部,声母则分别为定母、见母),疑有语源上的关系。古人盖称博戏所投之骰为"钩",钩、投语音稍别,以示异耳。范耕研云:"古博簺之具有五木,亦名投子,今俗以骰为之,同从殳。以木为之,或以玉石。瓦

---

① 陈奇猷:《吕氏春秋校释》,第 696 页。刘师培说亦引自此。
② 按,《论衡·是应》前文以"翔风"为气物卓异之瑞应,《艺文类聚》卷 98 引"翔风"正作"祥风",下文又云"凤翔甘露",《类聚》引作"风祥露甘",可证"翔"与"祥"通。
③ 引自王先谦:《荀子集解》,艺文印书馆影印光绪辛卯刊本,2000 年 5 月初版,第420 页。
④ 王天海:《荀子校释》,第 530 页。
⑤ 杨伯峻:《列子集释》,华正书局,1987 年 9 月,第 61 页引。
⑥ 段玉裁:《说文解字注》,第 115 页。

易碎,金贵重,皆不适为投子。钩之结体迥异,亦莫能相代。知《庄子》之注及本书之殳,皆谓博进,不指投子。"①鹏按,此"钩"非指钩带,且"瓦"非屋瓦之瓦,《说文》:"瓦,土器已烧之总名。"瓦字正作此训,指材质而言。古代六博所用殳又称为"琼"或"茕",《颜氏家训·杂艺》:"古为大博则六箸,小博则二茕。"鲍宏《博经》:"博局之戏……所掷殳谓之琼。"②马王堆二、三号汉墓曾出土,其材质则为木③。《吕览》此文所云殳,上句为"瓦",下句为"黄金",皆以材质论,此不应独异,疑"钩"乃后人注文阑入,当从《淮南子·说林训》作"玉",惟《淮南》易黄金为金,句序遂异。本句"战"字,《庄子·达生》《列子·黄帝》皆作"惮",《淮南子·说林训》作"跋"。陈奇猷云:"战与惮同(《广雅·释言》:'战,惮也。'),故《吕》作'战',《列》《庄》作'惮'一也。惮者心有所惧也。《淮南》作'跋',跋盖蹶足之意(《汉书·扬雄传》'跋犀牦',颜师古《注》引张晏曰:'跋,蹶也。')蹶者不敢放胆而行,故跋与惮义亦近。"④鹏按,陈氏说近是,唯《淮南子·说林训》作"跋"当读为"怖",即今"怖"字。《说文》:"悑,惶也。从心,甫声。怖,悑或从布声。""惶,恐也。"怖与惮、战意义相近。跋字上古音为并母月部,悑则为滂母鱼部,声母皆为唇塞音,且韵母之主要元音相同,音近可通⑤。

(11) **以黄金殳(投)者殆**:本句"殆",《庄子·达生》作"殙",《列子·黄帝》作"惛",《淮南子·说林训》作"发"。王念孙云:"殆亦疑

---

① 王利器:《吕氏春秋注疏》,第1303页。
② 王利器:《颜氏家训集解》(增补本),中华书局,1993年12月,第592页引。
③ 湖南省博物馆、湖南省文物考古所:《马王堆二、三号汉墓·第一卷田野考古发掘报告》,文物出版社,2004年7月,第166页,彩版36之2。关于博戏及博具,可进一步参考《列子·说符》"击博楼上"殷敬顺《释文》引《古博经》;王利器:《颜氏家训集解》,第592—593页所引诸家说;杨宽:《六博考》,《杨宽古史论文选集》,上海人民出版社,2003年7月,第441—446页;劳榦:《六博及博局的演变》,《"中研院"历史语言研究所集刊》第35本(1964年9月);傅举有:《论秦汉时期博具、博戏兼及博局纹镜》,《考古学报》1986年第1期;李零:《中国方术考》,东方出版社,2000年4月,第165—174页。
④ 陈奇猷:《吕氏春秋校释》,第695页。
⑤ 按,《诗·大雅·抑》"告之话言",《释文》云:"告之话(月部)言……《说文》作诂(鱼部)。"亦鱼、月二部通假之例。

也。……襄四年《公羊传》注:'殆,疑也。'《论语·为政篇》'思而不学则殆',言无所依据则疑而不决也。……《吕氏春秋·去尤篇》'以黄金玙者殆',《庄子·达生》作'以金注者殙'。殙,迷也。殙即疑殆之殆,亦迷惑之意也。"①陈奇猷云:"《说文》:'殆,危也。'段玉裁《注》云:'危者,在高而惧也。'则殆为惧之甚者也。《庄》作'殙',读如闷绝气之闷,盖形容赌博者屏气不语,其紧张之状态可知。……《列子》作'惽',《四部丛刊》景印北宋本作'惛'。惛,乱也。……《淮南》作'发',发亦乱也。(《诗·邶风·谷风释文》引《韩诗》:'发,乱也')"②鹏按,王念孙说是。由陈奇猷所引段玉裁说,知"殆"可引申为疑惧。《说文》:"殙,瞀也。"段《注》:"瞀当作霚。《雨部》曰:'霚,昧也。'"③故其字可引申为昏昧。《列子释文》"惛"作"殙",并云:"殙音昏。《方言》曰:'迷,殙也。'"④殆(训为疑惧)、殙(训为昏昧、迷惑),意义相近。"发"字本义为射发,无缘引申为乱。《淮南》作"发"疑读为"拨",《说文》:"拨,治也。"妭,以足蹋夷艸。"二字音近,且意义相通,当为一组同源词。拨之反训为乱,当从蹋夷杂草之义引申而来。《诗·邶风·谷风》"毋逝我梁,毋发我笱",《韩诗》训发为乱。陈乔枞云:"韩训乱,是以发为拨之假借。《释名·释言语》云:'拨,播也。播,使移散也。'移散即乱义。……毋乱我笱,谓勿移散之使鱼得脱也。"陈奂亦云:"韩读发为拨,《长发传》:'拨,治也。'拨之为乱,犹治之为乱。"⑤

(12) 其祥〈殁(投)〉一也:"祥"字,《庄子·达生》《列子·黄帝》皆作"巧",与其前文"以瓦注(《列》作抠)者巧"应。孙锵鸣、刘师培训祥为善,指技术之巧⑥。王利器则指出:"陈景元《南华真经章句音义》载《吕览》所引《庄子》作'其殁一也',义较胜。"⑦鹏按,王利器

---

① 王念孙:《读书杂志》,江苏古籍出版社影印王氏家刻本,2000年9月,第148页。
② 陈奇猷:《吕氏春秋校释》,第695—696页。
③ 段玉裁:《说文解字注》,第163页。
④ 杨伯峻:《列子集释》,华正书局,1987年9月,第61页。
⑤ 陈乔枞、陈奂说引自王先谦:《诗三家义集疏》,明文书局,1988年10月,第175页。
⑥ 陈奇猷:《吕氏春秋校释》,第696页引。
⑦ 王利器:《吕氏春秋注疏》,第1304页。

说是,当据之校改。"以玉投者战,以黄金投者殆"不可谓善,本句作"祥"无法涵盖前文,当涉前文而误。《庄子》《列子》相应文句亦应校改为"其注一也""其抠一也"。

(13) **外有所重者,盖内掘(拙)也**:今本作"外有所重者泄,盖内掘也"。陈奇猷云:"重犹累也(见《汉书·荆燕吴传赞》颜师古《注》)。累即累赘。"又训泄为狎弄,谓指狎弄博簺言①。王叔岷则指出:"泄字疑衍,盖先涉上文'必外有所重者也'而衍'也'字,写者因将也字点去作'池',传写遂误为'泄'字耳。"②鹏按,"泄"当为衍文,王氏说是。"重"可依陈奇猷说训为累。掘,当读为拙。《庄子》相应文句作"凡外重者内拙",《列子》作"凡重外者拙内",陈奇猷云:"掘、拙字通。《史记·货殖传》'田农掘业',《集解》引徐广曰:'古拙字亦作掘';《韩非子·难言》'见以为掘而不伦',亦借掘为拙,并其证。"③

(14) **解在乎齐人之欲得金也,及秦墨者之相妒也,皆有所尤也**:前二句所说事详《去宥》(参考下节)。今本"皆有所尤也"之"所"字下有"乎"字,陈奇猷说:"乎字因上下诸'乎'字而衍。上文'有所尤'凡四见,皆无乎字。《去宥》亦皆作'有所宥',可证。"④兹从其说删之。

(15) **老聃则得之矣,若植木而立乎独,必不合于俗,何扩(广)矣**:谭戒甫云:"《庄子·田子方》篇云:孔子见老聃。老聃新沐,方将被发而干,慹然似非人。孔子见曰:'向者先生形体掘若槁木,似遗物离人而立于独也。'老聃曰:'吾游心于物之初。'此文简略,似指此事。"⑤杨树达云:"末三句与上文不贯,且以本卷前后诸篇篇末文例观之……皆以一二语断制终篇,知此当于'老聃则得之矣'句为止,末三句他编错简入此耳。"⑥陈奇猷则认为:"此三句之义与上文相应,而总结全篇。吕氏书非成于一人之手,体例当有出入,不

---

① 陈奇猷:《吕氏春秋校释》,第 696 页。
② 王叔岷:《吕氏春秋校补》,《慕庐论学集(二)》,第 49 页。
③ 陈奇猷:《吕氏春秋校释》,第 696 页。
④ 同上。
⑤ 引自王利器:《吕氏春秋注疏》,第 1305 页。
⑥ 杨树达:《读吕氏春秋札记》,《积微居读书记》,第 229 页。

可一概而论。"①鹏按,陈奇猷说是。所谓"不合于俗"即《庄子·田子方》所谓"遗物离人而立于独",亦《天下》"不累于俗,不饰于物,不苛于人,不伎于众"之意。"何扩矣",今本作"则何可扩矣"。扩,陈奇猷训为《孟子·公孙丑》"扩而充之"之扩②,疑非。"则何可扩矣","则""可"二字疑涉上文"老聃则得之矣"及"何"字而衍,"何扩矣"乃称赞老子之语,"扩"当读为"广"。《说文》:"广,殿之大屋也。"引申为宏大。本篇论人心之拘蔽,末以老子超然宏远为宗,合于全篇要旨。

第二节 《去宥》校释

东方之墨者谢子将西见秦惠王(1)。惠王问秦之墨者唐姑果。唐姑果恐王之亲〈视〉谢子贤于己也(2),对曰:"谢子,东方之辩士也,其为人甚险(憸)(3),将以说取奋〈藋(懽)〉于少主也(4)。"王因藏怒以待之。谢子至,说王,王弗听。谢子不说,遂辞而行。凡听言,以求善也。所言苟善,虽取奋〈藋(懽)〉于少主(5),何损?所言不善,虽不取奋〈藋(懽)〉于少主,何益?不以善为之悫(6),而徒以取少主为之悖,惠王失所以为听矣。用志若是,见客虽劳,耳目虽弊,犹不得所谓也。此史定(唐)(7)所以得行其邪也,此史定(唐)所以得饰鬼以人,罪杀不辜,群臣扰乱,国几大危。人之老也,形益衰而智益盛。今惠王之老也,形与智皆衰邪!

荆威王学书于沈尹华(8),昭厘恶之(9)。威王好制(10),有中谢佐制者(11),为昭厘谓威王曰:"国人皆曰:王乃沈尹华之弟子也。"王不悦,因疏沈尹华。中谢,细人也(12),一言而令威王不闻先王之术,文学之士不得进,令昭厘得行其私。故细人之言,不可不察也。且数怒人主,以为奸人除路(13);奸路以(已)除而恶壅却(隙)(14),岂不难哉?

---

① 陈奇猷:《吕氏春秋校释》,第696页。
② 同上。

夫激矢则远,激水则旱(悍)(15),激主则悖,悖则无君子矣。夫不可激者,其唯先有度(16)。

人与邻者有枯梧树,其邻之父言梧树之不善也(17),邻〈其〉人遽伐之,邻父因请以为薪(18)。其人不说,曰:"邻者若此其险(憸)也,岂可为之邻哉?"此有所宥(囿)也(19)。夫请以为薪与弗请,此不可以疑枯梧树之善与不善也。

齐人有欲得金者(20),清旦,被衣冠,往鬻金者之所,见人操金,攫而夺之。吏搏(捕)而束缚之(21),问曰:"人皆在焉,子攫人之金,何故?"对曰:"殊不见人,徒见金耳。"此真大有所宥(囿)也。

夫人有所宥(囿)者,固以昼为昏,以白为黑,以尧为桀,宥(囿)之为败亦大矣,亡国之主其皆甚有所宥(囿)邪(22)。故凡人必别宥(囿)然后知,别宥(囿)则能全其天矣。

【校释】

(1) 东方之墨者谢子将西见秦惠王:此则寓言又见于《说苑·杂言》《淮南子·修务》。"谢子",《说苑》作"祁射子",《淮南》谓其为"山东辩士"。毕沅曰:"古谢、射通。"梁玉绳云:"高《注》:'谢,姓。子,通称。'然则祁乃地名。祁属太原,政是关东。"①此文云"谢子将西见秦惠王",王以此问唐姑果,是唐姑果于未见时已谗之;《说苑》《淮南》则云"谢子(《说苑》作祁射子)见于秦惠王,惠王说之",是先见而后谗,故《说苑》《淮南》后文皆云谢子"复见"惠王,《吕览》则无此文。

(2) 唐姑果恐王之亲〈视〉谢子贤于己也:唐姑果,《说苑·杂言》作"唐姑",《淮南子·修务》作"唐姑梁"。旧校云:"亲一作视。"陈奇猷云:"亲当从旧校作视,形近而讹。谢子尚未见惠王,不足言'亲'。"②王利器云:"《淮南·兵略》篇:'上亲下如弟,则不难为之死。'《太平御览》卷二百八十一引'亲'作'视',此二字形近易讹之证,此文则二义俱可通。又案:贤犹愈也,胜也。"③鹏按,今本"亲"

---

① 毕、梁二氏说引自王利器:《吕氏春秋注疏》,第1900页。
② 陈奇猷:《吕氏春秋校释》,第1014页。
③ 王利器:《吕氏春秋注疏》,第1900页。

当为"视"之误,陈氏说是。"视"即《论语·先进》"回也视予犹父也"之视,训为对待。贤训为愈,王氏说是。据前文,知唐姑果为秦之墨者。秦惠王时,墨者之居于秦者尚有腹䵍,见《吕氏春秋·去私》。李学勤曾指出:"秦的称王在惠文王十三年(公元前325年),次年为更元元年。秦国墨学的兴盛,正是在惠文王的时期。……据《去宥》原文,唐姑果进谗时在惠文王末年。城守各篇(指《墨子·备城门》以下二十篇,今存十一篇)或称'公'或称'王',很可能是惠文王及其以后秦国墨者的著作①。篇中屡称禽滑厘,墨学这一支派大约是禽子的徒裔。墨学何以在秦兴盛,与墨家擅长城守技术有关。秦在战国后期十分注意北方少数民族的防御……《墨子》城守各篇,当即在此种需要下应运而生。"②

(3) **其为人甚险〈憸〉**:杨树达云:"险读为憸,《说文·心部》云:'憸,憸诐也,憸利于上,佞人也。'……下文云'邻者若此其险也'同。"③按,杨氏说是。憸训奸佞,如《书·立政》"则罔有立政,用憸人",《释文》引马融:"利佞人也。"

(4) **将以说取奋〈藋(懂)〉于少主也**:今本作"将奋于说以取少主也",高诱《注》:"奋,强也。"此句《淮南·修务》作"固𢡟说以取少主",王引之谓:"𢡟本作奋,奋字上半与𢡟字右半相似,又涉注内'𢡟'字而误也。高《注》曰:'常发其巧说以取少主之权。'发字正释奋字。'以取少主之权',乃加'之权'二字以申明其义,非正文有𢡟字也。"④金其源则云:"《春秋繁露·玉英》:'懂,谲也。'《广雅·释诂》:'谲,欺也。'《吕览·顺说》:'臣勿得也',《注》:'得犹取也。'《左传》哀公二十四年'得太子适郢',《注》:'得相亲悦也。'此谓常以欺人之说取亲悦于少主也。"⑤鹏按,金氏说近是,但懂不当辗转训为欺。今本"奋"乃"藋"之形讹。"藋"异体作"䕃",《方言》卷十

---

① 按,李氏引蒙文通、岑仲勉、陈直说,以《墨子》城守各篇为秦人之书。
② 李学勤:《秦简与〈墨子〉城守各篇》,《简帛佚籍与学术史》,江西教育出版社,2001年9月,第132页。
③ 杨树达:《读吕氏春秋札记》,《积微居读书记》,第254页。
④ 见王念孙:《读书杂志》,第944页。
⑤ 金氏说引自张双棣:《淮南子校释》,北京大学出版社,1997年8月,第2012页。

二:"䚈,始也。䚈,化也。"郭璞《注》:"音欢。"钱绎《方言笺疏》:"䚈训为始,当即蘿之异文。"①䚈与"奋"形近,故致讹。蘿读为懽。《说文》:"懽,喜款也。"引申为合欢。《战国策·秦策二》"齐、楚方懽""大国与之懽",高诱云:"懽犹合也。""将懽于说以取少主"本当作"将以说取懽于少主"。高诱解《淮南》此句为"常发其巧说以取少主之權","權"亦读为"懽",其所据本当未误为"奋"。本句"取",当从金其源说训为得。少主,高诱《注》:"惠王也。"杨树达云:"少主非谓惠王……'取少主'谓取得少主之欢心耳。下文云:'凡听言以求善也,所言苟善,虽奋于取少主,何损?所言不善,不奋于取少主,何益?'然则'少主'实有其人,盖惠王太子也。"②陈奇猷、王利器则据《吕氏春秋·当赏》③《史记·秦本纪》《秦始皇本纪》附《秦记》④,谓少主即秦惠公之太子出公⑤。鹏按,杨树达将"少主"解为"惠王太子",其说是。陈奇猷、王利器将"少主"定为出公,然则"秦惠王"即为秦惠公(公元前399至前387年在位),恐误。高诱《注》已明言"惠王,秦孝公之子驷也",则此处所述秦惠王当及秦惠文王而非秦惠公。陈奇猷将"秦惠王"说为秦惠公,但考证此章后文之"史定",又将之说为秦惠文王时之谋士陈轸(此说亦不确,详下),前后明显矛盾。

(5) 虽取奋〈蘿(懽)〉于少主:今本作"虽奋于取少主"。陶鸿庆云:"'奋于'下,皆当有'说以'二字,'将奋于说以取少主'本唐姑果逸谢子之言,此当全举其辞。夺去二字则文不成义。"⑥鹏按,奋为蘿之误,读

---

① 华学诚:《扬雄方言校释汇证》,中华书局,2006年9月,第778页。
② 杨树达:《读吕氏春秋札记》,《积微居读书记》,第254页。
③ 按,见《当赏》"秦小主夫人用奄变"一节。陈奇猷指出,此"小主"即出子、出公。"小主夫人"为出子之母。《史记·秦本纪》:"惠公十二年,子出子生。十三年……惠公卒,出子立。"是惠公卒,秦小主夫人奉幼小之太子(出公)用奄变。
④ 《秦纪》云:"出公享国二年。出公自杀,葬雍。"《史记索隐》:"《系本》谓'少主'。"
⑤ 王利器:《吕氏春秋注疏》,第1901页;陈奇猷:《吕氏春秋校释》,第1015页。按,陈氏在后来出版的《吕氏春秋新校释》(上海古籍出版社2002年版)仍持此说。关于秦之出公,参考佐竹靖彦:《出子出公考》,《佐竹靖彦史学论集》,中华书局,2006年2月,第121—135页。
⑥ 陶鸿庆:《读诸子札记》,《陶鸿庆学术论著》,浙江人民出版社,1998年6月,第131页。

为憝(详上注)。今本"虽奋于取少主"当校正为"虽取憝于少主"。下文"虽不取憝于少主",今本作"虽不奋于取少主",亦据此校改。

(6) **不以善为之憝**:高诱《注》:"憝,诚也。"吴汝纶云:"憝当为'愨'之借字。"①鹏按,高诱说是。《说文》:"愨,从上击下也。……一曰:素也。"段玉裁《注》:"素谓物之质如土坯也。"②故从"愨"之"憝"有实、诚义。

(7) **史定(唐)**:高诱《注》:"史定,秦史。"陈奇猷疑史定即陈轸,以定、轸二字通假,"陈"为其姓,"史"乃其氏③。鹏按,定、轸二字虽音近④,但陈氏说仍待商榷。《史记·张仪列传》:"陈轸者,游说之士。与张仪俱事秦惠王,皆贵重,争宠。"惠王虽善待之,但"居秦期年,秦惠王终相张仪,而陈轸奔楚。楚未之重也,而使陈轸使于秦"⑤。史载陈轸周游秦、楚、齐、魏等国,屡次为秦惠王谋划,于秦特有情,未闻有乱秦事。颇疑"史定"即"史唐",即前文之"唐姑果",定、唐二字皆为定母,韵则耕、阳旁转可通。此段"史定所以"云云乃承上而言,以史定为唐姑果,则前后文气一贯。

(8) **荆威王学书于沈尹华**:陈奇猷云:"《汉书·古今人表》中有沈尹华,即此人。"⑥沈尹即楚地沈县主管官员。鹏按,《战国策·楚策一》曾载莫敖子华对威王历陈前代贤臣事迹,其地位若师若友,如本文"威王"不误,则沈尹华、莫敖子华可能为一人⑦,惟前所冠官职随其所任前后不同而有异称。莫敖,出土文献多作"莫嚣",为东周时楚国中央高级官职。春秋前期为楚国最高军事长官,春秋中期后地位下降,位次右、左司马之后。战国时,除中央有莫敖之官外,

---

① 引自陈奇猷:《吕氏春秋校释》,第1016页。
② 段玉裁:《说文解字注》,第120页。
③ 陈奇猷:《吕氏春秋校释》,第1016页。
④ "定"字上古音为定母耕部,"轸"为章母文部,定、章二母皆为舌尖塞音,耕、文二部亦有通转、押韵之例,如《周礼·地官·司市》"展成奠贾",郑玄注"奠(文部)读为定(耕部)。"《诗·卫风·硕人》"巧笑倩兮,美目盼兮"以倩(耕部)、盼(文部)为韵。
⑤ 司马迁:《史记》(中华书局点校本),第7册,第2300页。
⑥ 陈奇猷:《吕氏春秋校释》,第1016页。
⑦ 按,赵逵夫亦主此说,论证较本文为详。说见《屈原之前楚国的一个爱国作家——莫敖子华》,《屈原与他的时代》,人民出版社,2002年10月2版,第79—80页。

地方政权亦有此官职。值得注意的是,莫敖一职,春秋时期均由屈姓担任,此种官职的世袭性质,可能出于王室对屈氏的特殊褒赐①。然则"莫敖"之性质近于爵称,"沈尹"则其职称也。复按,《楚史梼杌》载此事,作"庄王学书于沈尹华","庄王"当为"威王"之误。楚庄王时有沈尹筮(一作"巫""蒸""茎""竺"),庄王待之如师。沈尹筮曾向王推荐孙叔敖为令尹,又为邲之战时楚君统帅,地位甚隆。华、巫二字上古韵母同为鱼部,声则分别为晓、明二母(俱为鼻音),音近可通。《楚史梼杌》盖以"沈尹华"即"沈尹巫",遂改"威王"为"庄王"。

(9) 昭釐: 王利器云:"《渚宫旧事》卷三'昭釐'上有'令尹'二字。《名贤氏族言行类稿》卷十八:'昭,《楚辞》云:'昭、屈、景,楚之三族也。'"②鹏按,颇疑"昭釐"即楚宣王后期主政之"昭奚恤"。《说文》:"釐,家福也。从里,犛声。"犛上古音为晓母之部,而"奚"为匣母支部、"恤"为晓母质部,晓、匣二母为舌根音,之部与支、质二部亦有通转之例③,当可通假。昭奚恤在宣王时任令尹,封于工(江),马王堆帛书《战国纵横家书》第27章称其为"工君奚泹"④。昭奚恤主政时屡为江乙等人所谗,但始终得到宣王之信任,其事迹集中见于《战国策·楚策一》。据昭奚恤于宣王殁后是否继续为威王之相,史籍缺载,但从本篇推测之,昭釐(疑即昭奚恤)以前朝旧臣,仍为威王所重。本文前注考证沈尹华即《楚策》"威王问于莫敖子华"章之莫敖子华,前人考证此章乃威王初立时事⑤,则《去宥》此章所述盖威王初年旧臣排挤新贵之实录。

---

① 石泉主编:《楚国历史文化辞典》,武汉大学出版社,1996年1月,第327页。关于"莫敖",参考顾栋高:《春秋楚令尹表·叙》,《春秋大事表》,中华书局点校本,1993年6月,第二册,第1811页;唐嘉弘:《"莫敖"和"令尹"——楚官探源之一》,《先秦史新探》,河南大学出版社,1988年6月,第158—180页;黄锡全:《古文字中所见楚官府官名辑证》,《文物研究》总第7辑,1991年12月,第217—218页。
② 王利器:《吕氏春秋注疏》,第1903页。
③ 《书·尧典》:"惟时懋哉",《史记·五帝本纪》作"惟是勉哉",时(之部)、是(支部)通假。《诗·小雅·十月之交》:"抑此皇父",郑玄《笺》:"抑(质部)之言噫(之部)。"
④ 马王堆汉墓帛书整理小组:《马王堆汉墓出土帛书〈战国策〉释文》,《文物》1975年第4期。
⑤ 顾观光《战国策编年》系此章于楚威王元年(公元前339年),缪文远《战国策新校注》(巴蜀书社,1998年9月三版,第442页)则云:"此盖楚威王初立时事,确年不可考。"

（10）**威王好制**：高诱《注》："制，术数也。"范耕研云："高训制字，前曰术数，后曰法制，必有一误，以法制为胜。言好以法制人，自行其威也。"王利器则说："《韩非子·喻老》篇：'制在已曰重。'《鬼谷子·谋》篇：'事贵在制人而不贵见制于人。制人者，握权也；见制于人者，失命也。'"① 鹏按，《说文》："制，裁也。"引申为专制、专断，《国语·晋语六》"二三子之制也"，韦昭《注》："制，专制也。"《淮南子·泛论》"行无专制"，高诱《注》："制，断也。"威王好制，盖夺人臣裁度之权。

（11）**中谢佐制者**：高诱《注》："中谢，官名也。佐王制法制也。"赵逵夫则认为："'佐制者'三字盖注文衍入正文者。'有中谢'一句上接'威王好制'，注者误解文意，故如此注。'学书于沈尹华'即'学制书于沈尹华'也。"② 按，赵氏说疑非。前句"制"训为专断，此则训为教令（即高诱所谓法制），义稍别。《礼记·曲礼下》"士死制"，郑玄《注》："制谓君教令。"毕沅云："梁仲子曰：'楚官中有中射氏，见《韩非子·十过篇》。此作中谢，亦通用。'卢云：'《史记·张仪传》后陈轸举中谢对楚王云云，《索隐》曰：中谢，盖谓侍御之官。则知楚之官，实有中谢，与此正同。'"③《韩非子·说林》上、下篇及《战国策·楚策》俱载楚官有"中射之士"④。孙诒让云："谢与射通，字当以'射'为正，盖即《周礼·夏官》之射人也。中射者，射人之给事宫内者，犹涓人之在内者谓之中涓，庶子之在内者谓之中庶子矣。《周礼》射人与大仆并掌朝位，又大丧与仆人迁尸，《礼记·檀弓》云：'扶君，卜人师扶右，射人师扶左。'郑《注》云：'卜当为仆，声之误也。'仆人、射人皆平生时赞正君服位者，是射人与仆人为官联，故后世合二官以为侍御近臣之名曰仆射。"⑤ 鹏按，中谢即中射，诸家说是，惟"谢"不必读为"射"。"谢"可训为请、告、谒，

---

① 王利器：《吕氏春秋注疏》，第 1903 页。范氏说亦引自此。按，"事贵在制人而不贵见制于人"，王氏所引脱"不"字，今据《鬼谷子》原文补。
② 赵逵夫：《屈原之前楚国的一个爱国作家——莫敖子华》，《屈原与他的时代》，第 91 页，注 3。
③ 陈奇猷：《吕氏春秋校释》，第 1016 页引。
④ 此点陈奇猷《吕氏春秋校释》（第 1016 页）、王利器《吕氏春秋注疏》（第 1904 页）已指出。
⑤ 孙诒让：《札迻》，中华书局点校本，1989 年 1 月，第 208 页。

王念孙云:"谢,请也、告也。成十六年《左传》'使子叔声伯请季孙于晋',《鲁语》作'子叔声伯如晋谢季文子',是谢即请也。襄三年《左传》'祁奚请老'是也。请之而见许,则得所请而去,故曰得谢(得谢即得请,僖十年《左传》曰'余得请于帝矣')。请老即告老,故谢又训为告。襄二十六年《左传》'使夏谢不敏'即告不敏也。"①侍御之官于宫内负责传达谕令及请谒之事,故称"中谢"。

(12) 中谢,细人也：高诱谓:"细人,小人也。"楚史《梼杌》述此事即作"小人",且将"中谢,小人也"至"不可不审(《吕览》作'察')也"均属"大夫曰",且于其下云:"庄王(当从《吕览》作'威王')于是罚中谢而黜昭厘。《渚宫旧事》则以"一言而令威王不闻先王之术"至"不可不察也"为"君子曰"之辞,皆与此文稍异。

(13) 且数怒人主,以为奸人除路：惠栋云:"'数怒'当作'数激',观下文便知。"②鹏按,"数怒"之"怒"不必据下文改为"激"。怒作为使动,可训为激怒。数者,疾也、速也。《尔雅·释诂上》:"数,疾也。"《论语·里仁》:"事君数,斯辱矣。朋友数,斯疏矣。"何晏《集解》:"数谓速数之数。"刘宝楠《正义》引胡绍勋:"数者,疾谏也。"③《大戴礼记·子张问入官》:"且夫忿数者,狱之所由生也。"王聘珍《解诂》:"数,疾也。"④《礼记·曾子问》:"不知其已之迟速,则岂如行哉。"郑玄《注》:"数,读为速。"⑤数之本义为计(见《说文》),故可引申为密、屡,又进一步引申为骤、疾、速之义。数与速,音近义通⑥,二者可视为同源,不必如郑玄以假借目之。"除路"之"除",高诱《注》训为"开通",其说是。《说文》:"除,殿陛也。"段玉裁云:"凡去旧更新皆曰除,取拾级更易之义也。《天保》'何福不除',传曰:'除,开也。'"⑦二句谓小人(指中谢)使人主骤怒,为奸邪之人

---

① 王引之:《经义述闻》卷14,第3页。
② 王利器:《吕氏春秋注疏》,第1905页。
③ 刘宝楠:《论语正义》,世界书局,1992年4月八版,第86页。
④ 王聘珍:《大戴礼记解诂》,中华书局,1983年3月,第137页。
⑤ 按,郝懿行《尔雅义疏》云:"数,通作速。"朱骏声《说文通训定声》亦说:"数,假借为速。"
⑥ 按,《说文》:"速,疾也。"上古音"数"为生母侯部(一读屋部),"速"为心母屋部,声音相近。
⑦ 段玉裁:《说文解字注》,第743页。

（指昭釐）开路。

（14）**奸路以（已）除而恶壅却（隙）**：高诱《注》:"除犹开通也,故曰而恶壅却,岂不难也。"王利器训"却"为"止",陈奇猷则训为"息",并云："'以'字同'已'。注当有脱误,疑当作'除犹开通也。奸路已开通而恶壅却,故曰岂不难也。'"①鹏按,"以"通"已",其例如《国语·晋语四》："从者将以子行,其闻之者,吾以（已）除之矣。"②却,疑读为隙,训为嫌隙。"隙"常假"郤"为之,如《庄子·知北游》："人生天地之间,若白驹之过郤。"郤、却二字皆从谷得声,上古音俱为溪母铎部,故可通假。《说文》："隙,壁际也。"③引申为嫌隙,如《国语·周语》："若承命不违,守业不懈,宽于死而远于忧,则可以上下无隙矣。"此文"恶壅隙"之主词为君王,二句谓奸佞之路已开,君主却恶小人之壅蔽及君臣间之嫌隙,岂不难矣。

（15）**激矢则远,激水则旱（悍）**：毕沅曰："《淮南·兵略训》《鹖冠子·世兵篇》俱作'水激则悍,矢激则远。'"洪颐煊云："《文选·鹏鸟赋》李善《注》、《史记·贾谊列传索隐》引《鹖冠子》皆作'水激则悍'。《史记·河渠书》'水湍悍',《淮南·地形训》高诱《注》:'湍,急流悍水也。'今作旱,是后人从《史》《汉》《文选》本改。"④鹏按,《说文》："悍,勇也。"引申为强劲。《史记·河渠书》"水湍悍",裴骃《集解》引韦昭云："悍,强也。"《孙子兵法·势》："激水之疾,至于漂石者,势也。……勇怯,势也。"《管子·度地》："夫水之性,以高走下,则疾至于漂石。"皆谓激水之悍也。

（16）**夫不可激者,其唯先有度**：高诱《注》："度,法也。"王利器云："本书有《有度》篇,又有《知度》篇,皆君人南面之术也。"刘咸炘论《知度》云："度即数也。"⑤鹏按,《有度》云："贤主有度而听,故不过。有度而以听,则不可欺矣,不可惶矣,不可恐矣,不可喜矣。"正可移为本文之脚注。度者,度物制义也。《诗·大雅·皇矣》"帝度

---

① 王利器：《吕氏春秋注疏》,第1905页；陈奇猷：《吕氏春秋校释》,第1017页。
② 杨伯峻：《古汉语虚词》,中华书局,1981年2月,第262页。
③ 按,今本"际"下有"孔"字,依段《注》删之。
④ 毕、洪二氏说引自陈奇猷《吕氏春秋校释》,第1017页。
⑤ 刘咸炘：《吕氏春秋发微》,《刘咸炘学术论集·子学编》上册,第310页。

其心",毛《传》:"心能制义曰度。"朱熹《集传》谓:"度,能度物制义也。"《知度》云:"明君者,非遍见万物也,明于人主之所执也。有术之主,非一自行之也,知百官之要也。"君主之所执即术,其用则度,其义相通,如《荀子·王霸》杨《注》引《慎子》云:"弃道术,舍度量,以求一人之识识天下,谁子之识能足焉?"①值得注意的是,《知度》所论"术",法术与心术并重,如云:"治道之要,存乎知性命。"又云"去想去意,虚静以待。"《有度》则更偏重心术一义,如该篇引季子云:"诸能治天下者,固必通乎性命之情,通乎性命之情,当无私矣。"又云:"通意之悖,解心之缪,去德之累,通道之塞。贵、富、显、严、名、利六者,悖意者也。容、动、色、理、气、意六者,缪心者也。恶、欲、喜、怒、哀、乐六者,累德者也。智、能、去、就、取、舍六者,塞道者也。此四六者,不荡乎胸中则正,正则静,静则清明,清明则虚,虚则无为而无不为也。"所论与宋、尹"别囿"、荀子"解蔽"之义合。陈奇猷以《知度》为尹文学派之著作,以《有度》为季真一派遗著,其说近之②。《管子·白心》云:"随变断事也,知时以为度。"楚竹书《彭祖》简1曰:"乃将多问因由,乃不失度。"是宋子一派亦重视度物制义,而心乃度之主体,此即前引毛《传》所谓"心能制义曰度"。

(17) **人与邻者有枯梧树,其邻之父言梧树之不善也**:今本作"邻父有与人邻者有枯梧树,其邻之父言梧树之不善也"。陶鸿庆:"'邻父'二字当作'人'。《列子·说符篇》:'人有枯梧树者',此云'人有与人邻者有枯梧树',文有详略耳。"孙蜀丞云:"'之'字疑涉下文'之'字而衍。"陈奇猷则云:"'邻父'二字当因下而衍。'有与人邻者',文义已足,'有'上不必更有'人'字。"又指出:下句"之"字不衍,《列子》下文有"邻人之父",亦有'之'字③。鹏按,后句"之"字不误,陈氏说是。前句疑当作"人与邻者有枯梧树",盖表示枯梧树乃"人"与"邻者"共同所有,今本"邻父有"三字涉下文而衍,"与人"二字则误倒。

---

① 参考中华书局影印守山阁本《慎子》(1981年10月)所附慎子逸文,第5页。
② 陈奇猷:《吕氏春秋校释》,第1094、1652页。
③ 陶鸿庆:《读诸子札记》,《陶鸿庆学术论著》,第131页;陈奇猷:《吕氏春秋校释》,第1017—1018页。孙氏说引自陈奇猷前揭书。

(18) **邻〈其〉人遽伐之,邻父因请以为薪**:今本作"邻人遽伐之,邻父因请而以为薪"。前句"邻人",《列子·说符》作"其邻人",俞樾已指出《列子》"其邻人"衍"邻"字,陶鸿庆进一步说:"'邻人遽伐之',本作'其人遽伐之'。下文云'其人不说',即此人也。《列子》作'其邻人遽而伐之',彼文衍'邻'字,此沿彼文之误,又夺'其'字。"①后句"因请以为薪",蒋维乔等云:"《日钞》引无'而'字,'而'字疑衍。"鹏按,陶、蒋二氏说是。《列子·说符》后句亦作"因请以为薪",无"而"字。

(19) **此有所宥(囿)也**:高诱《注》:"宥,利也。又云为也。"毕沅曰:"注颇难通。疑'宥'与'囿'同,为有所拘碍而识不广也。以下文观之,犹言蔽耳。"马叙伦云:"下文云:'故凡人必别宥然后知'即《庄子·天下》篇'宋钘、尹文以别宥为始'之'别宥',别宥谓析其所以囿之故,故此以'去宥'名篇也。"王利器云:"高《注》文有讹脱,疑当作'宥,宥于物也。'《说文》'利,古文作𥝢',形与'物'近,故讹为'利'。古文重文多作小'=',转写易漏,又夺'于'字,遂误为'宥利也'而颇难通。"②按,诸家说是。

(20) **齐人有欲得金者**:此寓言又见《淮南子·泛论》"齐人有盗金者章"、《列子·说符》"昔齐人有欲金者"章。

(21) **吏搏(捕)而束缚之**:王叔岷云:"《文选注》引'搏'作'捕',《列子》同。搏、捕古通。"下文"对曰",今本作"对吏曰",孙蜀丞以此"吏"字涉此句而衍③。鹏按,二氏说是。下文"对吏曰"之"吏"依孙氏说删之。

(22) **亡国之主其皆甚有所宥(囿)邪**:其者,推度之词也。本句"邪"不作疑问词④,而是表示肯定,义犹"也"。王叔岷云:"《庄子·天地篇》:'始也我以女为圣人邪,今然君子也。'王氏《释词》云:

---

① 俞樾:《诸子平议》,世界书局,1991年9月五版,第188页;陶鸿庆:《读诸子札记》,《陶鸿庆学术论著》,第131页。
② 王利器:《吕氏春秋注疏》,第1907页。毕、马二氏说亦引自此。
③ 王叔岷:《吕氏春秋校补》,《慕庐论学集(二)》,第91页;孙氏说见陈奇猷:《吕氏春秋校释》,第1018页。
④ 按,王利器《注疏》、陈奇猷《校释》俱以此"邪"字为疑问词。

'邪犹也也。'案《治要》引'邪'作'也'。又《天运篇》:'甚矣夫人之难说也,道之难明邪!'王氏云:'邪亦也耳。'案《史记·孔子世家索隐》引'邪'作'也'。"①

第三节　略论《去尤》《去宥》之学派归属及著成时代

　　《吕氏春秋》中《去尤》《去宥》两篇,前人多指为宋钘一派著作。刘咸炘、杨树达曾明确指出,《先识览·去宥》言别宥,乃宋钘、尹文之遗说②。陈奇猷进一步说:"此篇(《去尤》)与《去宥》意义全同,其为一家之言可知。《去宥》云:'凡人必别宥然后知,别宥则能全其天矣。'考《尸子·广泽》云:'料子贵别囿',《庄子·天下》云:'宋钘、尹文接万物以别宥为始',囿与宥同,则此篇及《去宥》为料子、宋钘、尹文等流派之言也。"③郭沫若也认为:"《吕氏》书乃杂集他人成说而成,此二篇明系一篇之割裂,殆系采自宋子小说十八篇之一。"④顾颉刚则注意到二篇体制略有差异,他说:"《去尤篇》末云:'解在乎齐人之欲得金也,及秦墨者之相妒也,皆有所乎尤也。'此两事皆见《先识览·去宥篇》,一若《去宥》为《去尤》之传者。"⑤鹏按,诸家说是。《去尤》《去宥》二篇关系密切,从体例来看,如顾氏所言,原本可能有经有传,其形式如《韩非子·内储说》《外储说》,但编入《吕览》时割裂为二,内容亦可能经过增益或删改。从内容上来看,二篇以短小寓言陈说"别囿""去囿"的道理,《去宥》又有论"度"之语,皆与宋钘、尹文学说合,且《去尤》篇末独宗老子之说,疑与二子学术渊源有关(参考本书下编第八章第一节、第九章第一节),两篇可视为宋钘一派作品。

---

① 王叔岷:《古籍虚字广义》,华正书局,1990年4月,第119页。
② 刘咸炘:《吕氏春秋发微》,《刘咸炘学术论集·子学编》,第309页;杨树达:《庄子拾遗》,《积微居读书记》,中华书局,2006年12月,第176页。
③ 陈奇猷:《吕氏春秋校释》,华正书局,1988年8月,第690页。
④ 郭沫若:《宋钘尹文遗著考》,《郭沫若全集·历史编》第一卷,第550页。
⑤ 顾颉刚:《宋钘书入小说家》,《史林杂识初编》,中华书局,1963年2月,第293页。

《去宥》第一则寓言为秦惠王时谢子与唐姑果争宠事,其后作者对此事有评语,其言云:"人之老也,形益衰而智益盛。今惠王之老也,形与智皆衰邪!"从其口吻可推知此章写作年代在秦惠文王末年。惠文王于公元前337年至前311年在位,正与宋钘活动时间相合(据本书下编第七章第一节推定宋钘生卒年约公元前382年至前300年)。此外,该篇第二则寓言述及"荆威王学书于沈尹华"事,楚威王在位年代为公元前339年至前329年,亦与秦惠王在位及宋钘活动时代相近。推测此二则寓言为宋钘手著之可能性很大。不过,二篇中亦有宋钘一派后学附益之内容,如《去尤》"鲁有恶者"章明引《庄子·达生》,此章之写作时代当在宋钘、庄周之后。

《吕氏春秋》中除了《去尤》《去宥》两篇为宋子学派遗著外,王范之还指出《至忠》也可能是宋钘后学的作品。他说:"《至忠》篇言申公子培之忠,可谓穆行,'穆行之意,人知之不为劝,人不知不为沮,行无高乎此矣。'又文挚之死,'非不知活王之疾,而身获死也,为太子行难以成其义也。'这是通乎宋子的誉之不加劝,非之不加沮的道理。我疑《至忠》的言论,是将宋子之学用之于忠的方面。"①鹏按,《至忠》所记申公子培(陈奇猷《校释》指为申叔时②)犯不敬之名夺楚庄王所射之随兕,乃因其尝读故记"杀随兕者,不出三月",所以"惊惧而争之,故伏其罪而死"。在该篇作者看来,申公子培所以能"人知之不为劝,人不知不为沮",乃因其"忠",而所谓"忠"是"其愚心将以忠于君王之身",这与《庄子·逍遥游》所述宋荣子"举世而誉之而不加劝,举世而非之而不加沮"乃因其"定乎内外之分,辨乎荣辱之境"并不相同。后者乃是基于"别囿""白心"而达到的修养境界;前者则以愚心、愚忠而得到"穆行"之清名,其情虽可悯,其愚实不可及。王氏与之比附宋钘学说,颇为不伦。此则故事中提及"故记",疑方士禁忌之书,而第二则故事载齐王烹文挚而不能死,覆之以绝阴阳之气乃亡,陈奇猷据此推测此篇乃阴阳家言③,其说可信。大体而言,此篇当是晚周儒家后学以阴阳说敷衍"尚忠"之论的

---

① 王范之:《吕氏春秋研究》,内蒙古大学出版社,1993年10月,第166页。
② 陈奇猷:《吕氏春秋校释》,第581页注11。
③ 同上书,第579页注1。

作品。

《吕氏春秋》乃吕不韦使其门客"人人著所闻"(见《史记》本传),汇集诸家学说而作,故是书保存先秦诸子遗说者颇多,陈奇猷《校释》于每篇之首皆推论其所属家派,作了一些索隐钩稽的工作,王范之《吕氏春秋研究》亦以此方法尝试复原已湮没之诸子学说,但诚如陈氏所说,此一工作"椎轮始创,困难实多"[①],在方法及材料上仍需后人继续深化、充实。

---

① 参考陈氏《吕氏春秋校释》卷首之"编纂说明"。

下编

第七章　论宋钘之年世及其思想面貌

第一节　宋钘之本名及年世约数

一、论宋钘之本名

《庄子·天下》宋钘、尹文并称,《经典释文》云:"(钘)音形。徐胡冷反,郭音坚。"①宋钘《孟子·告子下》又称宋牼,《庄子·逍遥游》《韩非子·显学》又称宋荣子。杨倞云:"宋钘,宋人,与孟子、尹文子、彭蒙、慎到同时,《孟子》作'宋牼'。牼与钘同,音口茎反。"②王先慎云:"宋荣即宋钘,荣、钘偏旁相通,《月令》'腐草为萤',《吕览》《淮南》作蚈。荣之为钘,犹萤之为蚈也。"③

前人多以宋子本名当为"钘","牼""荣"则为其借字。方以智说:"铏、钘一字。铏,户经切,盛粥器也,又作钘。《汉书》'斀土刑单',作刑。钘,经天切。《说文》曰:'似钟而颈长。'《字林》曰:'似小钟而长颈,一曰似壶而大。《庄子》曰:求钘钟也以束缚。'按二字多亘乱,《庄子》宋钘即《孟子》所谓宋牼,牼、钘声相近。郭象读为坚,而钘钟之钘读为铏,皆误也。智按,古硎亦作'研',则铏、钘之通用可知,钘之为硁、为牼,则借耳。"④徐文靖也指出"钘"与"牼"皆有"形"音,是以可通⑤。俞

---

① 黄焯:《经典释文汇校》,中华书局,2006年7月,第826页。
② 王先谦:《荀子集解》,艺文印书馆影印光绪辛卯刊本,2000年5月初版,第228页。
③ 王先慎:《韩非子集解》,中华书局,1998年7月,第458页。
④ 方以智:《通雅》,景印《文渊阁四库全书》,上海古籍出版社,1987年,总第857册,第85页。
⑤ 徐文靖:《管城硕记》,中华书局,1998年2月,第426页。

志慧通过音理的辨析,认为宋子本名当为"鈃",上古音为匣母耕部(读如"形"),并说:

> 《庄子·天下》《荀子·非十二子》《韩诗外传》(卷四)等皆将宋子书作"宋鈃",书作"宋牼"的只有《孟子》,书作"宋荣"的只有《庄子·逍遥游》和《韩非子·显学》,准此,笔者判断其本名应该就是宋鈃,而其他的书法则是"鈃"的借字。学者们读"牼"作苦颜反、客田反、苦耕反、口耕切、工定反等等,或许都无误,因为其本字有许多音读,但这与宋鈃的"鈃"无关;至于杨倞谓宋鈃之"鈃"读作"口茎反",则是就借字"牼"为说,并误以该借字为本字;而郭象读"鈃"为坚,则又是从"鈃"字的另一读音出发,但这偏偏不是宋鈃之"鈃"的音读。①

鹏按,《说文》"鈃""钟"二篆相连,并训后者为"酒器",前者为"似钟而长颈",可见"鈃"为一种长颈的酒器。方以智谓"鈃"可通"铏",而"铏"为一种盛羹器。宋子之本名若为"鈃"或"铏",似与古人命名"不以器币"的原则抵触,且以"鈃"为名,极为罕见。颇疑宋子的本名为"牼",孟子与宋子年世相及,且曾与之论辩,《孟子·告子下》记宋子名"牼"当较它书可信。《说文》:"牼,牛膝下骨也。从牛,圣声。《春秋传》司马牼字牛。"段玉裁《注》:

> 《仲尼弟子列传》宋司马耕,字牛。《左传》哀十四年两书司马牛,不称其名。许云司马牼,岂即司马耕与? 外此,昭廿年、廿一年宋有华牼,《孟子》书有宋牼,皆不传其字。②

可见东周时宋人名"牼"者并不少见。除此之外,《春秋》襄公十七年有邾子牼,亦以"牼"为名,杨伯峻指出:"《公羊》《谷梁》俱作'牼'俱作'瞷'。端方《陶斋吉金录》卷一有邾公牼钟四器,足证《左氏经》正确。"③以"牼"为名盖取其坚实之意,从"圣"为声之字常有坚意,如"劲""硁"(声音果劲)。"硁"与"䃘(从石,坚省声)"通,故《释文》引郭象说

---
① 俞志慧:《〈孟子〉旧注商兑九则》,《儒林》第3辑,山东大学出版社,2006年12月。
② 段玉裁:《说文解字注》,第53页。
③ 杨伯峻:《春秋左传注》下册,洪叶文化公司,1993年5月,第1029页。

"宋钘"之"钘"音"坚",并非无据。上古音"轻"溪母耕部,"睊"为匣母元部,"坚"为见母真部,"钘""荣"皆为匣母耕部。上古见、溪、群三声母皆为舌根塞音,仅有送气与否及清浊之差别①,真、耕二部主要元音相同,若配合声母相近的条件,二部可以通假,惟元部与耕部声音较远。不过,耕部与真、文、元通转的现象较多,章太炎《成均图》有青(耕)真旁转、青(耕)谆(文)旁转、青(耕)寒(元)旁转之例②,董同龢、汪启明更指出,耕部与真、文、元相通为齐、楚方言之特色③。

综上所论,宋子本名可能为"轻","钘""荣"皆其借字。由于传世典籍及学者习以"钘"为宋子之名,为叙述之方便,本文仍从时俗之通称,不强以本名称之。

二、宋钘年世之推定

关于宋钘的行事,可考者惟《孟子·告子下》所载秦、楚将构兵,孟子遇之于石丘一条。关于此事,张宗泰《孟子诸国年号表说》有较详细的考证:

> 当孟子时,齐、秦所共争者惟魏。若楚虽近秦,时方强盛,秦尚未敢与争。惟梁襄王元年癸卯,有楚与五国共击秦不胜之事,而独与秦战,则在怀王十七年。先是十六年秦欲伐齐,而楚与齐从亲,惠王患之,乃使张仪南见楚王,王为仪绝齐,而不得秦所许,故分秦商于之地,怀王大怒,发兵西攻秦,秦亦发兵击之。十七年春,与秦战丹阳,大败,掳大将军屈丐等,遂取汉中。王复怒,悉国兵袭秦,战于蓝田,又大败。韩、魏闻之,袭楚至邓,楚乃引兵归。此事恰当

---

① 见、溪二母为舌根清塞音,二者仅有送气与否之差别。音韵学家大多认为上古及中古匣母都为舌根浊擦音,但龚煌城通过汉藏语的比较,指出中古的匣、群及喻三在上古应当拟为舌根浊塞音。此从其说。龚氏说见《从汉藏语的比较看上古汉语若干声母的拟测》,《汉藏语研究论文集》,第45页。
② 章太炎:《国故论衡》,《中国现代学术经典·章太炎卷》,河北教育出版社,第13—14页。
③ 董同龢:《与高本汉先生商榷"自由押韵"说兼论上古楚方音特色》,《"中研院"历史语言所集刊》第7本第4分册(1938年);汪启明:《先秦两汉齐语研究》,巴蜀书社,1998年8月,第129—135页。按,沈培曾举出蒸、东(冬)与真、文二部相通之例,说明-ŋ、-n 相混是不同时期、不同方言都有的现象。耕部与真、文、元相通的现象,亦与-ŋ、-n 韵尾相混有关。沈氏说见《上博简〈缁衣〉篇"悆"字解》,《华学》第六辑,第71—72页。

孟子时,孟子是年因燕人畔去齐,疑孟子或有事于宋,而自宋至薛,因与宋牼遇于石丘。①

依张氏所考,《告子下》所述宋子游说秦、楚弭兵事,可定于楚怀王17年(公元前312年)前后。

孟子之生卒年异说颇多,约成于宋末元初的《孟氏家谱》断孟子生于周定王三十七年,卒于赧王二十六年。但前人已指出,此书所记孟子生年颇有问题,因周时有二定王,其一为春秋时的周定王瑜,公元前606至前586年在位;其二为战国时的周定王介,公元前468至前411年在位。孟子生年不可能早至春秋时,所以前者可排除,而定王介在位仅28年,《孟氏家谱》却记"周定王三十七年",明显有误。元人程复心作《孟子年谱》据前述《家谱》所记孟子卒年逆推,定孟子生年为周烈王四年(公元前372年),卒于周赧王二十六(公元前289年)。其后,曹之升、狄子奇、朱骏声、万斯同等皆从之,并对程氏说有所补充②。顾实据此谓:

> 楚怀王十七年,当周赧王之三年,时孟子年适六十岁也。假定宋钘长于孟子十年左右,故孟子以先生称之,则宋钘年七十岁矣。故兹拟宋钘年世,自周安王二十年至周赧王十年,略当西纪元前三八二至三零五年间。③

钱穆《先秦诸子系年》怀疑世传《孟氏家谱》的来历,对其所定孟子卒年亦一并疑之。据其所考,孟子生年"最早当安王之十三年(公元前389年),最晚当在安王二十年(前382年)"该书所附诸子年表将孟子生卒年系于公元前390年至前305年④。钱穆据其所定孟子生卒年及上述孟、宋遇于石丘事以定宋钘之年世。他说:

> 其时(指二人相会于石丘之时)孟子年已踰七十,而牼欲历说秦、楚,意气犹健,年未能长于孟子。"先生"自是稷下学士先辈之

---

① 张氏说引自焦循《孟子正义》下册,中华书局,1987年10月,第824页。
② 叶志衡:《战国学术文化编年》,浙江大学出版社,2007年6月,第101—103页。
③ 顾实:《庄子天下篇讲疏》,第128页。
④ 钱穆:《先秦诸子系年》,第188、617页。

通称。孟子亦深敬其人,故遂自称名为谦耳。又荀卿《正论》篇屡及子宋子曰:"今子宋子乃不然,独诎容为己,虑一朝而改之,说必不行矣。二三子之善于子宋子者,殆不若止之,将恐碍伤其身也。"①又曰:"今子宋子严然而好说,聚人徒,立师学,成文典,然而说不免于以治为至乱,岂不过甚矣哉?"凡此云云,足征荀卿著书,宋钘犹在,同居稷下,故其辞气如是。余考荀卿年十五始游学来齐,至宣王末年,荀卿年近四十岁,成书著书当始其时。宋钘之没,或值愍王之世,要与尹文相次。又考《盐铁论·论儒》篇历述愍王末世,稷下诸儒散亡,有慎到、接子、田骈、孙卿而无宋子、尹文,疑两人或先卒。今姑定宋子遇孟轲,年近五十,则其生当周显王十年前,或视庄周稍晚。若寿及七十,则与庄卒年亦相先后。庄、宋同时,故庄周著书亦时时称述及之也。②

依钱氏所定宋子生卒年为前360至前290年,上述顾实所拟宋子年世则为前382至前305年,二家所拟宋子生年相差二十余年。若据顾说,宋子为孟、庄前辈;或依钱说,宋子则在孟之后,而与庄子同时。事涉宋子在战国学术史上之定位问题,需要进一步辨析。

前人已注意到《孟子·告子下》宋、孟遇于石丘章,孟子五称宋钘为"先生",又自称己名,意极谦恭,如赵岐《注》云:"学士年长者,故谓之先生。"又说:"孟子敬宋轻,自称其名曰轲。"焦循申其说云:

> 《礼记·曲礼》云"从于先生",《注》云:"先生,老人教学者。"《国策·卫策》云"乃见梧下先生",《注》云:"先生,长者有德者称。"《齐策》云"孟尝君燕坐谓三先生",《注》云:"先生,长老先己以生者也。"轻盖年长于孟子,故孟子以先生称之而自称名。③

孟子称宋为"先生",当取此一通谊。《孟子》中用"先生"一词,除见于《告子》此章外,又见于《离娄上》"乐正子从于子敖之齐"章及《离娄下》"曾子居武城"章,分别为孟子弟子乐正子及曾子门人对其师之尊称。

---

① 钱氏此段所引略有删节,本文未加校改。
② 钱穆:《先秦诸子系年》,第376—377页。
③ 焦循:《孟子正义》下册,第824页。

孟轲称宋钘为"先生",又自称"轲",当视其为年长有德者,宋钘之行年自在孟子之前。以此点来看,则顾实所说较为合理,即楚襄十七年(前312年)秦楚构兵时,孟子年六十,宋子则在七十岁上下,宋子之生年可依其说拟为前382年左右。至于其卒年,顾实定在前305年,乃据一般情理推测。钱穆则据《盐铁论·论儒》所述愍王末世稷下诸儒散亡未数宋、尹,断言其时二子已亡,并指出《荀子·正论》屡称"今子宋子"之言行,所以推测荀子著书之时,宋钘应该仍在世。若依钱穆所定荀子年世(前340至前245年[①]),则前300年时荀卿已届不惑之年,已有所著述。或许荀子始著书时,正当宋子晚年,仍亲眼见其学派之盛,故在著述中屡屡针对其说提出尖锐批评。考虑到上述情形,顾实所定宋子卒年为前305年,仍在合理范围,钱穆将宋子卒年定为前290年似乎过晚。大体而论,宋子之生年在庄子之前(依钱穆所定年世为前365至290年[②]),并略早于孟子,其活动时代与庄子、荀子相接。荀子壮年始著书时,宋子犹在世。

第二节　宋钘学派之思想面貌

根据上文所考,可信为宋钘学派之著作有五篇,即楚竹书《彭祖》《管子·白心》及《心术上》经的部分、《吕氏春秋·去尤》《去宥》。其中《去尤》明引《庄子》为说,《去宥》《去尤》又有经、传之分,二篇虽有部分章节可能为宋钘所作,但其编定仍在其身后。此外,《心术下》为《心术上》之传,颇能阐发经文义理,其文杂有稷下道家之精气论,虽未必即宋子后学作品,但仍可视为受宋钘思想影响较深的著作。上述篇章所论有其侧重点,如《白心》《心术》偏重"心"之论述,《去宥》《去尤》以浅近寓言阐发宋子"别囿"之说,《彭祖》则着重人伦的一面,未必能反映宋钘一派的思想全貌。在此种情形下,《庄子·天下》《荀子·正论》《正名》等评述资料,对了解宋钘的思想内涵就具有重要的补充作用。此外,《韩

---

① 钱穆:《先秦诸子系年》,第619页。
② 同上书,第269—270页、第618页。

非子・显学》《尹文子》"田子读书"章对宋子的批评虽然简略,却从正、反两面彰显出宋钘学说的精神,亦不容忽视。

一、宋钘学派之思想内涵

宋钘学派的思想内涵可以归纳为以下几个要点:

1. 白心:宋钘重视心的作用及地位,以"心术"为其理论之基础。所谓"心术"即"心之行"。葛瑞汉指出:"宋钘有别于墨家的地方在于提出一个实行改革的新处方,通过意识到观点狭隘(别囿)来改变人的内心世界,从他人的判断祛除自负自大,以及认识到人把本来不多的基本需要人为地膨胀了(按,即'人之情欲寡,而皆以己之情为欲多')。孔子和墨子把'行'理解为社会行为,宋钘强调注意'心之行'。……他在转向专注内心方面扮演了主要角色。"① 《心术上》经文开篇便说:"心之在体,君之谓也。"《庄子·天下》亦点出宋子之学的要旨在于"语心之用,命之曰心之行"。本文考证楚竹书《彭祖》的学派归属时,已指出该篇重视"心"之认识功能,并涉及如何排除外在干扰,恢复心的本然状态,如简文云"执心不芒""远虑用素,心白身怿"。《天下》谓宋子一派"不累于俗,不饰于物,不苟于人,不忮于众。愿天下之安宁,以活民命。人我之养,毕足而止。以此白心"。白心即彰明其心,使心恢复本然澄澈的状态。《管子·白心》更以此为主旨,除以隐语论心为身主及其作用,并呼吁人们通过审慎的观察,去除外在事物对心的干扰,如云:"人言善亦勿听,人言恶亦勿听,持而待之,空然勿两之,淑然自清,无以旁言为事成。察而征之,无听而辨,万物归之,美恶乃自见。""白心"可视为宋钘学派追求之境界,其工夫则在别囿、寡欲及见侮不辱。

2. 别囿:《庄子·天下》谓宋子"接万物以别囿为始",所谓"别囿",具体言之,即"君子不为苛察,不以身假物""不累于俗,不饰于物,不苟于人,不忮于众""定乎内外之分",即将外在的荣辱及多余的物欲视为人心之囿限,别而去之,以维持心之洁白。《心术上》经文云:"虚其欲,神将入舍;扫除不絜,神乃留处""君子不诛乎好,不迫乎恶。恬

---

① 葛瑞汉:《论道者——中国古代哲学论辩》,第115—116页。

愉无为,去智与故",《心术下》云"毋以物乱官,毋以官乱心",皆合于别囿之旨。《吕氏春秋·去尤》说:"所以尤者多故,其要必因人所喜与因人所恶。"将人之拘蔽归结为心中之喜恶,既有喜恶,则外有所重,而"外有所重者,盖内拙也"。《去宥》也说:"凡人必别囿然后知,别囿则能全其天矣。"

3. 情欲寡浅:宋钘主张"以情欲寡浅为内""情之欲寡以为主",又说:"情固欲寡,五升之饭足矣,先生恐不得饱,弟子虽饥,不忘天下。"(见《庄子·天下》)宋子倡"情欲寡"乃认为人心的欲望本来不多,却自以为本性多欲,如此只会徒增烦扰及纷争。《彭祖》说:"泰匡之愆,难以遣欲"便明白指出此点。宋子反对盈满过度的思想承自《老子》,《白心》对于此点颇为强调,如云"日极则仄,月满则亏。极之徒仄,满之徒亏,巨之徒灭"。又说:"持而满之,乃其殆也。名满于天下,不若其已也。""满盛之国,不可以仕;满盛之家,不可以嫁子。"

4. 见侮不辱:宋钘所欲除人心之囿,在内即自以为本性欲多,在外则为荣辱。荣辱之囿既破,则可使民无斗,故《天下》述其说为"见侮不辱,救民之斗"。《庄子·逍遥游》谓宋子"举世而誉之而不加劝,举世而非之而不加沮",即将世俗之非誉荣辱置之度外。葛瑞汉曾指出:"'见侮不辱'的趣味在于它引起一个问题:个人的自我评价能否完全独立于他人的好恶。宋钘和庄子主张它能够独立而且应该独立。"[①]宋钘此说在战国中晚期影响颇大,所以荀子在《正论》区分义荣、势荣、义辱、势辱,强调"君子可以有势辱,而不可以有义辱;小人可以有势荣,而不可以有义荣",欲破宋子此说;《正名》更从名实的角度,批评其说乃是"惑于用名以乱名者也"。

5. 禁攻寝兵及非斗:宋钘对于当时战争连年,民不聊生的情形提出"禁攻寝兵"及非斗的主张,即《天下》所说"见侮不辱,救民之斗;禁攻寝兵,救世之战",《韩非子·显学》所谓"设不斗争,趣不随仇",《彭祖》所谓"毋尚斗"。《白心》主张义兵,谓"祥于鬼者义于人,兵不义不可",亦与禁攻寝兵说相容(说见本书上编第三章第二节)。《孟子·告子下》并记载宋子晚年时,仍以实际行动游说秦、

---

① 葛瑞汉:《论道者——中国古代哲学论辩》,第117页。

楚等大国休兵。

6. 正名：楚竹书《彭祖》偏重人道之论述，篇中倡导等级名分乃人之纲纪，必须遵守，简文说："父子兄弟，五纪毕周，虽贫必攸；五纪不正，虽富必失。"《心术上》也强调"君臣、父子人间之事谓之义"。解文谓"义"为"各处其宜"。此主张表现出宋钘兼容儒家学说的一面。宋钘上承孔子"君君、臣臣、父父、子子""名不正则言不顺，言不顺则事不成"之正名观，主张"正名自治，奇名自废。名正法备，则圣人无事"(《白心》)。"物固有形，形固有名，名当谓之圣人"(《心术上》)①。宋子重视名、实(即所谓"形")相应，其说直接影响尹文，如《尹文子》云："名也者，正形者也。形正由名，则名不可差。"又云："形以定名，名以定事，事以检名。"并提出"名有三科，法有四呈"，且重视人君密用之术及制法之势②，已初步从名实论过渡到法家循名责实之说，可视为宋钘之说的进一步发展。

7. 人道与天、地之道并重，但主张人当取法天、地：此一思想上承《老子》"人法地，地法天，天法道，道法自然"。《心术上》经文谓"虚其欲，神将入舍""动则失位，静乃自得""圣人无求也，故能虚"。而虚、静之原则正来自天地之道，故曰"天曰虚，地曰静，乃不贷"。《白心》也有人法天、地之说，如云："上之随天，其次随人。人不倡不和，天不始不随，故其言也不废，其事也不堕。""孰能忘己乎，效夫天地之纪。""索之于天，与之为期。不失其期，乃能得之。故曰：吾语若大明之极。大明之明，非爱人不予也。"楚竹书《彭祖》也说："天地与人，若经与纬，若表与里"，不可偏废。但从简文中彭祖屡屡欲阐述"天道"之情形及耇老"未则于天，敢问为人"之语，可以推知在作者心目中仍以天道为尚。

8. 初步提出"静因之道"：《心术上》由虚静推出静因之道，可视为对《老子》虚静无为说的发展。所谓"静因之道"即"其应也，非所设也；其动也，非所取也""其处也若无知，其应物也若偶之。"不过，需要指出

---

① 解文云："'物固有形，形固有名'，此言言不得过实，实不得衍名。号物以形，以形侔名。督言正名，故曰'圣人'。"
② 王启湘：《尹文子校诠》，《周秦名家三子校诠》，第22—23页。

的是,《心术上》经文虽初步提出"因""应"之观念,但全篇所重仍在"虚""静",解文则受慎到一派影响,大谈因循之论(参考本书上编第四章第二节)。此外,《白心》云:"圣人之治也,静身以待物,物至而名自治。……不可常居也,不可废舍也。随变以断事,知时以为度。"亦合于静因之说。

上述宋钘学说,第7项(人法天地)受《老子》影响,第3(情欲寡浅)及第8项(静因之道),为《老子》学说的进一步发展;第6项(正名)受儒家影响,第1项(白心)受子思学派影响之处(说详本书下编第八章第三节);第5项(禁攻寝兵)似受墨家影响,但立论基础不同(说详下编第八章第二节)。

综合来看,宋钘学说融合道、儒、墨,而以《老》学为其根柢。若以汉人学术流派之划分,其思想当归入道家;《汉书·艺文志》将之划入小说家,主要着眼于立论形式(参考上编第二章第三节)。

二、宋钘学说之基本精神

《韩非子·显学》将儒家漆雕开与宋钘对举,并归纳宋子之思想特色在"宽""恕"。韩非说:"漆雕之议,不色挠,不目逃,行曲则违于臧获,行直则怒于诸侯,世主以为廉而礼之。宋荣子之议,设不斗争,趣不随仇,不羞囹圄,见侮不辱,世主以为宽而礼之。"儒家以勇为教,并不斥私斗。《论语·宪问》:"或曰:'以德报怨,何如?'子曰:'何以报德?以直报怨,以德报德。'"以德报德、以怨报怨,即所谓"直"也。《礼记·表记》载孔子语:"以德报德,则民有所劝;以怨报怨,则民有所惩。《诗》曰:'无言(愆)①不仇,无德不报。'"即此意。由此观念出发,因报私仇而斗,未尝为非礼或不法②,故《檀弓》载子夏问居父母之仇该如何,孔子答曰:"寝苫枕干,不仕,弗与共天下也;遇诸市朝,不反兵而斗。"至若从父昆弟之仇则"不为魁,主人能,则执兵而陪其后"。钱穆说:"韩非言儒

---

① 按,所引《诗》见《大雅·抑》,"言"与"德"对文,疑当读为"愆",训为罪过。
② 按,钱穆《儒礼杂议之———非斗》一文指出:"孔子固未尝指斥私斗,则以斗之为古礼也。"又云:"儒者终言'养勇',言'不辱',言'复仇',而未尝明斥斗争;则以斗为古礼,儒者循礼,故不知非也。"

分为八,漆雕居首,漆雕可为儒之代表矣。此儒之主有斗也。"①蒙文通更谓《孟子·公孙丑上》所记"不肤挠,不目逃"之北宫黝亦"所谓漆雕氏之徒,殆儒而侠者也"。并疑《礼记·儒行》为漆雕之儒所传②。《儒行》说:"儒有可亲而不可劫也;可近而不可迫也;可杀而不可辱也。"既云可杀不可辱,必严荣、辱之辨,也难怪荀子对宋钘"见侮不辱"说猛烈抨击。宋子"趣不随仇""见侮不辱",对他人之怨仇与侮辱采取宽容之态度,故韩非以"宽"称之,亦即孔子所谓:"以德报怨,则宽身之仁也。"(见《礼记·表记》)。

《显学》又将宋子学说之精神归结为"恕"。《说文》:"恕,仁也。从心,如声。"《论语·里仁》"夫子之道,忠恕而已矣。"朱熹《集注》:"尽己之谓忠,推己之谓恕。……或曰:'中心为忠,如心为恕'于义亦通。"③《楚辞·离骚》"羌内恕己以量人兮",王逸《章句》:"以心揆心为恕。量,度也。"④《管子·七法》云:"实也、诚也、厚也、施也、度也、恕也,谓之心术。"所谓"恕"者,以己心度他心,本隐含有人与人之间内在交流、疏通彼此隔阂的意义,故与"心之行""心术"含义相通。

《尹文子》"田子读书"一章载宋子认为"尧时太平"乃"圣人之治以致此",彭蒙却针锋相对地说"圣法之治以致此,非圣人之治",并进一步与之论"圣人""圣法"之别。此章所记虽未必为实录,但表现出宋钘重视"圣人之治"之倾向。《管子·白心》云:"圣人之治也,静身以待物,物至而名自治。正名自治,奇名自废。名正法备,则圣人无事。"宋子的圣人观是与其正名理论相表里的,《心术上》经文云:"物固有形,形固有名,名当谓之圣人。"解文也说:"名者,圣人之所以纪万物也。"圣人督言正名,使名实相应,无益无损,天下自能太平。关于此点,《心术下》阐释最明,传文说:"凡物载名而来,圣人因而裁之,名实不伤,不乱于天下,而天下治。"

宋钘重人治,但亦不废法治,如《白心》:"天不为一物枉其时,明君圣人亦不为一人枉其法。"又如《心术上》经文将礼、法并举,谓"简彡小

---

① 钱穆:《儒礼杂议之一——非斗》,《中国学术思想史论丛(二)》,2000年11月,兰台出版社,第219页。
② 蒙文通:《漆雕之儒考》,《儒学五论》,广西师范大学出版社,2007年5月,第61—62页。
③ 朱熹:《四书章句集注》,第72页。
④ 王逸:《楚辞章句》,艺文印书馆影印明观妙斋刻本,1974年4月再版,第30页。

大一道,杀僇禁诛谓之法",解文释曰:"'法'者,所以同出,不得不然者也。'杀僇禁诛',以一之也。事督乎法,法出乎权,权出乎道。"以"法"为不得不然者,且由权、道派生。值得注意的是,解文"事督乎法,法出乎权,权出乎道"之说与马王堆《老子》乙本卷前佚书《经法》首句"道生法"相合①,皆为稷下黄老道家之说。以宋钘的思路来说,圣人取法天地虚静之道,故能揆度万物而设名制法,故圣人与圣法是二而为一的,圣人即"道生法"之中介,故宋子会怀疑:"圣人与圣法,何以异?"但彭蒙、田骈却主张"圣人者,自己出也;圣法者,自理出也。理出于己,己非理也;己能出理,理非己也。故圣人之治,独治者也;圣法之治,则无不治矣。此万物之利,唯圣人能该之"。盖以"理"②作为道与法之中介,而认为法治高于人治。从此点来看,宋钘融合"正名"及《老子》人法天地之说,影响尹文建立名法理论,可视为道、法转关的初步阶段。彭蒙、田骈及慎到等弃人治之私,而任法理之公③,又为进一步之发展,可视为道、法转关的第二阶段。

第三节　论"心术""白心"二词之源流

一、"心术"一词的来源及心术说的发展

《管子》中"心术"一词见于《心术上》解文"心术者,无为而制窍者也,故曰君",亦见于《七法》:"正天下有分:则、象、法、化、决塞、心术、计数。……实也、诚也、厚也、施也、度也、恕也,谓之心术。"在出

---

① 按,学者对于"道生法"讨论颇多,如白奚认为此说乃黄老学派的第一命题,他说:"这一命题首次将道与法统一了起来,明确地揭示了道与法的基本关系——法是由道派生的,是道这一宇宙间的根本法则在社会领域的落实和体现。"见《稷下学研究——中国古代的思想自由与百家争鸣》,第 120 页。相关之讨论,可参考张增田:《"道"何以"生法"——关于〈黄老帛书〉"道生法"命题的追问》,《管子学刊》2004 年第 2 期,第 18—23 页。
② 按,《心术上》解文云:"礼出乎义,义出乎理。理,因乎宜者也"以"礼"由"理"派生,彭蒙等人则进一步以"理"为"法"之本原,二者或有思想上的联系。
③ 《庄子·天下》谓彭蒙等人"公而不党,易而无私",又"謑髁无任,而笑天下之尚贤也;纵脱无行,而非天下之大圣。""动静不离于理,是以终身无誉。"

土文献中,"心术"见于郭店楚竹书《性自命出》第 14 简"凡道,心术为主。道四术,唯人道为可道也"①。简文以"术"代"道"除了避免行文单调外,颇疑亦有与道家分别之用意。周凤五曾指出,该篇竹书乃儒家子思学派之经典②。依此推论,"心术"一词的提出,可能即与子思一派有关。

《礼记·乐记》:"夫民有血气心知之性,而无哀乐喜怒之常,感应起物而动,然后心术形焉。""奸声乱色,不留聪明;淫乐慝礼,不接心术。"亦见"心术"一词。值得注意的是,后者与《心术上》经文"嗜欲充益〈盈〉,目不见色,耳不闻声。上离其道,下失其事"相通。《史记正义》以《乐记》为公孙尼子所作,但李学勤指出,《朱子语类》载朱熹曾叹《乐记》"天高地下"一段"意思极好,非孟子以下所能作,其文如《中庸》,必子思之辞。"而董仲舒《春秋繁露·循天之道》引《公孙之养气》,篇中强调"中和""养气"之说与思孟一系有关,均可说明公孙尼子与子思学派的观点接近③。《乐记》之言"心术"可能亦受子思一派之影响④。

《墨子·非儒下》载:"孔某与其门弟子间坐,曰:'夫舜见瞽叟就(蹙)然,此时天下圾(岌)乎!周公旦非其人(仁)也邪?何为舍亓家室而托寓也?'孔某所行,心术所至也。其徒属弟子皆效孔某,子贡、季路辅孔悝乱乎卫……。"⑤鹏按,此篇为墨子后学折儒之论⑥。篇中两引晏子与齐景公论孔子之言行以抑儒,且《孟子·万章上》载咸丘蒙执《非

---

① 荆门市博物馆:《郭店楚墓竹简》,文物出版社,1998 年 5 月,第 179 页。
② 周凤五:《郭店竹简的形式特征及其分类意义》,《郭店楚简国际学术研讨会论文集》,第 54 页。
③ 见李学勤:《周易溯源》,巴蜀书社,2006 年 1 月,第 115—116 页。
④ 按,子思与公孙尼皆孔门的再传。子思为孔子之孙,孔子之子鲤,较孔子谢世为早,所以孔子曾见到幼年的子思。至于公孙尼则为七十子弟子,见《汉书·艺文志》"公孙尼子二十八篇",班固自注:"七十子之弟子。"《隋志》则云:"似孔子弟子。"李学勤《周易溯源》(第 112 页)指出,《乐记》中有魏文侯及其乐人窦公,公孙尼作为孔子再传弟子是合宜的。这和《公孙尼子》一书在《汉志》儒家中排列的位置也适相符合。
⑤ 引文中"就"读为"蹙","圾"读为"岌","人"读为"仁",参考孙诒让《墨子间诂》上册,中华书局,2001 年 4 月,第 305—306 页。
⑥ 毕沅云:"《孔丛·诘墨篇》多引此词。此述墨氏之学者设师言以折儒也。……此无'子墨子言曰'者,门人小子臆说之词。"按,《非儒下》改窜史实,又非《庄子》寓言之类,实属学派对立之恶意诋毁,孔门后学更作《诘墨》条辨之,以正视听,欲恢复先人之名誉。

儒》所述孔子之说以问孟子,被孟子斥为"此非君子之言,齐东野人之语也"。由此二点,似可推测《非儒下》为齐稷下之墨家学者所造,其"心术"一词或即取自子思或稷下道家之著作。

由于稷下的讨论及传布,心术说流行于战国中晚期,如《庄子·天道》云:"本在于上,末在于下;要在于主,详在于臣。三军五兵之运,德之末也;赏罚利害,五刑之辟,教之末也;礼法度数,形名比详,治之末也;钟鼓之音,羽旄之容,乐之末也;哭泣衰绖,隆杀之服,哀之末也。此五末者,须精神之运,心术之动,然后从之者也。"所论似与《心术上》相涉,但谓"礼法度数,形名比详,治之末也",明显欲凌越稷下道家形名、礼法之说①。《天道》一篇与黄老道家有关,前人已有留意,如王夫之说:"此篇之说,有与庄子之旨迥不相侔者。特因老子守静之言而演之,亦未尽合于老子。盖秦汉间学黄老之术以干人主者之所作也。……庄子之说,和上下、显隐、贵贱、小大而通于一。此篇以无为为君道,有为为臣道,则剖道为二,而不休乎天钧。"②刘笑敢也以《庄子》外篇《天道》《天地》《在宥》等为"庄子后学的黄老派作品"③。鹏按,《心术上》之"心之在体,君之位也。九窍之有职,官之分也。""心术者,无为而制窍者也,故曰君"即王夫之所谓"以无为为君道,有为为臣道"。《庄子·天道》的著作年代虽未必晚至秦汉,且庄子后学也未必有黄老一派,但庄子学派受稷下道家之影响则为事实④。《人间世》所谓"若一志,无听之

---

① 《庄子·天道》又云:"故书曰:'有形有名。'形名者,古人有之,而非所以先也。古之语大道者,五变而形名可举,九变而赏罚可言也。骤而语形名,不知其本也;骤而语赏罚,不知其始也。倒道而言,迕道而说者,人之所治也,安能治人!骤而语形名赏罚,此有知治之具,非知治之道;可用于天下,不足以用天下,此之谓辩士,一曲之人也。礼法度数,形名比详,古人有之,此下之所以事上,非上之所以畜下也。"所论更为显豁。
② 王夫之:《庄子解》,里仁书局,1984年9月,第114页。
③ 刘笑敢:《庄子哲学及其演变》,中国社会科学出版社,1988年,第305页。
④ 裘锡圭指出,《庄子·天道》有许多与道法家相通的思想,如"是故古之明大道者,先明天而道德次之,道德已明而仁义次之,仁义已明而分守次之,分守已明而形名次之,形名已明而因任次之,因任已明而原省次之,原省已明而是非次之,是非已明而赏罚次之。赏罚已明而愚知处宜,贵贱履位;仁贤不肖袭情,必分其能,必由其名。以此事上,以此畜下,以此治物,以此修身,知谋不用,必归其天,此之谓大平,治之至也"。参考《马王堆〈老子〉甲乙本卷前后佚书与"道法家"——兼论〈心术上〉〈白心〉为慎到田骈学派作品》,《文史丛稿》,第75页。

以耳,而听之以心;无听之以心而听之以气。听止于耳,心止于符。气也者,虚而待物者也。唯道集虚。虚者,心斋也"。即可视为宋钘心术说的进一步发展①。

《荀子·解蔽》:"凡万物异则莫不相为蔽,此心术之公患也。""圣人知心术之患,见蔽塞之祸,故无欲无恶,无始无终,无近无远,无博无浅,无古无今,兼陈万物而中县衡焉。"所论与《心术上》及宋钘"去囿"说合,但同书《非相》又说:"相形不如论心,论心不如择术。形不胜心,心不胜术。术正而心顺之,则形相虽恶而心术善,无害为君子也;形相虽善而心术恶,无害为小人也。"别心、术为二,又谓"心不胜术",则下开韩非法术之说。《韩非子·用人》云:"释法术而任心治②,尧不能正一国。去规矩而妄意度,奚仲不能成一轮。废尺寸而差短长,王尔不能半中。使中主守法术,拙匠守规矩尺寸,则万不失一③。"已明确主张弃心术而任法术。

二、"白心"一词的起源

关于宋子一派"白心"术语的形成及来源,文献中犹有线索可追寻。《国语·周语上》载晋惠公即位,周襄王使邵公过及内史过赐之命圭,惠公及其臣吕甥、郤芮执礼不敬,内史过回去后,在周王面前预言晋国将衰,并说:

> 民之所急在大事,先王知大事之必以众济也,是故袚除其心,以和惠民。考中度衷以莅之,昭明物则以训之,制义庶孚以行之。袚除其心,精也。考中度衷,忠也。昭明物则,礼也。制义庶孚,信也。然则长众使民之道,非精不和,非忠不立,非礼不顺,非信不行。

其中"袚除其心,精也"一句与"白心"概念有关。韦昭读"袚"为"拂",并

---

① 刘节以庄子此说受宋钘"白心"之影响,说见《管子中所见之宋钘一派学说》,《刘节文集》,第203页。
② 王先慎《韩非子集解》云:"各本无'任'字,《御览》八百三十引'心'上有'任'字是。下'去规矩而妄意度'与'任心治'相对为文,明此脱'任'字,今据补。"
③ 今本"一"作"矣",王先慎《集解》:"《艺文类聚》引'矣'作'一'。"

训"精"为"洁"①。李锐解释此句云:"《广雅·释诂下》:'袚,除也。'《小广雅·广诂》:'袚,洁也。''袚除其心'就是指洁其心。洁其心就可以'和惠民',就是'精'。"②鹏按,李氏说是。"袚除其心"即"洁其心""白其心"之意,其概念疑源于宗教仪式。傩仪之"索室殴疫"与宫室邪秽事物的清洁或禳除有关。殷代卜辞有贞问"宅新室""究寝"之辞例③,"究寝"之"究"(字本从宀,九声)训为清除,其仪式包括以祭祀及工具清除屋室中的厉鬼与害虫④。由此引申,将心视为精神的宫室,故有"袚除其心"之说。《心术上》经文云:"虚其欲,神将入舍;扫除不絜,神乃留处。"解云:"神者,至贵也。馆不辟除,则贵人不舍焉。"更可见"白心"取喻于袚除宫室之仪式。

"白"与"袚"在词源上可能有关,出土文献中亦有相通之例,如上海博物馆藏楚竹书有《简大王泊旱》一篇,整理者取首句"简大王泊旱"为题。"泊"字,整理者引《广韵》《集韵》训为止⑤。周凤五指出:"泊,古音并纽铎部;袚,帮纽月部。音近可通。袚,除也。《说文》:'袚,除恶祭也。'……简文'袚旱'指举行祭祀来袚除旱灾。"⑥"泊"与"袚"相通,犹"白心"即"袚除其心"。前引《周语》又有"考中度衷,忠也"一句,韦昭《注》:"忠,恕也。""考中,省己之中心以度人之衷心,恕以临之也。"⑦说极精审。忠恕之观念为儒家一贯主张,但在《管子》中亦有类似说法,如《管子·七法》"实也、诚也、厚也、施也、度也、恕也,谓之心术。"《白心》"中又有中。孰能得夫中之衷乎"亦与"考中度衷"相通。

值得注意的是,子思及庄子学派也有"白心"的类似表述。郭店竹书《性自命出》为子思一派的经典,该篇末章(简62至67)描述君子的

---

① 说见上海师范大学古籍整理组校点本《国语》,里仁书局,1981年12月,第36页注9、第37页注13。
② 李锐:《论帛书〈二三子问〉中的"精白"》,《简帛释证与学术思想研究论集》,台湾书房,2008年3月,第191页。
③ 见《甲骨文合集》13563、13573、22548、24951。
④ 关于上古傩仪及卜辞"究寝",参考拙著《殷代巫觋活动研究》,台湾大学文学研究所硕士论文,2003年1月,第268—295页。
⑤ 马承源编:《上海博物馆藏战国楚竹书(四)》,上海古籍出版社,2005年12月。
⑥ 周凤五:《上博四〈简大王泊旱〉重探》,《简帛》第1辑,上海古籍出版社,2006年10月。
⑦ 见上海师范大学古籍整理组校点本《国语》,第36页注10。

思想、行为及容貌云：

> 凡忧患之事欲任，乐事欲后。身欲静而毋躁，虑欲渊而毋伪，行欲勇而必至，貌欲庄而毋废，欲柔齐而泊，喜欲知而亡末，乐欲怿而有志，忧欲敛而毋闷，怒欲盈而毋暴，进欲逊而毋巧，退欲忍而毋轻。欲皆文而毋伪。……君子身以为主心。①

"欲皆文而毋伪"疑当作"皆欲文而毋伪"，乃此段之总结，简文"皆""欲"二字误倒。末句当作"君子心以为主身"，"身""心"二字误倒，文义遂不通。"心以为主身"即《心术上》所谓"心之在体，君之位也"。《性自命出》"欲柔齐而泊"句与上下文例不合，当有缺文。李零、周凤五在"欲"之上补"心"字，周凤五更指出："心欲柔齐而泊"似与"白心"说有关②。按，上博本《性情论》此章有"用心欲德而毋伪"③，但郭店本此段排比未出现论"心"的相关句，故周、李二家补"心"字当无可疑。"泊"可依周凤五说径读为"白"。

《庄子·天地》记子贡由楚反晋，见一丈人凿隧入井、抱瓮出灌以为圃畦，用力甚多而见功寡，子贡问丈人何不使用桔槔，他说：

> 吾闻之吾师：有机械者必有机事，有机事者必有机心。机心存于胸中，则纯白不备；纯白不备，则神生不定；神生不定者，道之所不载也。

"机心"即诈伪之心，纯白存于胸中则为"白心"。《庄子》所谓"纯白不备，则神生不定"即《心术上》"虚其欲，神将入舍；扫除不絜，神乃留处""絜其宫，开其门，去私言，神明若存"之意。

---

① 所录释文参考周凤五：《郭店〈性自命出〉"怒欲盈而毋暴"说》，《新出土文献与古代文明研究》，上海大学出版社，2004年4月，第185—190页；《上博〈性情论〉小笺》，《复印报刊资料·先秦、秦汉史》2002年第6期，第25页；《上海博物馆楚竹书〈彭祖〉重探》，《南山论学集——钱存训先生九五生日纪念》，第15页注5（读"貌欲庄而毋拔"之"拔"为"废"）。分章则参考李零：《郭店楚简校读记》（增订本），北京大学出版社，2002年3月，第108、111页。

② 周凤五：《上海博物馆楚竹书〈彭祖〉重探》，《南山论学集——钱存训先生九五生日纪念》，第15页注5；李零：《郭店楚简校读记》（增订本），第111页。

③ 按，此句"伪"字整理者隶定为从"苟"省、从"心"，此据李零《上博楚简三篇校读记》（第77页）改释。

第八章　论宋钘在道家之地位及其与儒、墨之关系

第一节　论宋钘学说为道家老、庄之链环

一、《老子》学说对宋钘之影响

钱穆《宋钘考》曾说:"余尝谓黄老起于晚周,兴于齐,又谓道原于墨。若宋子,宗墨氏之风,设教稷下,其殆黄老道德之开先耶!"其谓"道原于墨"、宋钘"宗墨氏之风",虽未必正确,但他提出宋子乃"黄老道德之开先",却是极具眼力的。钱氏在文中并详举《庄子》《荀子》《韩非子》等书所述宋子思想,比附《老子》相关词句,以明班固称其书近黄老意之因。兹将其说归纳为以下八点①:

1. 《荀子·正论》曰:"子宋子曰:人之情欲寡,而皆以己之情为欲多,是过也。"《解蔽》又曰:"宋子蔽于欲而不知得。"此《老子》谓"少施寡欲,绝学无忧",而称"祸莫大于不知足,咎莫大于欲得"者也。

2. 《荀子·天论》曰:"宋子有见于少,无见于多。"此《老子》谓"少则得,多则惑""为道日损""俭故能广""余食赘行,有道不处"者也。

3. 《荀子·正论》曰:"子宋子曰:明见侮之不辱,使人不斗。"《韩非子·显学》亦言之曰:"宋荣子之议,设不斗争,取不随仇,不羞囹圄,见侮不辱。"此《老子》所谓"勇于不敢""柔弱处上""大白若辱""知雄守雌"者也。

4. 《庄子·逍遥游》称宋荣子:"举世而誉之而不加劝,举世而非之而不加沮,定乎内外之分,辨乎荣辱之境。"此《老子》所谓"明道若昧,深

---

① 钱穆:《宋钘考》,《先秦诸子系年》,第375—376页。

不可识""知我者希则我贵"者也。

5. 《庄子·天下》称之曰:"不累于俗,不饰于物,不苟于人,不忮于众。愿天下之安宁,以活民命。人我之养,毕足而止,以此白心。"此《老子》所谓"我有三宝,以慈为先""圣人不积,既以为人己愈有,既以与人己愈多"者也。

6. 《天下》又谓宋子"语心之容,命之曰心之行"。《韩非子·显学》:"是漆雕之廉,将非宋荣之恕;是宋荣之宽,将非漆雕之暴。"宋荣之恕与宽即其所言心之容也(鹏按,其解《天下》"心之容"与本文看法不同)。此《老子》所谓"知常容,容乃公""圣人无常心,以百姓心为心。"

7. 《天下》又云"接万物以别囿为始",此《老子》"常善救人,故无弃人;常善救物,故无弃物。是谓袭明"之旨也。

8. 《天下》又曰:"见侮不辱,救民之斗;禁攻寝兵,救世之战。"此最墨徒之精神,而《老子》所谓"大国不过欲兼畜人,小国不过欲入事人,两者各得其所欲,大者宜为下""虽有甲兵,无所陈之。"

按,从上引钱穆之说颇能看出宋钘在修身问题上继承《老子》无名、无欲的立场①。所谓"无名"指破除得失荣辱之成见,即《老子》所说的"宠辱若惊""不以宠辱荣患损易其身,然后乃可以天下付之也""虽有荣观,燕处超然",也即宋钘所主张的"定乎内外之分,辨乎荣辱之境""见侮不辱"。所谓"无欲"非弃绝一切外在欲求,只是主张回归自然本性,不追逐过度的物质享受,即《老子》"五色令人目盲,五音令人耳聋,五味令人口爽,驰骋畋猎令人心发狂,难得之货令人行妨。是以圣人为腹不为目,故去彼取此""圣人之治,虚其心,实其腹,弱其志,强其骨。常使民无知、无欲,使夫知者不敢为也",也即宋钘所说"情欲寡浅""泰匮之愿,难以遣欲"。

王博曾指出:《老子》基本上是反对战争的,更反对通过战争来达到兼并天下的目的,故云:"以道佐人主者,不以兵强天下。"后来的黄老道家(举马王堆《老子》乙本卷前佚书为说)在这一点上与老子有根本差异,它强调不争亦无以成功,因而要抓住时机,通过战争解决问题②。

---

① 按,王博曾指出:老子在治身问题上持守无名和无欲的立场。说见《老子思想的史官特色》,第280—286页。
② 王博:《老子思想的史官特色》,第359页。

鹏按,从上引钱穆说第3、第8点已可看出宋钘非斗反战之立场与《老子》一致,前人多以宋子倡"禁攻寝兵"便将之归入墨家,实为皮相之见。宋子主张"寝兵"犹如墨子之"非攻",皆非谓兵可尽偃而不用,《白心》云:"祥于鬼者义于人,兵不义不可。"可见其有"义兵"之说。宋钘对于战争之态度,无疑是受到《老子》及墨子之影响,而与后来的黄老道家迥异。

《老子》虽未强调"心"的认识功能及其地位,但已提出"不见可欲,使心不乱"①"虚其心"(俱见今本第3章)的要求,初步注意到"心"在修养过程中的作用。今本《老子》第5章云:"天地之间,其犹橐籥乎?虚而不屈,动而愈出。多言数穷,不如守中。"前人或谓此"中"为《庄子》"得其环中"之"中"②,或释为"冲"③,或训为簿册、契约④,疑均非。"中"犹"内"也⑤。"守中"即《彭祖》"执心不芒"之"执心"。张扬明推阐《老子》此章意旨云:"道是要自己去领悟,要在自身求得证明。所以他说不如守中养气。所以老子的守中是守其怀中,而不是环中。"盖已切近本义⑥。前文以橐籥喻天地之道,又云"虚而不屈(竭)",皆欲引出人心虚静的本质。此外,今本《老子》第10章也说:"涤除玄鉴,能无疵乎?"高亨解释云:

> 玄者,形而上也;鉴者,镜也。玄鉴者,内心之光明,为形而上之镜,能照察事物,故谓之玄鉴。《淮南子·修务》篇:"执玄鉴于

---

① 此句传世本或作"使民心不乱",马王堆帛书甲、乙本则俱作"使民不乱"。
② 钱穆云:"守中者,庄生所谓'得其环中以应无穷',此皆网承《庄子》书而言之也(钱氏以《老子》之著成年代在庄子学说盛行之后)。"说见《关于〈老子〉成书年代之一种考察》,《庄老通辨》,第53页。
③ 见陈鼓应《老子注释及评介》(中华书局,1984年5月,第81—82页)所引张默生、严灵峰说。
④ 见章炳麟《文始》卷七、朱谦之《老子校释》,里仁书局,1985年3月,第24页。
⑤ 《老子》此章前言"橐籥",后言"中"。焦竑解释说:"橐籥,冶铸所用致风之器也。橐者,外之椟,所以受籥也。籥者,内之管,所以鼓橐也。"吴澄也说:"为辖以鼓扇于内者,籥也。"由此可推论"中"当训为内。此外,马王堆帛书《老子》甲、乙本及北大汉简本"不如守中"皆作"不若守于中","守于中"即"守于心中"之意,若"中"读为"冲"或训为簿册,义较不通。焦竑说见《老子翼》,新文丰出版公司,1978年10月,卷一,第9—10页;吴澄说引自陈鼓应:《老子注释及评介》中华书局,1984年5月,第81页。
⑥ 张扬明:《老子考证》,第174页。按,孙以楷虽读"守中"为"守冲",但将"不如守中"译为"不如守持内心虚静",亦知此句紧扣心言。孙氏说见《老子注释三种》,合肥,安徽人民出版社,2003年7月,第14、16页。

心,照物明白。"《太玄·童》:"修其玄鉴。"玄鉴之名,疑皆本于《老子》。《庄子·天道》篇:"圣人之心,静乎天地之鉴,万物之镜也。"亦以心譬镜。洗垢之谓涤,去尘之谓除。《说文》:"疵,病也。"人心中之欲如镜上之尘垢,意即心之病也。故曰:"涤除玄鉴,能无疵乎!"意在去欲也。①

宋钘"别囿""白心"之说不外是去除外在囿限拘蔽,使心归于虚静洁白,与《老子》之说尤合。惟宋钘更从儒家子思一派借来"心术"(或"心之行")及"型于内"(道德型范于内在)的概念,发展出道家较具系统的心学,并进一步影响庄子提出"心斋""坐忘"之说②。在此意义上,我们可以说宋钘为老、庄之间的联结。由《老子》之倾向外王之术发展到庄子偏重内圣之道③,如未经宋子汲取儒家心性说之转化,则此一学术脉络便是断裂而存在缺环的④。前人或以庄子天资卓绝,不为《老子》所限,故能贯通内外而立说,但此种解释仅诉诸个人天才之因素,未能从学术

---

① 高亨:《老子正诂》,《高亨著作集林》第5卷,清华大学出版社,2004年12月,第59页。
② 刘荣贤曾指出:"庄子思想的归结点在'心'不在'物'。《庄子》内篇的要旨在于"藉由一己'内在之德'的提升,来达到以德之符应安定天下人心之目的。"他说:"庄子思想中所谓的'一',或所谓'无待',指的是'心'与'物'的和谐。……《人间世》'乘物以游心'一语最堪玩味,充分体现心与物的关系。"说见《庄子外杂篇研究》,联经出版公司,2004年4月,第124—125页。
③ 王叔岷曾指出:老子偏重外王,庄子偏重内圣。他说:"老子偏重人事,由天道而应于人事,故亦偏重外王。庄子偏重天道,由人事而返于天道,故亦偏重内圣。"说见《老、庄思想之比较》,《先秦道法思想讲稿》,"中研院"文哲所,2002年5月,第124—125页。鹏按,在庄子心目中,内圣与外王之道应是贯通的,所以《天下》说:"判天地之美,析万物之理,察古人之全,寡能备于天地之美,称神明之容。是故内圣外王之道,暗而不明,郁而不发,天下之人各为其所欲焉以自为方。悲夫,百家往而不反,必不合矣。"
④ 刘荣贤:"老子思想中的'道'指的是天地万物背后的创造根源,'德'则是'道'创生天地万物的过程及其所形成的方向或原则;然庄子的'道'指的是天地万物生生不息的气化,而'德'则是圣人内在的生命境界。……老子的'神'只'谷神'一义指'道'之'生养''虚无'之外,大部分指鬼神之义,都是就外在义而言;而庄子的'神'则是指圣人内在之德所展现出来的与天地同流的生命情态。这些最重要的观念在老庄的思想内容中都有相当程度的差异,如果说庄子思想是'其要归本于老子',这种现象是无法想象的。"刘氏因老、庄思想具有上述本质之差异,乃进一步主张二者在先秦为不同的学术流派。说见《庄子外杂篇研究》,第11—12页。鹏按,刘氏指出老、庄之学的差异,颇富启发性,但因二者之差异便论定老、庄在先秦是不同的学术源流,似乎推论过度。若从学术发展的观点来看,老子学说乃是经过宋钘及稷下道家的阐述、改造,才演化为庄子之学。

源流梳理先秦道家由天道转向心术的缘由,难免有缺憾。

二、庄子对宋钘学说之转化及超越

顾实推衍马叙伦《庄子年表》之说,将庄子之年世定为公元前369年至295年,此从之①。至于宋钘之生卒年,前文已据顾氏之说,定为公元前382年至305年,略早于庄子。关于庄子之籍里,《史记·老子韩非列传》云:"庄子者,蒙人也""尝为蒙漆园吏"。裴骃《集解》指出:"《地理志》蒙县属梁国。"但司马贞《索隐》引刘向《别录》谓庄子为"宋之蒙人也"②。陆德明《经典释文·叙录》又称庄子"梁国蒙县人也。六国时为梁漆园吏"。王叔岷云:"日本高山寺旧钞卷子本《庄子·天下篇》末郭象《后语》引太史公曰:'庄子者,名周,守蒙县人也。'守乃宋之误……汉末高诱《吕氏春秋·必己篇》注及《淮南子·修务篇》注、晋皇甫谧《高士传》中,皆称庄子为宋之蒙人。"至于《释文》称庄子为梁人,王叔岷解释说:"唐孔颖达《诗商颂谱疏》:'《地理志》云:宋地,今之梁国。'盖战国时蒙属宋地,至汉属梁国。"③既明庄子之年世及国籍,可进一步论宋钘与庄子之关系。

取《庄子》与竹书《彭祖》合观,后者之彭祖与耇老对话,尚未如《庄子·秋水》《知北游》等篇赋为长篇大论,而保有《老子》要言不烦的特色,语不甚长,义亦不甚深。由此可推论,《彭祖》之对话体裁作为寓托思想的著作形式较《庄子》诸篇原始,时代当在其前。从宋钘后学所编纂之《去尤》《去宥》二篇,亦可看出宋钘一派所作寓言较为浅近俚俗,其形式皆别故事、议论为二,未若庄子所作融说理、情节于一炉,且取材丰富,属书离辞又变化多端,就文学性及说理效果来说,显然庄子所作胜于宋钘。宋钘与庄周皆为宋人,行年相及,然则庄子

---

① 顾实:《庄子天下篇讲疏》,第134—135页。鹏按,马叙伦《庄子年表》叙庄周事迹始于周烈王七年(公元前369年),终至周赧王二十九年(前286年)。钱穆《先秦诸子系年》将庄子生卒年定为前365至前290年,与顾氏所估年世仅有五年差距。马、顾二氏皆据《庄》书相关人物、事件之年代考订,所说当较他家可信。关于庄子生卒年的讨论可参考崔大华:《庄学研究》,第2—6页;叶志衡:《战国学术文化编年》,第104—105页。
② 司马迁:《史记》第7册,中华书局点校本,第2144页。
③ 王叔岷:《庄子其人及庄子书》,《先秦道法思想讲稿》,第58页。

之思想乃至著书体裁,皆有受宋子影响之处。但以庄子天资特异,将其思想融贯而超越之,并将寓言体裁极尽变化,遂成瑰玮之篇章。宋子书早亡,此或一因。

前文已指出《白心》一篇与《庄子》关系密切,王叔岷亦曾归纳"《管子》所引《庄子》之例",其中《白心》《心术》占绝大多数,可推知宋钘与庄子思想具有内在的联系①。关于此点,前人已有留意,如刘节云:"《庄子》的'虚室生白'同'唯道集虚',二语本是从'白心'说一派接受过来的。"②崔大华则明确地指出:"从《庄子》中可以看出,宋钘的'情欲固寡'和'接万物以别宥为始'这两个基本观点和他的人生态度都对庄子发生了重要的影响。"崔氏认为庄子"返其性情而复其初"之主张正是建立在宋钘"情欲寡"的理论基础之上,即以人性本然状态是恬淡少欲的,人的欲望越大,离开本性越远。他进一步说:

"鹪鹩巢林,不过一枝;偃鼠饮河,不过满腹。"(《逍遥游》)是对宋钘的"情欲固寡"命题涵义的最为确切生动的注解;"耆欲深者天机浅"(《大宗师》)则又把宋钘这个原是社会政治主张立论基础的观念,移植运用到精神、性命修养范围内。可见,庄子思想中的一个主要理论观念源于宋钘,这是庄子思想接受宋钘影响而又有所超越的第一个表现。③

按,宋钘一派"情欲寡"之说上承《老子》,而与"白心""别囿"相表里,本为其修养论之一部分。在宋子而言,过度的物欲属于外在的囿限,使人无法返归本心,因而导致人与人之间的纷争,而解决之方法就在使人明了"情固欲寡"的道理。此一主张本贯内、外立论,无待庄子而后将"寡欲"转化为心性修养之工夫。

崔大华并指出,《庄子》屡次阐述宋钘"别囿"之观念,如《徐无鬼》云:"知士无思虑之变则不乐,辩士无谈说之序则不乐,察士无凌谇之事则不乐,皆囿于物者也。"又如《秋水》:"井蛙不可以语于海者,拘于虚

---

① 王叔岷:《读庄论丛》,《道家文化研究》第10辑(1996年8月),第233—236页。
② 刘节:《管子中所见之宋钘一派学说》,《刘节文集》,第203页。
③ 崔大华:《庄学研究——中国哲学一个观念渊源的历史考察》,人民出版社,1992年7月,第382页。

也;夏虫不可以语于冰者,笃于时也;曲士不可以语于道者,束于教也。"①鹏按,其说是。惟崔氏认为"在宋钘这里,'别宥'是一种行为特征,含义比较简单"。"在《庄子》中不再是简单的宽容的生活态度的表现,而是一种求得真知的方法、途径。……'别宥'获得了认识论的意义。"②则似有将宋钘学说过分简单化之嫌。《庄子·天下》以"语心之用,命之曰心之行"含摄宋钘"别囿""白心"之主张,可谓得其要领。别囿之工夫既在"心"上(去除外在对心之囿限),则已初步具有认识论的意义,而非仅是一种外在行为的表现。

宋子主张"心之在体,君之位也""执心不芒",呼吁人去除一切外在对心的拘囿。庄子在《齐物论》中从反面描述了本心受物欲及分别之见耗损的过程:

> 大知闲闲,小知间间;大言炎炎,小言詹詹。其寐也魂交,其觉也形开,与接为构,日以心斗。缦者,窖者,密者。小恐惴惴,大恐缦缦。其发若机栝,其司是非之谓也;其留如诅盟,其守胜之谓也;其杀若秋冬,以言其日消也;其溺之所为,之不可使复之也;其厌也如缄,以言其老洫也;近死之心,莫使复阳也。

接着,他提出这世间有所谓"真宰",而人身则有所谓"真君"存焉:

> 若有真宰,而特不得其朕。可行已信,而不见其形。有情而无形。百骸、九窍、六藏,赅而存焉,吾谁与为亲?汝皆说之乎?其有私焉!如是皆有为臣妾乎?其臣妾不足以相治乎。其递相为君臣乎?其有真君存焉!③ 如求得其情与不得,无益损乎其真。一受其成形,不亡以待尽。与物相刃相靡,其行尽如驰,而莫之能止,不亦悲乎!终身役役而不见其成功,苶然疲役而不知其所归,可不哀邪!人谓之不死,奚益!其形化,其心与之然,可不谓大哀乎?人之生也,固若是芒乎?其我独芒,而人亦有不芒者乎?

---

① 崔大华:《庄学研究——中国哲学一个观念渊源的历史考察》,人民出版社,1992年7月,第383页。
② 同上书,第383页。
③ 此段标点参考王叔岷《庄子校诠》,第52页。

王叔岷说:"主宰宇宙万物者,谓之真宰,即道。主宰人之百骸、九窍、六藏者,谓之真君,即真我,亦即空灵之心,与道冥合者也。"①按,王氏说是。庄子之说疑受到宋钘之影响,若将《齐物论》此段与《白心》"天或维之,地或载之"一段②、《彭祖》"执心不芒"一语合观,不难看出二者具有内在的联系。而《庄子·人间世》所谓"瞻彼阕者,虚室生白,吉祥止止。夫且不止,是之谓坐驰。夫徇耳目内通而外于心知,鬼神将来舍,而况人乎!"即宋钘"虚其欲,神将入舍;扫除不絜,神乃留处""白心"之意。

不过,庄子之说不仅停留在心之持守及外在蔽囿之去除,在其著作中,他转化宋钘过分强调心之主宰地位及认知功能的执着,以一广大视角的天道、自然、一气之化涵摄生命历程(这一点当受到稷下道家精气说之影响),提出无待、逍遥之境界及心斋、坐忘之工夫论,思想的深度、广度超越宋钘。具体来说,庄子对宋钘学说的转化及超越表现在以下三点:

1. 存囿与无待:庄子主张破"成心"(见《齐物论》)、"无撄人心"(见《在宥》),颇受宋钘"别囿"说之影响,但他更强调"安其性命之情",主张"无为而任物",这点在《在宥》表现最为明显。该篇开头便说:"闻在宥天下,不闻治天下。"前人多训"在"为"自在"或"察"③,恐不确。吕惠卿云:"在者,存之而不亡,任自然而不益。宥者,放之而不纵,如囿之宥物。"苏舆也认为:"在不当训察,察之则固治之矣。在,存也。存诸心而不露是善非恶之迹,以使民安于浑沌,正《胠箧篇》含字之旨。"马其昶云:"《说文》:'在,存也。'吴汝纶谓:'宥与囿同。'"④王叔

---

① 王叔岷:《庄子校诠》上册,第55页。
② 《白心》:"天或维之,地或载之。天莫之维,则天以坠矣;地莫之载,则地以沈矣。夫天不坠,地不沈,夫或维安载之夫,又况于人乎! 人有治之者,辟之若夫雷鼓之动也,夫不能自摇者,夫或摇之。夫或者何? 若然者也:视则不见,听则不闻。洒乎天下满,不见其塞。集于肌肤,知于颜色。责其往来,莫知其时。薄乎其方也,抟乎其圜也,淳淳乎莫得其门。故口为声也,耳为听也,目有视也,手有指也,足有履也,事物有所比也。当生者生,当死者死。言有西有东,各死其乡。"
③ "在"训为"自在",见郭象注、成玄英疏;训为"察"则为茆泮林、章太炎之说。诸家说俱见王叔岷:《庄子校诠》,第372页引。
④ 吕、马二家说见钱穆:《庄子纂笺》,东大图书公司,1993年1月重印4版,第79页引;苏氏说见王先谦:《庄子集解》,文津出版社,1988年7月,第90页引。

岷则说:"窃疑'在'本作'任',下文'贱而不可不任者,物也。'正'任天下'之义也。且任与宽宥义亦相因。任、在形近易乱。"①鹏按,二说皆可通。在者,存也、任也。庄子盖以宋钘"别囿""去囿",犹有分别之心,故倡"在囿",主张不去不别,纯任自然。《庄子·在宥》谓:"汝徒处无为而物自化。堕尔形体,吐〈咄(黜)〉②尔聪明,伦与物忘③;大同乎涬溟,解心释神,莫然无魂。"其"解心释神"之境界又较《彭祖》"心白身怿"超脱。《逍遥游》论宋云:"故夫知效一官,行比一乡,德合一君,而(能)征一国者,其自视也亦若此矣。而宋荣子犹(嗃)然笑之。且举世而誉之而不加劝,举世而非之而不加沮,定乎内外之分,辨乎荣辱之竟,斯已矣。彼其于世,未数数然也。虽然,犹有未树也。"是庄子欲超越宋钘"别囿""白心"之说,而达于无待之逍遥。崔大华就指出:"庄子'无待'的自由精神境界受到宋钘之砥砺、启发而有所超越。"④

2. 心斋及坐忘:《庄子》"心斋""坐忘"之说见于内篇的《人间世》《大宗师》,皆假颜渊之口道出,前人或据此谓庄子之学出于颜氏之儒,如章太炎说:"庄生传颜氏之儒,述其进学次第。"钱穆也说:"若谓庄子思想,诚有所袭于孔门,则殆与颜氏一宗为尤近。……孔门诸贤,独颜渊最与后起道家义有其精神之相通也。今欲详论颜氏思想,虽憾书阙有间,然谓庄周之学,乃颇有闻于孔门颜氏之风而起,则殊约略可推信也。"⑤郭沫若更指出:《庄子》中记述孔子与颜回的对话很多,这些文字必然是出自颜氏之儒的传习录。而从《论语》中所见颜回言行,可知他是有出世倾向的人,庄子则是厌世的思想家,二者在思想倾向上也是接近的⑥。他并说:"庄子是从颜氏之儒出来的,但

---

① 王叔岷:《庄子校诠》,第372页。关于《庄子》"在宥"一词之讨论还可参考刘殿爵:《释"在宥"》,《采掇英华——刘殿爵教授论著中译集》,中文大学出版社,2004年,第197—205页。
② 郭庆藩《庄子集释》引王引之曰:"吐当作咄,咄与黜同。"
③ 钱穆《庄子纂笺》云:"伦与物忘,即与物忘伦,即大同乎涬溟也。"
④ 崔大华:《庄学研究——中国哲学一个观念渊源的历史考察》,第384页。
⑤ 章太炎:《菿汉昌言》卷一;钱穆:《庄老的宇宙论》,《庄老通辨》,第133—134页。
⑥ 郭沫若:《庄子的批判》,《郭沫若全集·历史编》第二卷(《十批判书》),第190—193。又参考同书《儒家八派的批判》,第143—145页。

他就和墨子'学儒者之业,受孔子之术',而卒于'背周道而用夏政'一样,自己也成立了一个宗派。他在黄老思想里找到了共鸣,于是与儒、墨鼎足而三,也成立了一个思想上的新的宗派。"① 鹏按,郭氏谓庄子一派与黄老道家有相通之处,其说是,但说庄子之学从颜氏之儒出则非。崔大华已明确指出:《庄子》中对孔子、颜渊言行的记述具有借外立论、借古人立论的"寓言""重言"性质,乃是借用二人之口传达一种庄子的而非儒家的观点,认为"这种文字必然是颜氏传习录"(引文乃郭沫若说),实失之轻率②。前文已指出,宋钘上承《老子》"虚其心""守中""涤除玄鉴"之说,并融入子思一派"心术""型于内"之概念,倡"白心""别囿"之说,主张"絜其宫,开其门,去私言,神明若存"。庄子受到精气说之启发,认为"道通为一"(《齐物论》)、"通天下一气耳"(《知北游》),进一步改造宋钘之说,贯通内(心术)、外(天道)之道而提出"无听之以心,而听之以气""气也者,虚而待物者也。唯道集虚。虚者,心斋也"。并主张坐而自忘其身,即所谓"堕肢体,黜聪明,离形去知,同于大道"。从学术源流来看,庄子"心斋""坐忘"之说实乃宋钘"白心""别囿"说之转化。若必言庄子之学与儒家有相通之处③,也只能说庄子受到子思一派的影响④。至于颜渊之学,如钱穆所言"书阙有间",既无法知其面貌,则不宜妄加揣度其与庄学之关系。

---

① 郭沫若:《庄子的批判》,《郭沫若全集·历史编》第二卷,第 197 页。
② 崔大华:《庄学研究——中国哲学一个观念渊源的历史考察》,第 347—349 页。
③ 除前述庄子之学出于颜氏之儒说外,韩愈、章学诚、姚鼐等人还提出"庄周之学出于子夏"之说。参考崔大华:《庄学研究——中国哲学一个观念渊源的历史考察》,第 344—346 页之评述。崔氏在前揭书(第 350 页)说:"无论是从师承关系或理论渊源上说,把庄子思想归之儒家,归之子夏之门或颜氏之门,都是困难的。……儒家思想学说只能构成一种学术的观念背景。"实为持平之论。
④ 《荀子·解蔽》:"空石之中有人焉,其名曰觙,其为人也,善射以好思。耳目之欲接,则败其思;蚊虻之声闻,则挫其精。是以辟耳目之欲,而远蚊虻之声,闲居静思则通。思仁若是,可谓微乎?"朱骏声云:"觙,即伋字也。"郭沫若或受其启发,指出荀子此处以"觙"(通伋)、"空石之中"(即为"孔")、"善射以好思"隐射子思。鹏按,其说是。《解蔽》所谓"闲居静思则通",不以耳目之欲、蚊虻之声败其思、措其精之修养工夫正与庄子"心斋""坐忘"相通。

3. 消除名与实之对立①：前文已指出，宋钘"正名"之说上承孔子，重视名、实相应，而庄子则发挥《老子》"始制有名，名亦既有，夫亦将知止，知止所以不殆"，主张"名止于实，义设于适，是之谓条达而福持"（《至乐》），以"实"为第一性，实先而名后②。《心术上》解文发挥经文"名当谓之圣人"之说，强调"名者，圣人之所以纪万物也"。《庄子·人间世》则说："名实者，圣人之所不能胜也。"《逍遥游》也说："圣人无名"，越名而存实③，此又庄子超越宋钘之一例。

第二节　墨子与宋钘学说之比较——
　　　　　兼论宋子非墨徒

宋钘所处时代，儒、墨俱为显学④。《孟子·滕文公下》谓"杨朱、墨翟之言盈天下。天下之言，不归杨则归墨"。可见其影响。墨翟曾为宋国大夫，又在楚惠王时，止楚攻宋⑤，与宋国关系匪浅。而宋钘为宋人，从其生处时代、地域而言，宋钘受墨子思想浸染，乃极为自然之事。从一较大的历史视角来看，墨翟、宋钘非攻、寝兵之论实上承春秋末叶宋向戌弭兵之议的精神，战国诸子有类似主张者不在少数，如《老子》谓"兵者，不祥之器"。《孟子》则称"春秋无义战""争地以战，杀人盈野；争

---

① 崔大华曾指出，《庄子》与《管子·心术》等四篇最大的不同便在"道德与礼法对立的消除"、"名与实(形)对立的消除"。说见《庄学研究——中国哲学一个观念渊源的历史考察》，第412—414页。按，其说是，唯其视《管子·心术》等四篇为同一学派之作品，其著作时代在《庄子》之后，与本文看法不同。

② 詹剑峰：《老子其人其书及其道论》，华中师范大学出版社，2006年3月，第247页。

③ 张亨曾说："庄子对于语言基本上抱持不信任的态度，他怀疑语言具有表现绝对真理(道)的功能，也从未客观地考虑过语言的价值。"见《先秦思想中两种对语言的省察》，《思文之际论集——儒道思想的现代诠释》，新星出版社，2006年11月，第2页。

④ 按，孙诒让《墨子年表》定墨翟生卒年为公元前468至376年。若依此说，宋钘生时(前文据顾实说定其生年为公元前382年)墨子仍未谢世。墨子生卒年异说颇多，可参考徐希燕：《墨学研究》，商务印书馆，2001年2月，第17—18页；胡子宗等：《墨子思想研究》，人民出版社，2007年3月，第10—19页之评述。

⑤ 关于墨翟止楚攻宋事，钱穆《先秦诸子系年》系于楚惠王45年(公元前444年)或稍后，此从之。

城以战,杀人盈城。此所谓率土地而食人肉,罪不容于死"。俨然形成一寝兵运动①。具体而言,墨子影响宋子之处在于非攻之主张及救世之精神,但二家思想内涵实有较大的差别,不能强合。刘咸炘就认为,墨子之说以兼爱为本,以实利为主;宋、尹之说则以人情为本。他说:"宋、尹曰'以此白心',而墨则曰'备世之急',此则异矣。其同者其形迹也,不同者所持之故与其说之柢也。"②劳思光曾指出:墨子学说的第一主脉为功利主义,由功利之观念而生非乐、非攻之说。对于社会秩序的建立,墨子持权威主义观点,由此乃生天志、尚同之说。此两条主脉则汇于兼爱说③。据本书前节所考,宋钘之学说的基础在于白心、别囿,对于社会秩序仍主张维持等级名分,并由名实相应之说提出圣人治世的理想,思想面貌与墨子迥异。从言说的对象而言,儒家的重点在于"上说",墨子重视"下教",宋钘则主张"上说下教"(见《天下》)更可见其融通儒墨之特色。

许多学者因宋钘主张节俭及非斗,又因《荀子·非十二子》将宋钘与墨翟合论,于是将之视为墨家支裔。此说最早见于《陶渊明集·集圣贤群辅录》,篇中以宋钘与尹文为一派,相里勤与五侯子为一派,苦获、已齿及邓陵子为一派,是为"三墨"④。清人俞正燮更以宋国之君(指宋襄公)、臣皆倡兼爱、非攻,遂谓"兼爱、非攻,盖宋人之蔽。……墨子实宋大夫,其后宋轻亦墨徒。欲止秦、楚之兵,言战不利,有是君则有是臣"⑤。梁启超承其绪,又综合《韩非子·显学》"墨离为三"之说,将宋钘与尹文视为墨学第四派⑥。近世学人如钱基博、顾颉刚、蒙文通、高亨、钱穆、冯友兰等皆主此说⑦。今人白奚亦主张宋钘为墨家学者,他

---

① 参考梁启超:《先秦政治思想史》,天津古籍出版社,2004年5月,第188页。
② 刘咸炘:《子疏定本》,《刘咸炘学术论集·子学编》,第93页。
③ 劳思光:《新编中国思想史》,三民书局,1993年10月增订七版,第1册,第291页。
④ 按,《集圣贤群辅录》中"八儒""三墨"二条当为后人妄加,非陶潜所作。参考袁行霈《陶渊明集笺注》,中华书局,2003年4月,第597—598页所引宋庠说。
⑤ 俞正燮:《癸巳类稿·墨学论》,《俞正燮全集》,黄山书社,2005年9月,第1册,第686页。
⑥ 见陈奇猷《韩非子新校注》(上海古籍出版社,2000年10月,第1128页)所引梁启超说。
⑦ 钱基博:《读庄子天下篇疏记》,第55—56页;顾颉刚:《宋钘书入小说家》,《史林杂识初编》,第292页;蒙文通:《略论黄老学》,《先秦诸子与理学》,第204页;高亨:《庄子天下篇笺证》,《高亨著作集林》,第九卷,第402页;钱穆:《先秦诸子系年》,第375页;冯友兰:《中国哲学史新编》第二册,人民出版社,1984年10二版,第95—101页。

认为宋钘"大俭约""禁攻寝兵"等主张直承墨子,而"见侮不辱""情欲寡浅""别囿"等说则为对墨家学说的补充和发展①。薛柏成则指出,宋、尹继承和发挥墨子学说中的"非攻""兼爱""节用""兴利"等思想,并认为"宋、尹学派在一定程度上继承了墨家思想行为的相关成分。""即使宋、尹非墨家学派,但其行为却在很多方面表现了墨家人物的风格和特征,就学派的联系上,其在稷下学宫中与墨家学派最近,有千丝万缕的联系。"②鹏按,《庄子·天下》谓宋钘、尹文:

> 见侮不辱,救民之斗;禁攻寝兵,救世之战。以此周行天下,上说下教,虽天下不取,强聒而不舍者也,故曰:"上下见厌而强见也。"虽然,其为人太多,其自为太少;曰:"情固欲寡,五升之饭足矣!"先生恐不得饱,弟子虽饥,不忘天下,日夜不休。曰:"我必得活哉!"图傲乎! 救世之士哉!

可见二子的言行具救世精神,某种程度上"表现了墨家人物的风格和特征",这点是可以肯定的。但从学术源流及思想内涵来看,宋钘、尹文并非墨家之支裔。孙诒让《墨学传授考》曾辨宋、尹二人非墨家,其说云:

> 考《庄子》本以宋钘、尹文别为一家,不云亦为墨氏之学。以所举二人学术大略考之,其崇俭、非斗虽与墨氏相近,而师承迥异,乃强以充三墨之数(按,指《群辅录》),而《韩非》所云相夫氏之墨者反置不取,不知果何据也? 宋钘书《汉书·艺文志》在小说家,云黄老意。尹文书在名家,今具存,其《大道上》篇云:"大道治者,则名、法、儒、墨自废。"又云:"是道治者,谓之善人;藉名、法、儒、墨者,谓之不善人。"则二人不治墨氏之术,有明证矣。③

顾实并谓:"墨子之根本主义在俭,以用不足而倡节用之说也。宋钘之根本主义在恕,以心有囿而倡别囿之说也。《庄子》别其源流而分述之,殊胜于荀子之一切漫骂也。"④刘咸炘也指出:

---

① 白奚:《稷下学研究——中国古代的思想自由与百家争鸣》,第196—200页。
② 薛柏成:《墨家思想新探》,黑龙江人民出版社,2006年12月,第136—141页。
③ 孙诒让:《墨子后语上》,《墨子间诂》下册,中华书局,2001年4月,第718页。
④ 顾实:《庄子天下篇讲疏》,第53页。

合观见侮不辱、情欲寡之说,皆颇近于道家,《七略》谓"其言黄老意",于此可见其非诬。《天下篇》之叙列诸子,以向内近道家者居后,而列宋、尹于墨、禽之后,田、慎之前,盖亦以此。(《天下》)又述其言曰:"君子不为苛察,不以身假物①,以为无益于天下者,明之不如已。"此亦正与庄周所持同。墨翟务实用,尚知识,名辨、兵术无所不究,与此大异矣,然则谓二人为墨之别者,其误明矣。②

宋钘之学尚宽容③,具有融通各家之特色④,其言行虽受墨家影响,但从其整体思想观之,将宋子归为道家学者较符合实际。

《韩非子·显学》中述孔子、墨子死后儒、道二家的演变态势,即所谓"儒分为八,墨离为三",其中墨家三派中仅述相里氏、相夫氏及邓陵氏,未数宋钘。其后以葬礼为例,谓"夫是墨子之俭,将非孔子之侈也;是孔子之孝,将非墨子之戾也。今孝、戾、侈、俭俱在儒、墨,而上兼礼之"。下即举宋荣子之宽、恕与漆雕开之廉、暴对比,并称"今宽、廉、恕、暴俱在二子,上主兼而礼之"。从此段评述中可以看出两点:一是宋钘的言行在韩非看来显然有接近墨家之处,所以他评论当世"显学"(该篇开头便说"世之显学,儒、墨也。"),自然地将宋钘与儒家的漆雕开并举。韩非此一观点显然受荀子影响(《荀子·非十二子》将墨、宋并举)。二是从韩非的措辞中可看出,宋钘学说虽受墨子影响,但终究并非墨徒。所以该篇首段论墨家之分化,未列入宋子,且论孔丘、墨翟,说"今孝、戾、侈、俭俱在儒、墨",但论及漆雕开及宋钘时,却不说"今宽、廉、恕、暴俱在儒、墨",而说"俱在二子"。

又有学者以宋钘近墨,《荀子·非十二子》中论墨、宋二家又有"大俭约而僈差等"之语,《庄子·天下》又云宋、尹"作为华山之冠以自表",

---

① 按,刘氏文缺引此句,此据《庄子》原文补。
② 刘咸炘:《子疏定本》,《刘咸炘学术论集·子学编》,第94页。
③ 《韩非子·显学》以宋荣之宽、恕与漆雕之廉、暴对举。
④ 刘节认为"宋钘的思想,是间于墨学与孟学之间的……宋钘一派确是兼有孔、墨学之长,也可以说真正调和孔、墨两家学说的,唯有宋钘一人。"胡家聪也指出,宋、尹承袭老子学说,当属道家黄老之学,但又融合墨家,其学说乃"道论、墨学合而不分,融为一体"。刘氏说见《管子中所见之宋钘一派学说》,《刘节文集》,第194页;胡氏说见《稷下争鸣与黄老新学》,中国社会科学出版社,1998年9月,第244—245页。

遂认为宋钘具有反对等级名分的平等思想①。按，此说若成立，则《心术上》"君臣父子人间之事谓之义"及楚竹书《彭祖》"五纪毕周"二语正与宋钘思想违异，不得不辨。《非十二子》云：

> 不知一天下，建国家之权称，上功用，大俭约而僈差等，曾不足以容辨异、县君臣，然而持之有故，其言之成理，足以欺惑愚众，是墨翟、宋钘也。

古人行文有轻重之别，此段虽墨、宋合论，但重点在墨（此犹《天下》宋、尹合论，重点在宋②），于宋钘之批评仅在"大俭约而僈差等"一点。不过，宋子所谓俭约，乃"情欲寡浅"的自然结果，其说实为老子"见素抱朴，少私寡欲""少则得，多则惑""俭故能广"之进一步发展③，与墨子因功利而倡"节用""节葬"并不相同。此外，荀子所说"大俭约而僈差等"虽兼指墨、宋，但此句有两层意义：一是批评墨子主张节用、节葬、非乐等，过分强调节俭而无视于君臣上下之等差；二是批评宋钘"情欲寡"之主张，仅看到人基本生存的需求，而不顾人的欲望本不齐的实情。刘咸炘云："宋子言情欲寡乃谓人不过求饱暖安全而止，即所谓嗛嗛仅足之谓也，其他奢望皆非本真……欲本无多，外此皆非本欲，此与《老子》为腹不为目、色令人盲、声令人聋诸说相近，盖欲以欲本寡之说教人反朴，犹之以见侮不辱之说教人止斗也。"④梁启超虽以宋子为墨徒，但也看出宋钘之尚俭与墨家异，他说："墨家教人以自苦为极，是纯以义务观念相绳而已。宋子则认为人之本性本来不欲多得而欲寡得，然则'五升之饭不得饱'，适如我所欲，非苦也而乐矣。此又以理性的解剖改变人之心理作用，使共安于'人我之养毕足而止'也。"⑤史华兹也指出："宋钘的信念是：人的欲望从根本上讲是很少的；这与墨子的观点——处于自然状态

---

① 白奚：《稷下学研究——中国古代的思想自由与百家争鸣》，第 196 页。
② 马国翰在辑本《宋子》前序云："案《庄子》虽与尹文并称，今尹文子书尚存，无《庄子》所述之言，且以孟、荀书证知，皆述钘语。"梁启超《庄子天下篇释义》谓："以上论宋钘、尹文竟（按，指《天下》所论），惟所论者似是宋钘多而尹文少。据现存之尹文子，其学风不尽与此同也。"
③ 钱穆：《先秦诸子系年》，第 375 页。
④ 刘咸炘：《子疏定本》，《刘咸炘学术论集·子学编》，第 94 页。
⑤ 梁启超：《先秦政治思想史》，天津古籍出版社，2004 年 5 月，第 157 页。

的人,完全屈从于他们本人的自我利益——形成了鲜明的对照。"①

宋钘重视正名,其著作亦未见"僈差等"之主张,《荀子》此语应针对墨子而言。《尹文子》②中颇有维护伦理名分之主张,如云:"法有四呈……一曰不变之法,君臣上下是也。""君不可与臣业,臣不可侵君事,上下不相侵与,谓之名正,名正而法顺也。""大道无形,称器有名,名也者,正形者也,形正由名,则名不可差,故仲尼云:必也正名乎!名不正则言不顺也。'"凡此均与宋子学说相通,又可知二者皆有取于儒家正名之说。《庄子·天下》以尹文与宋钘合论,其言虽有轻重之分,但所言不虚③。对于《天下》所谓"作为华山之冠以自表",前人或引《释文》"华山上下均平,作冠象之,表己心均平也"为说,以为有"提倡人类生活平等之意"④。但顾实云:

> 《西山经》曰:"太华之山,削成而四方。"《水经·渭水注》:"华山远而望之,又若华状。"故《释文》云:"华山上下均平,作冠象之,表己心均平也。"然盖以示其岸然道貌,不物于物。《大宗师篇》曰:"古之真人,其状峨而不崩。"是其义也。故能接万物,以别宥为始。⑤

按,顾氏说合于宋钘学说要旨,乃得其真解。

宋钘欲以不利说秦、楚休兵,而孟子非之(见《孟子·告子下》),颇有墨家救世之精神,其倡"禁攻寝兵"显受墨子"非攻"之影响,但二者仍有差别。墨子反对战争的理由在于无利、不义,仍主"义兵"(非谓其可尽去,此与儒家无异)⑥。宋钘倡寝兵息斗,亦有"义兵"之论(见《白心》),但宋子更言"见侮不辱",人情本不欲多,以绝争心之萌⑦,论旨遂与墨异。刘咸炘就指出:"或曰:'墨子固以言利为孟子所非,宋子亦以

---

① 史华兹:《古代中国的思想世界》,江苏人民出版社,2008年8月,第329页。
② 按,今本《尹文子》虽经后人之条次撰定,但并非伪书,说见本书下编第九章第一节。
③ 按,《尹文子》有别宥、见侮不辱及禁攻寝兵之主张,如云:"接万物使分别,海内使不杂。见侮不辱,见推不矜。禁暴息兵,救世之斗,此仁君之德,可以为主矣。"《吕氏春秋·先识览·正名》亦载尹文以"见侮而不斗"说齐王。关于宋、尹二子之关系参考本书下编第九章第一节。
④ 蒋锡昌:《天下校释》,《庄子哲学》,鸣宇出版社,1980年5月,第227页。
⑤ 顾实:《庄子天下篇讲疏》,第44页。
⑥ 吕思勉:《非攻寝兵平议》,《吕思勉论学丛稿》,第26—27页。按,吕氏认为,墨子后学由非攻变为偃兵,一若兵竟可以不用者,乃墨学末流之流失,非墨子之说本然。
⑦ 同上书,第26页。

言利为孟子所非,安见其异也?'曰:宋子之言利特其号耳,其所以立此说固基于白心,非为群之效率也。"① 梁启超也说:"墨家固常劝人勿斗,然大率言斗之两不利,是属客观计较之论也。宋子推原人何以有斗?皆因以见侮为辱而起,故极力陈说见侮之并不足为辱,使之释然。此以理性的解剖改变人之心理作用以塞斗之源也。"② 鹏按,刘、梁二氏说是。《孔丛子·杂训》云:

> 孟轲问:"牧民何先?"子思曰:"先利之。"曰:"君子之所以教民亦有仁义而已矣,何必曰利?"子思曰:"仁义固所以利之也,上不仁则下不得其所,上不义则下乐为乱也,此为不利大矣。故《易》曰:'利者,义之和也。'又曰:'利用安身,以崇德也。'此皆利之大者也。"

若以言"利"而将宋钘归入墨家,则子思亦可谓墨者也,由此可知其说必非③。《孔丛子》载子思与孟子问答,以二子年世考之,必非实录,但所记子思之语却反映出儒家早期思想倾向乃视义、利为一,故引《易》"利者,义之和也"说之。孟子严义、利之分,重视仁义,乃为后来之发展。宋钘的观念无疑近于前者,故《孟子》载宋子欲赴秦、楚止战,说之以"利",《白心》又主张"义兵",二者并无矛盾。

第三节 儒家子思学派对宋钘之影响

前文已述及儒家重视人伦之观念及孔子正名思想对宋钘学说之影响,若进一步分析该派遗著之内涵,又可发现宋钘颇受子思学说沾溉。他袭取并改造了子思"心术""型""中""独"等概念,初步建立道家心学之体系,下开庄子"心斋"之说,并影响其他稷下学者发展名法理论。本

---

① 刘咸炘:《子疏定本》,《刘咸炘学术论集·子学编》,第93页。
② 梁启超:《先秦政治思想史》,第157页。
③ 金受申曾云:"宋钘自是名法转关中的一个人物,和墨家相近,并不是墨徒。若以学说稍近墨家,就以为是墨徒,那真是孔子讲'正名',公孙龙便是他的嫡裔了。"说见《稷下派之研究》,台湾商务印书馆,1971年5月,第9页。

节拟从此一角度,谈谈子思学说对宋钘之影响。

子思的年世与墨子相近,据钱穆所考,墨翟生卒年为公元前480年至前390年,孔伋为公元前483年至前402年①。儒、墨在战国前期为显学,子思、墨子又并世为两派宗师,二者学说影响颇大,而《史记·孔子世家》谓子思"尝困于宋,作《中庸》"②,可推测其学说在战国前期已流布于宋③。宋钘生当二子之后,墨子及子思之说又流行于宋地,故宋钘能调和二子之说,别立一派。在宋钘著作中,有许多术语与子思学说有关,以下分述之。

一、"心术"与"型"

宋子学说着重探讨"心"之功能,《庄子·天下》谓其"语心之容(庸),命之曰心之行",即谓宋子论心之用,将之名为"心之行"。所谓"心之行"之"行"即郭店楚竹书《五行》仁、义、礼、智、圣"型于内谓之德之行"之"行"④,指心之运行、发用。"心之行"即是"心术"。前文也指

---

① 钱穆:《先秦诸子系年》,第89—90、172—176、616页。
② 按,传统以《中庸》为子思所作,后人虽多所怀疑,但由于近世所出战国竹书中有多篇子思学派文献,通过出土文献的研究,可以肯定《中庸》为子思一派作品。关于《中庸》一篇的作者及成书问题,参考梁涛:《郭店楚简与〈中庸〉公案》,《郭店楚简与早期儒学》,第85—113页;范丽梅:《郭店儒家佚籍研究——以心性问题为开展之主轴》,台湾大学中国文学研究所硕士论文,2002年1月,第202—212页;杨朝明:《〈中庸〉成书问题新探》,《儒家文献研究》,齐鲁书社,2004年12月,第262—282页;李启谦:《子思及〈中庸〉研究》,《孔子与孔门弟子研究》,2004年12月,齐鲁书社,第479—497页。
③ 金德建《论子思作〈中庸〉于宋地》(载《司马迁所见书考》)即据《孔子世家》,谓"《中庸》这篇书和宋地的关系一定是不浅",并论证《中庸》乃子思在宋地受墨家影响所作。金氏认为《中庸》具有重"实用"的思想倾向及"兼爱""天志""明鬼""尚贤"等观念,且其注重宗庙郊社之礼亦受墨家影响。鹏按,金氏谓"中庸"之名含有实用之观念,又据"凡有血气者,莫不尊亲""天命之谓性"等语推出《中庸》受墨子"兼爱""天志"之影响,显为曲说。"尚贤"之观念及宗庙郊社之礼本儒家所重,更非子思至宋地受墨家影响后才产生。至于重视鬼神之神秘倾向,民间信仰普遍有之,子思或为使其学说普及,故以鬼神、祯祥勉人为善,未必即受墨家影响。
④ 按,此点杨儒宾在《儒家身体观》(第62页)已指出。他说:"'五行'的'行'字指涉的不是外在的行为,而是内在心性一种真实流动的状态,其含义与《庄子·天下篇》所云'语心之容,命之曰心之行'的'心之行'相当。"但杨氏将《五行》及《心术下》《内业》一概视为孟子后学作品,故未梳理其间之学术传承关系。

出,子思学派经典《性自命出》:"凡道,心术为主。道四术,唯人道为可道也。""〔心〕欲柔齐而白"为宋钘"心术""白心"二术语所从出(参考本篇第一章第三节)。此外,《心术上》经文"心之在体,君之位也;九窍之有职,官之分也"亦与《性自命出》"君子心以为主身"、《五行》"耳目鼻口手足六者,心之役也"意旨相通。

　　子思论仁、义、礼、智、圣五行,贵其能如型范内化于心,故《五行》开篇便谓五行"型于内谓之德之型,不型于内谓之行。"郭店《成之闻之》也说"型于中,发于色"。刘信芳及周凤五均指出,二处"型"如字读,即"型范"之型①。周凤五解释说:

> 《五行》简文是说:仁、义、礼、智、圣五种道德意识在人心中产生如模型、器范的规范作用,使人的行为合乎道德标准,这就是"德之行";若任性纵情而为,心中缺乏道德意识的规范,这只是"行"。简文"型于中,发于色"与《五行》"玉色""玉音"以及《礼记·大学》"诚于中,形于外"的论述相通,其修养历程始于内在道德意识对于心性的规范,归结于表里如一的成德君子,这种由内而外,成德、成圣的修养工夫,乃先秦儒家的一贯之道。②

按,类似"型于中,发于色"之表述除见于《大学》外,还见于《大戴礼记·曾子立事》:"目者,心之浮也;言者,行之指也,作于中则播于外也。"③《管子》中亦有多篇推阐此一观念,如《心术下》:"型不正者德不来,中不精者心不治。""全心在中不可匿,外见于形容,可知于颜色。"《内业》"凡心之型,自充自盈,自生自成。其所以失之,必以忧乐喜怒欲利。能去

---

① 刘信芳:《释〈五行〉与〈系辞〉之型》,《简帛五行解诂》,艺文印书馆,2000年12月,第354—357页;周凤五:《郭店竹简文字补释》,《古墓新知——纪念郭店楚简出土十周年论文专辑》,国际炎黄文化出版社,2003年11月,第64—65页。
② 周凤五:《郭店竹简文字补释》,《古墓新知——纪念郭店楚简出土十周年论文专辑》,第65页。
③ 关于《大戴记》的《曾子》十篇的真伪问题,前人颇有争议。王应麟《汉书艺文志考证》主张此十篇为曾子及其弟子所作;黄震《黄氏日抄》则认为乃后人依托。郭店楚竹书及上博所藏《内礼》一篇刊布后,学者重新讨论此一问题,证明《大戴记》中《曾子》十篇为曾子一派著作。参考罗新慧:《郭店楚简与〈曾子〉》,《管子学刊》1999年第3期,第64—68页;张磊:《上海博物馆竹书〈内礼〉与〈大戴礼记〉曾子十篇》,《管子学刊》2007年第1期,第107—110页。

忧乐喜怒欲利,心乃反济"。《君臣下》:"道德定于上,诚心型于内,则容貌定于外矣。"所言均为心之"型"。"心之型"与"心术"为一组配套观念。前文已指出,《心术下》《内业》论心治、养心,皆受宋钘思想影响,颇疑"心之型"与"心术"之概念,皆宋钘袭取子思之说而造,并经由稷下道家之广泛传布,成为流行于战国中、晚期的学说。

儒家子思一派的"型"尚有认识论的内涵,此亦为宋钘所吸收。郭店《五行》说:"善弗为亡近,德弗志不成,智弗思不得。思不清不察,思不长不型①。不型不安,不安不乐,不乐亡得。"下文分论"仁之思""智之思""圣之思"又重申仁、智、圣三者之成德,均需经过玉色或玉音及进一步"型"之作用才能获致。刘信芳解释云:

> 外物型之于心,必须经过心之思。没有思的经验累积,不经过思的过程则无所谓型。简本 8"思不长不型"……。"长"者,增也、益也、积也。……思之积者,积少为多,增分为合,积一曲而见江河,然后得外物型之于心。……《五行》将人之反映外物称之为"型",说明《五行》认识学说是建立在朴素的反映论基础之上的。②

按,《五行》"型"的概念乃紧扣"心"言,而心之认识对象包括道德及一切外在知识,初不必区别其为修养论或认知论,由"仁之思""智之思""圣之思"并言,即可知在子思而言,认知与修养乃是二而为一之事。此一观念若以严格的逻辑思辨观之,不免含混,也无怪乎《荀子·非十二子》讥其说为"甚僻违而无类,幽隐而无说,闭约而无解"。

值得注意的是,《礼记·大学》对于认知与修身之过程,有更为条贯的阐述,即所谓修身、正心、诚意、致知、格物之说。前人对于篇中"致知在格物"一句有多种异说,笔者曾通过思想内涵及"格物"一词的辨析,将此句解为"致知在观物"("格"读为"观")③。所谓"观物",包括"以心观物""即事观理"两层意涵④。而"致知"之"知",即《白心》"自知曰稽",

---

① 按,此二句马王堆帛书本作"思〔不〕清不察,思不长不得,思不轻不型。"
② 刘信芳:《释〈五行〉与〈系辞〉之型》,《简帛五行解诂》,第 356—357 页。
③ 拙著《〈大学〉"格物"读为"观物"说》,《传统中国研究集刊》第 7 辑,2010 年 3 月。
④ 按,《孔丛子·记问》载"子思问于夫子曰:'物有形类,事有真伪,必审之奚由?'子曰:'由乎心。心之精神是乎圣,推数究理,不以物疑,周其所察,圣人难诸。'"正有以心察物辨事之意。

知人曰济"之"知"①,以《中庸》释之,即"诚人,仁也;诚物,知也"之知,即内心通过外在事物的审谛而得其真实本然之理②。"诚"与"型"之概念皆为子思一派著作所重,"诚于中"即"型于内"(中、内皆指心),内涵并无二致。

进一步来看,"成(诚)"与"型"可能具有词源上的关系,二字上古音皆属耕部。《周礼·夏官·橐人》:"春献素,秋献成。"《仪礼·士丧礼》于明器亦有"献素、献成",郑玄《注》:"形(型)法定为素,饰治毕为成。"贾公彦《疏》:"以其言素,素是未加饰名,又《经》言献材是斫治,明素是形(型)法定,斫治讫可知。又言成,成是就之名,明知饰治毕也。"③器物必有型范才能陶铸、制造。《说文》:"型,铸器之法也。""模,法也。"段玉裁《注》:"以木曰模,以金曰镕,以土曰型,以竹曰范,皆法也。"④模型既定,器物就具形体,仅需进一步加工、修饰就可成器,故"型"与"成"意义相关。

了解"型"字本义,对于宋钘著作中"型"之概念可得到更深一层的认识。《白心》说:

> 原始计实,本其所生。索其象,则知其形(型);缘其理,则知其情;索其端,则知其名。

所谓"型""情"皆与"计实"之"实"相应,皆与天生之质素有关。今本《老子》第四十一章:"大方无隅,大器晚成,大音希声,大象无形,道隐无名",数句形容道体,"形""名"并举,郭店《老子》乙组"大象无形"句作"天象无型",当从之⑤。"天象无型",意谓天象不以型为之范式。反言之,凡世间有形象之物皆有"型",故云"索其象,则知其型"乃谓由表可

---

① 按,此处所谓"稽"非徒考之于人,乃谓观物而致诚。"济"之本义为渡,可引申为通、成。张舜徽《管子四篇疏证》谓二句之"自知""知人"即"自知之术""知人之术"之省,其说是。自知之术指心术而言,《管子·七法》:"实也、诚也、厚也、施也、度也、恕也,谓之心术。"知人之术指法术而言,即循名责实之术。
② 参考前揭拙文《〈大学〉"格物"读为"观物"说》。
③ 郑玄注、贾公彦疏、彭林整理:《仪礼注疏》,北京大学出版社,1999年12月,第717页。
④ 段玉裁:《说文解字注》,第256、695页。
⑤ 参考刘信芳《释〈五行〉与〈系辞〉之型》,拙文《简帛〈老子〉"大器免成""天象无型"解——兼说道家型、器之譬》(载《杭州师范大学学报(社会科学版)》2017年第3期)。

以知里,观察外在之表现可以知内在之情实。《心术下》云:

> 心之中又有心。意以先言。意然后刑(型),刑(型)然后思,思然后知。

数句描述心之认知过程,由"意→形(型)→思→知",亦重视"型"之过程,但其说较《五行》"智弗思不得。思不清不察,思不长不型。不型不安,不安不乐,不乐亡得"有条理,《心术下》所云可视为《五行》"型"之观念的进一步发展。

综上所述,宋钘学说中"型"之概念,可能即袭自子思一派,但宋子对于心之成德、认知作用言"型"而不言"诚"①,亦见其道家立场。诚者,成也。《白心》云:"功成者堕,名成者亏。孰能弃名与功,而还与众人同?孰能弃功与名,而还反无成?无成,责其有成也;有成,贵其无成也。"乃本《老子》为说。道家宋钘一派重"型"不重"成(诚)",盖以"型法定为素","型"代表器物初成之质朴;而"饰治毕为成",则又进一步加上人工之文饰。《说文》:"朴,木素也。"段玉裁《注》:"素犹质也。以木为质,未雕饰,如瓦器之坯然。"②《老子》主张"复归于朴""见素抱朴"。至于儒家则更重器物之"成",故《论语·八佾》载孔子与子夏论"绘事后素",必在质素之上加以文饰礼节,始成文质彬彬之君子。此一区别正见儒、道思想之分际。

二、"中"与"和"

宋子著作中往往以"中"代称"心",如《白心》"中又有中。孰能得夫中之衷乎",即《内业》"心以藏心,心之中又有心焉"之意(本王念孙说)。《说文》:"中,内也。"引申为凡内、里之称。人之中即心也。《庄子·天下》谓宋钘"语心之容(庸),命之曰心之行",以"中"代"心",则"心之庸(用)"即"中庸",以宋子的话说,即"心之行""心术"也。《说文》:"用,可施行也。"《方言》卷六亦谓"用,行也。"郭沫若曾指出:《白心》对于"中"的观念特别强调,如上引"中又有中"二句及"若左若右,正中而已矣"

---

① 按,《心术上》解文:"毋代马走、毋代鸟飞,此言不夺能,而不与下诚(成)也",与此处所论无关。
② 段玉裁:《说文解字注》,第254页。

"和以反中"。他说:"虽然《内业篇》也说过'正心在中,万物得度',又屡言'全心在中''心全于中'或'治心在于中',中字都是内字的意思,与所谓正中的意思不同。不过《内业篇》也说过'不喜不怒,平正擅匈'或'心以藏心,心之中又有心'那样的话,但没有像《白心篇》这样显明地强调'中'。这似乎又是受了'皇子贵衷''子莫执中'或子思的中庸之类的影响了。"①

《礼记·中庸》为子思学派之代表作品,素为历来研治先秦儒学者所重。篇中"中庸"一词屡见,前人多据朱熹之说将"中"释为"不偏不倚",而"中庸"之"庸",则或据郑玄说训为用,或据朱熹训为庸常②。依愚见,"中庸"一词或可如前文解为"心用",训为心之施行。《中庸》说:"道也者,不可须臾离也,可离非道也。"又引孔子语"道不远人。人之为道而远人,不可以为道"。《性自命出》也说:"凡道,心术为主,道四术,唯人道为可道也。"可见子思所谓"道"即心术,藏于身中,不可须臾离,亦不可须臾止,所以《中庸》又说"天下国家可均也,爵禄可辞也,白刃可蹈也,中庸不可〈能〉能〈罢〉也③"。"中庸不能罢"即心用不能废止。人道以心为本源,故《中庸》说:"喜怒哀乐之未发,谓之中;发而皆中节,谓之和。中也者,天下之大本也;和也者,天下之达道也。"喜怒哀乐之情蕴藏于心内,称为"中",发见于外而得其宜,犹如音乐之中节,称为"和"。心虽为凡人所皆有,但"心无定志"④,人之用心,可以为善,亦可以为恶,故《中庸》引仲尼语"君子之中庸也,君子而时中;小人之中庸也,小人而无忌惮也"⑤。小人任其心受

---

① 郭沫若:《宋钘尹文遗著考》,《郭沫若全集·历史编》第一卷,第568—569页。
② 《礼记正义》下册,北京大学点校本,1999年12月,第1422页;朱熹:《四书章句集注》,第17、18页。
③ 按,此句解者多依字面说之,颇不可通。疑"能"为"罢"之坏字,即《论语·子罕》"欲罢不能"之"罢",训为废止。又疑"可"原作"能",涉上文诸"可"字而误。
④ 《性自命出》说:"凡人虽有性,心无定志,待物而后作,待悦而后行,待习而后定。"
⑤ "小人之中庸"一句,《经典释文》以为当作"小人之反中庸也",并引王肃本为证。朱熹《章句》从之,并解释云:"君子之所以为中庸者,以其有君子之德,而又能随时以处中也。小人之所以反中庸者,以其有小人之心,而又无所忌惮也。盖中无定体,随时而在,是乃平常之理也。"按"中"即"心",君子、小人皆有之,故君子、小人皆有"中庸"(庸通为用)。今本数句可能有误衍,疑本作"君子中庸而时中也;小人反之,中庸而无忌惮也"。

外物引诱,丧其天赋之明灵本性,故其用心而无所忌惮;君子则"执心不芒"(语见《彭祖》),故能"择乎中庸,得一善,则拳拳服膺而弗失之矣"①,即使"遁世不见知而不悔"②。宋钘以"心之用"为"心之行"疑即承自子思"中庸"之说,且其"举世而誉之而不加劝,举世而非之而不加沮"之独立精神又与之相通。

朱熹在《中庸章句》卷首虽引程颢"不偏之谓中,不易之谓庸"为说,但在其书之自序却引伪古文《尚书·大禹谟》"允执厥中"说"中庸"。其说云:

> 《中庸》何为而作也?子思忧道学之失其传而作也。盖自上古圣神继天立极,而道统之传有自来矣。其见于经,则"允执厥中"者,尧之所以授舜也;"人心惟危,道心惟微,惟精惟一,允执厥中"者,舜之所以授禹也。……盖尝论之,心之虚灵知觉,一而已矣,而以为有人心、道心之异者,则以其或生于形气之私,或原于性命之正,而所以为知觉者不同,是以或危殆而不安,或微妙而难见耳。然人莫不有是形,故虽上智不能无人心,亦莫不有是性,故虽下愚不能无道心。二者杂于方寸之间,而不知所以治之,则危者愈危,微者愈微,而天理之公卒无以胜夫人欲之私矣。精则察夫二者之间而不杂也,一则守其本心之正而不离也。从事于斯,无少间断,必使道心常为一身之主,而人心每听命焉,则危者安、微者著,而动静云为自无过不及之差矣。③

朱子以"允执厥中"为尧、舜、禹以至孔门所授心法,并隐以"心"释"中",后更调和程子之说而谓"必使道心为一身之主……而动静云为自无过不及之差矣。"前人已指出,《大禹谟》数语乃合《论语·尧曰》"允执其中"、《荀子·解蔽》引古《道经》"人心之微,道心之微"而成④。颇疑"允

---

① 《中庸》云:"子曰:'人皆曰予知,驱而纳诸罟擭陷阱之中而莫之知辟也。人皆曰予知,择乎中庸而不能期月守也。'"又引孔子语"回之为人也,择乎中庸,得一善,则拳拳服膺而弗失之矣。"
② 《中庸》云:"子曰:'素〈索〉隐行怪,后世有述焉,吾弗为之矣。君子遵道而行,半涂而废,吾弗能已矣。君子依乎中庸,遁世不见知而不悔,唯圣者能之。'"
③ 朱熹:《四书章句集注》,第14页。
④ 屈万里:《尚书集释》,联经出版公司,1983年2月,第309页。

执其中"之"中"疑亦指心。"允执其中"即"用守其心"。"允"读如《书·尧典》"允厘百工"之"允",训为用(见《经传释词》引王念孙说)。楚竹书《彭祖》开篇便云"执心不忘","执"即"允执其中"之"执",皆当训为"守"。

黄人二曾释上博竹书《内礼》附简"则民有礼,然后奉之以中郭"之"中郭"为"中庸"①,以此与《彭祖》合观,可证明至迟在战国中期,"中庸""心术"之说盛行,且已流布至楚。应当指出的是,战国时期另有"执中"之说,见《孟子·尽心上》:"杨子取为我,拔一毛而利天下,不为也。墨子兼爱,摩顶放踵利天下,为之。子莫执中。执中为近之。执中无权,犹执一也。所恶执一者,为其贼道也,举一而废百也。"其所谓"中"疑指两端之中,即处于杨、墨之间②,说实与儒家思孟一派心学别,故孟子有此批评。

《中庸》说:"喜怒哀乐之未发,谓之中;发而皆中节,谓之和。"并以和为天下之达道。《白心》亦重视"和",如云:"建常立道,以靖为宗,以时为宝,以正为仪,和则能久。"即以"和"为可长可久之常道。又云:"济于舟者,和于水矣;义于人者,祥于鬼。"篇末更云:"和以反中,形性相葆(抱)。"和与中并举,更见子思影响之迹③。

三、"礼"与"法"

前人已指出,子思一派已有"援法入儒"的倾向,如蒙文通说:"若

---

① 黄人二:《读上博藏简第四册内礼书后》,《出土文献论文集》,高文出版社,2005年8月,第284页。按,《内礼》之附简,福田哲之主张归入上博竹书《季庚子问于孔子》,见《上博四〈内丰〉附简、上博五〈季康子问于孔子〉第十六简的归属问题》,武汉大学简帛网,2006年3月7日。
② 朱熹《孟子集注》云:"子莫,鲁之贤人也。知杨、墨之失中也,故度于二者之间而执其中。"按,关于子莫,孙诒让《籀膏述林·子莫学说考》谓其即魏公子牟,罗振泽辨之,力主子莫为《说苑·修文》与公孟子高对话之颛顼子莫。钱穆从罗氏说,考订其年世当鲁穆公时,与子思相当。说见罗根泽:《子莫考》,《罗根泽说诸子》,上海古籍出版社,2001年12月,第264—267页;钱穆:《子莫考》,《先秦诸子系年》,第248—250页。
③ 按,《内业》亦重视"和"之观念,且与"心"联系起来,如云"彼心之情,利安以宁,勿烦勿乱,和乃自成。晳晳乎如在于侧,忽忽乎如将不得,渺渺乎如穷无极。此稽不远,日用其德。"所云颇与《中庸》相通。

子思、李克书,为说于法尤近。文质之论,亦发于《表记》。岂子思氏之儒,为杂于法家者耶?"①子思的学说杂有法家的因素,盖因应战国之时势,他曾说:"时移世异,各有宜也。"②从时变势移的角度自然提出礼、法并重之主张。郭店竹书《六德》便说:"作礼乐,制刑法,教此民尔,使之有向也,非圣贤者莫之能也。"宋钘在其著作中亦将礼、法并举,《心术上》经文说:"君臣父子人间之事谓之义。登降揖让、贵贱有等、亲疏之体谓之礼。简物小大一道,杀僇禁诛谓之法。"或许即受此一思潮之影响。

《心术上》经、解之论"礼""法"又有与子思一派相近者,如郭店《五行》云:"不简,不行。不匿,不察于道。有大罪而大诛之,简也。小罪而赦之,匿也。……简之言犹练(阑)也,大而晏者也。匿之为言也犹匿匿(忒)也,小而轸(珍)者也。"以大、小、简、轸等术语论"法",疑即《心术上》经文"简物(勿〈物〉)小大一道,杀戮禁诛谓之法"所本(参考上编第四章第一节校释)。裘锡圭曾指出,《五行》在马王堆帛书中与道法家的《伊尹·九主》同抄一卷当非偶然,二者学说当有相通之处③。宋钘作为稷下道法家之前导者,其说已受子思影响,至稷下学者取宋钘《心术》作解,更改造子思学派"礼,因人之情而为之节文"之说(见郭店《语丛一》及《管子·心术上》解文),以"理"说"礼"(《心术上》解文说"礼者,谓有理也")。彭蒙、田骈则更进一步以"理"作为"法"之基础④,将"道"与"法"联系起来,确立"道生法"之命题。

四、"一"与"独"

宋钘论心之修为往往以"一"说之,见于《白心》者如"内固之一,可

---

① 蒙文通:《〈儒学五论〉题辞》,《先秦诸子与理学》,第103页。
② 《孔丛子·居卫》载子思对曾子说:孔子之时"周制虽毁,君臣固位,上下相持若一体然。夫欲行其道,不执礼以求之,则不能入也。"但"今天下诸侯方欲力争,竞招英雄以自辅翼,此乃得士则昌,失士则亡之秋也。仅于此时不自高,人将下吾;不自贵,人将贱吾。舜、禹揖让,汤、武用师,非故相诡,乃各时也"。
③ 裘锡圭:《马王堆〈老子〉甲乙本卷前后佚书与"道法家"——兼论〈心术上〉〈白心〉为慎到田骈学派作品》,《文史丛稿》,第67—69页。
④ 《尹文子》载彭蒙之说云:"圣人者,自己出也;圣法者,自理出也。理出于己,己非理也;己能出理,理非己也。故圣人之治,独治者也;圣法之治,则无不治矣。"

以久长"。又如"和以反中,形性相葆(抱)。一以无贰,是谓知道。将欲服之,必一其端而固其所守。"所谓"一"皆专一、纯一不杂之意,实与儒家子思一派"慎独"之"独"相通。《方言》卷十二:"一,蜀也。南楚谓之蜀。"戴震《疏证》:"《广雅》:'蜀,弌也。'《说文》云:'弌,古文一。'"①"蜀"与"独"通。《礼记·中庸》《大学》皆见"慎其独"。戴君仁指出,此语亦见《荀子·不苟》《礼记·礼器》,郑玄《注》:"少其牲物,致诚悫。""致诚悫"正解"慎独"。《说苑·反质》:"诚者,一也。"一即是独。戴氏进一步说:"慎训诚,乃动词之诚;独即诚体,纯一不杂,乃名词之诚。慎其独即诚其诚,亦即致其诚。"他并认为《大学》《中庸》及荀子所言之"慎独"应当都作"致诚"讲,并认为荀子及《大学》所说之"慎独"乃受道家的影响(举《庄子·大宗师》"见独"为例),而改变道家所使用术语的意义,使趋于平实②。鹏按,"慎独"与"致诚"内涵相通,戴氏说是。惟儒家讲"独"肇于子思(《大学》《中庸》皆该派之著作③),其后宋钘讲"一",乃是取其实而略变其名,乃"旧酒装新瓶"。荀卿受宋钘之影响,讲"虚壹而静""择一而壹焉"(皆见《解蔽》),其所谓"壹"则直承二子而来(参考本章第六节)。至若庄周讲"朝彻而后能见独"(此"独"用《内业》的话说,即"上际于天,下极于地"的"一言之解""一之理"),又"旧瓶装新酒",改变儒家子思一派"慎独"所重精诚专一的内涵,用于描述修养之境界。

郭店楚竹书及马王堆帛书有《五行》一篇,亦为子思学派著作,其中有"慎独"之说:"'淑人君子,其仪一也。'能为一,然后能为君子。〔君子〕慎其独也。'〔瞻望弗及〕,泣涕如雨。'能差池其羽,然后能至哀。君子慎其〔独也〕。"④马王堆本在《五行》经文后有解,其说云:"能为一者,言能以多为一;以多为一也者,言能以夫五(指仁义礼智圣等五行)为一。""慎其独也者,言舍夫五而慎其心之谓也。"《五行》刊布后,学者对

---

① 戴震:《方言疏证》,收入《小学名著六种》中华书局,1998 年 11 月,第 67 页。
② 戴君仁:《荀子与大学中庸》,《梅园论学集》,台湾开明书店,1970 年 9 月,第 225—231 页。
③ 论者或视《大学》为孟子或荀子一派所作,笔者主张为曾子后学或子思学派作品,说详拙文:《〈大学〉著作时代及学派归属再探》,《现代儒学》第 1 期,2016 年 9 月。
④ 见郭店楚简本第 16 至 17 简,缺文则据马王堆帛书本补。

儒家"慎独"之义颇有争论①,笔者以为梁涛所论最近实,他说:"《大学》《中庸》的慎独是对'诚'而言,而《五行》则是对'仁、义、礼、智、圣',但根据《五行》的规定,'德之行五,和为之德''形于内'的五行也就是一种内心之德,它与'诚'在精神实质上仍是一致的。……所以根据《大学》《中庸》《五行》等篇的内容,慎独的'独'应理解为内心的专一,内心的真实状态,慎独即不论在独处时还是在大庭广众下,均要戒慎地保持内心的专一,保持内心的诚。"②所论正与戴君仁说相合。

---

① 按,见梁涛《郭店竹简与"君子慎独"》《也谈"是谁误解了慎独"》《慎独与意气》;钱逊:《是谁误解了"慎独"》《再谈对慎独的误解》。二氏针对"慎独"问题一来一往,前揭诸文见简帛研究网。其他学者对"慎独"也发表不同意见,见廖名春:《慎独本义新证》,《学术月刊》2004 年第 8 期,后收入《中国学术史新证》(四川大学出版社,2005 年 8 月);刘信芳:《简帛〈五行〉慎独及其相关问题》,《湖北师范学院学报》(哲学社会科学版),第 21 卷第 2 期(2001 年),后收入《简帛五行解诂》(艺文印书馆,2000 年 12 月);戴琏璋:《儒家慎独说的解读》,《中国文哲研究集刊》第 23 期(2003 年 9 月)。
② 梁涛:《郭店竹简与"君子慎独"》,《古墓新知》,台湾古籍出版公司,2002 年 5 月,第 228—229 页。

第九章 论宋钘与尹文、慎到、荀况之关系及其影响

第一节 论宋钘与尹文之关系

一、今本《尹文子》之真伪问题

《汉书·艺文志》有《尹文子》一篇,班固自注:"说齐宣王,先公孙龙。"颜师古引刘向说:"与宋钘俱游稷下。"今本《尹文子》有二卷,分《大道上》《大道下》,宋代以下学者多以为此书乃魏晋人所伪,此说主要肇因于对今本《尹文子》仲长统之序的怀疑。该序说:

> 尹文子者,盖出于周之尹氏,齐宣王时居稷下,与宋钘、彭蒙、田骈同学于公孙龙,公孙龙称之。著书一篇,多所弥纶。……余黄初末始到京师,缪熙伯以此书见示,意其玩之,而多脱误。聊次条定,撰定为上、下篇,亦未能究其详也。山阳仲长统撰。①

晁公武对于此序有两点怀疑,一是序称尹文于齐宣王时居稷下,学于公孙龙,但《汉书·艺文志》序此书在《公孙龙子》之上,且公孙龙客于平原君,而平原君相赵惠文王,文王元年时距齐宣王殁已四十余岁,则知尹文非学于公孙龙;二是史传称仲长统卒于献帝逊位之年,但此序又说他在黄初末到京师,明显不合。不过,晁氏只说"岂史之误乎"?未遽断其书之真伪,态度不失谨慎。宋濂乃据此二点,断今本《尹文子》为伪。近人马叙伦、顾实、钱基博等人俱以其书文辞浅薄,不类战国时文,视为魏

---

① 《尹文子》(钱熙祚校本),《诸子集成》,中华书局,1954年12月,第6册,第2页。

晋人依托之作①。梁启超则认为：

> 今本《尹文子》二篇，精论颇多，其为先秦古籍毫无可疑，但指为尹文作或尹文学说，恐非是。《庄子·天下篇》尹文与宋钘并称，其学"以为无益于天下者明之不如其已"。名家所提出种种奥赜诡琐之问题，皆宋尹一派所谓"无益于天下"者也。……今本《尹文子》"名以检形，形以定名"等语，皆名家精髓，然与庄子所言尹文学风，几根本不相容矣。……卷首一序，题云"山阳仲长氏撰定"，似出仲长统所编次，然序中又有"余黄初末始到京师"语，统卒于汉建安中，不能及黄初，疑魏晋人所编，托统以自重。其书则本为先秦名家言，编者不得其主名，遂归诸尹文耶。尹文为齐湣王时人，见《吕氏春秋》，班云宣王，亦微误。②

鹏按，马叙伦等人谓其书浅薄，故断为后人伪书；梁氏又说其书精论迭出，故定为先秦故籍，可见此种诉诸主观印象的论断并无助于解决问题。梁启超仅据《庄子·天下》记述宋、尹摒弃"无益于天下"之学，而今本《尹文子》有形名之论，断定其为后人依托之作，其说恐非。《庄子·天下》原文作"曰：'君子不为苛察，不以身假物。'以为无益于天下者，明之不如已也。"知其所斥乃苛察之说、饰于物之行，至于名实相应之论，则不在摒弃之列。从今本《尹文子》观之，其论形名之目的在"正名"，所以开篇便说："大道无形，称器有名。名也者，正形(型)也。形(型)正由名，则名不可差。故仲尼曰：必也正名乎，名不正则言不顺也。"此上承孔子、宋钘之说，实无名家末流苛察缴绕之弊。此外，前人已指出，《天下》虽将宋钘、尹文合论，但所述以宋钘学说为主③。尹文虽亦持"见侮不斗"说齐湣王(见《吕氏春秋·正名》)，此可视为其受宋钘学说影响之处，但尹文生处战国晚期，名辨之说盛行，他受宋钘一派"正名"说之影响，详论形名，此乃其学说之发展，不得以《天下》未述及宋、尹名辨之论

---

① 上引诸家说见张心澄《伪书通考》，上海书店，1998年1月，第786—788页。
② 梁启超：《汉书艺文志诸子略考释》，收入《清代学术概论》附录，东方出版社，1996年3月。
③ 金受申：《稷下派之研究》，台湾商务印书馆，1971年5月，第31页；胡家聪：《稷下争鸣与黄老新学》，中国社会科学出版社，1998年9月，第268页。

而谓今本《尹文子》有形名说乃后人依托。况且《汉书·艺文志》已将《尹文子》归入名家,可见班固所见《尹文子》本以形名之学为主①。白奚谓:"(宋钘)见侮不辱、禁攻救斗的思想影响了尹文,但尹文关心的主要不是这些,他的学术思想已远远超出了这个范围,是一个突出名法的黄老学者。"②其说是。

关于今本序文称尹文"与宋钘、彭蒙同学于公孙龙",原文当有脱误,亦不得视为伪迹之一。钱穆已指出,序所据本当为"与宋钘、彭蒙同学,先于公孙龙,公孙龙称之"。脱一"先"字。《汉志》凡云"称之"者,例为后之称前,而所谓尹文与宋钘等人"同学","以当时稷下先生皆不治而论议,古者宦学齐称,今稷下之流皆不仕,乃相谓同学。"③前引诸家之说确凿无误者,仅序中仲长统自称"黄初末始到京师"一点,此诚如梁启超说,乃后人"托统以自重",但即使序为伪,未必就可断言其书亦为后人依托。

仅据序之可疑而定原书之伪既无法服人,唐钺、罗根泽更从今本《尹文子》之用语、思想内涵及袭用其他文献之情形入手,欲定此书为伪。唐氏所提出的论据包括:《尹文子》引用古书而掩晦来源、用秦以后的词语、文体不像先秦的书、剽袭别书的大段文字、袭用古书而疏谬、一篇之中自相矛盾、书中没有尹文子的主张、书中有些话和尹文子的主张相反等④;罗氏则指出,今本《尹文子》有"误解尹文学说"及"论及尹文以后学说"之情形⑤(按,二氏俱以《庄子·天下》所述为尹文之真正学说)。关于二氏之说,刘建国《〈尹文子〉伪书辨正》一文已逐条批驳⑥,在此无需赘述。胡家聪的批评更是一针见血:

---

① 按,若依梁氏之说推衍,则班固《汉志》所收《尹文子》已为伪托之作,但班固于自注中并未提及此书为后人依托。
② 白奚:《稷下学研究——中国古代的思想自由与百家争鸣》,第195页。
③ 钱穆:《尹文考》,《先秦诸子系年》,第378—379页。
④ 唐钺:《尹文和〈尹文子〉》,《古史辨》第6册,蓝灯文化公司,1987年11月,第235—239页。
⑤ 罗根泽:《〈尹文子〉探源》,《古史辨》第6册,第246—249页。
⑥ 刘建国:《〈尹文子〉伪书辨正》,《先秦伪书辨正》,陕西人民出版社,2004年7月,第303—308页。关于前人对于今本《尹文子》真伪及学派归属问题,并参考王晓波《自道以至名,自名以至法——尹文子的哲学与思想研究》,《台大哲学评论》第30期,第5—15页;傅贵丽:《〈尹文子〉研究》,兰州大学硕士论文,2007年5月,第7—15页。

《探源》(按,指罗根泽《〈尹文子〉探源》)论证《尹文子》系魏晋人伪造的论点之一,是把宋钘、尹文二人的年龄及学说看作等同,既不具体分析宋钘与尹文的年辈,又不具体分析宋钘逝世后尹文学派的新发展,因而仅仅以《庄子·天下》对宋、尹学派的记述为依据,认为《尹文子》与之不合,乃出于后人伪造,这种粗忽的论证怎能令人信服呢?①

胡氏进一步提出今本《尹文子》非伪书的内证,其说可归纳为三点:一是《尹文子》中提及"治、乱之国""强、治之国",表明此书写在各诸侯国分裂割据、互相争霸的战国时代;二是《尹文子》中的学说与《荀子》多相近或相同处②,此说明尹文与荀况同在稷下从事学术活动,二子皆受宋钘学说影响;三是《尹文子》中反映的是道、法、刑名思想融合为一体的道家黄老学说,"离开了稷下之学的特定环境,后人想伪造也是伪造不出来的。"③按,其说是,惟胡氏文中提及"荀况称宋钘为'子宋子',与尹文同受其传承",并不确实。荀子称宋钘为"子宋子"并不表示他曾受业于宋子,此点《荀子·正论》杨倞《注》已说:"言此者,盖以难宋子之徒。"荀况称宋钘为"子宋子"有设辞以难宋子之徒之意(关于荀子与宋子之关系,参考本章第三节)。荀况与尹文同受宋钘影响,但二者情况并不相同。荀子对于宋子学说乃批判性地改造、深化,如他在《正论》《正名》通过对宋钘"见侮不辱""情欲寡"的批评,从而建立自己一套关于节欲及荣辱的理论;尹文对宋钘思想则较多正面的继承,并进一步融入稷下名、法之学,着重发展形名、法术理论。

二、论尹文之年世

尹文的年世,前文所引梁启超说据《吕氏春秋·正名》谓尹文为齐愍王(公元前 300 年始在位)时人,其年代自在宋钘之后(前文定宋子卒年不晚于前 300 年);但顾实、唐钺又据班固《汉志》自注谓尹文"说齐宣

---

① 胡家聪:《稷下争鸣与黄老新学》,第 260 页。
② 关于此点,胡氏在《道家尹文与儒家荀况思想有若干相通之处——兼论稷下学术中心的思想交流》一文有详细的论述,文载《道家文化研究》第 14 辑。
③ 同上书,第 260—263 页。

王",认为尹文主要活动年代在宣王时,反以尹文为宋钘之师。顾实推测尹文的生卒年是前 392 至前 317 年①。钱穆则说:"《吕览·正名》篇载尹文与齐湣王论士,则尹文乃宣王时稷下旧人,至湣王时尚在。"并定尹文生卒年为前 350 至前 285 年②。李学勤也指出:"尹文在宣王时居稷下,《吕氏春秋·正名》载他见齐湣王,论见侮不斗,说明当时仍在。不过《盐铁论·论儒》谈到湣王末年诸儒分散,有慎到、接子、田骈、孙卿,没有尹文,很可能他已不在世上。"③胡家聪则据《吕氏春秋·正名》记述尹文和齐湣王论士之后的一段话("……论皆如此。故国残身危,走而之谷,如卫。"),认为尹文在湣王末年战乱时先至谷,后至卫,至襄王时可能又返回稷下④。鹏按,钱穆、李学勤说是。《吕氏春秋·正名》"故国残身危,走而之谷,如卫"乃该篇作者的评述之语,其对象自指湣王,似乎不当说为尹文之遭遇,胡氏说疑非。宋钘年世当在尹文之前,这一点可以从《庄子·天下》论述各派时,多将具有前后传承关系者合论得到证明,如"墨翟、禽滑厘""彭蒙、田骈、慎到"皆是。李学勤指出:"彭蒙、宋钘之年较长,田骈以及尹文从之游,所以《天下》有田子学于彭蒙之说。……宋钘、尹文的关系,大约与彭蒙、田骈相似,在师友之间。"⑤其说是。

三、论宋钘对尹文之影响

关于尹文的思想内涵,胡家聪、白奚、王晓波等学者已有深入的论述⑥,

---

① 顾实:《庄子天下篇讲疏》,第 129 页;唐钺:《尹文和〈尹文子〉》,《古史辨》第 6 册,第 233—234 页。
② 钱穆:《尹文考》,《先秦诸子系年》,第 379、619 页。按,《四库全书总目提要》子部杂家类著录《尹文子》一卷,并云:"颜师古注《汉书》,为齐宣王时人。考刘向《说苑》载文与宣王问答,颜盖据此。然《吕氏春秋》又载其与湣王问答事,殆宣王时人,至湣王时犹在欤。"钱氏说盖本此。
③ 李学勤:《〈管子·心术〉等篇的再考察》,《古文献丛论》,第 192 页。
④ 胡家聪:《稷下争鸣与黄老新学》,第 259 页。
⑤ 李学勤:《〈管子·心术〉等篇的再考察》,《古文献丛论》,第 191 页。
⑥ 胡家聪:《稷下争鸣与黄老新学》,第 264—279;白奚:《稷下学研究——中国古代的思想自由与百家争鸣》,第 202—211 页;王晓波:《道与法:法家思想和黄老哲学解析》,台湾大学出版中心,2007 年 5 月,第 313—371 页。

此处针对宋钘对于尹文之影响略加梳理。宋钘学说以《老子》为根柢，并融入儒家(尤其子思一派)、墨家的思想成分。尹文在其基础上，更适时地融入名、法之学，形成其以"大道"调和诸子百家之说，以名、法治国的黄老道家体系。具体而言，宋钘对尹文影响之处有以下几点：

1. 宋钘学说的开放性格局影响尹文建立兼容各家的思想体系：尹文之学兼容并蓄，虽与其长居稷下讲学，与彭蒙、田骈、慎到、荀况等人交往有关①，但亦受宋钘"援儒、墨入道"之学风沾溉。这一点可以由《尹文子》兼受儒、墨二家影响得到证明。如今本《尹文子》上卷论正名引孔子"必也正名"之语，又倡"礼乐独行，则私欲寝废"，下卷开篇更说"仁、义、礼、乐、名、法、刑、赏，凡此八者，五帝三王治世之术也。"将儒家思想与形名法术融合为一。胡家聪也指出："(尹文所倡)'全治而无阙'有墨家尚功利、去无用的精神，提倡'有益于治'的言论、'有益于事'的行为……这恰恰是墨学功利主义精神之再现。不仅如此，进而提倡'为善与众行之，为巧与众能之'……这样群策

---

① 按，今本《尹文子》序称尹文"与宋钘、彭蒙、田骈同学"，盖据《尹文子》下卷"田子读书"章所记彭蒙、田骈、宋钘相与论学之情形推衍。除此章外，《尹》书中引田骈说有二，其中引田子"人皆自为"一段，并自称"稷下先生曰：善哉田子之言。"亦有一处引彭蒙说，即"雄兔在野，众人逐之"之论(《吕氏春秋·慎势》有类似说法，但为慎到之言)，可见尹文与《庄子·天下》所述彭蒙、田骈、慎到一派颇有关系。《尹文子》言"分定""因"，皆受此派影响。至于尹文与荀子之关系，文献中虽未明言，但二子相互影响仍有蛛丝马迹可寻。胡家聪就指出：二人长年在稷下从学，其年龄又相近，或多有交往。细察《尹文子》《荀子》二书，多有相通、相近之处，更可证明二子在稷下通过思想交流，取长补短。胡氏所举二书中相近之说包括社会分工论、等级名分论、"言必当理，事必当务"论、"不苟"之论、"先诛之论"、"性恶"论、"正名"论等。值得注意的是，孔子诛少正卯之说(即胡氏所谓"先诛"之论)并见于《尹文子》卷下及《荀子·去宥》。前人关于孔子是否诛少正卯一事有不少争论，笔者认为此传说当为战国晚期尹文一派为阐释其"正名"说所造寓言，其性质犹如庄子借孔子、颜渊之口铺陈学说。在尹文来说，孔子正是"仁义礼乐，名法刑赏"并用之圣人，故借其摄相而先诛少正卯强调此一形象。且尹文以"先诛"之目的在清"乱政之本"，以正视听，似亦隐含孔子"政者，正也"之意(惟此亦尹文之"断章取义"，《论语·颜渊》该章在此句后更说"子帅以正，孰敢不正"，所重乃主政者以身作则，未尝言先正邪僻者)。今人廖涣超曾比对《尹》《荀》二书对于此事记述的详略差别，从而提出《尹文子》才是'孔子诛少正卯'的原始出处"之论断，亦可作为笔者观点之左证。胡家聪说见《道家尹文与儒家荀况思想有若干相通之处——兼论稷下学术中心的思想交流》，《道家文化研究》第14辑(1998年7月)，第279—288页；廖涣超说见《孔子诛少正卯辨》，《辽宁师专学报》(社会科学版)1999年第1期，第129—131页。

群力的社会思想,也体现出一定的'兼爱互利'精神。"①《庄子·天下》谓宋钘、尹文"以腴合欢,以调海内",即能合诸子之学,如烹调五味,令其融和②。正由于此种开放性特色,尹文才能不为宋钘所囿,以"大道容众,大德容下"③之精神融合各家之说,形成"自道以至名,自名以至法"的思想体系④。

2. 尹文继承宋钘宗老子道论之学统:宋钘云:"虚而无形谓之道,化育万物谓之德。"(《心术上》经)"道者,一人用之,不闻有余;天下行之,不闻不足。""道之大如天,其广如地,其重如石,其轻如羽,民之所知者寡。"(以上见《白心》),其道论上承《老子》。尹文在其著作中更将《老子》道论奉为正统,如《尹文子》开篇便说"大道无形,称器有名",标举"大道"为宗,故下文说"〔以〕大道治者,则名、法、儒、墨自废"⑤。并在篇中屡次引《老子》为说,如上卷引今本《老子》第 62 章"道者,万物之奥,善人之宝,不善人之所宝(保)"。并申述云:"是道治者,谓之善人;藉名、法、儒、墨者,谓之不善人。善人之与不善人,名分日离,不待审察而得也。"下卷引《老子》第 57 章"以政(正)治国,以奇用兵,以无事取天下"。并说:"政(正)者,名、法是也。以名、法治国,万物所不能乱;奇者,权、术是也⑥。以权、术用兵,万物所不能敌。凡能用名、法、权、术而矫抑残暴之情,则已无事焉。已无事,则得天下矣。"又阐释《老子》第 74 章"民不畏死,奈何以死惧之"云:"凡民之不畏死,由刑罚过。刑罚过,则民不赖其生。生无所赖,视君之威末如也。刑罚中,则民畏死。畏死,由生之可乐也。知生之可乐,故可以死惧之。此人君之所宜执,臣下之所宜慎。"从此三例

---

① 胡家聪:《稷下争鸣与黄老新学》,第 278 页。
② 按,此处化用王夫之《庄子解》之语,参看本书附录一校释第 12 对二句之注解。
③ 见《说苑·君道》尹文答齐宣王之语。
④ 《四库全书总目提要》谓尹文之学"出入于黄老、申、韩之间。周氏《涉笔》谓其'自道以至名,自名以至法。'盖得其真。"
⑤ 首句"以"字依王启湘说补。见《尹文子校诠》,《周秦名家三子校诠》,世界书局,1978 年 3 月再版,第 22 页。
⑥ 按,《尹文子》上卷论治国之方,别权、术为二,并言"术不足以治则用权""权用反术",此处论权、术仍当依前文稍别。

看,尹文引用《老子》并非泛引,而是有意识地阐述、改造《老子》的学说①。韩非作《解老》《喻老》,借《老子》发挥法治思想,可能即受尹文之影响②。此外,《老子》论道重视"反""复"之循环、能动性因素,如云:"反者,道之动""正复为奇"。宋钘亦重视此一概念,如《白心》说:"事成而顾反无名""和以反中""左右前后,周而复所"。尹文更进一步发挥反辅为用之道术论,他说:"道不足以治,则用法;法不足以治,则用术;术不足以治,则用权;权不足以治,则用势。势用则反权,权用则反术,术用则反法,法用则反道。道用则无为而自治。故穷则徼终,徼终则反始。始终相袭,无穷极也。"明显承继《老子》及宋钘之说。

3. 尹文阐述发挥宋钘"别囿""见侮不辱""禁攻寝兵"之说:尹文倡"见侮不斗"之说见于《吕氏春秋·正名》所载尹文与齐愍王论士一章。《尹文子》云:"接万物使分,别海内使不杂。见侮不辱,见推不矜。禁暴息兵,救世之斗。此人君之德,可以为主矣。"前两句为对"别囿"之发挥,后者则响应宋钘"见侮不辱""寝兵"之说。顾实将《庄子·天下》所述宋、尹"接万物以别囿为始"一句解为"人心有所拘囿,当辨而去之"。高亨则据郭象《注》,将"别囿"读为"别域",解为"别域者,划分万物之畛界,使不相侵犯也"③。鹏按,宋钘之"白心""别囿"乃一组相关的概念,其别囿之目的不外是使心恢复本然之状态,故当以前说为是;但尹文受彭蒙、慎到等人"定分"说之影响④,划

---

① 按,胡家聪已注意到尹文"解老"的倾向,他认为尹文引《老子》"以正治国"章,"尽管主张'以名、法治国',但还是阐发老子道论为法家政治作论证,而又落脚到'无为'可以得天下。这是尹文'解老'的黄老新论。"白奚针对《尹文子》下卷引《老子》"民不畏死"章也指出:轻用刑罚的主张在先秦诸子常见,而只有尹文是由道家老子哲学引出来的,这正是用道家哲学论证法家政治的黄老路数。二氏说分别见《稷下争鸣与黄老新学》,第271页;《稷下学研究——中国古代的思想自由与百家争鸣》,第206页。
② 王晓波已指出,尹文将《老子》的"以正治国,以奇用兵"诠释为名、法、权、术,显然是韩非的先进。说见《自道以至名,自名以至法——尹文子的哲学与思想研究》,《台大哲学评论》第30期,第19—20页。
③ 顾实:《庄子天下篇讲疏》,第44页;高亨:《庄子天下篇笺证》,《高亨著作集林》第九卷,第398页。
④ 《尹文子》卷上引彭蒙语:"雉兔在野,众人逐之,分未定也;鸡豕满市,莫有志者,分定故也。"并说:"物奢,则仁智相屈;分定,则贪鄙不争。"划

分"名"与"分"之界限①,欲以此达到"贪鄙不争"之目的,此乃其分别畛域之"别囿"说,固可以"不欲令相犯错"(郭象语)解之,也即此处所谓"接万物使分,别海内使不杂"。宋、尹"别囿"之目的皆在使人正确地认知外在事物,惟宋钘继承《老子》"涤除玄鉴"之理路,要求修养工夫从"心"做起;尹文则受彭蒙一派之影响,强调确立内外名分即可使人不争②。

4. 宋钘、尹文同有"毋恃富""毋倚贤"之主张:宋钘"毋恃富,毋倚贤"之说,见于楚竹书《彭祖》。此二说在《尹文子》中皆有反映,如"所贵圣人之治,不贵其独治,贵其能与众共治;贵工倕之巧,不贵其独巧,贵其能与众共巧也。今世之人,行欲独贤,事欲独能,辩欲出群,勇欲绝众。独行之贤,不足以成化;独能之事,不足以周务;出群之辩,不可为户说;绝众之勇,不可与征阵。凡此四者,乱之所由生",即毋自负贤能之说;而"人贫则怨人,富则骄人。怨人者,苦人之不禄施于己也,起于情所难安而不能安,犹可恕也;骄人者,无所苦而无故骄人,此情所易制而弗能制,弗可恕矣。……贫贱之望富贵甚微,而富贵不能酬其甚微之望。夫富者之所恶,贫者之所美;贵者之所轻,贱者之所荣。然而弗酬,弗与同苦乐故也",即所谓"毋恃富"之说。尹文从其"弗与同苦乐"之论,更进一步告诫君王"今万民之望人君,亦如贫贱之望富贵。其所望者,盖欲料长幼、平赋敛、时其饥寒、省其疾痛、赏罚不滥、使役以时,如此而已,则于人君弗损也。然而弗酬,弗与同劳逸故也。……人君不可不酬万民。不酬万民,则万民之所不愿戴;所不愿戴,则君位替矣,危莫甚焉,祸莫大焉"。可见尹文颇富同情心,虽倡君王形名法术,但亦关心民间疾苦,故《庄子·天下》称宋、尹二子为"救世之士"。

5. 尹文之"形(型)名论"受宋钘"形(型)名相应"的正名观影响:孔子

---

① 《尹文子》卷上:"五色、五声、五臭、五味,凡四类,自然存焉天地之间,而不期为人用。人必用之,终身各有好恶,而不能辨其名分。名宜属彼,分宜属我。我爱白而憎黑,韵商而舍徵,好膻而恶焦,嗜甘而逆苦。白黑商徵,膻焦甘苦,彼之名也;爱憎韵舍,好恶嗜逆,我之分也。定此名分,则万事不乱。"

② 关于宋、尹及其他诸子的别囿说,参考本书附录一。

"正名"说主要着眼于政治层面①,宋钘将之抽象化、理论化,并提出"形(型)""名"二概念,如《心术上》经云:"物固有形(型)②,形(型)固有名,名当谓之圣人。"解文以"督言正名,谓之圣人"说之。《白心》云:"正名自治,奇名自废。名正法备,则圣人无事""索其(像),则知其形(型);缘其理,则知其情;索其端,则知其名。"尹文在其基础上建立形名论,如今本《尹文子》开篇便说"大道无形(型),称器有名。名也者,正形(型)者也。形(型)正由名,则名不可差"。首句"大道无形(型)"化用《老子》"大〈天〉象无形(型)",而型、名概念之划分显然继承宋钘之说。值得注意的是,尹文在此以"大道无形(型)"与"称器有名"对举,可见诸"形"字当读为"型"无疑,这点需要从古代铸造器物的角度略加疏解。朱凤瀚对于商周青铜器之块范法有较简要之说明,他指出:以铸造容器为例,先制成欲铸器物的模型(称作模或母范)③,再用泥土敷在模型外面,脱出用来形成铸件外廓的铸型组成部分(此部分称为外范),外范要分割成数块,以便于从模上脱下。此外,还要用泥制一个体积与容器内腔相当的范,通称为芯(亦称心型或内范),然后使外范与芯套合,中间的空隙即型腔,其间隔为欲铸器物的厚度。最后将熔化的铜液注入此空隙内,待铜液冷却后,除去外范与芯即得到所欲铸器物④。鹏按,"型"之本义为内范或母范,故可引申为事物原始或理想之样态,亦可引申有"实"义⑤。

---

① 见《论语·颜渊》:"政者,正也。""君君,臣臣,父父,子子。"《子路》:"名不正,则言不顺;言不顺,则事不成;事不成,则礼乐不兴;礼乐不兴,则刑罚不中;刑罚不中,则民无所错手足。"
② 按,上文校释《心术上》此二"形"字皆未破读,惟已将之训为"实",今与相关文例合观,知当径读为"型"。
③ 朱氏指出:母范最常见的原料是陶土,若制造形细长扁平的刀、削,可用竹、木,较小的鸟兽形体可用骨、石雕刻为模。
④ 朱凤瀚:《古代中国青铜器》,天津,南开大学出版社,1995年6月,第527—528页。
⑤ 王博也注意到与"名"相对的"形"应当读为"型",但他认为这仅限于《黄帝四经》所见,并将"型"字解为法度及客观标准。按,王氏之说尚有一间之未达。笔者认为战国时代与"名"相对之"形"皆当读为"型",因"形"之本义指像似可见之外在形象,无缘引申有"实"义。马王堆乙本《老子》卷前道家佚书之"形(型)名"确如王氏所说,多具有标准、法度之意,但此应为宋钘、尹文名实相应之"形名"说后来之发展、引申。王博说见《老子思想的史官特色》,文津出版社,1993年11月,第350—356页。

裘锡圭曾指出,古书中"形名"亦作"刑名",所谓"形"或"刑"非指刑法,而是指事物的本形。形(或刑)、实二者常与名、声对举,"实就是形,声就是名。"①然则形(或刑)者,型也。《尹文子》下文更提出名实互定,形名互检之原则,其说云:"有型②者必有名,有名者未必有型。型而不名,未必失其方圆白黑之实;名而〔无型〕③,不可不寻名以检其差,故亦有名以检型。型以定名,名以定事,事以检名。察其所以然,则型名之与事物,无所隐其理矣。"④

6. 宋钘著书好用寓言、谚语之特色亦影响尹文:宋钘一派喜借寓言、好引谚语为说,前者可举《去尤》《去宥》为例,后者则见于《白心》。《尹文子》中亦有上述特色,其用寓言说理如上卷以"宣王好射""齐有黄公者好谦卑""楚人担山雉以为凤凰""魏田父得宝玉"等寓言说明"世有因名以得实,亦有因名以失实"之道理。《尹》书中除援引老子、田骈、彭蒙之语外,亦好引谚语为说,如下卷述"孔子诛少正卯"一段后,便连续引用三则谚语:"语曰:'佞辩可以荧惑鬼神。'(其下更设为问答以阐述之)……故舜、禹者,以为不用佞人,亦未必憎佞人。语曰:'佞辩惑物。'舜禹不能得憎,不可不察乎?语曰:'恶紫之夺朱,恶利口之覆邦家。'斯言足畏,而终身莫悟,危亡继踵焉。"

由以上六点,可以看出尹文从思想内涵到著作体制俱受宋钘之影响,故《庄子·天下》将二人合论,但二子是否可视为一"宋尹学派"却见仁见智。郭沫若认为《天下》所述为宋钘、尹文二人之学说要旨,故将《管子·心术》等篇视为"宋尹学派"遗著(郭氏以今本《尹文子》乃伪书,斥为"文字肤陋,了无精义")⑤;白奚则举证历历,认为宋、尹二子思想迥异,一属墨家,一属黄老道家,故断言"先秦学术史上并不存在一个

---

① 裘锡圭:《马王堆〈老子〉甲乙本卷前后佚书与"道法家"——兼论〈心术上〉〈白心〉为慎到田骈学派作品》,《文史丛稿》,第 65 页、第 76 页注 6。
② 按,诸"型"字原作"形",引文径破读为"型",训为实。
③ "无形(型)"二字依孙诒让说补,见王启湘《尹文子校诠》第 22 页所引孙氏说。
④ 关于《尹文子》此段形名论的分析,可以参考白奚《稷下学研究——中国古代的思想自由与百家争鸣》,第 207—208 页。
⑤ 郭沫若:《宋钘尹文遗著考》,《郭沫若全集·历史编》第一卷,第 547—552 页。

'宋尹学派',所谓'宋尹学派'只是肇始于郭沫若的一个误解"①。二家各执一端,似乎不能相容,但若以思想发展的观点来看,尹文学说乃是对于宋钘思想的进一步深化、改造。正因其同,尹文学说才有发展的基础;正因其异,尹文才得以自成一家之言。

第二节　论慎到学说及其与宋钘之关系

一、彭蒙、田骈、慎到的著作

《庄子·天下》将彭蒙、田骈及慎到合论,称他们"公而不党,易而无私。决然无主,趣物而不两。不顾于虑,不谋于知。于物无择,与之俱往"。又说他们"齐万物以为首(道)"②,其下评述慎子说:"慎到弃知去己,而缘不得已。泠汰于物,以为道理。"又"笑天下之尚贤""非天下之大圣",且点出其言行"动静不离于理"。从《天下》将彭蒙一派置于宋钘、尹文之后,可以推知二者之学说既有较根本性的差异,亦有一定的关联③。

彭蒙之著作亡佚甚早,《汉书·艺文志》中已无著录,其说仅见于

---

① 白奚:《稷下学研究——中国古代的思想自由与百家争鸣》,第192页,并参考该书第191—195、212—214页。按,白奚在文中极言宋、尹思想之差异,但论证上却颇有问题。如他认为《天下》所述宋、尹之说乃从百姓生计出发,与尹文强化君权之思想抵触,却未注意到《尹文子》篇末"人君不可不酬万民"之论,尹文怜悯贫贱者饥寒疾痛之态度,正可见其关心百姓生计。又如白氏以为《天下》谓宋、尹"不为苛察",但尹文却有"循名责实"的形名论,二者截然相反。但本文已指出,尹文的名法理论不为"苛察缴绕"的诡辩之说,与惠施、公孙龙之流迥异,不得以《天下》此语而断定尹文与宋钘思想不合。而白氏以宋钘为墨家支裔,以"作为华山之冠以自表"为主张平等之说,前文已辨其非。
② "首"读为"道",从奚侗、顾实、王叔岷说。王叔岷解释说:"以道观之,万物皆一。天地有能有不能,万物有可有不可,皆包于道,所谓'道则无遗。'此并与庄子之齐物之义相符。"见顾实《庄子天下篇讲疏》,第55页(奚侗说见此);王叔岷:《法家三派重势之慎到》,《先秦道法思想讲稿》,第181页。
③ 按,此犹《天下》将宋钘、尹文一派置于墨翟、禽滑厘之后,说明宋、尹之说虽受墨家影响,但立论之根柢及学术宗旨究有不同。又如将庄周置于尹、老聃之后,表明己派虽直承老子之说,但亦有较大之发展及转向。

《庄子·天下》之引述及《尹文子》中论定分("雉兔在野"之语)及圣法之治("田子读书"章)的两段文字。田骈的著作《汉志·诸子略》著录为"《田子》二十五篇",归入道家。其书久佚,清人马国翰有辑本。慎到的著作《汉志·诸子略》入法家,著录为"《慎子》四十二篇",班固自注云:"先申韩,申韩称之。"从《汉志》将《田子》及《慎子》分别归入道、法二家,不难得知二子思想之旨趣及内涵并不完全相同。郭沫若云:"慎到著的书,《史记·孟荀列传》说有'《十二论》',发明黄老道德之意,但《艺文志》却说有四十二篇,被列为法家。这不知道是一是二。现存《慎子》只是残余的辑本,虽有七篇之名而每篇均非全豹。七篇之外颇多佚文。据辑本《慎子》看来,差不多全部都是法理论,黄老的气息比较稀薄,但这一部分的法理论毫无疑问也是道家思想的发展。"又说:"慎到、田骈一派是把道家的理论向法理一方面发展了。严格地说,只有这一派或慎到一人才是真正的法家。"①其说颇能看出慎到与彭蒙、田骈之异(关于此点下文还会述及)。

今存《慎子》版本颇多,但皆为后人之辑本。据谭朴森(P. M. Thompson)及王叔岷总结前人对于《慎子》版本之研究指出:《慎子》原书佚于宋代之前。《四部丛刊》所收江阴缪氏蕅香簃藏写本,乃从明万历慎懋赏刻本抄录。此本抄袭、割裂古书,其中杂有南宋末王柏《天地万物造化论》,当为明人依托之作。王叔岷且说:"窃疑即慎懋赏所伪托,借以光大其先人慎到耳。"在诸辑本中以《守山阁丛书》本(即今《四部备要》本)采录较完备,也较可信。该本收入唐魏徵《群书治要》节录《慎子·威德》等七篇的佚文(是时原书尚未亡佚),其后并附唐、宋类书及古注中所辑《慎子》佚文六十条。谭朴森虽认为现今研究可据守山阁本《慎子》,但他也指出,守山阁本并非独立于慎懋赏本之外,而且所附录的六十条佚文也并非全无问题②。故他将现存可见之《慎子》佚文重新整理、考订,共辑出 123 条,又加上取自《庄子·天下》《韩非子·难势》及《淮南子·道应》所述慎到之言五条,合计 126 条佚文。下文论述

---

① 郭沫若:《稷下黄老学派的批判》,《郭沫若全集·历史编》第二卷,第 167—168 页。
② 谭朴森:《慎子佚文》第一章(伦敦,牛津大学出版社,1979 年版),并见索介然《〈慎子佚文〉简介》,《管子学刊》1995 年第 4 期,第 83 页;王叔岷:《法家三派重势之慎到》,《先秦道法思想讲稿》,第 174—175 页。

所据《慎子》以谭朴森辑本为主,并参照守山阁本①。

二、彭蒙、田骈、慎到的年世问题

田骈之事迹见于《淮南子·人间》:"唐子短陈骈子于齐威王。威王欲杀之,陈骈子与其属出亡,奔薛。孟尝君闻之,使人以车迎。"钱穆、顾实皆指出,《史记·孟尝君列传》记孟尝君代父立于薛,乃愍王时事,《淮南子》"威王"当为"愍王"之误。钱氏并举《盐铁论·论儒》所记愍王末世,稷下诸子散亡,"田骈如薛"为证②。鹏按,田骈在愍王末年仍存,钱穆将田骈生卒年约数定为公元前 350 年至前 275 年,其说可信。文献中对于彭蒙的行事记载阙如,仅能依据《庄子·天下》所言其与田骈、慎到之关系推测。钱穆说:"《庄子·天下篇》称:'田骈学于彭蒙,得不教焉'又曰:'彭蒙、田骈、慎到不知道',则彭蒙为田骈师,故序列居最先。……殆或上及齐威矣。"并将彭蒙年世约数定在前 370 年至前 310 年,此从之。

慎到的年世问题较彭、田二子复杂,文献中所见战国时期"慎子"似有三人:一是稷下先生慎到③;二是《战国策·楚策二》所记楚襄王为太子质于齐时的傅④;三是《孟子·告子下》所记"鲁欲使慎子为将军"之慎子,自称"滑厘"⑤。此外,慎到与申不害孰先孰后,论者各执一端,亦难以遽定。关于后者,钱穆说:

---

① 按,谭朴森辑本中对于《群书治要》七篇佚文中意义相关段落往往分作数条处理,其辑录之原则乃从其分而不从其合,故在使用上需参照守山阁本,以避免引用不全之情形。
② 钱穆:《田骈考》,《先秦诸子系年》,第 430 页;顾实:《庄子天下篇讲疏》,第 130—131 页。
③ 《史记·孟子荀卿列传》:"慎到,赵人。田骈、接子,齐人。环渊,楚人。皆学黄老道德之术,因发明序其指意。故慎到著十二论,环渊著上下篇,而田骈、接子皆有所论焉。"
④ 《战国策·楚策二》:"楚襄王为太子之时,质于齐。怀王薨,太子辞于齐王而归。齐王隘之〔曰〕:'予我东地五百里,乃归子。子不予我,不得归。'太子曰:'臣有傅,请追〈退〉而问傅。'傅慎子曰:'献之。地所以为身也。爱地不送死父,不义,臣故曰献之便。'太子入,致命齐王曰:'敬献地五百里。'齐王归楚太子。"引文"齐王隘之"下补"曰"字从钟凤年之说;"追而问傅"之"追"为"退"之讹则从鲍彪《注》。参考范祥雍:《战国策笺证》上册,上海古籍出版社,2006 年 12 月,第 835 页。
⑤ 《孟子·告子下》:"鲁欲使慎子为将军。孟子曰:'不教民而用之,谓之殃民。殃民者,不容于尧舜之世。一战胜齐,遂有南阳,然且不可。'慎子勃然不悦曰:'此则滑厘所不识也。'"

《汉志》法家者流有《慎子》四十二篇,《注》:"名到,先申、韩,申、韩称之。"夫到与孟子同时(按,钱氏肯定《孟子·告子下》所记慎滑厘即慎到),而按《盐铁论》,慎子以愍王末年亡去,则慎子辈行犹较孟子稍后,岂得先申子?《荀子·非十二子》以慎到、田骈齐称。《庄子·天下》篇称彭蒙、田骈、慎到。田骈学于彭蒙而与慎到同时,是慎到后于彭蒙也,近人胡适(《中国哲学史大纲》卷上)谓慎到稍在前,彭蒙次之,田骈最后,亦非矣。①

但顾实、王叔岷仍据《汉志》班固自注、《吕览》高诱《注》,定慎到在申子之前(按,申子年世据钱穆所定为前 400 年至前 337 年)②。鹏按,钱穆说是。据《盐铁论·论儒》所记齐愍王末年稷下先生散去一事,可确定慎到年世当在申不害之后。若依顾实等人之说,慎到生于公元前 400 年之前,至愍王(前 300 年至前 284 年在位)末年犹存,则其年龄已逾百一十岁,较无此可能。对于班固、高诱所谓慎子为申、韩所称之说,裘锡圭有一合理的推测。他说:

> 申不害的年辈高于慎到,但是《汉书·艺文志》却说《申子》称引过慎子。也许《申子》编定于申不害门徒之手,所以能称引慎到。申、慎两派可能是相互影响的。③

按,此种情形犹如宋钘与庄周一派学说较近,且互相影响,故宋子后学编《去尤》时乃援引《庄子》为说。

关于前述战国时期三"慎子"的身份问题,可以分为两个层次:一是《孟子》所记鲁国欲封为将军之慎子是否为稷下先生慎到;二是《楚策》所云襄王傅慎子是否为慎到。钱穆曾主张《孟子·告子下》之慎滑厘即慎到。他据焦循之说认为慎子名滑厘,字到,名、字相应("厘"与"来"通)④,且认为"孟子以齐威王晚年(三十六年)曾返鲁,后于宣王八

---

① 钱穆:《慎到考》,《先秦诸子系年》,第 426 页。
② 顾实:《庄子天下篇讲疏》,第 131—132 页;王叔岷:《法家三派重势之慎到》,《先秦道法思想讲稿》,第 175 页。
③ 裘锡圭:《马王堆〈老子〉甲乙本卷前后佚书与"道法家"——兼论〈心术上〉〈白心〉为慎到田骈学派作品》,《文史丛稿》,第 70 页。
④ 焦循说见《孟子正义》下册,中华书局,1987 年 10 月,第 851—852 页。

年去齐至宋,其后或仍返老于鲁。慎子亦居稷下,至愍王末而去。疑其居鲁,或当以威王晚节为近是。姑以是时慎子年三十计,则愍王之末,慎子年垂七十矣。鲁欲使慎子为将军,乃一时拟议之辞,其事成否不可知,至一战胜齐,孟子特假为之说耳,非必鲁将慎子,必以伐齐取南阳为帜志也"①。杨伯峻及李学勤认为此慎子非慎到。杨伯峻说:"其学(按,指慎到)近于黄老而主张法治。《荀子》说他'有见于后,无见于先',《庄子》说他'弃知去己',如此之人,何能作将军?焦说不足信。有人又疑心慎滑厘即禽滑厘。按禽滑厘的年代当在纪元前 470—400 年间,这时孟子尚未出生,所以也不可信。"②李学勤也说:"这位名滑厘的慎子显然是武人,同法家学者慎到全不相侔,焦说并不足信。"③鹏按,钱穆之推算与孟、慎二子所处的年代及地域相合,且其名、字又并非全无关联,颇疑此慎子可能即慎到。先秦士人多文武兼修,若孔门之漆雕开,《韩非子·显学》称他"不色挠,不目逃,行曲则违于臧获,行直则怒于诸侯"。其言行虽近后世之侠,但非鲁莽之武夫,仍致力于讲学著述,故《显学》记孔子死后"儒分为八"有"漆雕氏之儒",《汉书·艺文志》儒家类亦著录《漆雕子》十三篇。又如子贡以其利口巧辩游说诸侯,《史记·仲尼弟子列传》称"子贡一出,存鲁、乱齐、破吴,强晋而霸越。子贡一使,使势相破,十年之中,五国各有变"。《淮南子·人间》更记载"鲁君召子贡,授之将军之印",但为子贡回绝。即以慎到本人的学术背景来说,亦有可能为娴习兵法、纵横之术的士人。蒙文通就曾提出"兵、农、纵横应属法家"的观点。他说:

> 兵、农、纵横三者只是法家施政的工具。法家讲求富、强,厉耕、战,耕是为了富,战是为了强,纵横也就是法家的外交术。(其下举商鞅等人为例)……贾谊在《过秦论》中说:"商君内立法度(法家),务耕织(农家),修守战之备(兵家),外连衡而斗诸侯(纵横家)。"显然是把四家合在一身。法家本有它完整的理论,其余三家

---

① 钱穆:《慎到考》,《先秦诸子系年》,第 425—426 页。
② 杨伯峻:《孟子译注》下册,中华书局,1960 年 1 月,第 291 页。
③ 李学勤:《谈楚简〈慎子〉》,《中国文化》第 25、26 期合刊(2007 年 10 月),第 44 页。

只是技术问题,是不能与儒、墨、道、法相提并论。①

按,蒙氏所说法家与兵、农、纵横相通,虽以三晋法家为主,但齐创设稷下学官之背景本与列国变法潮流有关,齐宣王上承威王变法而强盛之势,广揽人才,更是为了实现帝王统一之大业②。慎到如果只是一个倡法理而不论国事的理论家,可能很难在稷下立足。《史记·孟子荀卿列传》谓"慎到,赵人,学黄老道德之术"。慎子来自三晋,其思想当有法家富国强兵之学的一面,其后学黄老之术,融合道③、法而成一家之学。在现存极为有限的《慎子》佚文中虽然未见慎到一派厉耕或纵横之说,但有论兵如"藏甲之国必有兵道④。市人可驱而战;安国之兵,不由忿起"⑤,又如其"有勇不以怒,反与怯均也"之语⑥,亦颇有勇武之精神。

再论《战国策》所记楚襄王之傅慎子是否为慎到之问题。钱穆认为:"怀王入秦为周赧王十六年,其时齐愍王之二年也。岂慎子遂以其时为楚襄傅乎?校其年代,尚无不合,惟慎氏书显系钞撮伪造,不足据。《史记正义》云:'慎子,战国时处士。'亦不以为楚王傅。"⑦鹏按,慎懋赏本《慎子·内篇》"慎子仕楚为太子傅"一章未见于守山阁本,谭朴森辑本也未收,盖以为抄袭《楚策》而不录。今讨论此一问题,只能以《战国策》为据。上海博物馆所藏竹书中有《慎子曰恭俭》一篇,存简六枚,内容为今本所未见。此篇竹书刊布后,陈伟、李学勤皆撰文讨论此一问题。陈伟据《史记·田敬仲完世家》所记齐宣王时慎到在稷下讲学及《盐铁论·论儒》愍王末年稷下先生散亡仍见慎到,推论:"齐宣王在位之年,是公元前319至公元前301;齐愍王在位,是公元前300到公元

---

① 蒙文通:《周秦学术流派试探》,《先秦诸子与理学》,第180—181页。
② 关于稷下学官由创立至兴盛之背景及其政治功能,参考白奚:《稷下学研究——中国古代的思想自由与百家争鸣》,第41—47、57—61页。
③ 按,此处所谓的"道"指的是已融合《老子》学说及儒、名二家思想的黄老道家(如尹文之流)。王叔岷谓:"慎到之学,法家而杂糅道、名、儒三家。"其说是。说见王叔岷:《法家三派重势之慎到》,《先秦道法思想讲稿》,第191页。
④ "道"字,守山阁本作"遁"。
⑤ 谭朴森:《慎子佚文》,第290页(第104、105条)。
⑥ 同上书,第294页(第112条)。
⑦ 钱穆:《慎到考》,《先秦诸子系年》,第427页。

前284。由此推断,公元前310或更早到公元前300年或更晚,慎到在齐讲学。《史记·楚世家》记此事在楚怀王三十年(公元前299年)。慎子担任顷襄王傅,自必在此之前。因而,这个慎子不大可能是慎到。"①李学勤则认为:"《战国策·楚策二》云:'楚襄王为太子之时,质于齐。怀王薨,太子辞于齐王而归,齐王隘之……。'楚怀王死于秦,事在公元前299年,即齐湣王二年,正是慎到活动的年代,所以《周季编略》即径以此'慎子'是慎到。慎到齐宣王时已在稷下,楚襄王为太子而质于齐,聘他为傅,一段时间到楚国,后来再回到齐,是完全可能的。楚简中《慎子曰恭俭》一篇的发现,更增加了这种可能性。"②鹏按,以当时齐、楚之关系来论,慎到的确有可能任怀王太子(即襄王)之傅。从公元前317年楚怀王派屈原东使于齐后,齐、楚联系日渐密切。公元前312年楚伐秦,大败,魏乘机袭楚,屈原更使齐求援。公元前300年楚怀王又命屈原使于齐。这一段期间楚国内部虽有亲齐与亲秦派的路线斗争,且怀王也两度背齐而欲与秦合,但基本上齐、楚二国交流频繁③。慎到为当时稷下之显士,襄王为太子时质于齐而任其为傅,借此加强齐、楚之关系及彼此之了解,确有此可能性。不过,陈伟之怀疑也并非全无道理。《楚策》该章后记述襄王归国后慎子随之入楚,且为之谋划,欲止齐索其东地(前文襄王应齐王割东地之要求而得以归),慎到若为稷下先生而有若此之行为,岂得容于"骄暴"而"矜功不休"的湣王?④《战国策》本非历史实录,书中存有一些虚构的篇章,刘向谓其性质为"战国时游士辅所用之国,为之策谋"之说,实与兵书之权谋、诸子之纵横家相通⑤。

---

① 陈伟:《〈慎子曰恭俭〉初读》,《新出楚简研读》,武汉大学出版社,2010年3月。范祥雍也曾指出:"慎到去齐,在湣王末年。楚襄归国,当齐湣初年,孟尝秉政,距灭宋(楚襄十三年)相去十三年,其时慎到在齐,何能为楚太子傅乎? 可证此慎子绝非慎到也。"范氏说见《战国策笺证》上册,第836页。
② 李学勤:《谈楚简〈慎子〉》,《中国文化》第25、26期合刊(2007年10月),第44页。
③ 参考杨宽《战国史》(台湾商务印书馆,1997年10月)附录三"战国大事年表"、游国恩《楚辞概论》(里仁书局,1981年10月)第三篇第一章所附"屈原年表"。
④ 按,《史记·乐毅列传》称"诸侯害齐湣王之骄暴,皆争合从与燕伐齐"。《盐铁论·论儒》则谓湣王"矜 功不休,百姓不堪"。
⑤ 陈国庆:《汉书艺文志注释汇编》(中华书局,1983年6月,第68页)所引刘向《战国策书录》、章学诚《校仇通义·内篇二》之说。

即以本文所讨论的《楚策》此章而论,就极有可能为游士依托之说。范祥雍说:"此策当与《史记》不合。而同《策》四'长沙之难章'谓齐、韩、魏三国攻楚东国,楚用昭盖计,令屈署为和于齐以动秦,秦果许出兵助楚,亦与此策有异。盖传闻异辞,加以策士夸饰,遂致失实。"① 缪文远更指出:

> 此章言齐求楚东地,楚使景鲤之秦求救,秦出兵五十万救楚。按,楚怀王为秦诱而拘系,秦、楚仇隙甚深,楚岂因齐索东地而即求救于秦?秦志在乱楚,亦未必救之。即救之,亦未必发倾国之师。秦发五十万之军,韩、魏何以毫无戒心而许之假道?验之形势,均不可能,此《策》亦依托之作。②

按,既定此章所记非史实,则对慎子是否为楚襄王傅一事可以不必深入追究。笔者认为,此章所言之"慎子"所托正为慎到,造为此说者盖以慎到为稷下名士,故附会楚襄王质于齐时,聘其为傅,且为之谋划。观此策中子良、昭常、景鲤止齐索地之计本不兼容,但慎子主张"皆用之"而得以解患,颇与慎到"因则大,化则细""于物无择"③之说相合④。

综上所论,慎到之年世晚于彭蒙,而与田骈行年相近,自非申不害之前辈。其壮年时鲁国曾欲以之为将军,但如钱穆所说,此事"乃一时拟议之辞,其事成否不可知"。而《战国策》慎子为楚襄王傅一事虽为纵横处士之假托,但所依托之慎子为稷下先生慎到。据此,本文仍从钱穆之说将慎到的生卒年约数定为公元前350至275年,与田骈、尹文为同辈,而为彭蒙、宋钘之后学。

三、论慎到之思想渊源

前人多据《庄子·天下》将彭蒙、田骈、慎到视为一派,而不论其差

---

① 范祥雍:《战国策笺证》上册,第840页。
② 缪文远:《战国策新校注》,巴蜀书社,1998年9月第三版,第458页。
③ 前者见谭朴森:《慎子佚文》,第246页(第28条);后者见《庄子·天下》评述彭蒙、田骈、慎到一段。
④ 按,李锐也指出:"根据这个慎子的言行来看,颇重因循之术。"因而他认为《楚策》之慎子应即稷下先生慎到。说见《〈慎子曰恭俭〉学派属性初探》,《新出简帛的学术探索》,北京师范大学出版社,2010年4月,第218页。

别,但慎到之学与彭、田二子有同有异,且有较大之发展,实不可一概而论。前文已举《汉志》将田骈、慎到的著作分别归入道、法二家,说明二子学术趋向当有不同。白奚曾仔细分析《天下》及文献中田骈、慎到之说的异同,他指出:

> 二人同宗道家,同持因任自然、弃私去己的道家基本立场。但田骈是一个比较纯粹的道家学者,其学术重在对道家基本理论的阐发,并提出了"齐万物"的方法发展了道家思想;而慎到却更热衷于具体的治国之术,提出了较为系统的法家思想,并运用道家哲学论证了法家政治,在道法结合方面对黄老之学做出了重要贡献。①

鹏按,其说是。不过,白奚坚持"齐万物"之思想为慎到所无,笔者看法稍异。田骈贵齐,盖以大道齐万物;慎到进一步以法理齐万物,故《庄子·天下》称他"泠汰于物,以为道理""动静不离于理"。《慎子·威德》也说:"法虽不善,犹愈于无法②,所以一人心也。夫投钩以分财,投策以分马,非钩策为均也,使得美者不知所以德,使得恶者不知所以怨,此所以塞怨望也。故蓍龟所以立公识也,权衡所以立公正也,书契所以立公信也,度量所以立公审也,法制礼籍所以立公义也,凡立公所以弃私也。"③田骈、慎到齐万物之目的皆在去私任公,但手段不同。慎到所论较能与现实联系,而无蹈空之蔽。在《尹文子》"田子读书"章中,彭蒙有法理之论,其说云:"圣人者,自己出也;圣法者,自理出也。理出于己,己非理也;己能出理,理非己也。"并因而倡"圣法之治",可见在慎到之前,彭蒙、田骈等人已注意到"理"之概念可作

---

① 白奚:《稷下学研究——中国古代的思想自由与百家争鸣》,第148页。
② 王叔岷解释此二句云:"'法虽不善,犹愈于无法。'而况法善乎!极强调法之重要性。"说见《法家三派重势之慎到》,《先秦道法思想讲稿》,第188页。
③ 引文据中华书局影印守山阁本(1981年10月版),第3—4页。谭朴森《慎子佚文》第242—243页、第275页(第23、24、73条)有此文,但将"所以一人心也"句从《群书治要》本视为注文,且将"故蓍龟者所以立公识也"以下一段归入《艺文类聚》所见佚文一类。鹏按,据守山阁本钱熙祚校语指出:"自'故蓍龟'至此凡五十一字,原刻并脱,依《类聚》二十二、《御览》四百二十九引此文补。"疑此段当为《威德》正文之一部分,故从守山阁本。

为贯串人道与天道的联结①。

慎子的思想盖以道家彭蒙、田骈一派贵齐尚公、因任自然之说为质地,融入法家之说而成其重势之法术理论。慎到之学颇受三晋法家之浸染,裘锡圭曾指出,慎子与申不害的思想有许多相似之处,如慎子喜欢讲"因"、重"势",《申子·大体》说:"凡因之道,身与公无事,无事而天下自极也。"《荀子·解蔽》则称"申子蔽于势而不知知。"而马王堆帛书《老子》卷前后佚书中亦出现与二子学说相关的词句②。慎到的法家思想盖出于申子,而为后来齐地的黄老道家所承继。

慎到学说亦杂有儒家思想。王叔岷指出,慎到素习儒书,故《意林》卷二引慎子曰:"《诗》,往志也。《书》,往诰也。《春秋》,往事也。"他因研习儒家经典而重德、礼,故《慎子·威德》云:"圣人有德,而不忧人之危。""明君动事分职必由惠,定罪分财必由法,行德制中必由礼。"又有为国轻君之说,如"立国君以为国也,非立国以为君也"③。此外,还曾引用孔子之语以为重言,如"孔子曰:丘少而好学,晚而闻道,此以博矣"。"孔子云:有虞氏不赏不罚,夏后氏赏而不罚,殷人罚而不赏,周人赏且罚。罚,禁也;赏,使也。"④王叔岷称其学"化道入法,兼涉及儒家、名家之说"可谓得其实也⑤。

---

① 事实上,对于"理"之重视为战国中晚期普遍的趋势,如《礼记·乐记》讲"天理",而与"人欲"相对;如《管子·心术上》解文:"礼者,因人之情,缘义之理,而为之节文者也。故礼者,谓有理也。理也者,明分以谕义之意。故礼出乎义,义出乎理。理,因乎宜者也。"以理释礼;又如庄子一派屡言"循天之理""达万物之理",并说:"知道者必达于理,达于理者必明于权,明于权者不以物害己。"(《秋水》)"夫德,和也;道,理也。德无不容,仁也;道无不理,义也。"(《缮性》)径以理说道;再如马王堆帛书《经法·名理》,主张"审察名理""循名究理",以此作为治国之关键。此外,受稷下道家影响较深的《荀子》《韩非子》中亦重视"理",而有"大理""文理""道理"之论。关于先秦诸子之论"理",参考邓国光:《先秦两汉诸子"理"义研究》,《诸子学刊》第一辑,第269—294页。
② 裘锡圭:《马王堆〈老子〉甲乙本卷前后佚书与"道法家"——兼论〈心术上〉〈白心〉为慎到田骈学派作品》,《文史丛稿》,第69—71页。
③ 王叔岷:《法家三派重势之慎到》,《先秦道法思想讲稿》,第186—188页。所引《慎子》佚文见谭朴森辑本第228、241、244、286页(第1、22、25、96条)。
④ 谭朴森:《慎子佚文》,第296、297页(第115、116条)。
⑤ 王叔岷:《慎子佚篇义证》,《先秦道法思想讲稿》,第320页。

四、论宋钘与慎到学说之异同

宋钘思想融合道、儒、墨,而慎到之学亦杂糅法、道、儒,又同有别囿去私、毋倚贤、礼法并论、贵因等说(详下文)。由此来看,二子学说似乎颇有重合之处,初不易分,但若从其学说的渊源及旨趣来看,仍可见其异。本文论及《心术上》之学派归属时已指出,该篇经的部分为宋子一派所作,解的部分则主要受慎到一派的影响。但慎到一派取宋钘《心术》为解,说明二派亦有一定的关系。慎到为宋钘之晚辈,又同在稷下讲学,且其年世与尹文近,很有可能受宋钘思想之影响,并与尹文多所交流。取宋钘遗说与现存《慎子》佚文对照,可以约略看出慎到虽可能受宋钘一派影响,但立说之宗旨迥异,兹将二派学说之异同比较如下:

1. 慎到"弃知去己"之主张受宋钘"别囿"说影响,但二者内涵不同:宋钘之"别囿"乃是将外在欲望、是非、荣辱对心之干扰去除,以回复本然洁白之状态,此即《老子》所谓"涤除玄鉴",也就是"白心"。慎到受其影响也有弃智巧、去私之论,如云:"夫德,精微而不见,聪明而不发,是故外物不累其内。"① 所谓"外物不累于内"即宋钘之"不累于俗,不饰于物"。但慎到说"聪明而不发"便与宋钘之说别途。宋钘因受子思影响,故《白心》论心术之发用"集于肌肤,知于颜色",《心术下》也说:"全心在中不可匿,外见于形容,可知于颜色。"所谓"全心"以《心术上》经文的话说,即"心处其道,九窍循理",九窍循理自能耳聪目明。慎子主张耳目聪明而不发,乃不欲任一己之圣智,或者说对于人心可以达到清明洁白之境界持着怀疑的态度,所以主张借着权衡、度量、法制、礼籍等外在之"公"以保证"无私",故云"立公所以去私"。又说:"弃道术,舍度量,以求一人之识识天下,谁子之识能足焉。""法之功,莫大于使私不行。""有道之国,法立则私善不行,君立则贤者不尊。"② 并引谚云:"不聪不明,不能为王;不瞽不聋,不能为公。"③ 鹏按,数句乃针对人君而论,即申不害所谓"何以知其

---

① 谭朴森:《慎子佚文》,第282页(第84条)。
② 同上书,第276、277、291页(第75、77、107条)。
③ 同上书,第288页(第100条)。

聋? 以其耳之听也;何以知其盲? 以其目之明也;何以知其狂? 以其言之当也。故曰:去听无以闻则聪,去视无以见则明,去智无以知则公。去三者不任则治,三者任则乱"(见《吕氏春秋·任数》引其语)。所论更与子思聪明圣智之论迥异。

2. 慎到受宋钘"毋倚贤"说之启发,进一步由田骈"选则不遍""于物无择"导出任法而不用贤智忠良之说:本章上节论及宋钘对尹文之影响时已指出,《尹文子》反对"独能""独贤"之论本于宋钘"毋倚贤"说。宋、尹之"毋倚贤"盖为人君立说,谓在上位者不应自恃贤能而不与众共治。慎子亦有此论,如:"君之智未必最贤于众也,以未最贤于众而欲以善尽被下,则不赡矣。""众之胜寡,必也。""故廊庙之材,盖非一木之枝也;狐白之裘,盖非一狐之皮也;治乱安危存亡荣辱之施,非一人之力也。"①不过,这只是慎到学说的一面,《庄子·天下》称慎到"笑天下之尚贤",又引其语"无用贤圣",可知慎子有反对任用贤智之说。《慎子·威德》云:"贤不足以服不肖,而势位足以屈贤矣。"《韩非子·难势》引慎子之语"势位之足恃,而贤智不足慕也"意旨相近。慎到又说:"道理匮则慕贤智,慕贤智则国家之正要在一人之心矣。"盖以上位者之聪明圣智不足为恃,则即如儒家"选贤举能",所选所举者亦未必无奸邪之人,故主张以法、势为客观之标准。慎到之说可能兼受彭蒙、田骈等人"选则不遍""于物无择"的齐物论影响,并将之改造为法术之说。《慎子·威德》中颇强调"助众""助博",如云:"身不肖而令行者,得助于众也。""夫三王五伯之德,参于天地,通于鬼神,周于生物,其得助博也。"既要博要众,就要"于物无择",故《慎子·民杂》说:"民杂处而各有所能,所能者不同,此民之情也。大君者,大上也,兼畜下者也。下之所能不同,而皆上之用也。是以大君因民之能为资,尽苞而畜之,无去取焉。是故不设一方以求于人,故所求者无不足也。大君不择其下,故足也。不择其下则易为下矣,易为下则下莫不容,莫不容故多下,多下之谓大上。"②既主张于贤智无择,进一步连臣下之忠亦可一并摒去,故

---

① 谭朴森:《慎子佚文》,第 256、263、284 页(第 42、56、92 条)。
② 同上书,第 250—252 页(第 33—37 条)。

《慎子·知忠》云:"忠未足以救乱世,而适足以重非。""忠盈天下,害及其国。"① 但徒反忠贤,国家无以治,由此便导出下位者循令守法、不逾职分之主张:"故明主之使其臣也,忠不得过职,而职不得过官……守职之吏,人务其治而莫敢淫偷其事,公正以敬其业。和顺以事其上,如此则至治已。"② 从以上所论,可知慎到之法治理论以田骈一派贵齐尚公、因任自然的道家学说为基础,但田骈以大道之立场论齐、不择,慎到则以法术之观点论任法尚公则可不择忠贤而治。此外,还需指出的是,宋钘一派重视"中(指心)""恕",故自无慎到反忠之说,此亦二派之异。

3. 宋钘与慎子的著作中皆见礼、法并论,但慎子无疑更强调法的功效:宋钘之礼、法并论见于《心术上》经文"登降揖让、贵贱有等、亲疏之〈有〉体谓之礼。简参小大一道,杀僇禁诛谓之法",但其前还有论"道""德""义"的相关内容,由其论述顺序可看出宋钘盖以礼、法为辅助道术或心术之手段,并非其学说重点。慎子重法之论已见前述,不烦赘举。前文也引王叔岷说指出,慎到有受儒家思想影响的一面,所举"明君动事分职必由惠,定罪分财必由法,行德制中必由礼"正见其礼、法并重之说。其专论礼者如:"国有贵贱之礼,无贤不肖之礼;有长幼之礼,无勇怯之礼;有亲疏之礼,无爱恶之礼。"③ 值得注意的是,《心术上》解文中对于礼、法的阐述颇与慎到学说相通,如:

(1)《心术上》解文云:"法,所以同出,不得不然者也。"郭沫若说:"同出,谓统一其参差。"④ 与上引《慎子·威德》所说:"法虽不善,犹愈于无法,所以一人心也。"意旨相近。

(2)《心术上》解文论"法"之本源云:"事督乎法,法出乎权,权出乎道。"盖重法之"权衡"义。慎子亦强调此点,除前引《威德》"权衡,所以立公正也"外,又见"有权衡者,不可欺以轻重;有尺寸者,不可差以长短;有法度者,不可巧以诈伪"。"措钧石,使禹察锱铢之重,则不识也。悬于权衡,则氂发之不可差。则不待禹之

---

① 谭朴森:《慎子佚文》,第 260、262 页(第 49、54 条)。
② 同上书,第 261 页(第 51、52 条)。
③ 同上书,第 295 页(第 113 条)。
④ 郭沫若:《管子集校》,《郭沫若全集·历史编》第六卷,第 420 页。

智,中人之智莫不足以识之矣。"①

(3)《心术上》解文论"礼",有"因人之情,缘义之理,而为之节文者也"之说,并以"理"释"礼",谓"礼也者,谓有理也"。此又与慎子"动静不离于理""因也者,因人之情也"之说内涵相通。

凡此皆可说明《心术上》解文与慎到一派关系密切。

4. 宋钘有"静因"之说,而慎到贵因,二子论"因"可能同受子思及申不害之影响,并可直溯老子及关尹:前文比较《心术上》经、解之异时曾提出:宋子论"静因"乃由天地之虚静引出,尚未将"因"扩大为理论基础;解文则颇重视"因",明显受田骈、慎到一派影响。但二子之前的子思及申不害皆已言"因",子思之说见于《礼记·坊记》:"礼者,因人之情而为之节文,以为民坊者也。"郭店竹书《性自命出》:"当事因方而制之,其先后之序,则义道也。"申不害之说则见于《申子·大体》:"凡因之道,身与公无事,无事而天下自极也。"②《吕氏春秋·任数》亦引申子云:"古之王者,其所为少,其所因多。因者,君术也;为者,臣道也。为则扰矣,因则静矣。因冬为寒,因夏为暑,君奚事哉?"其说正为慎到所本,而所云"因则静矣"一语亦与宋钘"静因之道"相通。若推本溯源,"因循"之概念当从老子、关尹学说流衍而出。王叔岷就指出:"司马谈谓道家'以因循为用'。老子所谓'正言若反'即因反以得正。老子未提及因循二字,但所言大都因循之理。"③《庄子·天下》所述关尹遗说亦见因应之论,其说云:"在己无居,形物自著。其动若水,其静若镜,其应若响。芴乎若亡,寂乎若清。同焉者和,得焉者失。未尝先人,而尝随人。"以水、镜为譬,颇与《老子》"上善若水""玄鉴"之喻及《庄子·应帝王》"至人用心若镜"相通,而《心术上》经文虚静应物的"静因之道"亦承此而来。由此来看,宋钘"静因"之说可能即承自关尹。赵蕤《长短经·是非》引《孟子》佚文"天道因则大,化则细。因也者,因人之情也。"与《慎子·因循》全同,王叔岷曾引据,唯认为"殊不类孟子语"④。鹏按,孟子年辈在宋、慎之间,又与稷下学者多所

---

① 谭朴森:《慎子佚文》,第289、299页(第102、120条)。
② 王叔岷:《申子大体篇义证》,《先秦道法思想讲稿》,第346页。
③ 王叔岷:《法家三派重势之慎到》,《先秦道法思想讲稿》,第178页。
④ 王叔岷:《法家三派重势之慎到》《慎子佚篇义证》二文,《先秦道法思想讲稿》,第178、327页。

论辩、交往,且子思的著作中亦以"因人之情"说"礼",孟子继承子思之学,孟、慎二子同有此说,并非全无可能。《孟子·离娄上》载孟子引故语"为高必因丘陵,为下必因川泽",并说"为政不因先王之道,可谓智乎"。可见其亦重"因"。

五、楚竹书《慎子曰恭俭》"去囿"试论

上海博物馆藏楚竹书《慎子曰恭俭》一篇中出现慎子论"去囿"之说,见于第一简。原文说:

>慎子曰:恭俭以立身,坚强以立志。忠(衷)①陟(质)②以反俞

---

① 简文"忠",诸家皆从整理者说如字读,惟李学勤改读为"衷",训为中心。按,此从李说读。"忠"字虽可训为中心,但简文此处宜破读,因慎子有反忠之主张,如《慎子·知忠》:"忠未足以救乱世,而适足以重非。""忠盈天下,害及其国。"李说见《谈楚简〈慎子〉》,《中国文化》第25、26期合刊,第44页。

② 此字从上下从二"止",中从"田",诸家考释意见分歧,整理者释为"步",读为"朴",李学勤从之,并改读为"白",谓简文"忠(衷)步(白)"即"白心"之意;陈伟及何有祖据濮茅左、张新俊之说将此字释为"壐",读为"质"(陈伟主之)或"实"(何有祖主之),训为诚、实之意;胡琼据徐中舒、何琳仪之说,释此字为"陟",并从陈伟说读为"质",训为性;黄人二则认为此字乃"時"之异体,读为"质"。按,此字当依胡琼说释为"陟",但应从陈伟说读为"质",训为诚。此字又见于包山简(见第167、194简),作为人名。出土文献中又有两种异体:一见于中山王壶铭,但其上更从"厂";一见于包山简(第151简,亦为人名)及上博五《鬼神之明·融师有成氏》(第5简),中间所从之"田"作"日"。此字当分析为"从步,日声",乃"陟"(从阜、步)之异体,前者为形声(疑后起字),后者则为会意。日,日母质部;陟,端母职部。音近可通。包山简人名中此字所从"日"或作"田",乃因形近而讹。至于中山王壶铭此字从"厂"(《说文》训"山石之崖岩")乃代换义符"阜"(《说文》训"山无石者"),且"田"又为"日"之讹。壶铭辞作"辞礼敬则贤人至,陟爱深则贤人亲,作敛中则庶民附","陟"疑读为"质",训为实、本之意,而与上句"辞"字对文。上博五《鬼神之明·融师有成氏》辞例作"名则可畏,陟则可悔","陟"当从陈斯鹏说读为"实",名与实亦相对成文。前引诸家说见马承源主编:《上海博物馆藏战国楚竹书(六)》,上海古籍出版社,2007年7月,第276页;李学勤:《谈楚简〈慎子〉》;陈伟:《〈慎子曰恭俭〉初读》;何有祖:《〈慎子曰恭俭〉札记》,武汉大学简帛网,2007年7月5日;胡琼:《释〈慎子曰恭俭〉中的"陟"》,武汉大学简帛网,2007年8月8日;黄人二:《上博藏简第六册慎子曰恭俭试释》,2007年中国简帛学国际论坛会议论文,台湾大学,2007年11月10日—11日;陈斯鹏:《读〈上博竹书(五)小记〉》,武汉大学简帛网,2006年4月1日。

(畲)①,逆(去)友(囿)以载道,精(靖)②法以巽(顺)势③。"

李学勤将"逆友"读为"却宥"或"去宥"④,其说可从。但其释"忠陟"为"衷白",谓与"白心"同,疑非(详见引文脚注)。"却宥"即"去囿""别囿"。李学勤并指出,过去刘节、郭沫若主张《心术》《白心》为宋钘、尹文遗著,蒙文通、裘锡圭则提出二篇为田骈、慎到一派所作,"如今我们看到简文也有'却宥',知道这一观念在稷下若干派别间或许是共通的。"⑤鹏按,其说近是。宋钘之年辈高于慎到,而《庄子·天下》明言宋钘一派"接万物以别囿为始",可见"别囿"之说创自宋钘,故其后学又作《去尤》《去宥》以阐述此说。慎到"去囿"一词疑取自宋钘。简文"衷质"即"诚于中"之意⑥。"反畲"之"畲"即虚、无之意,"反畲"即复返于虚、无。慎子所言"去囿",可径以"弃知去己"释之;"载道"之"道"即《管子·内业》"凡道无所,善心焉处"之"道",疑指精气⑦。《内业》说精气"藏于胸中,谓之圣人",盖以心为涵摄精气之型范,故云"凡心之型,自充自盈。""夫道者,所以充型也。"简文"去囿以载道",用《心术上》经文的话说,也就是"虚其欲,神将入舍;扫除不絜,神乃留处。""絜其宫,开

---

① 简文"俞",整理者隶定为"言",李学勤从之,并读为"谆"。何有祖《〈慎子曰恭俭〉札记》则指出,简文从入从舟,当即"俞"字。鹏按,此从何说隶定为"俞",简文"俞"及今本《老子》第41章"质真若渝"之"渝",可从高亨《老子正诂》读为"畲",训为虚。《说文》:"畲,空中也。"《淮南子·泛论》:"乃为畲木方版以为舟航。"高诱注:"畲,空也。"
② 诸家多从整理者说如字读,则"精"当训为"明"。颇疑简文"精",当读为"靖",训为立、定。《广雅·释诂一》:"靖,安也。"《说文》:"靖,立竫也。"段玉裁《注》:"谓立容安竫也。"盖法之未定,公之未立,徒言"顺势"则不免流于虚浮。黄人二读"精"为"策"虽与笔者说异,但他解为"法律书之于简策之上,明令公布",则亦与"靖法"之意相通。
③ "巽(顺)势"一词从李学勤前揭文释。
④ "逆",疑母铎部;"却",溪母铎部;"去",溪母鱼部(鱼铎阴入对转,溪疑旁纽)。"友""囿"皆匣母之部。
⑤ 李学勤:《谈楚简〈慎子〉》,《中国文化》第25、26期合刊,第43—44页。
⑥ 《说文》:"质,以物相赘。"段《注》:"引伸其义为朴也、地也,如有质有文。"质训为诚。《左传》襄公9年"要盟无质",孔《疏》引贾逵:"质,诚也。"《楚语下》:"容貌之崇,忠信之质,禋絜之服,而敬恭明神者,以为之祝。"韦注:"质,诚也。"
⑦ 马非百:《〈管子·内业〉篇集注》(《管子学刊》1990年第1期)指出,《内业》"精"字凡十二见,"气"字凡十八见,"精""气"皆指精气言,异名同实。该篇多数"道"字亦为精气之异称,如"凡道无所,善心焉处。""凡道,无根无茎,无叶无荣,万物以生,万物以成,命之曰道。"

其门,去私言,神明若存。"若以上所释不误,则慎到"却囿"之说实承宋钘而来,且与《心术》《内业》等篇有一定的关联。

不过,仔细考察上下文,又可知此篇竹书论旨与道家宋钘一派迥异。在"衷质以反裔,去囿以载道"二句之后,慎子即说"靖法以异势",法家重势一派的面目毕现。前言"立身""立志""反裔""载道",原来只是为君王定法顺势的主张铺路,慎到的学说结穴在此,其思想之精义亦尽于此句。简要地说,宋、慎二子之异乃在尚心术与重法术之别,此观《慎子·君人》:"君舍法而以心裁轻重,则是同功殊赏,同罪殊罚也,怨之所由生也。"《君臣》:"为人君者不多听,据法倚数,以观得失。"①即可知。其后《韩非子·用人》也说:"释法术而任心治,尧不能正一国。"此乃法家之一贯主张。此外,简文说"坚强以立志",下文第二简又有"强以庚(赓)志"之语②,显与道家尚柔弱之旨违异,亦与《心术上》经文"强不能遍立"不能相容,疑其说乃针对上位者立法、执法而言,《管子·侈靡》言君王当"强以立断",又说"强而可使服事",似可移作简文之解。

第三节　宋钘学说对荀况之影响

一、论宋钘与荀子之关系

郭沫若曾据《荀子·正论》称宋钘为"子宋子",以为此乃荀子"曾经师事过宋钘的证明"③,但廖名春认为,《正论》当为荀子在稷下"三为祭酒"时所作,该篇独称宋钘为"子宋子",与二人在稷下的特殊地位有关。他说:

宋钘在稷下学宫是前辈,名气大,门徒又多。荀子为祭酒时,宋钘虽已不在稷下了,但其影响却仍很强大。荀子一面以宋钘之说"不合先王之法",要在稷下诸生中肃清其流毒;一面又从宋钘的

---

① 谭朴森:《慎子佚文》,第 268、270 页(第 62、66 条)。
② 简文"庚",整理者训为"续"但未破读,依其说,"庚"当读为"赓"。
③ 郭沫若:《十批判书·荀子的批判》,《郭沫若全集·历史编》第二卷,第 214 页。

年辈和影响出发,有意按稷下诸生的口吻,称其为子宋子。……荀子力图使其批评做到有理有节,既尊其年辈,称其为"子宋子",又对其思想的错误坚持批判,其目的是要使"善于子宋子者"心服口服。所以,荀子在此称"子宋子"是对"二三子之善于子宋子者"言宋钘,用的是宋钘之徒的口气。如不理解这一特殊背景,反而以此为荀子曾师事过宋钘之证,就不免大谬了。①

鹏按,其说是。杨倞注《荀子·正论》"子宋子"云:"何休注《公羊》:'以子冠氏上者,著其师也。'言此者,盖以难宋子之徒。"已认为荀子用"子宋子"之称,具有设辞以难宋子之徒的用意。至于《正论》之著作年代,笔者的看法与廖名春稍异。钱穆在考订宋钘年世时曾指出,《正论》屡称"今子宋子"之言行,荀子著书之时,宋钘应该仍在世②。钱氏所定宋钘卒年虽偏晚(参考本篇第一章第一节),但其说仍有一定的合理性。笔者认为,荀子作《正论》时宋钘当世,故仍称"今子宋子",但这并不能作为荀卿曾师事宋子之证据,也未必表示荀卿与宋钘曾遇于稷下。如据钱穆之考订,荀子年十五,始游学于齐③,此时宋钘年近六十④,其学或犹盛于稷下。荀子目睹宋钘"见侮不辱""情欲寡"等说在齐地之流

---

① 廖名春:《〈荀子〉各篇写作年代考》,《中国学术史新证》,四川大学出版社,2005年8月,第539—540。
② 钱穆:《宋钘考》,《先秦诸子系年》,第376—377页。
③ 参考钱穆:《荀卿年十五之齐考》《荀卿齐襄王时为稷下祭酒考》,《先秦诸子系年》,第333—335、437—438页。关于荀始游学于齐的年代,李有林调和"年十五"说及"年五十说",认为"他(荀子)约生于齐宣王元年(前319年),他可能在宣王晚年入齐,也有可能在愍王时代游齐。他三十四岁时,齐愍王灭宋,矜功不休,他与稷下诸生离开齐国。……襄王十四年(前207年),五十岁的荀子再次入齐。……司马迁和刘向都说荀子五十岁游学于齐,应该是指这一次,但已不是'始来',而是重游故地。这以后的十几年内,荀子在稷下学宫'最为老师''三为祭酒',获得了极高的学术地位。"说见《关于荀子游齐的几个问题》,《管子学刊》1996年第1期,第13—16页。鹏按,若依李氏说,荀子在宣王(公元前319至301年在位)晚年始游齐,则此时宋钘仍在世(前文推定宋钘卒年不晚于公元前300年),然则荀子称"今子宋子",仍为初游齐时事。李氏之说并不影响本文之推论。
④ 按,前文所定宋子生年为公元前382年,卒年则不晚于公元前300年;荀子生卒年据钱穆《先秦诸子系年》所定为公元前340至245年。公元前325年,荀子年十五,宋钘则年五十八。但关于荀子之生卒年,异说颇多,各家所定年世差距颇大,在此无法一一详辨,可参考叶志衡:《战国学术文化编年》,第218—219页、第276、366页。

行,故日后著书便假宋钘门徒之口吻,批判其说。推测《正论》之著成年代当在公元前325年之后(即荀子年十五游学于齐后),不晚于前300年(以宋钘之卒为断限)。至若荀卿为稷下祭酒,已在齐襄王时,其时庄周、慎到之说兴起,宋钘一派渐衰,未必能有荀子所述之盛况。

二、论荀子受宋钘影响之处

荀子为先秦儒学以及稷下学宫最后一位大师,他年少时即游学稷下,至齐襄王时,更"三为祭酒"(《史记·孟子荀卿列传》),在稷下之声望极隆。由于其久居稷下讲学之经历,必与宋钘一派后学以及尹文、田骈、慎到等学者多所论辩、交往,故在其著作中深刻地批判了当时诸子的思想,而其本身的学说也或多或少受到上述学者之影响。荀子对于心性的探讨受到宋钘之启发,他虽采用了宋钘一派相近的术语及概念,但将之转化,并融入慎到一派法家立法、定分、顺势之说,形成其礼法理论①。宋钘对于荀子学说的影响有以下三个方面:

1. 荀子袭用宋钘一派论心时所用术语及概念,并予以改造:宋钘重视"心"的地位及功能,《心术上》经文一开始便说:"心之在体,君之位也。九窍之有职,官之分也。"荀子继承此观点,认为"耳目鼻口形态各有所接而不相能也,夫是之谓天官;心居中虚,以治五官,夫是之谓天君"(《天论》)。杜国庠指出:若将荀子此处所论与孟子"耳目之官不思……心之官则思"(虽见耳目与心的作用不同,但都将之称为"官")之说对照,便可清楚看出:荀卿之说乃是沿用宋钘而非导源于孟子。他还指出:荀子蹈袭宋钘一派论心的许多术语,如"心术""心容"及"虚壹而静"等,见于《成相》:"心术如此象圣人。"《解蔽》:"凡万物异则莫不相为蔽,此心术之公患也。"同篇"故曰:心容。""心何以知?曰:虚壹而静。"②鹏按,其说是。但杜氏将《解蔽》"故曰心

---

① 关于荀子礼法说的形成及其受法家慎到一派影响之处,参考菅本大二《荀子对法家思想的接纳:由"礼"的结构来考察》,《"国立"政治大学哲学学报》第11期(2003年12月),第113—134页;张亨:《荀子的礼法思想试论》,《思文之际论集——儒道思想的现代诠释》,新星出版社,2006年11月,第120—135页。

② 杜国庠:《荀子从宋尹黄老学派接受了什么》,《杜国庠文集》,人民出版社,1962年7月,第141页。

容"云云视为袭用宋钘"语心之容,命之曰心之行",疑非。《庄子·天下》"语心之容"之"容"当读为"用",二句的意思是说:宋子论心之发用,将之命名为"心之行",而"心之行"即"心术"。若依杜氏说,则此"心之容"不当破读,但揆诸《荀子·解蔽》"故曰心容"上下语意,"心容"二字当属下读。原文作"心者,形之君也,而神明之主也,出令而无所受令,自禁也,自使也,自夺也,自取也,自行也,自止也。……故曰:心容其择也无禁,必自见其物也杂博,其情(精)之至也不贰"。杨倞《注》:"容,受也。言心能容受万物,若其选择无所禁止,则见杂博不经,所以贵夫虚壹而静也。"盖断读作"心容,其择也无禁,必自见其物也杂博,其情(精)之至也不贰",颇为不通,故王先谦认为:"心自禁使、自夺取、自行止,是容其自择也。《正名》篇亦云:'离道而内自择。'容训如《非十二子》'容辨异'之容。无受令,是无禁也;神明之主出令,是必自见也。物虽杂博,精至则不贰。'心容其择也'句,'无禁必自见'句,杨失其读。"[1]鹏按,王氏说近是。"心容"当连下读,但其断句亦有问题。颇疑此文"心容其择也无禁""必自见其物也杂博""其情(精)之至也不贰"三句并列成文,意谓若让心毫无禁制地接触外物,则其所见必定杂博,惟有思虑专一才能使心不二。故下文云:"心枝则无知,倾则不精,贰则疑惑。……类不可两也,故知者择一而壹焉。"又说:"凡观物有疑,中心不定,则外物不清。吾虑不清(精)[2],则未可定然否也。"荀子除袭用宋钘论心所用"虚""静""一"等术语外[3],前人也留意到,荀子所说的"解蔽"与宋钘"别囿"意旨相通[4]。荀卿说盖受宋子启发。不过,荀子借用宋钘一派论心之概念,多仅取其形式,内涵则大不相同。二子论心主要有两点差异:

---

[1] 王先谦:《荀子集解》,《诸子集成》第二册,中华书局,1954年12月,第265页。
[2] 按,此"清"当与上句"清"别为二读。上句之"清"指审物而使之清明;下句之"清"读为"精",指思虑之专一。
[3] 宋钘说见于《心术上》经文"虚其欲,神将入舍""静因之道"、《白心》"静身以待物""一以无贰,是谓知道""内固之一,可以久长"等。
[4] 梁启超:《庄子天下篇释义》,收入《清代学术概论》附录,第114页;白奚:《稷下学研究——中国古代的思想自由与百家争鸣》,第200页。

(1) 宋子将心看作道的呈现,故用描写道者去描写心①,也可以说是"以心证道"②,这点在《白心》《心术上》经文都可看出。由于宋钘所论之心为九窍百骸之君,亦为神明之舍,具有与道相应之特性,故其心具有本体之意。但荀子所言心则不然,他以经验论的立场,将心视为一种自然现象去研究③,其所谓"心"虽有本体义(使之居君位而为神明之主),但心易受外物昏蔽,如无礼法教化之"道"以为权衡,就不免蔽塞之害。故荀子论心乃偏重功能义,谓心"出令而无所受令,自禁也,自使也,自夺也,自取也,自行也,自止也",并预设其具有"能知道"之功能(前提是心"虚壹而静")④。

(2) 宋钘要用虚静、静因之道使心回复本然的安宁洁白,也是从"虚无无形谓之道""天曰虚,地曰静"而演绎出来的。荀子基于上述对心之观点,所以他将"虚""静"之原则重新定义,赋予较积极的意义,如《解蔽》云:"人生而有知,知而有志。志也者,臧(藏)也。然而有所谓虚。不以所已臧(藏)害其所将受,谓之虚。……心卧则梦,偷则自行,使之则谋,故心未尝不动也。然而有所谓静。不以梦剧乱知,谓之静。"可见荀子认为心本非静止不动,其所谓"虚"并非无所藏受之虚,乃是"不以所藏害所将受";其所谓"静"也并非全然定止之静,而是"不以梦剧乱知"。此与道家宋子一派以虚待物、以静制动之养心说并不相同⑤。宋钘论"一",见于《白心》"内固之一,可以久长""将欲服之,必一其端而固其所守",而《心术下》所说"专于意,一于心"意旨亦相通,"一"皆为专一、纯一不杂之意。与前述改造"虚""静"相较,荀子言"壹"明显

---

① 杜国庠:《荀子从宋尹黄老学派接受了什么》,《杜国庠文集》,第141页。
② 按,更精确地说,宋子乃以"心术"诠释《老子》的"道"。
③ 杜国庠前揭文,第142页。
④ 张亨:《荀子的礼法思想试论》,《思文之际论集——儒道思想的现代诠释》,第121—122页。劳思光也指出:荀子之"心"虽似有主体性之义,但其所说之"心"只能观照,而非内含万理者。《解蔽》:"何以知道?曰心。心何以知?曰虚壹而静。"可知荀子所言之心乃一观理之心,而非生理之心。心之功用重在能受,而不在能生。劳氏说见《新编中国哲学史》第1册,第336—337页。
⑤ 杜国庠:《荀子从宋尹黄老学派接受了什么》,《杜国庠文集》,第144—148页。

直承宋钘而来,如其云"虚壹而静""壹于道而以赞稽物",皆取精诚之意,不仅取其形式,更保留其内涵。前文已指出,宋子、荀子所论"一"或"壹",皆与子思"慎独"之"独"相通。从荀子对宋钘学说之取舍,可见其儒家本位的立场。

2. 荀子通过对宋钘"人之情欲寡""见侮不辱"之批判,从而建立一套关于节欲及荣辱的理论:荀卿对于宋钘这两项主张,在《正论》与《正名》两篇中严辞批评,称其为"小家珍说""乱莫大焉"。但荀子正是通过对于宋钘之批评,才进一步提出"欲""求"之别及以"义""势"区别荣、辱之主张。《正名》说:"欲不待可得,而求者从所可。欲不待可得,所受乎天也;求者从所可,所受乎心也。所受乎天之欲,制于所受乎心之度。"又说:"欲虽不可去,可节求也。"廖名春解释说:"(荀子)将'欲'与'求'别为二概念,以此驳宋钘'情欲寡'之说。荀子认为'欲'是一种天生的生理本能,是一种感性的思维活动;而满足欲望的'求'则是后天的理性思维的产物。'欲'是'性',是'受乎天'者,所以说'欲不可去';'求'是受理性思维支配的,所以说'求可节也'。"①所释甚是。荀子荣、辱之辨见于《正论》,本书上编第一章第二节已引录,此不再赘举。

3. 荀子之"正名"论虽上承孔子,但亦受宋钘一派之刺激而有所发展:杜国庠指出:"自春秋中叶以后,社会开始变革,名实混淆成为客观普遍的现象,大家都觉得有正名的必要。自孔子以后诸子学说大都涉及这个问题。《心术》《白心》等篇均有关于正名的主张,荀子则竟以'正名'名篇。这中间可能是调和儒墨的宋、尹学派以道家的立场接受了儒家的正名思想,而承继儒家传统的荀子又以儒家的立场接受了宋、尹的影响。"②鹏按,宋钘将孔子原本着重于政治、宗法上确定名分的"正名",转化成认识论上具有一般性原则的名实相应说,并提出"形(型)""名"二概念。尹文在其著作中进一步阐述"形(型)""名"之关系,并提出名实互定,形名互检之原则(参考本章第一节)。荀子曾在《正名》中以名实论的观点批判宋钘"情欲寡"及

---

① 廖名春:《荀子人性论的再考察》,《中国学术史新证》,第454页。
② 杜国庠:《荀子从宋尹黄老学派接受了什么》,《杜国庠文集》,第153—154页。

"见侮不辱"之说。他认为"见侮不辱"和墨家所提出的"圣人不爱己""杀盗非杀人"等命题,皆是"惑于用名以乱名",若能"验之所为有名,而观其孰行,则能禁之矣"。又指出宋钘"情欲寡"之主张与惠施、墨家"山渊平""刍豢不加甘,大钟不加乐"之说,皆是"惑于用实以乱名",只要能"验之所缘以同异,而观其孰调,则能禁之矣"。鹏按,从《正名》将宋钘与墨家之说合论,可以推知荀子眼中的宋子学说(如"见侮不辱""情欲寡"),不仅内涵与墨家接近,命题形式亦与墨家相类,此亦《非十二子》将墨、宋合论之因①。《荀子·正名》论及正名之目的云:"贵贱不明,同异不别,如是则志必有不喻之患,而事必有困废之祸。故知(智)者为之分别,制名以指实,上以明贵贱,下以辨同异。贵贱明,同异别,如是则志无不喻之患,事无困废之祸。"若对照《非十二子》批评墨、宋二子"曾不足以容辨异、县君臣"之语,便可明显看出荀子所论实有针对性。宋钘之正名说虽强调"制名以指实",但在荀子眼中,其说不过停留在抽象名、实的辨析,并未考虑到社会现实及语言约定俗成的性质,故不具"明贵贱""辨同异"之功能。《正名》开篇便说:"后王之成名,刑名从商,爵名从周,文名从礼。散名之加于万物者,则从诸夏之成俗曲期,远方异俗之乡,则因之而为之通。"又说:"名无固宜,约之以命,约定俗成谓之宜,异于约则谓之不宜。"既区别名的各种层次,亦考虑到名的社会因素,而这点正为宋钘之说所无,亦为二子学说分野所在②。尹文在继承宋钘形名思想的同时,已注意到宋钘学说的这个缺陷,所以提出"名有三科","一曰命物之名,方圆白黑是也。二曰毁誉之名,善恶贵贱是也。三曰况谓之名,贤愚爱憎是也。"但所论未及荀子显豁,且与宋钘一样忽略名之"约定俗成"的性质。

---

① 按,《荀子·非十二子》将墨、宋合论,亦与二子皆具救世精神,同有反攻、尚俭之主张有关。但需指出的是,反攻、尚俭二说非墨子之专利,《老子》亦有此论,惟着眼点不同。以尚俭一说而论,宋钘的思路无疑更近老子。参考本书下编第二章第二节对于墨翟、宋钘学说之比较。
② 杜国庠:《荀子从宋尹黄老学派接受了什么》,《杜国庠文集》,第 156—157 页。

结　　语

一、主要研究成果

　　前文通过上海博物馆藏楚竹书《彭祖》之考释及思想内涵的分析，确定该篇竹书乃宋钘学派之遗著。以此为出发点，进一步将过去学者所指为宋钘、尹文一派著作的《管子·心术》《白心》《内业》及《吕氏春秋·去尤》《去宥》加以分析考辨，并对其中可信为宋钘作品的部分及相关的评述资料重新校释。本文对于宋钘一派遗著之研究，主要有以下几点创获：

1. 本文在整理者及前贤之研究基础上，调整上博竹书《彭祖》之简序，并依此重作释文，对疑难字词详加校释，大致复原该篇竹书，得到一相对完善的版本。

2. 本文归纳竹书《彭祖》之体制特色有二：一是假借上古圣君贤臣之对话铺陈思想义理；二是全篇对话以四言韵语为主，有若箴铭体。根据前者，笔者探讨《汉书·艺文志》为何将《宋子》十八篇归入"小说家"之原因，并进一步论证《汉志》"小说家"成立的背景与战国时期解经之传说体裁兴起有关；根据后者，笔者指出《金人铭》《老子》以及宋钘、慎到等稷下道家皆善以格言体立说，形成先秦道家著作一个显著的特色。《庄子·天下篇》谓宋钘"上说下教"，知其不独游说君王，亦向大众说教，故宋子一派除依托老寿之圣贤以自重其说，并以浅近短小之故事说理，又编缀韵语，使之朗朗上口。战国末期，宋子之学式微（其原因见下文讨论），被后人弃为糟粕，世人既不重其内涵，则其所缀之残丛小语（包括短小寓言及简练之格言）适可作为街谈巷语之资，无怪乎《汉志》以其形式归入小说家，即使班固深知"其言黄老意"，亦因其说之浅薄无可观而摒除在道家门外，成为"道听途说"。

3. 通过楚竹书《彭祖》及相关传世文献的研究，笔者重新提出"宋钘学派"作为先秦学术史上老、庄之间的联结,论证《管子·白心》《心术上》经文、《吕氏春秋·去尤》《去宥》及楚竹书《彭祖》为宋子一派的著作,并详细校释诸篇,供学者参考。

4. 以先秦经、传体式分别《管子·心术上》《心术下》《白心》及《内业》四篇之性质,不再视为不可分割的整体[①]。笔者认为,《心术上》(前经后解)、《心术下》是一组经、解、传俱全的作品。从思想内涵来看,《心术上》经文当为宋钘一派所作,但其解文大谈因循之论,且略具稷下精气论色彩,其诠释与经文原意不尽相合,疑为田骈、慎到一派学者所作。至于《心术下》乃《心术上》经文进一步引申发挥,可视为其"传",故附于解经之文后。《心术下》所论大体上切合《心术》经文,唯该篇提出"精气"一词,而文献中又无宋钘谈颐气养生之相关记载,故将之视为稷下学派中受宋钘影响较深的齐地学者所作。《白心》多处申论《老子》义理,又云"正名""义兵",反对"盈满",凡此皆与楚竹书《彭祖》及传世文献所述宋子学风较近,当为该派著作。《内业》虽可与《心术下》比附,但该篇前后大谈精气论与长寿养生,篇旨与《心术上》《白心》不同,疑为稷下道家以精气说为基础,杂糅宋子心术说及医家养生理论的作品。

5. 本文梳理老子、墨子及子思学说对于宋钘之影响,并分析宋钘与稷下先生慎到、尹文、荀况之关系,对于稷下学者论辩、交往之状况以及战国中后期学术融合、发展之情形有较深入的分析。尹文、慎到、庄子、荀子四子分属名、法、道、儒,但皆受宋钘学说浸染,四子对于宋钘思想的取舍、改造可以作为先秦学术史的绝佳案例,从中可看出战国时期学者融合它派学说的几种模式。约略言之,尹文与宋钘的关系最为密切,其对宋钘学说正面继承者多,但尹文因个人兴趣及当时学术风气的影响,朝向名法理论发展,遂由道入名,由名入法。慎到以其法家尚势一派的立场接受宋钘"别囿""毋倚贤"等说,但

---

① 按,若从编书者的角度看,齐地学者纂辑《管子》而将《心术》上、下及《白心》合为一卷,固视三篇为一组作品。由此角度来看,《白心》亦不妨视为《心术上》经文之传,而《心术下》又与《内业》(本文以该篇为稷下道家集大成之作)关系密切,若以稷下黄老道家为本位,则蒙文通、裘锡圭将上述《管子》四篇称为"黄老派"或"稷下道家"作品,亦不失为一合理的观点。但本文既求其分,便不采用此一宽泛的说法。

这些在其理论体系中只有点缀性质,而未与其固有学说融合。庄周与宋钘均以《老子》为宗,庄子面对前辈宋钘之态度是积极地吸纳其说,并化为己用,但仅取其内涵,而不用其术语,另造"心斋""坐忘"等词,使人耳目一新(此即"旧酒装新瓶"),又修正宋钘过分强调心之主宰及认知功能的执著,提出天道、自然、一气之化等观念,遂一举超越宋钘,取代其在道家之地位。荀子则以儒家之本位,袭用宋钘一派论心时所用术语及概念,予以改造,赋予其较积极的含义(此乃"旧瓶装新酒")。荀子、庄子面对宋钘学说的两种态度,正相映成趣。

6. 从本篇对于战国时期道家诸子的论述中可以看出,此时期的道家学者(包含由道转入名、法者)对于《老子》学说之继承与发展体现在对"道"或"道术"之阐释,各派莫不试图回答老子所提出的"道"是什么?彭蒙、田骈以道术为本位阐述因任自然、去已无私之说,虽略有定分、圣法之观点,但并无较大的突破及发挥,惟田骈"齐物"之说影响慎到与庄周。慎到将齐物、无择之说转为法术之论;庄子则回归老子论道之本旨,主张取消一切对立、分别,将齐物扩大为超物、周物之论①。宋钘汲取儒家子思一派心性论,造为心术之说,试图以"心"说"道",但所论隐晦,其心性说也未如儒家孟、荀精深,战国中期虽盛行于一时,但终究无法传世久远。不过,宋钘兼容各家的学术风格对于其后的稷下学者如尹文、慎到等,有较深远的影响,其"心术"之论启发庄周贯串天道、心术、精气而言道②,进而形成道家完整的体系。尹文学说表面虽持大道之立场,但所说已主形名,盖以形名之术说道,故《尹文子》开卷便说"大道无型,称器有名",形、名并举,已确立其道论之格局。慎到虽名列法家,但其理论基础来

---

① 按,刘咸炘谓:庄子论道体有二义:一曰超物,二曰周物。此权借其语以论庄子之齐物。参考刘咸炘:《子疏定本》,《刘咸炘学术论集·子学编》,第55页。复按,前人多以田骈一派的"齐物"同于庄周,傅斯年甚至认为《庄子·齐物论》可能为田骈、慎到一派所作,但诚如王叔岷所指出的:"慎子以为'大道能包之,而不能辩之',是道亦有能有不能,与天地同,则失老、庄之旨。老子言'道可道,非常道。'《庄子·齐物论》言'大道不称,大辩不言。'辩则有限,大道无垠,尚何须辩邪? 此庄子所以谓慎到'所谓道非道'也。"傅氏说见《谁是〈齐物论〉之作者》,《中国古代与学术十论》,广西师范大学出版社,2006年10月;王氏说见《法家三派重势之慎到》,《先秦道法思想讲稿》,第181页。

② 按,庄子所论"一气之化"具有精气说之色彩,盖受齐地黄老道家之影响。

自彭蒙、田骈一派道家,亦兼受申不害及宋钘之影响,他以法术代道术,将《老子》去私无己之观念改造为人君治国之术,又融合申不害因循之说,成为法家尚势之一派。至于齐地的稷下黄老道家又以"精气"论道,将医家理论与《老子》学说结合。

二、宋钘学派衰微之原因

在前文论述的基础上,笔者想进一步谈谈两个有关先秦学术史的问题:一是在导论中提到的疑问,即宋钘学派在战国中期崛起,成为重要的学派,但为何在战国晚期,声势陡然下滑,至汉代时更被贬为小说家,逐渐退出历史舞台?二是宋钘为宋人,与尹文游学至齐,在稷下讲学授徒,并与当时各派学者交往,其学流布于宋、齐、楚等地,若以蒙文通"道家分南北说"[①]来看,宋钘学说不反对仁义礼法,当入蒙氏所说之北派,但其学以《老子》为根柢,并导庄周之先路,似乎又与蒙氏所说之南派关系密切,然则宋子之学究为北学或南学?

司马迁《史记·老子韩非列传》谓庄子之学"其要归本于老子之言",所说大致不误。惟前文指出,宋钘作为老、庄之间的联结,将《老子》之道转化为心术,庄子更进一步贯串天道与心术,确立"道家"之格局及思想基础。前人或疑司马迁在《田敬仲完世家》《孟子荀卿列传》列述稷下诸子为何独缺宋钘?[②] 而此处论庄子之学,又仅视其直承《老子》,何以绝口不提宋子?此与战国晚期至西汉的学术背景及宋钘学说之衰落有关。盖汉初学术以黄老道家为宗,而黄老之学源于稷下。稷下黄老道家著作(如《管子·内业》)虽有取资于宋钘之处,但其基本关怀及思想内涵实不相同。黄老道家改造心术之说,使之成为君王统治之术的一环,自较宋钘之说受时主欢迎。而战国晚期庄子一派又在思

---

① 蒙文通:《杨朱学派考》《周秦学术流派试探》,《先秦诸子与理学》,第 112—114 页、第 185—190 页。其后王葆玹有"南北道家有贵阴贵阳之歧异"之论、丁原明有"黄老道家分南北"之说,皆欲从地域之南北区分道家之流派。王氏说见《南北道家贵阴贵阳之歧异》,《道家文化研究》第 15 辑,第 56—63 页;丁氏说见《黄老学论纲》,山东大学出版社,1997 年 12 月,第 42—72 页。

② 赵蔚芝:《司马迁介绍稷下先生为什么不提宋钘尹文》,《管子学刊》1989 年第 4 期,第 63—67 页。赵氏认为由于宋、尹为墨家支流,而司马迁轻视墨家,故在《史记》里介绍稷下先生而不提二人。鹏按,宋、尹二子非墨徒,前文已辨。

想的广度、深度超越宋钘。宋学之衰盖与庄学之兴交替。宋子后学所作《去尤》杂有《庄子》之说,似乎也说明,战国晚期宋子之学已被庄子一派取代,故其门徒阐释"别囿",只能编造短小寓言,依附当时学术主流为说,才苟传于世。此外,荀子对于宋钘学说之猛烈批判也对其说之传布产生负面的影响。下至汉代,《宋子》之书虽存,但被视为不入流的小家珍说(此评价可上溯至《荀子·正名》)。司马迁列稷下道家学者未数宋钘,《汉书·艺文志》将《宋子》归入小说家,实为时代风气所限。

　　梁启超曾说:《宋子》一书之佚,"殆为我国思想界最大损失之一矣。"①其书之亡诚可慨叹,但从时变势移的角度来看,宋钘之学衍为稷下黄老②,其思想虽为庄周、慎到、尹文、荀况所超越,但其精华不也因此融入上述诸子的学说中而流传久远。宋钘之学退出历史舞台,谓其功成身退,不亦可乎?

三、对"道家分南北"说之省思

　　傅斯年曾批评蒙文通之"道家分南北说"云:"近人有以南北混分诸子者,其说极不可通。盖春秋时所谓'南'者,在文化史的意义上与楚全不相同,而中原诸国与其以南北分,毋宁以东西分,虽不中,犹差近。在永嘉丧乱之前,中国固只有东西之争,无南北之争(晋、楚之争而不决为一例外)。所以现在论到诸子之地方性,但以国别为限,不以南北西东等泛词为别。"③鹏按,蒙氏之说固非一无可取,但若过分强调地理之南北对于学术流派划分的决定性,亦有其蔽④。以稷下道家而论,慎到、

---

① 梁启超:《〈汉书·艺文志·诸子略〉考释》,《清代学术概论》附录,第237页。
② 按,钱穆曾说:宋钘设教稷下,"其殆黄老道德之开先耶",一语道破宋钘在战国学术史上之地位。说见《宋钘考》,《先秦诸子系年》,第376页。
③ 傅斯年:《战国子家叙录》,收入《民族与古代中国史》附录二,河北教育出版社,2002年8月,第204—205页。
④ 按,蒙氏将道家划分为杨朱的"北方(齐)道家"及以庄子为代表的"南方(楚)道家"对于后来先秦学术史研究者颇具启发,但以南、北为标志,不如径以齐、楚分。且其强调北方道家不菲薄仁义、注重养生,南方道家必反仁义、鄙视养生,从而认为只要以此为判准,就可将某一学者的思想或著作截然划分,亦过于武断。如他在《周秦学术流派试探》一文云:"今存《庄子》书中,时而菲薄仁义,鄙视养生,讥讽仲尼,排斥杨、墨,这可说是庄子的书。其他与这些论点相反的,可说不是庄子的书。"便有此蔽。

宋钘等人在思想及著书形式上,皆受《老子》之影响。《庄子》亦未尝不受稷下心术及精气论之启发而别立新说。宋钘本非北人,虽与尹文同游稷下,但其学又广布于楚,实难划分其说为道家北学或南学。或诚如傅氏所言,以南北分不若以国别论,盖先秦各国所承传之文化渊源及自然环境所产生的影响略有差异,如齐地滨海并传承东夷之文化,所以多放言侈论,想象力丰富,且较易接受外来文化;又如宋为殷后,文化既古且高,故其人富宗教性,心术质直,其学者之思想疏通致远而不流于浮华①。即以同国之学者论,如宋钘、庄周同为宋人,行年相及,故庄子易受宋钘之影响;又如慎到、荀况皆出自三晋(同为赵人),故荀子学说有取于慎到之因势、定分之说。但即使如此,过分强调国别对学者思想形成的决定性亦有流弊,如前文所举清人俞正燮因宋国君、臣曾有兼爱、非攻之说,便推论:"兼爱、非攻,盖宋人之蔽。……墨子实宋大夫,其后宋钘亦墨徒。欲止秦、楚之兵,言战不利,有是君则有是臣。"实为皮相之见。

每个学者的思想有一定的独立性,亦有不同的面目,除承受其母国的文化熏陶及所属学派的思想浸染外,亦有天资及个人生命历程所带来的影响,而这些毋宁较地域之因素更具决定性。战国时期各地学术交流频繁,齐、鲁、三晋与楚皆互有往来,士人游走于列国之间,不同地域虽有学术风尚之差异,但已渐渐出现融合之趋势,并非水火不容。可知类似"道家分南北""宋人皆墨徒"之说,只能视为权宜之说,面对不同的文献材料、不同的思想家,研究者都需详考其学说之内涵及源流,才能作出较为精确的论断。

---

① 傅斯年:《战国子家叙录》,《民族与古代中国史》附录二,第205—211页。

附录一　战国诸子的"别囿"观

一、从"楚王遗弓"故事说起

《公孙龙子·迹府》记载公孙龙与孔子的后裔孔穿在平原君家中辩论，孔穿希望公孙龙放弃"白马非马"之说，但公孙龙说："白马非马，乃仲尼之所取。"由此引出孔子评论"楚王遗弓"的一段话：

> 楚王张繁弱之弓，载忘归之矢，以射蛟兕于云梦之圃，而丧其弓。左右请求之。王曰："止。楚王遗弓，楚人得之，又何求焉？"仲尼闻之，曰："楚王仁义而未遂也。亦曰'人亡弓，人得之'而已，何必楚！"①

"楚王遗弓"故事的寓意是彰显楚王的胸襟广阔，孔子的评论则是站在儒家的立场，认为应当破除"楚人"这种局限于地域的观念，才能尽于仁义②。

《吕氏春秋·贵公》也提到这件事，惟"楚王"作"荆人"，且记载老聃对于孔子"去其'荆'（即楚）而可"的说法有进一步的评论。老子说："去其'人'而可"，《贵公》的作者总结说；"老聃则至公矣"。

从孔子的"去其楚"，到老子的"去其人"，代表着层层去除外在事物对于人的拘限，恢复个体的本然状态。此一观念，就是本文所要谈的

---

① 亦见《孔丛子·公孙龙》，所记基本相同。《吕氏春秋·贵公》载此事，"楚王"作"荆人"，《说苑·至公》《孔子家语·好生》则作"楚共（恭）王"（向宗鲁《说苑校证》指出，《易·同人》疏引《家语》别作"昭王"）。"繁弱之弓"，《家语》作"乌嘷之弓"。

② 公孙龙引孔子语，认为他有意区分"楚人"与"人"这两个概念，与"白马非马"之论无异，以此反驳孔穿。公孙龙批评孔穿之语与本文论题关系不大，故不具引。复按，《迹府》所记孔子语"仁义"并称，又颇沾染战国辩士之风，疑后人附会，其性质犹如《庄子》所引仲尼说，乃为己说张本，非实记其言。

"别囿"。

二、宋钘的"别囿"说及其来源

《庄子·天下》评述宋钘、尹文的学术,明确提及二子"接万物以别宥为始"。接者,交接、接触也。宋钘、尹文主张以"别宥"作为认识事物的起点(亦是应世的准则)。何谓"别宥",奚侗的解释最为明了:

> 《说文》:"别,分解也。""宥"当作"囿",《说文》:"囿,苑有垣也。"垣为限界,故心有所限者亦曰囿。别囿,谓分解其心之所囿,别犹言破除之也。《尸子·广泽》篇:"料子贵别囿",盖料子乃古倡别囿之学者。①

"别宥"即"去囿",战国中期的宋钘(公元前 382—前 305 年)倡"心术""白心"之说②,认为应当去除外在事物及世俗观念的局限("别囿"),才能恢复人心的澄澈状态("白心")。宋子论"别囿"的一些原则,亦见于《天下》篇,即所谓"君子不为苛察,不以身假物""不累于俗,不饰于物,不苛于人,不忮于众""定乎内外之分",具体来说,便是将外在的荣辱及多余的物欲视为人心之囿限,辨而去之,维持心之洁白。

宋钘特别强调对于"荣辱"观念的破除,缘于民间的私斗往往因为言行的侮辱而生。以宋子来看,世俗所谓"荣辱",不过是一种思想上的拘束,应当打破,所以他主张"见侮不辱,救民之斗"(《天下》)。顾实指出:"囿之范围甚广,然尤以荣辱之足以囿人心,为恒且大。……'辨乎荣辱之境'一语(《逍遥游》论宋荣子③),正即此之曰'别囿'矣。"④

除了荣辱的破除外,宋钘还主张人的欲望本来不多,应该抛弃多余的物质享受,即《天下》所谓"情固欲寡,五升之饭足矣"⑤。与宋钘一派

---

① 奚侗说引自单晏一编:《庄子天下篇荟释》,空庭书苑,第 75—76 页。按,梁启超、顾实对于"别宥"之解释略同,二氏说分别见于《庄子天下篇释义》《庄子天下篇讲疏》,不具引。
② 宋钘的年世从顾实所定,并参考本书下编第七章第一节。
③ 《庄子·逍遥游》之"宋荣子"即宋钘。关于宋钘之本名,参考本书上编第一章第一节。
④ 顾实:《庄子天下篇讲疏》,商务印书馆,1980 年 12 月二版,第 44 页。
⑤ "情固欲寡",今本作"请欲固置",此依唐钺说校改。情者,实也,此句谓人的欲望本来就是寡浅的。对于此句的讨论,参考本书上编第一章第一节。

关系密切的《管子·心术上》经文云:"虚其欲,神将入舍;扫除不絜,神乃留处。"《心术下》也说:"毋以物乱官,毋以官乱心。"①皆合于别囿之旨。

前文引述奚侗之说,提及《尸子·广泽》有一"料子",亦主张"别囿"之说。此"料子",马叙伦认为即"宋子"。他认为"宋"以形近误为"柬",而"柬"又与"料"音近,因而致误②。鹏按,《说文》:"敕,择也。""敕""料"通假之例见于《鬼谷子·捭阖》"料其情也",此"料"字训作简择,其本字为"敕"③。"敕"字所从"柬",即典籍中训为"冒"之"采"字(《说文》上从"网"),而《集韵·支韵》谓此字或作"罙",其形尤与"宋"近。

宋钘"别囿"之论疑非其独创,从上节引《吕氏春秋·贵公》老子"去其人"之语,又推崇老子已臻"至公"之境界,可以看出"别囿"说的形成可能与老子有关。此外,《吕览·去尤》论"去囿"("去尤"即"去囿"④),篇末谓:"老聃则得之矣,若植木而立乎独,必不合于俗,何扩(广)矣!"⑤显以老子超然宏远为宗,可见"去囿"之观念,老子当已发之于前。

前人已指出,老子在修身问题上持"无名""无欲"之立场⑥。所谓"无名",指破除宠辱、得失之成见,即《老子》所说的"宠辱若惊(荣)"⑦(今本13章)、"知其荣,守其辱"(28章)、"大白若辱"(41章)。所谓"无欲",非弃绝一切外在欲求,只是主张回归自然本性,不追逐过度的物质享受,即《老子》:"五色令人目盲,五音令人耳聋,五味令人口爽,驰骋畋猎令人心发狂,难得之货令人行妨。是以圣人为腹不为目,故去彼取

---

① 关于《管子·心术上》《心术下》的学派归属及性质,参考本书上编第四章第二、第三节。
② 马叙伦:《庄子天下篇述义》,龙门联合书局,1958年6月,第25页。
③ 朱骏声:《说文通训定声》,中华书局影印临啸阁刻本,1984年6月,第318页。
④ 许维遹云:"《治要》有注:'尤,过也。'疑'尤'借作'囿',谓有所拘蔽也。'过'字不足以尽其义。"许说是。见《吕氏春秋校释》,中华书局,2009年9月,第289页。
⑤ 按,"植木而立乎独"即《庄子·田子方》述老子语"遗物离人而立于独"之意。"不合于俗"即《天下》所谓"不累于俗,不饰于物"。末句"何扩矣"之"扩"疑读为"广",训为宏大。
⑥ 王博:《老子思想的史官特色》,文津出版社,1993年11月,第280—286页。
⑦ "宠辱若惊",当依裘锡圭说读为"宠辱若荣",说见《"宠辱若惊"是"宠辱若荣"的误读》,《中华文史论丛》2013年第3期。

此。"(12章)"圣人之治,虚其心,实其腹,弱其志,强其骨。常使民无知、无欲,使夫知者不敢为也。"(第3章)凡此所论均可与上文所述宋钘说合观,并可看出二者的承袭关系。

此外,今本《老子》第10章"涤除玄鉴,能无疵乎",高亨解释云:

> 玄鉴者,内心之光明……《庄子·天道》篇:"圣人之心,静乎天地之鉴,万物之镜也。"亦以心譬镜。洗垢之谓涤,去尘之谓除。《说文》:"疵,病也。"人心中之欲如镜上之尘垢,意即心之病也。故曰:"涤除玄鉴,能无疵乎!"意在去欲也。①

宋钘"别囿""白心"之说不外是去除外在囿限拘蔽,使心归于虚静洁白,与《老子》此语尤合。

诚如白奚所说:"'别宥'虽是宋钘提出,但却具有一般的方法论的意义,撇开具体文字的表达形式,从思想内容来看,乃是百家争鸣时期的一种思潮,各家均从自己的角度有所涉及运用。"②下文便依序考察尹文、慎到、庄周、荀况等人的"别囿"观。

三、尹文的转向:变"别囿"为"别域"

尹文(前350—前285年)与宋钘同游稷下③,二子关系在师友之间④。《庄子·天下》将尹文与宋钘合论,尹文的著作在《汉书·艺文志》虽归入名家,但其学说仍以《老》学为基础,此点观《尹文子》开篇标举"大道",又援引《老子》为说可证。《四库提要》尝称尹文之学"出入于黄、老、申、韩之间。周氏《涉笔》谓其'自道以至名,自名以至法'。盖得其真。"⑤尹文之学上承宋钘,发挥《老子》道论,虽同有"别宥""见侮不斗""寝兵"之主张,惟其"别宥"说立论的角度及内涵与宋钘不同,需稍加辨析。《尹文子》谓:

---

① 高亨:《老子正诂》,《高亨著作集林》卷五,清华大学出版社,2004年12月,第59页。
② 白奚:《稷下学研究——中国古代的思想自由与百家争鸣》,三联书店,1995年9月,第200页。
③ 二子同游稷下,见《汉书·艺文志·诸子略》"《尹文子》一篇"颜师古《注》引刘向说。尹文的生卒约数,依钱穆《先秦诸子系年》所考。
④ 关于尹文的年世及其与宋钘的关系,参考本书下编第九章第一节。
⑤ 纪昀:《四库全书总目提要》,河北人民出版社,2000年3月,第三册,第303页。

> 接万物使分别,〔调〕海内使不杂①;见侮不辱,见推不矜;禁暴息兵,救世之斗。此人(仁)君之德,可以为主〈王〉矣②。守职分使不乱,慎所任而无私。饥饱一心,毁誉同虑。赏亦不忘〈惠〉③,罚亦不怨。此居下之节,可以为臣矣④。

所谓"接万物使分别,调海内使不杂"即尹文之"别宥"说。上节论《天下》"接万物以别宥为始",主张以"去除拘限"解释"别宥(囿)",但前人释此句实分为两派:一主"去囿",一主"别域"。窃以为前说乃宋钘所持,后说则可施诸尹文。郭象《注》释此句谓"不欲令相犯错",成玄英《疏》训"宥"为"域",即主后说。高亨申此义云:

> 宥、囿与域,古亦通用,《诗·玄鸟》"奄有九有",《中论·法象篇》引作"奄有九域"。《国语·楚语》:"共工氏之伯九有也",《汉书·律历志》引《祭典》曰"共工氏伯九域"。并其左证。然则别宥、别囿亦可解作别域矣。别域者,划分万物之畛界,使不相侵犯也。⑤

尹文用以划分万物畛域的法宝有二:一曰名,二曰法。在上文引《尹文子》"接万物使分别"章前有一段话论"君事"与"臣业"之别,他认为"庆赏刑罚"是君王所执,"守职效能"为臣下所掌,二者不得殽乱,"君不可与臣业,臣不可侵君事。上下不相侵与,谓之名正。名正而法顺。"法的施行讲求概念区别及条文的准确,所以正名是法治的前提。尹文之所以提倡法,是想从法律、制度层面矫正世俗风气的败坏。《尹文子》说:

---

① 二句依董英哲《尹文子注译》断读,并补"调"字(《天下》述宋、尹学说,有"以调海内"一句)。董氏《注译》收入《先秦名家四子研究》(上海古籍出版社,2014年3月)下册第三编第三章。
② 钱熙祚《尹文子校勘记》:"《荀子·正论》篇注引'仁'作'人','主'作'王'。"二句依钱氏说校改。
③ 王恺銮《尹文子校正》:"'忘'字义不可通,'忘'当作'德',盖'德'之古字为'惪',其上部脱烂,与'忘'字相近,是以致讹。"其说是。
④ 末句今本作"可为人矣",依王启湘《尹文子校诠》改。
⑤ 高亨:《庄子天下篇笺证》,《高亨著作集林》卷九,第398页。

> 世之所贵,同而贵之,谓之俗;世之所用,同而用之,谓之物。苟违于人,俗所不与;苟忮于众,俗〈物〉所共去①。故〔人〕心皆殊②,而为行若一;所好各异,而资用必同。此俗之所齐,物之所饰。故所齐不可不慎,所饰不可不择。昔齐桓好衣紫,阖境不鬻异彩;楚庄爱细腰,一国皆有饥色。上之所以率下,乃治乱之所由也。故俗苟渗,必为法以矫之;物苟溢,必立制以检之。累于俗、饰于物者,不可以为治矣。

君王作为民众的表率,施政固然可收风行草偃之效,但一旦统治者的价值观出现偏差、好恶改易,政随人变,又非长久之计,所以尹文主张在人治之外还需立法以作为"接万物""调海内"的标准。对于宋钘来说,他并不主张以法治导正社会风气③,而强调透过个人内心的修养,看破世俗的荣辱、毁誉,所以《庄子·逍遥游》称宋子"举世而誉之而不加劝,举世而非之而不加沮,定乎内外之分,辨乎荣辱之境,斯已矣。彼其于世未数数然也"。

综上所论,宋钘立"别囿""见侮不辱"之说,乃针对心性修养而论,初不限于国君,尹文则将之视为"仁君之德",为王者治术之一端。且其变"别宥"为"别域",以正名、法制作为区别畛域的手段,显受彭蒙、田骈一派的影响。从论述的手法来说,尹文将原本宋子所倡的"别宥(囿)",解为"别域",可以说是"旧瓶装新酒"。

四、慎到的"去囿"说:弃知去己

慎到(前350—前275年)为赵人,与宋钘、尹文皆为齐稷下先生,

---

① 王恺銮《尹文子校正》:"'俗',疑当作'物'。"观上下文例,其说是。
② 钱熙祚《尹文子校勘记》:"《治要》'故'下有'人'字。"兹据补。
③ 《尹文子》载:"田子读书,曰:'尧时太平。'宋子曰:'圣人之治以致此乎?'彭蒙在侧,越次答曰:'圣法之治以至(致)此,非圣人之治也。'宋子曰:'圣人与圣法,何以异?'彭蒙曰:'子之乱名甚矣!圣人者,自己出也;圣法者,自理出也。理出于己,己非理也;己能出理,理非己也。故圣人之治,独治者也;圣法之治,则无不治矣。此万物之利,唯圣人能该之。'宋子犹惑,质于田子。田子曰:'蒙之言然。'"鹏按,这则故事彰显出宋钘与彭蒙、田骈二子在政治主张上的不同。宋钘遵循传统的说法,赞成"圣人"之治,彭蒙等则主张"圣法"之治,并以"理"作为法的根源,此为二派基本之差异。尹文的学说显受彭蒙、田骈之影响,故在其书称引其说。

其年世与尹文相当①。《庄子·天下》将慎到与彭蒙、田骈合论,称"慎到弃知去己,而缘于不得已。泠(零)汰于物②,以为道理"。又"笑天下之尚贤""非天下之大圣",并指出其言行"动静不离于理"。《荀子·非十二子》亦将田骈与慎到合论,批评二子"尚法而无法,下〈上(尚)〉修(循)而好作③,上则取听于上〈下〉④,下则取从于俗。终日言成文典,及纣(循)察之,则偶然无所归宿⑤,不可以经国定分"。慎子的思想特征在法势理论⑥,其学说源于三晋法家及道家彭蒙一派。《汉书·艺文志》将其著作归入法家,《史记·孟子荀卿列传》则说慎子与田骈等"皆学黄老道德之术",可见其学兼融道、法。

传世文献中未见慎到关于"去囿"或"别宥"之主张,但近出上海博物馆藏战国楚竹书《慎子曰恭俭》出现慎子论"去囿"之说,见于该篇首简⑦:

> 慎子曰:恭俭以立身,坚强以立志。忠(衷)陟(质)以反俞(窬),逆(去)友(囿)以载道,精(靖)法以巽(顺)势。⑧

李学勤将"逆友"读为"却宥"或"去宥",其说可从。"却宥""去宥"即"去囿"⑨。他并指出,过去刘节、郭沫若主张《心术》《白心》为宋钘、尹文遗

---

① 慎到的生卒年约数依钱穆《先秦诸子系年》所考。关于慎到的生平参考许富宏《慎子集校集注》(中华书局,2013年8月)"前言"(第2—8页)及本书下编第九章第二节。
② 成玄英《疏》训"泠汰"为拣炼。按,"泠汰"为近义复词。"泠"疑读为"零",训为落。《尔雅·释诂》:"汰,坠也。"《释文》:"汰,字宜作汱。"汱、汰古通。"汰"之本义为淘米,故引申有拣择义,又引申为坠。
③ 于省吾《双剑誃荀子新证》指出:"修"当从王念孙作"循","上""下"甲、金文形近易混,此文"下"乃"上"字之讹。又云:"盖荀书本作'尚法而无法,上循而好作',尚亦上也,与上互文耳。言既以法为上而反无法,以循为上而反好作。"
④ 按,"取听于上"当作"取听于下","上""下"二字混讹见前句。"上则取听于下,下则取从于俗",谓君王取听于臣下,臣下则趋从于俗。
⑤ 杨倞《注》:"纣与循同。偶然,疏远貌。"
⑥ 见《慎子·威德》《韩非子·难势》。
⑦ 马承源主编:《上海博物馆藏战国楚竹书(六)》,上海古籍出版社,2007年7月,第95页(图版)、第276—277页(释文及注释)。
⑧ 释文及部分字词的考释参考本书下编第九章第二节。
⑨ "逆",疑母铎部;"却",溪母铎部;"去",溪母鱼部(鱼、铎阴入对转,溪、疑旁纽)。"友""囿"皆匣母之部。

著,蒙文通、裘锡圭则提出二篇为田骈、慎到一派所作,"如今我们看到简文也有'却宥',知道这一观念在稷下若干派别间或许是共通的。"①鹏按,宋钘、尹文、慎到之年世虽相及,但宋子的年辈高于尹、慎二子,且《庄子·天下》明言宋钘一派"接万物以别宥为始",可推知"别宥"之所以成为战国诸子讨论之命题,源于宋钘之提倡。竹书所载慎子"去囿"之论,疑受宋钘影响。

《慎子曰恭俭》简文所谓"衷质"即"内诚"之意②。"反帝"之"帝"即虚、空之意③,"反帝"即"返虚"。慎子所称"去囿以载道",笔者尝引《管子·内业》"凡道无所,善心焉处"、《心术上》"虚其欲,神将入舍",将"道"释为"精气"("去囿"则偏向去欲之意)④,但因传世文献述及慎到学说,未有涉及精气概念者,终觉隔阂。今重新思考此一问题,笔者认为《慎子曰恭俭》"去囿以载道"之"道"当指"理",即前引《天下》所称慎子"动静不离于理""泠(零)汏于物,以为道理"之"理"。

战国中期的道家学者有一"以理代道"的倾向,《尹文子》"田子读书"章中记载彭蒙有法理之论,其说云:"圣人者,自己出也;圣法者,自理出也。理出于己,己非理也;己能出理,理非己也。"并因而倡"圣法之治",可见在慎到之前,彭蒙、田骈已注意到"理"之概念可作为贯串人道与天道的连结,并明确主张"理生法"。事实上,对于"理"之重视为战国中晚期普遍的趋势,如《礼记·乐记》讲"天理""人欲"相对;如《管子·心术上》"以理释礼",谓"礼者,因人之情,缘义之理,而为之节文者也。故礼者,谓有理也。理也者,明分以谕义之意也。故礼出乎义,义出乎理。理,因乎宜者也"。又如庄子一派主张"循天之理""达万物之理",或径"以理说道",称"知道者必达于理,达于理者必明于权,明于权者不以物害己"(《秋水》)。"夫德,和也;道,理也。德无不容,仁也;道无不

---

① 李学勤:《谈楚简〈慎子〉》,《中国文化》第 25、26 期合刊,第 43—44 页。
② 《左传》襄公 9 年"要盟无质",孔《疏》引服虔:"质,诚也。"《国语·楚语下》:"容貌之崇,忠信之质,禋絜之服,而敬恭明神者,以为之祝。"韦注:"质,诚也。"
③ 《说文》:"帝,空中也。"《淮南子·氾论》:"乃为帝木方版以为舟航。"高诱《注》:"帝,空也。"
④ 见本书下编第九章第二节。

理,义也。"(《缮性》)。此外,受稷下道家影响较深的《荀子》《韩非子》亦重视"理",而有"大理""文理""道理"之论①。

至于"去囿以载道"的"去囿",联系传世文献中慎子的相关言论,可以用"去私"二字释之,若用《天下》评述慎到的话说,"去私"即"弃知去己"。立公以去私,这是法之可以普遍施行的基础。《慎子·威德》说:

> 法虽不善,犹愈于无法②。〔法〕,所以一人心也③。夫投钩以分财,投策以分马,非钩策为均也,使得美者不知所以德,使得恶者不知所以怨,此所以塞怨望也。故蓍龟,所以立公识也;权衡,所以立公正也;书契,所以立公信也;度量,所以立公审也;法制礼籍,所以立公义也。凡立公,所以弃私也。

另外一则《慎子》佚文说:"法之功,莫大使私不行。……今立法而行私,是私与法争,其乱甚于无法。"④

前引竹书在"去囿以载道(理)"后,随即说"靖法以顺势",法家重势一派的面目毕现,前文所云"恭俭""坚强""衷质""去囿"等,其实都是为君王定法顺势的主张铺垫,慎到的学说即结穴于此。

宋钘与慎到虽同有"去囿"之说,但二子之异在于尚心术与重法术之别。慎到并不认为仅靠人主的聪明圣智便可治国,他主张治国需要有一套超绝于主观的法术,故云:"不聪不明,不能为王;不瞽不聋,不能为公。""弃道术,舍度量,以求一人之识识天下,谁子之识能足焉。""君舍法而以心裁轻重,则同功殊赏、同罪殊罚矣,怨之所由生也。"⑤

---

① 关于先秦诸子之论"理",参考邓国光《先秦两汉诸子"理"义研究》,《诸子学刊》第一辑,第269—294页。
② 王叔岷《法家三派重势之慎到》释此二句云:"'法虽不善,犹愈于无法。'而况法善乎!极强调法之重要性。"
③ "所以一人心"句,许富宏《慎子集校集注》以为注阑入而删。鹏按。下文"塞怨望""立公所以去私",皆承"一人心"而言,恐非衍文。疑前句"犹愈于无法"之"法"字下原有重文符号,两"法"字分属上、下句读。
④ 许富宏《慎子集校集注》,第64页。辑自《艺文类聚》卷54、《太平御览》卷638。
⑤ 前二例为《慎子》佚文(第一则辑自《御览》卷496及《意林》,第二则辑自《荀子·王霸》注、《升庵外集》卷48),后例见《慎子·君人》。参考许富宏《慎子集注集校》,第52、62、82页。

五、庄周的超越：从"别囿"到"任囿"

庄周(前369—295年)的年辈略晚于宋钘[1]，二者皆为宋人[2]。前人已留意到宋、庄二家的学说有一定的关联，如崔大华说："从《庄子》中可以看出，宋钘的'情欲固寡'和'接万物以别宥为始'这两个基本观点和他的人生态度都对庄子发生了重要的影响。"他并进一步指出，《庄子》屡次阐述宋钘"别囿"之观念，如《徐无鬼》云："知士无思虑之变则不乐，辩士无谈说之序则不乐，察士无凌谇之事则不乐，皆囿于物者也。"又如《秋水》："井蛙不可以语于海者，拘于虚也；夏虫不可以语于冰者，笃于时也；曲士不可以语于道者，束于教也。"[3]《吕氏春秋》中专门阐释"别囿"的《去尤》篇亦明引《庄子》之说：

> 以瓦投者翔[4]，以钩投者战，以黄金投者殆。其投一也[5]，而有所殆者，必外有所重者也；外有所重者，盖内掘(拙)也[6]。

所引见《达生》"颜渊问仲尼"章，用字稍异[7]。"外重则内拙"，盖庄子对于"囿"之看法。

宋钘的"别囿"与"白心"是一组配套的理论，后者是其追求的境界，前者则是达到"白心"的修养工夫。《庄子》亦重"心"的修养，故主张"心斋"(《人间世》)、破"成心"(《齐物论》)、"无撄人心"(《在宥》)。值得注

---

[1] 顾实《庄子天下篇讲疏》推衍马叙伦《庄子年表》之说，将庄子之年世定为公元前369年至前295年，此从之。钱穆《先秦诸子系年》将庄子生卒年定为前365至前290年，与顾氏所估年世仅有五年差距。马、顾二氏皆据《庄》书相关人物、事件之年代考定，所说当较他家可信。

[2] 《史记·老子韩非列传》："庄子者，蒙人也。"司马贞《索隐》引刘向《别录》谓庄子为"宋之蒙人也。"

[3] 崔大华：《庄学研究——中国哲学一个观念渊源的历史考察》，人民出版社，1992年7月，第382—383页。

[4] 诸"投"字原作"殳"，洪颐煊云："字书无'殳'字。《说文》：'殳，繇击也。从殳，豆声。古文投如此。'殳即投字。"洪说引自王利器《吕氏春秋注疏》。

[5] 此句今本作"其祥一也"，王利器《吕氏春秋注疏》指出："陈景元《南华真经章句音义》载《吕览》所引《庄子》作'其殳一也'，义较胜。"此从之。

[6] "掘"，当读为"拙"。《庄子》相应文句作"凡外重者内拙"，当从之。

[7] 《达生》作"以瓦注者巧，以钩注者惮，以黄金注者殙。其巧一也，而有所矜，则重外也。凡外重者内拙。"《淮南子·说林训》《列子·黄帝》亦引此段，文各小异。

意的是，庄子一派也有类似"白心"的表述。《天地》记子贡由楚反晋，见一丈人凿隧入井、抱瓮出灌以为圃畦，用力甚多而见功寡，子贡问丈人何不使用桔槔，他说：

> 吾闻之吾师：有机械者必有机事，有机事者必有机心。机心存于胸中，则纯白不备；纯白不备，则神生不定；神生不定者，道之所不载也。

"机心"即诈伪之心，纯白存于胸中则为"白心"。《庄子》所谓"纯白不备，则神生不定"，即《管子·心术上》"虚其欲，神将入舍；扫除不絜，神乃留处""絜其宫，开其门，去私言，神明若存"之意。

庄子虽有取于宋钘之说，然其工夫论却不仅停留在心的持守。对于外在的蔽囿，他并不主张有意的去除或弃绝，而持着一种安然任之的态度，强调"安其性命之情"，主张"无为而任物"，这点在《在宥》表达得最为显豁。该篇开头便说："闻在宥天下，不闻治天下。"①前人多训"在"为"自在"或"察""存"，恐不确②。王叔岷认为"在"为"任"之形近而讹③，吴汝纶谓："宥与囿通。"④鹏按，王、吴说是。"在宥"即"任囿"，篇中云"贱而不可不任者，物也""因于物而不去"，即所谓"任"也。庄子盖以宋钘"别囿""去囿"，犹有分别之心，故倡"任囿"，主张不去不别，纯任自然。《在宥》谓："汝徒处无为而物自化。堕尔形体，吐〈咄（黜）⑤尔聪明，伦与物忘⑥；大同乎涬溟，解心释神，莫然无魂。"其"解心释神"之境界已较"白心"超脱。《逍遥游》论宋子"定乎内外之分，辨乎荣辱之境"，虽未汲汲然于世，但"犹有未树"，是庄子欲超越宋钘"别囿""白心"

---

① 按，前人以此篇"在宥"二字为并列结构，训"宥"为宽，此乃受其下"在之也者，恐天下之淫其性也；宥之也者，恐天下之迁其德也。天下不淫其性，不迁其德，有治天下者哉！"之引导，但此数句与《达生》意旨不甚相合，疑后人分释"在""宥"二字之文窜入。
② "在"，训为"自在"，见郭象注、成玄英疏；训为"察"，则为茆泮林、章太炎之说；训为"存"，为苏舆之说。诸家说之评述见王叔岷《庄子校诠》，"中研院"历史语言研究所，1994 年 4 月二版，第 372 页。
③ 见前揭王叔岷《校诠》，第 372 页。
④ 引自钱穆《庄子纂笺》，东大图书公司，1993 年 1 月四版，第 79 页。
⑤ 郭庆藩《庄子集释》引王引之曰："吐当作咄，咄与黜同。"
⑥ 钱穆《庄子纂笺》云："伦与物忘，即与物忘伦，即大同乎涬溟也。"

之说,而达于无待之逍遥。

受到精气说之启发,庄子认为"道通为一"(《齐物论》)、"通天下一气耳"(《知北游》)。他进一步改造宋钘之说,贯通内(心术)、外(天道)之道而提出"无听之以心,而听之以气""气也者,虚而待物者也。唯道集虚。虚者,心斋也"(《人间世》)。并主张坐而自忘其身,即所谓"堕肢体,黜聪明,离形去知,同于大道"(《大宗师》)。如果从战国时期道家学术发展的角度来看,庄子"心斋""坐忘"之说实乃宋钘"白心""别囿"说之转化及超越。

六、荀况的"别囿"说:解蔽

荀况(前340—前245)的年世晚于上述诸子①,他年少时即游学稷下,至齐襄王时,更"三为祭酒"(《史记·孟荀列传》),在稷下学宫声望极隆。由于其久居稷下讲学之经历,必与宋钘一派后学以及尹文、田骈、慎到等学者多所论辩、交往,所以在其著作中能深刻批判诸子之思想,而其本身的学说也或多或少受到上述学者的影响。

梁启超曾指出:"'别宥'即'去囿',为去其囿蔽者,如荀子之言'解蔽'矣。"②白奚先生也认为"儒家荀子所谓的'解蔽'、法家韩非所谓的去除'前识'③,若从哲学方法论上来看,同宋钘的'别宥'讲的都是完全一样的道理"④。《解蔽》开篇便说:"凡人之患,蔽于一曲而暗于大理。"大理即大道,此处言"理"而不言"道",亦前文所谓"以理代道"之一例。"解蔽"就是解除外在事物对于心的障蔽。

荀子论"蔽"云:"故(胡)为蔽⑤?欲为蔽,恶为蔽;始为蔽,终为蔽,始为蔽;远为蔽,近为蔽;博为蔽,浅为蔽;古为蔽,今为蔽。凡万物异则莫不相为蔽,此心术之公患也。"又说:"圣人知心术之患,见蔽塞之祸,

---

① 荀子的生卒年约数据钱穆《先秦诸子系年》所定。
② 梁启超:《庄子天下篇释义》,收入《清代学术概论》(东方出版社,1996年3月)附录,第114页。
③ 按,韩非所谓"前识"为"先物行,先理动""无缘而妄意度"之论,说见《解老》,本于《老子》第38章(德经首章)"前识者,道之华,而愚之始。是以大丈夫处其厚,不居其薄;处其实,不居其华。故去彼取此。"老子"去彼取此",主张去薄、华,取厚、实,亦略有"去囿"之意。
④ 白奚:《稷下学研究——中国古代的思想自由与百家争鸣》,第200页。
⑤ "故",读为"胡",见王先谦《荀子集解》引俞樾说。

故无欲无恶、无始无终、无近无远、无博无浅、无古无今,兼陈万物而中县衡焉,是故众异不得相蔽以乱其伦也。"(《解蔽》)荀况以"解蔽"论"心术",犹宋钘以"别囿"说"心之行"。《庄子·天下》称宋子"语心之容(用),命之曰心之行"①,"心之行"即"心术",而宋钘所谓"别囿""白心",亦心术之内涵。别囿、解蔽的对象都是"心",此为二家近似处。不过,宋、荀对于"心"之性质及"虚静"概念的界定略有不同,所以论及别囿的工夫仍有异。

宋钘所谓的"心"具有本体之意义,且为精气或神明之馆舍,所以《管子·心术上》的经文说:"心之在体,君之位也。""虚其欲,神将入舍。"②荀子之"心"也有主体义,如《解蔽》云:"心者,形之君也,而神明之主也。"宋、荀二子所说的"心"都不能生理,也并非内含万理者。相较而言,宋子所说的心如同馆舍或型范,只能容受;荀子所说的心则偏向功能义,只能观照③。荀子说:"人心譬如盘水,正错而勿动,则湛(沈)浊在下④,而清明在上,则足以见须眉而察理矣。"又说:"何以知道?曰心。心何以知?曰虚壹而静。"(《解蔽》)可见心虽有"能知道"之功能,但前提是需达到"虚壹而静"的状态。此一方法的提出,是受到稷下学术,尤其是宋钘学说的影响⑤。

宋钘要用虚静之道使心回复本然的安宁洁白,是从"虚而无形谓之道""天曰虚,地曰静"(《心术上》经)演绎出来的。与之相比,荀子强调心的观照及察理功能,所以他将"虚""静"的原则重新定义,赋予较积极的意义,如《解蔽》云:"人生而有知,知而有志。志也者,藏也。然而有所谓虚。不以所已藏害其所将受,谓之虚。……心卧则梦,偷则自行,使之则谋,故心未尝不动也。然而有所谓静。不以梦剧乱知,谓之静。"可见荀子认为心本非静止不动,其所谓"虚"并非无所藏受之虚,乃是

---

① 前句"容"读为"庸","庸"犹"用"也,后句"命"训为"名"。说见本书上编第一章第一节。
② 按,《心术上》分经、解,二者非一人、一时之作,学术倾向亦稍异,笔者认为经文部分为宋钘一派所作,解的部分则受慎到学说影响较深,说见本书上编第四章第二节。
③ 关于荀子之论心,参考劳思光《新编中国哲学史》,三民书局,1993年10月七版,第1册,第336—337页。
④ 杨倞《注》:"湛读为沈,泥滓也。"
⑤ 白奚已指出:"'虚壹而静'这一认识方法的提出,是受到稷下学术特别是《管子》(鹏按,指《心术》《内业》等篇)有关思想的重大影响。"说见《稷下学研究》,第289页。

"不以所藏害所将受";其所谓"静"也并非全然定止之静,而是"不以梦剧乱知"。此与宋子一派虚以待物、静以制动的养心说并不相同①。

宋钘的"别囿"及荀况的"解蔽"目的都是在解除外在事物对于心的囿蔽,但二者的方法略有不同。宋子认为"别囿"只需在心上作,只要心不执着于俗世的价值、不沉迷于物欲,便能通达无碍;荀子则认为"凡观物有疑,中心不定,则外物不清;吾虑不清,则未可定然否也"。所以他主张"疏观万物而知其情"(《解蔽》),透过理智的观察才能获知事物的情实,而不受蔽塞之害。此乃二家别囿说的差异。

七、惠施与邹衍的"去囿"方法:"历物"与"推物"

惠施(前370—前310年)与庄周为同时之人②,二子交游甚密,往复论辩屡见于《庄子》书。邹衍(前345—前275)年辈稍后③,而与荀卿并世。惠施与邹衍俱为一代显士。惠施任梁惠王相(见《庄子·秋水》),有"仲父""惠公"之美名(《战国策·魏策》《吕览·应言》),惠王甚至欲将王位让给他(《吕览·不屈》);邹衍在齐宣王时任稷下先生,后历游列国,"适梁,惠王郊迎,执宾主之礼;适赵,平原君侧行撇席;如燕,昭王拥彗先驱,请列弟子之座而受业,筑碣石宫,身亲往师之。"(《史记·孟荀列传》)二子的政治地位非其他诸子所能比拟,用太史公的话说"其游诸侯见尊礼如此,岂与仲尼菜色陈、蔡,孟轲困于齐、梁同乎哉!"(同上)

惠施、邹衍的学说未有直接涉及"去囿"者,但若从其立论宗旨来

---

① 参考杜国庠:《荀子从宋尹黄老学派接受了什么》,《杜国庠文集》,人民出版社,1962年7月,第144—148页。
② 陈年福、叶志衡《中国学术编年·先秦卷》(华东师范大学出版社,2013年7月)据钱穆《诸子生卒年世先后一览表》及《惠施年表》《惠施传略》(收入《古史辨》第六册)将惠施的生卒年约定为前370—前310年。此从之。
③ 钱穆《先秦诸子系年》认为《史记·孟子荀卿列传》载邹衍行事为司马迁受方士之言所惑,所记有误,遂将其生年推迟至前305年,但诚如王梦鸥《邹衍遗说考》指出的,邹衍生平最明确的事,就是他与燕昭王的关系,若将邹衍之生年降至如此晚,则燕昭王即位之时,他还不过是一乳臭未干的小孩,昭王不可能"筑碣石宫而身亲往事之"。今依王梦鸥说,将邹衍的年生约定为前345—前275年。说见《邹衍遗说考》,台湾商务印书馆,1966年1月,第16—34页。

看,则二子亦受其前诸子之倡"去囿"说风气影响,从不同面向构筑去除囿蔽的理论。

惠施之书早亡,其说存于《庄子·天下》末章所述"历物十事",所谓"历物"即"析物"①,分析物理之意,其说包括:

> 至大无外,谓之大一;至小无内,谓之小一。
> 无厚不可积也,其大千里。
> 天与地卑(比)②,山与泽平。
> 日方中方睨,物方生方死。
> 大同而与小同异,此之谓小同异;万物毕同毕异,此之谓大同异。
> 南方无穷而有穷。
> 今日适越而昔来。
> 连环可解也。
> 我知天之中央③,燕之北、越之南是也。
> 泛爱万物,天地一体也。

冯友兰总结上述命题的要旨说:"照上面九个论点所证明的,一切事物都是在变动之中的、有联系的。一切差别都是相对的、有条件的,也都可以互相转化的。照《吕氏春秋·有始》篇所说的'天地万物,犹一人之身也,此之谓大同'。'一人之身'正是'天地一体'的意思。既然'天地一体',所以要'泛爱万物'。这是十事的一个结论。"④

以"我知天之中央,燕之北、越之南"这条来说,战国时代的地理知识,天下之中是"燕之南、越之北",但观地与观天的角度互异(地图例北上南下,但若为星图则为南上北下),所以"天之中"则为"燕之北、越之南"。这种以观察角度的换位来破除一般常识的成见,在战国中期风靡

---

① 《说文》:"历,治也。"引申为析、理。
② 王叔岷《庄子校诠》引孙诒让云:"卑与比通,《荀子·不苟》篇云:'山渊平,天地比。'杨《注》云:'比,谓齐等也。'亦引《庄子》此文,是其证也。"
③ "天",今本作"天下",疑涉下文"观于天下"句而衍。成《疏》:"燕北越南,可为天中者也。"可见成玄英所据本无"下"字,此从之。
④ 冯友兰《中国哲学史新编》第二册第十五章第四节(人民出版社,1984年6月)。

一时,《天下》称"惠施以此为大,观于天下而晓辩者①,天下之辩者相与乐之"。并载桓团、公孙龙等辩者与之应和的"卵有毛"等二十一条命题。由认识论的角度来看,名家之说乃是想借着名理之辩来"别囿",惠施的"历物之意"归结为"泛爱万物,天地一体"即欲以客观事物的探索来格知"万物与我为一"之理。

接着谈邹衍。邹子著书甚富,《史记·孟子荀卿列传》称其有"《终始》《大圣》之篇十余万言",《汉书·艺文志·诸子略》阴阳家也著录其著作《邹子》四十九篇、《邹子终始》五十六篇,但这些篇章在东汉时已经散佚②。

邹衍采取"类推法"建构他的理论,他的"推物"是从已知推未知,由经验的事实推论经验外的世界,司马迁称"其语闳大不经,必先验小物,推而大之,至于无垠"(《孟子荀卿列传》)。邹衍的类推有两个主要的方向:一是对于空间"上下四方"的类推,其结果是推出"大九州说";一是对于时间"往古来今"的类推,其结果是推出"五德终始"说③。王梦鸥指出:

> 由小而大的想象过程,会使人体味到天高地厚与自己的藐小……由空间上看,我们所处的世界,实际是"大九州"中之一微尘;由时间上看,我生存的时代,实际是终始运行中的一刹那。④

邹衍这种推验的理论和前文所述惠施之说,虽然方法不同,但目的都是想打破常识俗见的拘蔽。《盐铁论·论邹》便说:

> 邹子疾晚世之儒、墨不知天地之弘,昭旷之道,将一曲而欲道九折,守一隅而欲知万方,犹无准平而欲知高下,无规矩而欲知方圆也。于是推大圣终始之运以喻王公列士,先列中国名山通谷以

---

① 诸家多将"大观"连读,今从钱穆《纂笺》、王叔岷《校诠》分读。钱氏引陆长庚云:"观,示也。"
② 据王梦鸥所考,邹衍的著作在战国之后,或辑入《管子》《吕氏春秋》及《淮南子》等杂纂之书;其阴阳五行学说又被董仲舒之流吸收,化为西汉正统儒书而流传。到了东汉,邹衍的阴阳五行说一变而为谶纬之书,再变而为道教之书,邹衍驳杂的遗著被混淆得只剩一鳞半爪。说见《邹衍遗说考》,第143—144页,并参考该书第二章"邹子遗文考辨"。
③ 王梦鸥:《邹衍遗说考》,第49页。
④ 同上书,第50页。

至海外。所谓中国者,天下八十一分之一,名曰赤县神州,而分为九州。绝陵陆不通,乃为一州,有大瀛海圜其外。此所谓八极,而天地际焉。

《史记·孟子荀卿列传》亦载邹衍大九州说(与上引《盐铁论》略同),其后云:

> 然要其归,必止乎仁义节俭、君臣上下、六亲之施,始也滥耳。王公大人初见其术,惧然顾化,其后不能行之。

邹衍之所以"推物"而作怪迂之论,原有劝诫统治阶层实施儒家仁义学说、遵循五伦规范的用意,取此与惠施"历物"的结论"泛爱万物,天地一体"对照,一归于仁义(近儒),一归于泛爱(近墨、道)①,相映成趣。太史公称邹衍的学说"始也滥",滥即泛滥无节之意,犹庄子之"洸洋自恣"②。邹衍以迂阔的五德终始及大九州说王公,就像"伊尹负鼎而勉汤以王,百里奚饭牛车下而缪公用霸",都是"作先合,然后引之大道",太史公说:"邹衍其言虽不轨,傥亦有牛、鼎之意乎。"由于邹衍的学说塑造了新的历史观,又打破俗世的地理概念,所以王公大人"初见其术,惧然顾化",颇能收一时之效,但最后还是"不能行之"。

诚如一些学者所指出的:邹衍所要打破的是"不知天地之弘""守一隅而欲知万方"的狭隘眼界和封闭观念,此乃大九州说的精神实质和立意所在③。这种学说的创立,是和当时交通的发展及人们见闻的增长分不开的,有利于人们打破保守闭塞的成见④。在这种闳大不经的理论中透露出一种打破疆域、向域外发展的企图,它象征着一种打开世界壁垒的努力,预告着一个将要到来的新时代⑤。

---

① 胡适《中国哲学史大纲》认为惠施的"泛爱万物"是一种"极端的兼爱主义",是"别有科学一哲学根据"的兼爱主义。郭沫若则强调:惠施的"泛爱"虽类于墨子的"兼爱",但墨子的兼爱只限于人类,"交相利"是其目的,惠子的泛爱则及于天地万物,"爱"即目的。他在《先秦天道观之进展》一文明确主张惠施属于杨朱、老聃一派。
② 此点顾炎武已指出,见《日知录》卷 27。
③ 白奚:《稷下学研究——中国古代的思想自由与百家争鸣》,第 271 页。
④ 杨宽:《战国史》,台湾商务印书馆,1997 年 10 月,第 568 页。
⑤ 白寿彝:《中国交通史》,收入《白寿彝文集》第七卷,河南大学出版社,2008 年 12 月,第 234 页。

从二家立说宗旨来看,笔者认为惠施和邹衍采用了两种不同的策略来实践宋钘所提出的"别囿"(破除拘囿)。就宋钘而言,"别囿"是一种心性修养,只要心中无窒碍、不执着,就能去除外在事物对于我们的限制,但这种修养毕竟不是凡人所容易达到的,所以惠施、邹衍就从知识面着手破除常人的拘束。但惠施重视分析,邹衍重视推论,二子所使用的方法还是不同。

八、《吕氏春秋》中所见"别囿"说

本文一开始曾引《吕氏春秋·贵公》"荆人遗弓"说明"别囿"之概念,此篇所记故事及由此引出的孔、老评语十分简略,仅寥寥五十余字,但通过其所在篇章位置及相关文献的考察,可以抽绎出更多的线索:

1. 《贵公》后接《去私》,两篇所言相涉,如《贵公》言"甘露时雨,不私一物""智而用私,不若愚而用公",并举齐桓公"行公去私恶,用管子而为五伯长;行私阿所爱,用竖刀而虫出于户"为证;《去私》以尧舜"不与其子"而授贤为"至公",并以祁黄羊"外举不避仇,内举不避亲"、腹䵍杀子贯彻墨者之法为"公"。《吕氏春秋》的编者正是以"贵公""去私"作为一组搭配的概念。"贵公以去私",可以说是战国末年学者对于"去囿"最简洁的表述,而此说与前述慎到"去私弃己""立公所以去私"的别囿观最为接近,或许二篇即取自慎子一派著作。

2. 《贵公》记"荆人遗弓"故事之前,有"天下非一人之天下,天下之天下也。阴阳之和,不长一类。甘露时雨,不私一物。万民之主,不阿一人"。其后有"天地大矣,生而弗子,成而弗有,万物皆被其泽,得其利而莫知其所由始,此三皇、五帝之德也"。前者谓君主当法阴阳自然,后者更明言三皇、五帝之德以天地为绳准,其思想显受道家《老》学之影响,这点可以从篇中盛赞老聃为"至公"得到证明。

3. 《去私》有一章引黄帝言,谓"声""色""衣""香""味""室"等都应"禁重",避免过度的享受。苏时学指出:"此数语与前后文义并不相蒙,通篇亦无此意,盖必《重己》篇内所引,而后人转写错误,阑入此篇者。"① 鹏按,苏说非。《去私》所论与"别囿"有关,禁绝过度的物欲,

---

① 许维遹:《吕氏春秋集释》,第29页。

即宋钘所谓"情欲寡浅""不饰于物"。《去私》《贵公》分别引用黄、老,也说明《吕氏》二篇所采乃黄老道家之言。

4. 《说苑·至公》亦载楚王遗弓事(明言楚王即楚共王),可与前述《吕》书二篇对照。《至公》与《贵公》皆引《洪范》"无偏无党,王道荡荡"说"公",《至公》与《去私》都以尧之让舜为"至公"或"大公"的例证。不过,《说苑·至公》记楚王遗弓事,后无老子语,仅言"仲尼所谓大公也",思想趋向有异,当是西汉儒者的评判。

《吕氏春秋》中直接论及"去囿"者,尚有《去尤》及《去宥》两篇,前人多指为宋钘一派著作。刘咸炘、杨树达曾明确指出,《先识览·去宥》言别宥,乃宋钘、尹文之遗说①。郭沫若也认为:"《吕氏》书乃杂集他人成说而成,此二篇明系一篇之割裂,殆系采自《宋子》小说十八篇之一。"②顾颉刚则注意到二篇体制略有差异,他说:"《去尤篇》末云:'解在乎齐人之欲得金也,及秦墨者之相妒也,皆有所乎尤也。'此两事皆见《先识览·去宥篇》,一若《去宥》为《去尤》之传者。"③鹏按,诸家说是。《去尤》《去宥》二篇关系密切,从体例来看,诚如顾氏所言,原本可能有经有传,其形式如《韩非子》内、外《储说》,但编入《吕览》时割裂为二,内容亦可能经过增益或删改④。

《去尤》云:"世之听者,多有所尤(囿)。多有所尤(囿),则听必悖矣。所以尤(囿)者多故,其要必因人所喜与因人所恶。"将人之拘蔽归结为心中之喜恶,既有喜恶,则外有所重,而"外有所重者,盖内拙也"。《去宥》也说:"凡人必别囿然后知,别囿则能全其天矣。"二篇所论"别囿"与宋钘说合,可视为该派作品。

《吕览》由吕不韦召集门下宾客,使"人人著所闻",汇集诸家学说而作,故是书保存许多先秦诸子遗说。以"别囿"说而言,《吕氏春秋》不但

---

① 刘咸炘:《吕氏春秋发微》,《刘咸炘学术论集·子学编》,广西师范大学出版社,2007年7月,第309页;杨树达:《庄子拾遗》,《积微居读书记》,中华书局,2006年12月,第176页。
② 郭沫若:《宋钘尹文遗著考》,《郭沫若全集·历史编》第一卷,人民出版社,1982年9月,第550页。
③ 顾颉刚:《宋钘书入小说家》,《史林杂识初编》,中华书局,1963年2月,第293页。
④ 按,二篇中有宋钘后学附益之内容,如前文提及《去尤》"鲁有恶者"章明引《庄子·达生》,可推知此章写定于宋钘、庄周之后。

收录《去尤》《去宥》二篇宋钘遗著,在《去私》《贵公》也采用了慎到一派的"去宥"观。此外,陈奇猷曾指出,《有度》引季子"不为私"之论,当为季真一派所作①。该篇说:"诸能治天下者,固必通乎性命之情。通乎性命之情,当无私矣。"其所谓"无私",与"节己"相通:"圣人之不为私也,非爱费也,节乎己也。节己,虽贪污之心犹若止,又况乎圣人?"《有度》又说:

> 通意之悖,解心之缪,去德之累,通道之塞。贵、富、显、严、名、利六者,悖意者也。容、动、色、理、气、意六者,缪心者也。恶、欲、喜、怒、哀、乐六者,累德者也。智、能、去、就、取、舍六者,塞道者也。此四六者,不荡乎胸中则正,正则静,静则清明,清则虚,虚则无为而无不为也。

所论"通意之悖,解心之缪,去德之累,通道之塞"与宋钘之"别宥"、荀子之"解蔽"相通,疑即季子学派之去宥说。

九、结语:"别宥"说的历史意义

前文考察了宋钘、尹文、慎到、庄周、荀况等诸家的别宥说,对于"去除拘宥"这一观念的形成,也举出《老子》作为其共同的根源。惠施与邹衍的学说虽未直接涉及去宥之论述,但从其立说旨归来看,二家所倡"历物"与"推物",可以视作他们破除成见的别宥方法。在上一节中,本文也指出《吕氏春秋》一书存有若干诸子的别宥说,如《去尤》《去宥》为宋子一派遗著,又如《贵公》《去私》与慎子有关,而《有度》则为季真之说。

综上所论,可以将上述八家别宥说别为三系:
1. 主心性修养(心术):此派主张去除多余物欲及世俗观念的局限,作为个人心性修养及应世的准则,宋钘、季真属之。庄周虽欲超越宋子别宥说,但其立说宗旨亦近于此。
2. 主治国立法(法术):如尹文以"正名"区别人我及万物的畛域,作为立法的前提;慎到则以"弃知去己""立公以去私"作为法术之基础。

---

① 陈奇猷:《吕氏春秋校释》,学林出版社,1984年4月,第1652页。

3. 主理智认识：荀子的"解蔽"即解除外在事物对于心的蔽塞，其说虽与宋钘"心术"说近，但他强调心具有"能知道"的功能，所以其说偏向理智认识。惠施之"历物"重在以自己的智慧辩析客观之物理，而不在发明理国修身之道①，亦属此类。邹衍"大九州""五德终始"说虽然闳大不经，但其所以用"推而大之"的演绎法建构自己的理论，乃针对"晚世儒墨不知天地之弘""守一隅而欲知万方"的狭隘眼界而发，亦表现出一种尚智的精神②，似可归入此系。

战国诸子的"别囿"最后归结为邹衍的打破狭隘的地理观念及《吕览》中的"立公以去私"，如果联系其后的秦统一六国来看，是颇有兴味的。"别囿"说的基本精神即在打破拘囿，而所谓的"囿"不只是内在的荣辱、物欲，也包括了当时各国因长期分裂而形成的地域观。孔子评论"楚王遗弓"，主张"去其楚"而可，正表现出打破地域观念的向往。邹衍的"大九州说"在战国晚期流行于统治阶层，势必撼动了长久以往的地理观念，"去囿"变为"去域"（囿、域、国古通），为其后的"大一统"提供了观念上的基础。

从方法上来说，"别囿"之"别"是别而去之。别而去之，以至无别，终究归结为"公"。《吕氏春秋》在首卷《孟春纪》便录《贵公》《去私》二篇，当有深意。《贵公》开篇便说"昔先圣王之治天下也必先公，公则天下平矣"，又倡言"天下非一人之天下，天下之天下也"，此《礼记·礼运》所谓"大道之行也，天下为公"。《吕览·贵公》以老聃为"至公"，《说苑·至公》则推仲尼为"大公"，虽然二者学派趋向不同，但其从去私别囿而臻至"公"之境界追求，并无二致。

言"公"推至极处，必定冲破地域、国别、种族、阶层、学派等拘限，形

---

① 蒋锡昌曾指出："庄子（《天下》）叙述'古之道术'而为后人闻风悦之者，始自墨翟，终于自己。至惠施、桓团、公孙龙三人，重在以自己知慧'析万物之理'，不在'闻古之道术'，重在辩究客观方面无关人事之物理，不在发明理国治人之道；重在个人之创造，不在圣王之继述。其为学精神，根本与墨翟等不同，故庄子另于末后附述之也。"说见《庄子哲学·天下校释》，收入《民国丛书》第四编，上海书店影印商务印书馆 1935 年版，第 264 页。
② 《史记·平原君列传》载"及邹衍过赵，言至道，乃绌公孙龙"，《集解》引刘向《别录》有邹衍论"辩"一段，颇能彰显其理智精神，其说云："辩者，别殊类使不相害，序异端使不相乱，抒意通指，明其所谓，使人与知焉，不务相迷也。故胜者不失其所守，不胜者得其所求。若是，则辩可为也。"

成"混一"的格局。钱穆曾说:秦能兼并六国,铸成统一大业,"此不专因于秦国地势之险塞及其兵力之强盛,而最要的还是当时一般意向所促成。"他所说的"一般意向"指的是秦赖以富强的人才,多得力于东方六国,像商鞅、张仪、公孙衍、甘茂、范雎、吕不韦等都不是秦人。他们抛弃狭隘的国家及阶层观念,推翻东方的贵族制度,可以说秦政府实际就是一个东西混合的超国界政府,也是一个贵族与平民合组的政府(所谓"布衣卿相"之局)。秦国既然借着天下的人才以得天下,自然不能专以秦的贵族统治,所以秦始皇虽贵为天子,但他仍使自己的子弟、下属与匹夫齐等,不行封建,此虽可说是其远见,但亦当时情势使然①。

简言之,晚周诸子的别囿说形成了当时的公识(即钱穆所谓"一般意向"),此一公识即是"立公以去私",而此一理念从精神上支持了后来的大一统。

---

① 钱穆:《国史大纲》,台湾商务印书馆,2011年5月,第120—121页。

附录二　先秦儒家"内业"说初探

——兼释郭店楚简"胁"字

一、前言

《管子·内业》以精气说为理论基础,深入地讨论修心养气的方法,前人多将此篇与同书《心术上》《心术下》《白心》合观,目为齐稷下黄老道家(或称"道法家")的代表作①。钱穆尝称:"或以《白心》篇与《心术》《内业》齐举并称,则非其伦也。大抵《内业》最粹美,《心术上》次之,而《白心》为下。"②以思想的精深程度来说,《内业》诚为上述《管子》四篇之冠,可作为先秦道家修身论的典范。罗浩(Harold D. Roth)就将《内业》定位为"神秘主义的内修实践"的经典,并且视之为早于《老子》的道家开山之作③。

从前贤的研究中,我们可以确认《管子·内业》的道家属性,但令人困惑的是,此篇存有不少儒家思想的影子④,而《汉书·艺文志》儒家也著录了另一种《内业》⑤,这其中透露出的儒、道二家交融、渗透的线索,

---

① 参考郭沫若《宋钘尹文遗著考》,《郭沫若全集·历史编》第一卷(人民出版社,1982年),第547—570页;蒙文通:《略论黄老学》,《先秦诸子与理学》(广西师范大学出版社,2006年),第193、214页;冯友兰:《中国哲学史新编》第二册(人民出版社,1984年第2版),第100—101、199页。关于上述《管子》四篇属于"道法家"的提法,见裘锡圭:《马王堆〈老子〉甲乙本卷前后佚书与"道法家"——兼论〈心术上〉〈白心〉为慎到田骈学派作品》,《文史丛稿》(上海远东出版社,1996年),第72—75页;町田三郎:《秦汉思想史の研究》(东京,创文社,1985年),第361—380页。
② 钱穆:《释道家精神义》,《庄老通辨》,三联书店,2002年,第206页。
③ 罗浩(Harold D. Roth)著,陶磊等译:《原道:〈内业〉与道家神秘主义基础》,学苑出版社,2009年,第12、103—126页。按,笔者不同意罗浩将《管子·内业》视为道家思想源头的观点。关于此篇的性质及学派归属,参考本书上编第五章第二节。
④ 马非百:《〈管子·内业〉篇之精神学说及其他》,《管子学刊》1988年第4期,第7页。
⑤ 班固:《汉书》,中华书局点校本,1962年,第6册,第1725页。

颇值得探究。

传世文献中道家的"内业"说除见于《管子·内业》《心术》等篇外,亦见于《鹖冠子·夜行》(详下文)。在出土的西汉时期简帛古书中,也发现两种与黄老道家内业说有关的文献,即马王堆帛书《物则有形》图及银雀山汉简《定心固气》①。

在儒家方面,《汉志》所著录的"《内业》十五篇"久佚,但这条书目为我们指明:"内业"说非道家所独擅,若结合子思、孟子以至荀子对于治气养心之术的持续关注,我们甚至可以说:战国时期对于内业、心术的讨论是儒、道二家交锋的重点。很幸运地,郭店竹书的《性自命出》《五行》及马王堆帛书的《五行》(有经有解)、《德圣》仍保留了战国时期儒家论"内业"的相关内容,可以据之与道家的"内业"说比勘,为我们了解儒、道两家的学术发展提供了一个新的切面。

二、《性自命出》"内业"一词的释读——兼说"胁"字

郭店楚墓的年代据徐少华的考证属于战国晚期早段(公元前三百年稍后不久)②,该墓所出的儒家佚书如《鲁穆公问子思》《缁衣》《五行》《性自命出》等,目前学界普遍认为乃子思一派的著作③。在《性自命出》简50至54有一段话说:

> 凡人情为可悦也。苟以其情,虽过不恶;不以其情,虽难不贵。

---

① 参看拙文《马王堆帛书"物则有形"图考论》,"先秦文本与出土文献"国际学术研讨会论文集,台湾大学,2008年12月;《银雀山汉墓竹书〈定心固气〉探论》,《传统中国研究集刊》第九、十合辑,上海人民出版社,2012年,第236—243页。对于马王堆帛书《物则有形》图的总结性成果见童珊《马王堆帛书"物则有形"图与道家"应物"学说》(载《文史》2012年第2期),该文的主要论点亦见于新近出版的《长沙马王堆汉墓简帛集成》,中华书局,2015年,第4册,第217—220页。
② 参考徐少华《郭店一号楚墓年代析论》,《江汉考古》2005年第1期,第68—71页。
③ 如周凤五所言:"《鲁穆公问子思》《穷达以时》《缁衣》《五行》《性自命出》《成之闻》《尊德义》《六德》八篇的写作,直接间接都与子思有关,内容也都是子思生平或学术思想的记录与阐述。……上述八篇似乎可以汇为一编,且很可能就是传自先秦、北宋以后日渐散佚的《子思子》的主体。"见《郭店竹简的形式特征及其分类意义》,《郭店楚简国际学术研讨会论文集》,湖北人民出版社,2000年,第54页。类似的看法又见李学勤《荆门郭店楚简中的〈子思子〉》,《重写学术史》(河北教育出版社,2002年)。

苟有其情,虽未之为,斯人信之矣。未言而信,有美情者也。未教
而民恒,性善者也。未赏而民劝,含福者也。未刑而民畏,有心畏
者也。贱而民贵之,有德者也。贫而民聚焉,有道者也。独处而
乐,有内𦉚者也。①

此章强调"人情为可悦",即以人心内在的情实(即"诚")为贵,乃与前章
"凡人伪为可恶也"(简 48)对比。简文认为人需以内在的诚面对自己
及外在的事物:于己,独处而乐;于他人,有信;从政,则因内情充实美
善,故能未教、未赏、未刑而民自治。简文还提及:有道德者,虽处贫
贱,民自"贵之"而"聚焉",此可举舜的事迹说之,《史记·五帝本纪》:
"舜耕历山,历山之人皆让畔;渔雷泽,雷泽上人皆让居;陶河滨,河滨器
皆不苦窳。一年而所居成聚,二年成邑,三年成都。"

简文的"含福""内𦉚",需进一步讨论,从二者与"美情""性善""心
畏""德""道"等并列,可知当偏重内在的涵意。"含福",学者或释"含
富"(或训富为备)、"贪富"、"念福"②,均不若刘钊先生读为"含愊"为径
直③。《说文》:"畐,满也";"愊,诚志也。"由"畐"之充满义,孳乳为
"愊",指内心的精诚、充实。含者,藏也、容也。简文"含愊"即藏诚于心
之意。

"内𦉚"之"𦉚",郭店楚简的整理者隶作"𧯒"而无说④,学者或释
此字为"礼""动""童""伦""策"等⑤,莫衷一是。类似的字形亦见于郭
店楚简《六德》《语丛三》,刘信芳联系相关辞例,将此字释为"鼀",读为

---

① 荆门市博物馆:《郭店楚墓竹简》,文物出版社,1998 年,第 65 页(图版)、第 181 页
(释文)。
② 诸说见武汉大学简帛研究中心、荆门市博物馆编:《楚地出土战国简册合集(一)郭店楚
墓竹书》,文物出版社,2011 年,第 118 页注释 50。
③ 刘钊:《郭店楚简校释》,福建人民出版社,2003 年,第 103 页。
④ 上海博物馆藏竹书《性情论》亦有此章(见简 23 末),惜此字图版模糊,仅能看出右旁从
"支",整理者以为左从"童",恐未必,今讨论此字,仍以郭店竹书的字形为据。
⑤ 参见前揭《楚地出土战国简册合集(一)郭店楚墓竹书》,第 119 页;季旭昇编:《上海博物
馆藏战国楚竹书(一)读本》,万卷楼图书公司,2004 年,第 195 页。

"獵",训为求①,说颇可参。为便于讨论,兹将相关字形及辞例罗列于下(待释字以△表示):

  A1 [字形] 独处而乐,有内△者也。《性自命出》简54

  A2 [字形] 是故先王之教民也,始于孝弟。君子于此一△者亡所法。《六德》简40

  A3 [字形] 是故先王之教民也,不使此民也忧其身,失其△。《六德》简40—41

  A4 [字形] 道不可△也,能守一曲焉,可以纬其恶,是以断岙速。《六德》简43—44

  B [字形] 处而亡△习也,损。《语丛三》简12

从字形上看,可以将前揭五例别为二类:属于A类的四字除去义符"攴""彳"外,上下皆从"册",中从"日";B则上下从"𥳑",中间作扁圆小圈。刘钊在讨论B字时,根据蔡侯申盘"獵"字作"[字形]",将《语丛三》的"[字形]"释为"鼠(从攴)",将"处而亡△习"读为"处而亡蹑习",以"蹑习"即提前预习或复习之意②。刘信芳进一步据望山M1简37"胸膌(胁)疾"、九店M56简31"田獵"、包山简150人名"獵"(分别作"[字形]""[字形]""[字形]"),认为A类的四例也应该释作"鼠"或从"鼠"之字,将诸字均读为"獵",训为求。

鹏按,刘钊将字例B释为"鼠(从攴)"可从,惟读为何字尚可商榷(详下)。从刘信芳、刘钊所引蔡侯盘及楚简字形来看,"鼠"字中间的扁圆圈,或作"囟",或作"日",后者正与A类字形所从同,故可将二类联系起来,但B字上下从"𥳑",A类则均从"册",明显有异。刘信芳先生的解释是:"鼠"字本从"囟"上有"𥳑",后者乃毛发之形,其从似"册"者,乃象毛发有所束札之形,唯囟下毛发似无札束之理,此乃书写者求

---

① 刘信芳:《郭店简文字例解三则》,《"中研院"历史语言研究所集刊》第71本第4分,2000年12月,第937—940页。下引刘先生说均出此文,不再出注。
② 刘钊:《读郭店楚简字词札记》,《郭店楚简国际学术研讨会论文集》,第82页。

其对称,故有所羡画"。其以"▨"为毛发束扎之形,或有是理,惟凶下亦作此形,徒以饰笔说之,难以令人信服。

《说文》:"邋,拹也。"段玉裁《注》:"《手部》曰:'拹,折也。'《公羊传》(庄公元年)曰:'拹幹而杀之。'邋、拹迭韵。"①拹即摧折之意,"幹"指胁而言②。古书称毁折肋骨为"折胁""折胁","折"即"拹"之异体,或作"拉""擸"③,后者盖为"折胁"义所造之专字。《广雅·释诂一》:"擸,折也。"邋(擸)、拹(擸)二字音、义皆近,为一组同源字。颇疑"鼠"字作"▨",乃象人肋骨骈列之形,原可书作"▨",但字形横宽,为适应汉字直行书写的行款而改为竖写(古文字"犬"、"马"等亦为其例)。"▨"即"胁"之初文(胁、鼠二字皆叶部字④),前引望山简"臘"读为"胁",盖用其本义。近出清华简《楚居》简3两见"▨"字(左从骨),均读为"胁","▨"为"胁"字异体。郭店竹书"胁"字或从"册",乃取肋骨排列如简册编联有序之意⑤。

刘信芳将前引从"鼠(胁)"诸字皆读为"獵",虽似可通,但"獵"之训为"求",是从"放獵""逐禽"(见《说文》)引伸而来的,此"求"乃泛览之求,但儒家于德行、道艺,均强调精诚专一,不尚捷取,如《汉书·贾山传》称"所言涉獵笔记,不能为醇儒。"颜师古《注》:"涉若涉水,獵若獵兽,言历览而不专精也。"然则郭店竹书诸从"鼠(胁)"之字,当另寻他解。

周凤五在讨论上博竹书《彭祖》"心白身怿"与《管子》"白心"之关联时曾敏锐地指出:郭店竹简《性自命出》"心术"与"内业"同见,而这些

---

① 段玉裁:《说文解字注》,艺文印书馆影印经韵楼藏版,1989年六版,第74页。
② 段玉裁于《说文》"拹"字下亦引《公羊传》此文,并云:"干(幹),胁骨也。"《尔雅·释诂下》:"桢,干也。"郝懿行《义疏》:"干在两旁,象人之胁,故又训胁。"
③ 诸字上古音皆来母叶部,"拉"或隶缉部,叶、缉旁转可通。
④ "胁",晓母叶部;"鼠",来母叶部。与"胁"同从"劦"声之"荔",亦为来母叶部。
⑤ 按,甲骨、金文"鼠"字从羽形,作"▨"若"▨",疑与象羽翼形的"翌"、"翼"有关(二字皆有翅膀及辅佐义,为一组同源字)。《说文》:"肋,胁骨也。"段《注》:"亦谓之干。干者,翰也,如羽翰然也。"已点出胁骨对称的形象与羽翼相似。又,《说文》:"肊,匈(胸)骨也。从肉、乙。臆,肊或从意。""肊"字所从"▨(乙)",段玉裁说乃"貌其骨也",颇疑"乙"即"𠃊(肋)"之初文,象"胁(▨)"上下所从的单根肋骨形。

概念正是稷下学派的术语。其所举"内业"即本文所讨论之"内🈴"①，可见周氏已释"🈴"为"业"。谨按，"胁"(晓母叶部)、"业"(疑母叶部)二字音近可通②。前引郭店竹书各例可随文意释读如下：

1. 独处而乐,有内胁(业)者也。(《性自命出》简 54)
2. 是故先王之教民也,始于孝弟。君子于此一胁(业)者亡所法(废)③。是故先王之教民也,不使此民也忧其身,失其胁(业)。孝,本也。下修其本,可以断岙(讪)④。生民斯必有夫妇、父子、君臣,明乎此六者,然后可以断岙(讪)。道不可胁(躐)也⑤,能守一曲焉,可以纬(违)其恶⑥,是以其断岙(讪)速。(《六德》简 40—44)
3. 处而亡胁(业)习也⑦,损。(《语丛三》简 12)

第一例中的"内胁",从周凤五说读为"内业",联系前引《性自命出》的原文来看,此段论"情",以诚为贵,所谓"内"者,即指"心"。《管子·白心》："内固之一,可以久长。"内亦训为心。"内业"即"心之业",也可以说是"心术"的另一种表述。《性自命出》简 14 明言："凡道,心术为主。道四术,惟人道为可道也。"此处以"术"释"道",又极言人道、心术之可贵,颇有与《老子》"道可道,非常道"互别苗头的意味。《性自命出》同时

---

① 周凤五：《上海博物馆楚竹书〈彭祖〉重探》,《南山论学集——钱存训先生九五生日纪念》,北京图书馆出版社,2006 年,第 15 页注释 5。
② "业""胁"二字,不仅音近,在意义上也相关。《说文》："业,大版也,所以饰县钟鼓,捷业如锯齿,以白画之,象其鉏铻相承也。……《诗》曰：'巨业维枞。'"段玉裁《注》："凡程功积事言业者,如版上之刻往往可计数也。"知其形制与券契类似。"业",在古书中又指筑墙用的夹板。《尔雅·释器》："大版谓之业。"郭璞注："筑墙版也。"由此义又引申为书册、篇卷,如《礼记·曲礼上》"请业则起",郑玄注："业谓篇卷也。"马瑞辰《毛诗传笺通释》解《大雅·灵台》"虞业维枞"云："业为大版,书版亦谓之业,后乃通以篇卷为业。"前文已指出：古人称"胁"为"干",干为筑墙端木(见《说文》),以其立于两边,故以之状人之胁(《说文》训胁为两膀)；"业"为筑墙夹板,以其有夹辅义而兼与"胁"字通假,而楚简"胁"字之从上下二"册",亦与"业"之篇卷义有关。
③ "胁"字,原从支(下"胁"字同),盖为"撺"之异体；"法",从李零先生《郭店楚简校读记》读为"废"。
④ 此段三见"断讪",从刘钊《郭店楚简校释》释。讪者,毁谤、怨詈也。
⑤ "胁"字,原从彳,盖即"邋"字异体。
⑥ "纬",从颜世铉《郭店楚墓竹简儒家典籍文字考释》读为"违",训为远离。
⑦ "胁"字,原从支。

出现"心术""内业"等稷下道家的关键术语①,这说明原为子思一派所用的术语,后为道家学者所用,惟变其内涵(此所谓"旧瓶装新酒")。具体言之,稷下道家在心术或内业论中引入"精气"这个概念,而"心"成为一个如容器、馆舍般的场域②。学者在讨论此例时已指出:《韩诗外传》卷一"独居而乐,德充而形"及《说苑·修文》"独居乐德,内悦而形"与简文意义相近③,简文所谓"内业",即"德充而形""内悦而形",也就是《礼记·大学》所说的"诚于中,形于外"之意④。

前文所举《六德》的三个字例(A2、A3、A4)出现在同一段话中,所以此处一并讨论。此段开头说先王教化民众,"始于孝弟",此即下文所谓"本""业"。孝养父母、友爱兄弟虽为个人修养的"一曲"(一个面向),但为人伦之本,所以简文认为谨守孝道可以"断讪"(止谤)、"违恶"(远离恶),其作为修身的起点不能偏废、逾越,此所谓"于此一业者无所废""道不能躐","躐"即《礼记·学记》"学不躐等"之"躐"。业者,事也。简文"一业"之"业"指所修、所习之事(即所谓"学业"、"道业")。"业"又有本、始义⑤,简文"失其业"即失其本业之意,故下文明白点出"孝,本也"。

《语丛三》简9至16列举为学进德及交友的"损""益"两种情况,以"与不好学者游""处而亡𦣞(胁)习者""自视其所能"等为损。"𦣞习",或释为"列习""躐习""獵习"⑥。按,当读为"业习"。业,指所学之篇卷。《礼记·檀弓上》"大功废业",孔颖达《疏》:"业谓所学。"《曲礼上》

---

① 关于"心术"一词的来源及心术说的发展,参见本书下编第七章第三节。
② 按,儒、道二家对于"心"、"气"关系的差异体现在:儒家所说的"气"偏向血气或感情发散时的状态,而非道家所言具有形上及宇宙论意义的"精气";儒家强调"心"的主动性(如孟子说"心之官则思"),道家则重视"精气"的变化性质(如《内业》云"灵气在心,一来一逝")。
③ 见《楚地出土战国简册合集(一)郭店楚墓竹书》,第119页注释53。
④ 《大学》强调"诚",用语近于荀子一派。来国龙《儒家"慎独"探源:一个方法论的讨论》("治气养心之术——中国早期的修身方法"学术研讨会论文,复旦大学,2015年7月1日)指出:荀子刻意将思孟学派"慎独"之独(内心的专一)误解为"独居"、"独处"之独,并转而强调"诚",而将"独"变成达到"诚"的一种手段或步骤。《大学》《中庸》所言"慎独"及"诚"均近于荀子。鹏按,从《性自命出》"独处而乐,有内业者也"二句来看,子思一派所称"独"亦有"独处"一义,惟独处仅是致诚的一种理想状态或前提,并未占据修身论的关键位置。
⑤ 关于"业"字的诸义项,参考宗福邦等编《故训汇纂》,商务印书馆,2003年,第1128页。
⑥ 参考《楚地出土战国简册合集(一)郭店楚墓竹书》,第162页注释12。

"请业则起",郑玄《注》:"业谓篇卷也。"孔子强调"学而时习之"(《论语·学而》),曾子也说:"日旦就业,夕而自省思,以殁其身,亦可谓守业矣"(《大戴礼记·曾子立事》),若"处而无业习"则荒废学业,自为损矣。

三、简帛《五行》与儒家《内业》的关系

《汉书·艺文志》儒家著录《内业》十五篇,王应麟已疑"《管子》有《内业》篇,此书恐亦其类"①。马国翰进一步认为《管子·内业》即《汉志》儒家类之《内业》十五篇②,梁启超则以今本《管子·内业》为十五篇中之一篇③。罗浩和笔者在讨论《汉志》所录儒家佚书《内业》时曾指出:《管子·内业》虽有援用儒家的成分,但通篇以精气说为基础,"称扬内修"而非道德实践,未必即《汉志》所收的儒家《内业》④。在否定了《管子·内业》即儒家《内业》的同时,我们不约而同地留意到,作为子思或思孟学派著作的《五行》、《性自命出》都表现出对于"心术"的兴趣,笔者还进一步推测:"儒家《内业》佚书可能即子思一派学者所作"⑤。

今重新梳理相关线索,笔者认为郭店《五行》作为子思学派的经典,虽可能被收入《汉志》所著录的儒家《子思》23篇中,但马王堆帛本篇幅较长、内容驳杂,疑别为一书,从其分章来看,不能排除帛本《五行》即流传于西汉的儒家《内业》十五篇(章)。以下从关键术语、篇题及分章等三方面来谈这个问题。

郭店竹书《五行》有竹简50枚,从竹简形制上看,可能与《缁衣》合抄为一卷⑥,全篇现存1 144字(含残字7个),学者或依篇中27个分章

---

① 引自陈国庆:《汉书艺文志注释汇编》,中华书局,1983年,第105页。
② 马国翰:《玉函山房辑佚书》,广陵书社,2004年,第4册,第2507页。
③ 见《汉书艺文志注释汇编》,第105页。
④ 罗浩:《原道:〈内业〉与道家神秘主义基础》,第40—44页;笔者之说见本书上编第五章第二节。按,罗浩考虑的情况比较复杂,他认为《管子·内业》中和儒家学说相关的部分可能是刘向在编辑86篇本《管子》时,从当时流传的儒家《内业》中加上去的。"或许该文(指儒家《内业》)在其所集所有版本中都损毁,他因为相似而将之加入。当然,也有可能所谓儒家《内业》与《管子》中的篇章毫无关系,或者它代表一种儒家对其原理与方法的应用。"见前揭书,第44页。
⑤ 罗浩:《原道:〈内业〉与道家神秘主义基础》,第43页;本书上编第五章第二节。
⑥ 李零:《郭店楚简校读记(增订本)》,中国人民大学出版社,2007年,第100页。

墨块符号(位于各章末)别为二十八章①。马王堆帛书《五行》书于《老子》甲本卷后,共 182 行,计五千四百余字,有 15 个分章墨点(位于各章前)。马王堆本除了与郭店本对应的部分("经")之外,尚有解释的文字("解")接抄于经文之后,前后相连②。

作为《五行》的纲领,该篇开头的部分提出了"型于内"及"五行"这两个重要的术语:

> 仁型于内谓之德之行,不型于内谓之行;义型于内谓之德之行,不型于内谓之行;礼型于内谓之德之行,不型于内谓之行;智型于内谓之德之行,不型于内谓之行;圣型于内谓之德之行,不型于内谓之行。德之行五,和谓之德;四行,和谓之善。善,人道也;德,天道也。③

此段反复出现的"型"(简本)或"刑"(帛本),学者多从二本整理者视为"形"字之假借,惟刘信芳及周凤五如字读,释为"型范"之"型"④。周氏指出:

> 《五行》简文是说:仁、义、礼、智、圣五种道德意识在人心中产生如模型、器范的规范作用,使人的行为合乎道德标准,这就是"德之行";若任性纵情而为,心中缺乏道德意识的规范,这只是"行"。(《成之闻之》)简文"型于中,发于色"与《五行》"玉色"、"玉音"以及《礼记·大学》"诚于中,形于外"的论述相通,其修养历程始于内在道德意识对于心性的规范,归结于表里如一的成德君子,这种由内

---

① 关于郭店本《五行》的介绍,参考陈伟等编:《楚地出土战国简册(十四种)》,经济科学出版社,2009 年,第 180—181 页。
② 湖南省博物馆、复旦大学出土文献与古文字研究中心:《长沙马王堆汉墓简帛集成》,第 4 册,第 57 页。关于简、帛二本的差异,庞朴、徐少华先生及笔者都有专文分析,此处不详述。参考庞朴:《竹帛〈五行〉篇比较》,载《中国哲学》第二十辑,辽宁教育出版社,1999 年 1 月;徐少华:《楚简与帛书〈五行〉篇章结构及其相关问题》,《中国哲学史》2001 年第 3 期;拙文《简帛〈五行〉篇文本差异析论》,《中国文学研究》第 15 期,2001 年 6 月。
③ 见郭店本第 1 至 5 简、马王堆本第 170 至 173 行。篇首郭店本另有"五行"二字,此据帛本不录;郭店本简 3 上部略残,脱"行智型"三字,可据帛本及文例补;简本于"圣"称"不型于内谓之德之行","德之"二字涉下句"德之行五"而衍,当据帛本删去。需要留意的是,简本此章的"五行",以"仁义礼智圣"为序,帛本受到后来习惯的影响,改以"仁智义礼圣"为序,此从简本。
④ 刘信芳:《释〈五行〉与〈系辞〉之型》,《简帛五行解诂》,艺文印书馆,2000 年,第 354—357 页;周凤五:《郭店竹简文字补释》,《古墓新知——纪念郭店楚简出土十周年论文专辑》,国际炎黄文化出版社,2003 年,第 64—65 页。

而外,成德、成圣的修养工夫,乃先秦儒家的一贯之道。①

传世文献中类似"型于内,发于外""诚于中,形于外"的表述还见于《大戴礼记·曾子立事》:"目者,心之浮也;言者,行之指也,作于中则播于外也。"《管子·君臣下》:"道德定于上,诚心型于内,则容貌定于外矣。"所谓"内""中"皆指心,其用法与"内业"之"内"一致。

《五行》以型于内的"仁、义、礼、智、圣"作为五种"德之行",即子思一派所谓"五行"。战国时期流行的"五行"指金、木、水、火、土,在《鹖冠子·夜行》称此"五行"为"业"②。金、木、水、火、土"五行"作为化生万物的材质,在《夜行》中与"五政""五音""五声""五味"等并列,该篇称"此皆有验,有所以然者",即外可征验,而有其必然之理者,这种"业",或可权称为"外业",而子思一派以"仁、义、礼、智、圣"为"五行",以其强调"型于内",故可称为"内业"。《五行》将通行的金、木、水、火、土"五行"之"业"变为内在的含义,此亦"旧瓶装新酒"。至战国晚期,邹衍"称引天地剖判以来,五德转移,治各有宜,而符应若兹"(《史记·孟荀列传》),以金、木、水、火、土为"五德",明为"五行"而称"五德",斯乃"旧酒换新瓶",盖其时子思"五行"说已盛,后出者不得不改换名称以新时人之耳目,且作为立说之张本③。

简、帛本《五行》最显著但却未为学者所强调的差异,在于篇首"五行"二字的有无:郭店本在第一简开端有"五行"二字(直连下文书写,无任何标记),帛本则无。马王堆帛书《五行》出土后,庞朴通过内容的分析与传世文献的比对,将帛书此篇定名为"五行"④,但魏启鹏反对此一命名,而以帛书首句"德行"二字名之⑤。郭店本《五行》发表后,由于篇首明白有"五行"二字,故学者皆从庞说,以此二字为篇名。但是,简本开头"五行"二字并非篇题,而是正文首章的提示之语,这点郭店竹书

---

① 周凤五:《郭店竹简文字补释》,《古墓新知——纪念郭店楚简出土十周年论文专辑》,第65页。
② 黄怀信:《鹖冠子汇校汇注》,中华书局,2004年,第25页。
③ 值得注意的是,《五行》于君子之为善成德,有所谓"终始"之论(见郭店本简18至20),配合上述"五行"与"五德"的转换,饶宗颐先生认为"邹衍倡五德终始说,似本此为基础而恢皇之。"见《五德终始说新探》,载《中国史学上的正统论》。
④ 庞朴:《马王堆帛书解开了思孟五行古谜》,《帛书五行篇研究》,齐鲁书社,1980年,第1页。
⑤ 魏启鹏:《帛书〈德行〉研究札记》,《德行篇校释》,巴蜀书社,1991年,第87页。

的整理者讲得很清楚:

> 全文以"五行"两字开头,应是对紧接于下的"仁形于内谓之德之行,不形于内谓之行"等五句的总括之词。估计当时即以"五行"名篇。①

这种出现在篇章开头作为提纲挈领的"总括之词",在先秦文献中并非特例,如《尚书·洪范》各段以"五行""五事""八政"等作为引导,下启相关内容;又如《韩非子·十过》开篇以"十过"二字引导文章开展。标举"总括之词"之用意在引导读者把握文章的重点,这对于战国晚期据题抒论文体的形成,具有一定的启发意义②。不过,从简帛古书题篇的通例来看,篇名往往写在一篇首、尾的简背;书于正面者,篇题往往单独占用一简,或者在篇题与正文间留白或加墨块、圆点区别③,所以郭店《五行》这种与正文连写的提示语并不能直接视为篇名。

当然,我们可以如郭店本的整理者所设想的,古人题篇往往摘首句二三字为名,所以此篇竹书可能像《韩非子·十过》般,以篇首的提示语为题,但不能排除在后来的流传过程中,帛本《五行》因为提示语的脱佚以及文本的改编、扩充,遂改用其他篇名,如魏启鹏原先所设想的"德行",或者径以其内涵名为"内业"。

帛书本"五行"二字的脱佚或许不是一个偶然的现象,随着战国晚期阴阳五行说的兴起,子思以"仁义礼智圣"为"五行"之说势必受到挑战。从战国晚期到西汉早期,选择时日的占术(所谓"日者之术")蓬勃发展,产生不同的流派,其中的"五行家",在武帝时已占据显赫的主导地位④。下及成、哀之际,刘向等典校中秘图书,数术略亦立"五行"作为书籍的

---

① 荆门市博物馆编:《郭店楚墓竹简》,第149页。
② 笔者在《简帛〈五行〉篇文本差异析论》曾指出:战国时代由于学派竞进,在不断的论辩及讲学中,渐渐需要一种据题抒论的文体,而具有精简概括内容的"篇题"形式便在这种要求下产生,其确立时代约在战国晚期,这点可以从《孟子》《庄子》到《荀子》的发展中看出。此外,《楚辞·九章》两种篇题形式互见,也显示出在战国中期这种概括内容的篇题尚未成熟。
③ 关于简帛文献篇题的情况,参考骈宇骞、段书安:《二十世纪出土简帛综述》,文物出版社,2006年,第104—109页;张显成:《简帛文献学通论》,中华书局,2004年,第166—171页。
④ 褚少孙补《史记·日者列传》:"孝武帝时,聚会占家问之,某日可取妇乎?五行家曰可,堪舆家曰不可,建除家曰不吉,丛辰家曰大凶,历家曰小凶,天人家曰小吉,太一家曰大吉。辩讼不决,以状闻。制曰:'避诸死忌,以五行为主。'"

部类,并有许多以此为名的著作传世,如《神农大幽五行》《四时五行经》《阴阳五行时令》等①,若于诸子略儒家再收入以"五行"为名的书,难免会滋生疑惑,所以子思学派之《五行》因应时势,予以改题,并删落篇首的提示语,或亦有此可能。

另一方面,儒家内部由于孟子确立了孔子作为"圣人"的崇高地位,"圣"成为可望而不可即的境界,"仁、义、礼、智、圣"五行之说遂被"仁、义、礼、智"四端(如孟子说②)或"仁、义、礼、智、信"五常(如董仲舒说③)所取代。贾谊《新书·六术》以"仁、义、礼、智、圣、乐"为六行,说本于《五行》④,此或与其在文帝时任长沙王太傅(见《史记·屈原贾生列传》)⑤,故能亲见其书有关,但从其他战国晚期到西汉的文献来看,子思的"五行"说已趋于沈寂。

再从内容上看,马王堆本《五行》有经有解,不少学者已指出:经文的部分由于受到孟子学说的影响,章序及部分关键词语有所改动;解文中孟子思想的印记更深⑥,同时两次引用世硕之说⑦,内涵显得较为驳杂。郭店《五行》固有可能收入《汉书·艺文志》所录《子思》23篇中,但帛本《五行》因为解说的部分杂入了孟子、世子的理论,不太可能厕于子思著作之列,且其篇幅有五千余言,也达到独立成书的标准,故有可能别为一书。

最后,从分章上来说,马王堆帛书《五行》经文部分的分章符号有15个,解文则有18个⑧,从经文分章的情况可以推知《五行》在西汉早

---

① 班固:《汉书》,第6册,第1767—1768页。
② 见《孟子·公孙丑上》《告子上》。
③ 《汉书·董仲舒传》所录《天人三策》以"仁、谊(义)、礼、知(智)、信"为"五常之道"。
④ 裘锡圭主编:《长沙马王堆汉墓简帛集成》,第4册,第60页注释3。
⑤ 帛书《五行》出马王堆三号汉墓,墓主为长沙国丞相利苍之子,下葬的年代为汉文帝十二年(公元前168年);贾谊初任长沙王傅的年代,据刘汝霖所考,为文帝三年(前177年)。参考《长沙马王堆汉墓简帛集成》,第1册,第1页;刘氏《汉晋学术编年》,华东师范大学出版社,2010年,卷上,第32页。
⑥ 庞朴指出,帛本解说的部分受孟子思想影响较深,许多解说也征引《孟子》的相关文句,参考〈竹帛《五行》篇与思孟五行说〉,《竹帛〈五行〉篇校注及研究》,万卷楼图书公司,2000年,第103页。
⑦ 《五行解》释"不简,不行。不匿,不辨于道"两引世子之说,见马王堆帛本第295—297行,参考《长沙马王堆汉墓简帛集成》,第4册,第87页。
⑧ 裘锡圭主编:《长沙马王堆汉墓简帛集成》,第4册,第57页。

期有别为十五章者,此一线索与《汉书·艺文志》儒家"《内业》十五篇"若合符节,唯一的差异是帛书每个段落较短,一般称"章",而《汉志》所录《内业》则以"篇"计。针对这个问题,可以有两个设想:一是古书所称"篇、章、句"之划分有时是相对而言的①,"篇""章"作为内容单元,有时可以混用。北京大学所藏西汉时期的佚书《周驯》全文仅六千字,共有十四章,整理者已指出,此篇佚书即《汉书·艺文志》道家的"《周训》十四篇"②。《周训》所分"篇"亦为短章,可作为此说之佐证。二是《汉志》除著录篇卷数外,往往有于小注载明章数者,如《六艺略》孝经类有"《孝经古孔氏》一篇",班《注》:"二十二章";"《孝经》一篇"(今文本),班《注》:"十八章"。若依此例,颇疑《汉志》儒家"《内业》十五篇"或本作"一篇",而所谓"十五",乃由小注"十五章"阑入。

四、附说《鹖冠子》的"内业"及"夜行"

前文提及《鹖冠子·夜行》称"五行"为"业",这并非偶然的现象,《夜行》的后半段也出现了"内业"一词,而战国晚期道家所称"夜行",亦是"心术"或"内业"的另一种表达方式。

《夜行》列举天地、月日、四时、度数、阴阳、五行(称之为"业")等世间可验事物后说:

> 随而不见其后,迎而不见其首。成功遂事,莫知其状。图弗能载,名弗能举。强为之说曰:芴乎芒乎,中有象乎!芒乎芴乎,中有物乎!窅乎冥乎,中有精乎!致信究情,复反无貌。鬼不能见,不能为人〈入(内)〉业,故圣人贵夜行。

"鬼不能见,不能为人业",今本作"鬼见不能为人业",陆佃指出一本作

---

① 《论衡·正说》云:"文字有意以立句,句有数以连章,章有体以成篇,篇则章、句之大者。"可见"篇"是较大的内容单位,"句"是最小的意义单位,"章"则介于两者之间。篇、章、句的划分有时是相对而言的,如《论语·为政》"君子不器"一句,意义完足,便以一句为一章;又如同书《乡党》篇记录孔子平日的容貌言行,原本可能是一章,但后来的传本却分为17章或20余章。再如《战国策》中的所谓"章"为了适应叙事的完整性,往往篇幅较长,达到一般所谓"篇"的规模。参考宁镇疆《〈老子〉早期传本结构及其流变研究》,学林出版社,2006年,第88—90页。

② 阎步克:《北大竹书〈周驯〉简介》,《文物》2011年第6期,第72页。

"鬼不能见"①,李学勤先生校读作"鬼不能见,不能为人业"②。按,李说是。又疑"人业"当释为"内业","人"为"入"字之讹,"入"读为"内"。所谓"鬼不能见,不能为内业"是说鬼神不能使芒芴窅冥的"道"显现,因"道"驻止于心(即《夜行》所谓"中"),只有靠个人体悟才能获致,此所以《管子·心术下》言:"能专乎? 能一乎? 能毋卜筮而知凶吉乎? 能止乎? 能已乎? 能毋问于人而自得之于己乎? 故曰: 思之思之③,思之不得,鬼神教之。非鬼神之力也,其精气之极也。"(同书《内业》亦有相应段落)。

《鹖冠子》"夜行"一词,又见于同书《武灵王》,与《阴经》④"天武"并举,该篇称"圣人昭然独思,忻然独喜",疑扣"夜行"而言。李学勤先生已指出,"夜行"最早见于《管子·形势》:"召远者使无为焉,亲近者言无事焉,唯夜行者独有之也。"⑤同书《形势解》释之曰:

> 明主之使远者来而近者亲也,为之在心。所谓"夜行"者,心行也。能(以)心行德⑥,则天下莫能与之争矣,故曰"唯夜行者独有之乎"。

据此,李学勤说:"所谓'夜行''心行',行的即为道。能于心中行道者,便能有天下,是这些道家著作的一贯主张。……'夜行'就是于内心行道,不待见于具体行事,已能达到召远亲近而有天下的效果。"⑦按,其说是。《形势》已有"夜行"即"心行"之内证,其下文云"四方所归,心行者也",即呼应"夜行者独有之也",作解者盖据之为说。

"夜行"或称"阴行",《淮南子·览冥》:"故召远者使无为焉,亲近者使〈言〉无事焉⑧,惟夜行者为能有之"(又见《文子·精诚》),说本于《管子·形势》,高诱《注》:"夜行,喻阴行。阴行神化,故能有天下也。"⑨盖

---

① 黄怀信:《鹖冠子汇校汇注》,第29页。
② 李学勤:《论先秦道家的"夜行"》,《史学集刊》2004年第1期,第1页。
③ 今本作"故曰: 思之思之,不得,鬼神教之。丁士涵云:"当以'思之思之'句,'不得'上又脱'思之'二字。"兹从之。丁氏说见郭沫若《管子集校》。
④ 陆佃《解》:"阴经,黄帝之书也。"
⑤ 李学勤:《论先秦道家的"夜行"》,《史学集刊》2004年第1期,第1页。
⑥ "能",读为"以",承苏晓威赐告,此从之。
⑦ 前揭李氏文,第2页。
⑧ 此句"使"字涉上句而误,当据《管子·形势》作"言",王念孙有说,见何宁《淮南子集释》(中华书局,1998年),上册,第457页。
⑨ 何宁:《淮南子集释》,第457页。

以心居身内而为"阴",故称"夜行"或"阴行"。《览冥》前文说:"专精厉意①,委务积神,上通九天,激厉至精。"又云:"精神〈诚〉形(型)于内②,而外谕哀于人心,此不传之道",所言正为黄老道家之"心术"。由"心行"变为"夜行",当是"心术"说受阴阳家影响而产生的术语转换。

五、结语:儒、道"内业"说的谱系

本文先从郭店竹书《性自命出》中确认子思学派作品有言及"内业"者,再进一步考索简、帛本《五行》关键词语"型于内""五行"的内涵,讨论其与"内业"的联系。最后以分章为线索,提出马王堆本《五行》可能即《汉书·艺文志》所谓儒家"《内业》十五篇(章)"。

除郭店《性自命出》及简、帛《五行》外,马王堆帛书《德圣》亦为战国时期儒家"内业"说的代表作。近读邬可晶专文,他已对此篇的性质、思想特色及成书时代作了细致的讨论③。兹将其观点撮述于下:

1. 《德圣》阐释《五行》的意涵,有多处撮取《五行》解说的某些论述,引申其大义,其性质当为《五行》之"传"。
2. 此篇虽为儒家作品,但表现出较强的道家色彩④。
3. 帛本《五行》解说部分的写定在孟子之后,《德圣》的写成应该更迟,可能已到战国晚期。

综合前文所论,我们可以略依时代先后,排出战国至西汉时期儒、道二家"内业"说的谱系⑤:

---

① "专""厉"训为"专一",张双棣引《广雅·释诂》、《方言》均训"厉"为"合",认为此"厉"即聚合之意,其说是。见《淮南子校释》(北京大学出版社,1997年),第635页。
② 此句当校读为"精诚型于内","型于内"与《五行》所言同。"精神",何宁指出一本作"精诚",并引"专精厉意"高注:"以精诚感之"为说,此从之。见《淮南子集释》,第449页。
③ 邬可晶:《马王堆帛书〈德圣〉篇研究——兼谈郭店简〈太一生水〉的分篇、分章及其与〈老子〉的关系》,《简帛文献与古代史——第二届出土文献青年学者国际论坛论文集》,中西书局,第175—191页。
④ 邬可晶指出,裘锡圭在《马王堆〈老子〉甲乙本卷前后佚书与"道法家"》一文已举例说明《德圣》具有糅合儒、道的倾向。
⑤ 下面所列只是一份不完全的清单,未来在其他传世文献或新出简帛古书中发现有与"内业"说相关者,自当补入。

	儒家	道家
战国早期	子思学派：郭店竹书《五行》、《性自命出》	
战国中期		稷下道家：《管子·心术》经、解、传①
战国晚期	马王堆帛书《五行》改编本经文及其解②、《德圣》（《五行传》③）	《管子·内业》④、《形势》及其解⑤、《鹖冠子·夜行》⑥、马王堆帛书《物则有形》图⑦、银雀山汉简《定心固气》⑧

---

① 此处所称"《心术》"包括《管子》中的《心术上》（分经、解）、《心术下》（传），关于二篇的性质参考本书上编第四章第二节。"心术"与"内业"其实只是术语的换用，所指并无二致，论及道家内业说的起源，不能舍此二篇。笔者认为《管子·心术上》经文为宋钘一派作品，解文受慎到一派影响较深，《心术下》则为其他稷下道家学者取精气说阐释"心术"的著作，其年代稍晚于《心术上》。

② 马王堆帛本《五行》经文部分受孟子思想影响，强调"仁义"的线索，将旧本予以改编，解文更援引《孟子》为说。帛本对于经文的改动及其解说的形成，应当晚于孟子，其时代约在战国晚期。

③ 参考上文所引邬可晶说。

④ 《管子·内业》以稷下道家精气说为基础，杂糅心术说及医家养生说。由其体制来看，此篇以"凡"领章，有经典化的倾向，所论又较《心术下》繁富，可以将之视为齐地道家融合各派思想的集大成之作，其年代当在战国晚期。参考本书上编第五章第二节。

⑤ 前文已指出，《管子·形势》有"夜行"一词，《形势解》更以"心行"解"夜行"。值得注意的是，《形势》还有其它内容与道家的内业说有关，如"抱蜀不言而庙堂既修"（"蜀"即"慎独"之"独"，"抱蜀"即"抱一"）"能予而无取者，天地之配也。怠倦者不及，无广（旷）者疑（拟）神。神者在内，不及者在门。在内者将假，在门者将待。""邪气袭内，正〈玉〉色乃衰""道之所言者，一也，而用之者异。"其中"神者在内"一段明显受《心术上》的影响，而"玉色"一词见于《五行》及《孟子》，亦有援儒入道的痕迹。

⑥ 《夜行》疑即《汉志》道家所录"《鹖冠子》一篇"。据黄怀信先生的研究，《鹖冠子》中原属《庞暖》一书的《世贤》《武灵王》二篇，著作时代在公元前236年至前228年间；其他十二篇专题论文及五篇对话体则早于二篇，其时代在前243年至前236年间。见氏著《鹖冠子汇校集注·前言》，第6—8页。

⑦ 马王堆《物则有形》图出现与《管子·心术》《内业》及《庄子·寓言》相关的概念及语句，笔者认为其撰作时代在战国晚期。参考拙文《马王堆帛书"物则有形"图考论》及《长沙马王堆汉墓简帛集成》（中华书局，2015年），第4册，第217—220页。

⑧ 笔者曾指出，银雀山汉简《定心固气》以道家"心术"说为基础，杂糅儒家思、孟思想，并兼受方技、兵家的影响，正与黄老道家尚融通的学风相合，当出自战国末年齐地道家学者所作。见拙著《银雀山汉墓竹书〈定心固气〉探论》，《传统中国研究集刊》第九、十合辑，第236—243页。

续表

西汉时期	《汉志》儒家"《内业》十五篇（章）"	《淮南子·览冥》①、《缪称》（《文子·精诚》与之相涉）②、《汉志》小说家"《待诏臣饶心术》二十五篇"③

从上表可以总结出"内业"说发展的轨迹：

1. "内业"说最早见于郭店竹书《性自命出》《五行》，其说盖源自子思学派。
2. 战国中晚期，道家学者改造儒家的"内业"说，在稷下学官广泛传布，而多以"心术"称之，其较大的发展是导入精气说（如《管子·心术下》《内业》），使之成为一套完整的"治气养心"之术。
3. 孟子在战国中期将子思的"五行"改造为"四端"，强调"仁内义内"，此虽可谓儒家另一种"内业"说，但当时稷下道家盛称"心术""内业"，为求与其划分界限，自不取焉。惟孟子言"养浩然之气""存夜气"，却颇受齐地精气说之影响。
4. 战国晚期，儒、道二家互相吸收对方学说的精华，思想融合的倾向更加明显，如作为《五行》传的马王堆帛书《德圣》颇富道家色彩，而黄老道家的《定心固气》则受思、孟之影响，强调"诚""独"等概念④。

---

① 《淮南子·览冥》之"夜行"说本于《管子·形势》，且该篇也有部分内容与"心术"有关，说已见上文。
② 前人已指出《缪称》多处引用《子思子》为说。此篇以君主为"国之心"，所云颇与子思"内业"说相通，如"情系于中，行形于外。""诚出乎己，则所动者远矣。""心之精者，可以神化而不可以导人。""忠信形(型)于内，感动应于外。""夫察所夜行，周公〔不〕惭乎景，故君子慎其独也。""两心不可以得一人，一心可以得百人。""君子慎一用之""含而藏之，莫深于心。""原心反性则贵矣"。与《缪称》相涉的《文子·精诚》也出现类似的词句，但后者于首段说："夫道者，藏精于内，栖神于心，静漠恬淡，悦穆胸中"（数句又见《淮南子·泰族》），又推崇"不言之教"，所说近于黄老"心术"。黄冠云先生曾来信提示，二篇皆出现"慎独""夜行"（按，《精诚》作"亦(夜)察其所行"，《淮南·缪称》另一处说"夜行瞑目而前其手"），应当结合起来研究。关于二篇与儒、道"内业"说及其"慎独""夜行"的意涵，容另文析论。
③ 关于此书，颜师古《注》引刘向《别录》云："饶，齐人也。不知其姓。武帝时待诏，作书名曰《心术》也。"刘向等人盖以其依托过甚，不合于经术，故揩于小说家，其思想疑与黄老道家近。
④ 如《定心固气》简3137—3138云："□一志诚，必修独内奋，终身不倦。"

5. 西汉早期流行黄老学说，儒、道"内业"说仍有传习者（如《淮南子·览冥训》、《缪称》及帛本《五行》①）。至武帝独尊儒术，以董仲舒为代表的阴阳家化的儒家学说大盛，"五行"被改为"五常"而纳入阴阳五行说的体系，一些与"内业""心术"相关的作品如《待诏臣饶心术》，在西汉晚期被视为道听涂说的"小说"，这也标志着"内业"说即将隐退于历史舞台。

---

① 帛本《五行》出自马王堆三号墓，该墓的下葬年代为文帝十二年，可以推知西汉初期此篇仍有传习者。

主要参考文献

一、传世典籍（依四部分类法编排）

许维遹：《韩诗外传集释》，北京：中华书局，1980年。
朱熹：《四书章句集注》，台北：长安出版社，1991年。
段玉裁：《说文解字注》，台北：艺文印书馆影印经韵楼藏版，1989年。
黄焯：《经典释文汇校》，北京：中华书局，2006年。
徐元诰：《国语集解》，北京：中华书局，2002年。
缪文远：《战国策新校注》，成都：巴蜀书社，1998年。
范祥雍：《战国策笺证》，上海：上海古籍出版社，2006年。
司马迁：《史记》，北京：中华书局点校本，1959年。
王叔岷：《史记斠证》，台北："中研院"历史语言所，1983年。
班固：《汉书》，北京：中华书局点校本，1962年。
顾实：《汉书艺文志讲疏》，台北：广文出版社，1985年。
张舜徽：《汉书艺文志通释》，武汉：华中师范大学出版社，2004年。
陈国庆：《汉书艺文志注释汇编》，北京：中华书局，1983年。
罗泌：《路史》，台北：台湾中华书局影印四部备要本，1983年。
黄以周辑解：《子思子》，台北：广文书局，1975年。
焦循：《孟子正义》，北京：中华书局，1987年。
杨伯峻：《孟子译注》，北京：中华书局，1960年。
王先谦：《荀子集解》，台北：艺文印书馆影印光绪辛卯刊本，2000年。
梁启雄：《荀子简释》，台北：木铎出版社，1988年。
王天海：《荀子校释》，上海：上海古籍出版社，2005年。
向宗鲁：《说苑校证》，北京：中华书局，1987年。

岛邦男：《老子校正》，东京：汲古书院，1973年。
孙以楷：《老子注释三种》，合肥：安徽人民出版社，2003年。
王夫之：《庄子解》，台北：里仁书局，1984年。
王先谦：《庄子集解》，台北：文津出版社，1988年。
钱穆：《庄子纂笺》，台北：东大图书公司，1993年。
王叔岷：《庄子校诠》，台北："中研院"历史语言研究所，1994年。
梁启超：《庄子天下篇释义》，《清代学术概论》附录，北京：东方出版社，1996年。
马叙伦：《庄子天下篇述义》，上海：龙门联合书局，1958年。
谭戒甫：《庄子天下篇校释》，台北：新文丰出版公司，1979年。
钱基博：《读庄子天下篇疏记》，台北：台湾商务印书馆，2006年。
顾实：《庄子天下篇讲疏》，台北：台湾商务印书馆，1980年。
单晏一：《庄子天下篇荟释》，台北：空庭书苑，2007年。
俞樾：《庄子人名考》，《无求备斋庄子集成·续编》第36册，台北：艺文印书馆，1972年。
安井衡：《管子纂诂》，台北：河洛出版社，1976年。
张佩纶：《管子学》，台北：台湾商务印书馆影印张氏手稿本，1971年。
郭沫若：《管子集校》，《郭沫若全集·历史编》第六卷，北京：人民出版社，1984年。
戴望：《管子校正》，台北：世界书局，1990年。
陈鼓应：《管子四篇诠释——稷下道家代表作》，台北：三民书局，2003年。
黎翔凤：《管子校注》，北京：中华书局，2004年。
张舜徽：《管子四篇疏证》，《周秦道论发微》，武汉：华中师范大学出版社，2005年。
慎到：《慎子》，台北：台湾中华书局影印守山阁本，1981年。
王先慎：《韩非子集解》，北京：中华书局，1998年。
陈奇猷：《韩非子新校注》，上海：上海古籍出版社，2000年。
梁启超：《〈韩非子·显学篇〉释义》，《清代学术概论》附录，北京：东方出版社，1996年。

王启湘:《尹文子校诠》,《周秦名家三子校诠》,台北:世界书局,1978年。
孙诒让:《墨子间诂》,北京:中华书局,2001年。
王焕镳:《墨子集诂》,上海:上海古籍出版社,2005年。
谭朴森(P. M. Thompson):《慎子佚文》,伦敦:牛津大学出版社,1979年。
孙星衍:《尸子集本》,《百子全书》,杭州:浙江古籍出版社影印扫叶山房本,1998年。
朱海雷:《尸子译注》,上海:上海古籍出版社,2006年。
陈奇猷:《吕氏春秋校释》,台北:华正书局,1988年。
王利器:《吕氏春秋注疏》,成都:巴蜀书社,2002年。
刘文典:《淮南鸿烈集解》,合肥:安徽大学出版社,1998年。
张双棣:《淮南子校释》,北京:北京大学出版社,1997年。
袁行霈:《陶渊明集笺注》,北京:中华书局,2003年。
范文澜:《文心雕龙注》,北京:人民文学出版社,1958年。
马国翰:《玉函山房辑佚书》,扬州:广陵书社影印楚南湘远堂刻本,2004年。
王念孙:《读书杂志》,南京:江苏古籍出版社,2000年。
王引之:《经义述闻》,台北:中华书局四部备要本,1987年。
俞樾:《诸子平议》,台北:世界书局,1991年。

二、出土文献(依出土或发表时间编排)

银雀山汉墓整理小组:《银雀山汉墓竹简〔贰〕》,北京:文物出版社,2010年。
国家文物局古文献研究室:《马王堆汉墓帛书〔壹〕》,北京:文物出版社,1980年。
裘锡圭主编:《长沙马王堆汉墓简帛集成》,北京:中华书局,2014年。
湖南省博物馆、湖南省文物考古所:《马王堆二、三号汉墓·第一卷田野考古发掘报告》,北京:文物出版社,2004年。
庞朴:《帛书五行篇研究》,济南:齐鲁书社,1988年。

陈鼓应：《黄帝四经今注今译》，台北：台湾商务印书馆，1995年。
魏启鹏：《马王堆汉墓帛书〈黄帝书〉笺证》，北京：中华书局，2004年。
马继兴：《马王堆古医书考释》，长沙：湖南科学技术出版社，1992年。
荆门市博物馆：《郭店楚墓竹简》，北京：文物出版社，1998年。
李零：《郭店楚简校读记》（增订本），北京：北京大学出版社，2002年。
刘钊：《郭店楚简校释》，福州：福建人民出版社，2003年。
彭浩：《郭店楚简〈老子〉校读》，武汉：湖北人民出版社，2000年。
廖名春：《郭店楚简老子校释》，北京：清华大学出版社，2003年。
刘信芳：《简帛五行解诂》，台北：艺文印书馆，2000年。
马承源主编：《上海博物馆藏战国楚竹书（一）》，上海：上海古籍出版社，2001年。
马承源主编：《上海博物馆藏战国楚竹书（二）》，上海：上海古籍出版社，2002年。
马承源主编：《上海博物馆藏战国楚竹书（三）》，上海：上海古籍出版社，2003年。
马承源主编：《上海博物馆藏战国楚竹书（四）》，上海：上海古籍出版社，2004年。
马承源主编：《上海博物馆藏战国楚竹书（六）》，上海：上海古籍出版社，2007年。
李零：《上博楚简三篇校读记》，台北：万卷楼图书公司，2002年。
黄人二：《上海博物馆藏战国楚竹书（三）研究》，台中：高文出版社，2005年。
季旭昇：《上海博物馆藏战国楚竹书（三）读本》，台北：万卷楼图书公司，2005年。
杨芬：《上博简〈彭祖〉、〈亘先〉、〈中弓〉集释》，武汉大学硕士论文，2006年。

三、今人学术论著（依作者姓名音序编排）

白奚：《"孙卿道宋子，其言黄老意"正解》，《中国哲学史》1996年第 4 期。

白奚：《〈庄子·天下〉篇所述宋钘思想研究——兼论"宋尹学派"不能成立》，《诸子学刊》第 1 辑，2007 年。

白奚：《稷下学研究——中国古代的思想自由与百家争鸣》，北京：三联书店，1998 年。

陈丽桂：《战国时期的黄老思想》，台北：联经出版公司，1991 年。

陈斯鹏：《上海博物馆藏竹简〈彭祖〉新释》，《华学》第七辑，广州：中山大学出版社，2004 年。

陈伟：《〈慎子曰恭俭〉初读》，《新出楚简研读》，武汉：武汉大学出版社，2010 年。

陈伟：《郭店竹书别释》，武汉：湖北教育出版社，2003 年。

陈伟武：《读上博藏简第三册零札》，《华学》第七辑，广州：中山大学出版社，2004 年。

崔大华：《庄学研究——中国哲学一个观念渊源的历史考察》，北京：人民出版社，1992 年。

戴君仁：《荀子与大学中庸》，《梅园论学集》，台北：台湾开明书店，1970 年。

邓国光：《先秦两汉诸子"理"义研究》，《诸子学刊》第 1 辑，2007 年。

丁四新：《郭店楚墓竹简思想研究》，北京：东方出版社，2000 年。

丁原明：《黄老学论纲》，济南：山东大学出版社，1997 年。

杜国庠：《荀子从宋尹黄老学派接受了什么》，《杜国庠文集》，北京：人民出版社，1962 年。

范丽梅：《郭店儒家佚籍研究——以心性问题为开展之主轴》，台湾大学中国文学研究所硕士论文，2002 年。

冯友兰：《中国哲学史新编》第二册，北京：人民出版社，1984 年。

傅斯年：《战国子家讲义》，天津：天津古籍出版社，2007 年。

葛瑞汉（Angus C. Graham）：《论道者——中国古代哲学论辩》，北京：中国社会科学出版社，2003 年。

谷中信一：《〈老子〉与〈管子〉》，《管子学刊》1994 年第 2 期。

顾颉刚：《宋钘书入小学家》，《史林杂识初编》，北京：中华书局，

1963 年。

郭沫若:《稷下黄老学派的批判》,《十批判书》,《郭沫若全集·历史编》第二卷,北京:人民出版社,1982 年。

郭沫若:《宋钘尹文遗著考》,《郭沫若全集·历史编》第一卷,北京:人民出版社,1982 年。

胡家聪:《道家尹文与儒家荀况思想有若干相通之处——兼论稷下学术中心的思想交流》,《道家文化研究》第 14 辑,1998 年。

胡家聪:《管子新探》,北京:中国社会科学出版社,2003 年。

胡家聪:《稷下争鸣与黄老新学》,北京:中国社会科学出版社,1998 年。

黄钊:《道家思想史纲》,长沙:湖南师范大学出版社,1991 年。

菅本大二:《荀子对法家思想的接纳:由"礼"的结构来考察》,《政治大学哲学学报》第 11 期,2003 年。

金德建:《司马迁所见书考》,上海:上海人民出版社,1963 年。

金德建:《先秦诸子杂考》,郑州:中州书画社,1982 年。

金受申:《稷下派之研究》,台北:台湾商务印书馆,1971 年。

劳思光:《新编中国哲学史》,台北:三民书局,1993 年。

李存山:《〈内业〉等四篇的精气思想探微》,《管子学刊》1989 年第 2 期。

李存山:《〈内业〉等四篇的写作时间和作者》,《管子学刊》1987 年创刊号。

李道湘:《从〈管子〉的精气论到〈庄子〉气论的形成》,《管子学刊》1994 年第 1 期。

李零:《楚国源流、世系的文字学证明》,《李零自选集》,桂林:广西师范大学出版社,1998 年。

李零:《简帛古书与学术源流》,北京:三联书店,2004 年。

李零:《说"黄老"》,《李零自选集》,桂林:广西师范大学出版社,1998 年。

李锐:《〈慎子曰恭俭〉学派属性初探》,《新出简帛的学术探索》,北京:北京师范大学出版社,2010 年。

李锐:《论帛书〈二三子问〉中的"精白"》,《简帛释证与学术思想研究论集》,台北:台湾书房,2008年。

李天虹:《郭店竹简〈性自命出〉研究》,武汉:湖北教育出版社,2003年。

李学勤:《〈称〉篇与〈周祝〉》,《道家文化研究》第3辑,1993年。

李学勤:《〈管子·心术〉等篇的再考察》,《古文献丛论》,上海:上海远东出版社,1996年。

李学勤:《从简帛佚籍〈五行〉谈到〈大学〉》,《孔子研究》1998年第3期。

李学勤:《简帛佚籍与学术史》,南昌:江西教育出版社,2001年。

李学勤:《孔孟之间与老庄之间》,《新出土文献与先秦思想重构》,台北:台湾古籍出版社,2007年。

李学勤:《谈楚简〈慎子〉》,《中国文化》第25、26期合刊,2007年。

李忠明:《汉代"小说家"考》,《南京师大学报》(社科版)1996年第1期。

梁启超:《先秦政治思想史》,天津:天津古籍出版社,2004年。

廖名春:《〈荀子〉各篇写作年代考》,《中国学术史新证》,成都:四川大学出版社,2005年。

林丽娥:《先秦齐学考》,台北:台湾商务印书馆,1992年。

林志鹏:《〈大学〉"格物"读为"观物"说》,《传统中国研究集刊》第7辑,2010年。

林志鹏:《〈大学〉著作时代及学派归属再探》,《现代儒学》第1期,2016年。

林志鹏:《简帛〈老子〉"大器免成""天象无型"解——兼说道家型、器之譬》,《杭州师范大学学报(社会科学版)》2017年第3期。

林志鹏:《简帛〈五行〉篇文本差异析论》,《中国文学研究》第15期,2001年。

林志鹏:《银雀山汉墓竹书〈定心固气〉探论》,《传统中国研究集刊》第九、十合辑,2012年。

刘建国:《〈尹文子〉伪书辨正》,《先秦伪书辨正》,西安:陕西人民出版社,2004年。

刘节:《管子中所见之宋钘一派学说》,《刘节文集》,广州:中山大学出版社,2004年。

刘荣贤:《庄子外杂篇研究》,台北:联经出版公司,2004年。

刘咸炘:《子疏定本》,《刘咸炘学术论集·子学编》,桂林:广西师范大学出版社,2007年。

卢世华、楚永桥:《黄老之学与〈汉志〉小说家》,《湖北大学学报(哲学社会科学版)》卷26第2期,1999年。

吕思勉:《非攻寝兵平议》,《吕思勉论学丛稿》,上海:上海古籍出版社,2006年。

罗根泽:《〈尹文子〉探源》,《古史辨》第六册,台北:蓝灯文化公司,1987年。

马非百:《〈管子·内业〉篇集注》,《管子学刊》1990年第1至3期连载。

马非百:《〈管子·内业〉篇之精神学说及其他》,《管子学刊》1988年第4期。

蒙文通:《先秦诸子与理学》,桂林:广西师范大学出版社,2006年。

潘建国:《〈汉书·艺文志〉小说家发微》,《中国古代小说书目研究》,上海:上海古籍出版社,2005年。

钱穆:《儒礼杂议之一——非斗》,《中国学术思想史论丛(二)》,台北:兰台出版社,2000年。

钱穆:《先秦诸子系年》,台北:东大图书公司,1999年。

钱穆:《庄老通辨》,北京:三联书店,2002年。

裘锡圭:《稷下道家精气说的研究》,《文史丛稿》,上海:上海远东出版社,1996年。

裘锡圭:《马王堆〈老子〉甲乙本卷前后佚书与"道法家"——兼论〈心术上〉〈白心〉为慎到田骈学派作品》,《文史丛稿》,上海:上海远东出版社,1996年。

饶龙隼:《诸子"小说"正义》,《新国学》第4卷,2002年。

任继愈:《中国哲学发展史(先秦)》,北京:人民出版社,1983年。

史华兹(Benjamin I. Schwartz):《古代中国的思想世界》,南京:江苏人民出版社,2008年。

孙开泰：《关于侯外庐先生论〈管子·白心〉等篇著者问题的一次谈话》，《晋阳学刊》1994年第1期。
唐兰：《黄帝四经初探》，《文物》1973年第10期。
唐兰：《马王堆出土老子乙本卷前古佚书的研究》，《考古学报》1975年第1期。
唐钺：《尹文和〈尹文子〉》，《古史辨》第六册，台北：蓝灯文化公司，1987年。
汪启明：《〈管子〉诸家韵读献疑》，《管子学刊》1994年第2期。
王葆玹：《老庄学新探》，上海：上海文化出版社，2002年。
王葆玹：《南北道家贵阴贵阳说之歧异》，《道家文化研究》第15辑，1999年。
王博：《老子思想的史官特色》，台北：文津出版社，1993年。
王范之：《吕氏春秋研究》，呼和浩特：内蒙古大学出版社，1993年。
王庆华：《论〈汉书·艺文志〉小说家》，《内蒙古社会科学》（汉文版）卷22第6期，2001年。
王叔岷：《读庄论丛》，《道家文化研究》第10辑，1996年。
王叔岷：《吕氏春秋引用庄子举正》，《道家文化研究》第10辑，1996年。
王叔岷：《论司马迁述慎到、申不害及韩非之学》，《慕庐杂著》，台北：华正书局，1988年。
王叔岷：《论战国法家三派兼论三派与儒家之关系》，《慕庐杂稿》，台北：大安出版社，2001年。
王叔岷：《先秦道法思想讲稿》，台北："中研院"文哲所，2002年。
王树民：《黄老学派的起源和形成》，《曙庵文史杂著》，北京：中华书局，1997年。
王晓波：《道与法：法家思想和黄老哲学解析》，台北：台湾大学出版中心，2007年。
魏启鹏：《楚简〈彭祖〉笺释》，《新出楚简国际学术研讨会会议论文集（上博简卷）》，武汉大学，2006年。
武内义雄：《子思子考》，《先秦经籍考》，上海：上海文艺出版社，

1990年。
萧汉明:《〈管子〉的卫生之经与杨朱学派的养生论》,《诸子学刊》第1辑,2007年。
小野泽精一等:《气的思想——中国自然观和人的观念的发展》,上海:上海人民出版社,1990年。
熊铁基:《秦汉新道家》,上海:上海人民出版社,2001年。
徐复观:《中国人性论史》,台北:台湾商务印书馆,1969年。
徐少华:《楚简与帛书〈五行〉篇章结构及其相关问题》,《中国哲学史》2001年第3期。
徐少华:《郭店一号楚墓年代析论》,《江汉考古》2005年第1期。
徐少华:《论祝融八姓的流变及其分布》,《湖北省考古学会论文选集(三)》,《江汉考古》增刊,1998年。
薛柏成:《墨家思想新探》,哈尔滨:黑龙江人民出版社,2006年。
严善照:《古代房中术的形成与发展:中国固有"精神"史》,台北:台湾学生书局,2007年。
杨华:《传统学术中的学派》,《光明日报》2007年9月13日,第9版。
杨宽:《战国史》(1997年增订版),台北:台湾商务印书馆,1997年。
杨宽:《战国史料编年辑证》,台北:台湾商务印书馆,2002年。
杨宽:《诸子正名论》,《杨宽古史论文选集》,上海:上海人民出版社,2003年。
杨儒宾:《儒家身体观》,台北:"中研院"文哲所,2003年。
杨儒宾:《先秦道家"道"的观念的发展》,台北:台湾大学出版委员会,1987年。
叶山(Robin Yates):《对汉代马王堆黄老帛书性质的几点看法》,《马王堆汉墓研究文集》,长沙:湖南出版社,1994年。
叶志衡:《战国学术文化编年》,杭州:浙江大学出版社,2007年。
余嘉锡:《四库提要辨证》,昆明:云南人民出版社,2004年。
俞志慧:《〈孟子〉旧注商兑九则》,《儒林》第3辑,济南:山东大学出版社,2006年。

袁行霈：《〈汉书艺文志〉小说家考辨》，《文史》第 7 辑，1979 年。
詹剑峰：《老子其人其书及其道论》，武汉：华中师范大学出版社，2006 年。
张固也：《管子研究》，济南：齐鲁书社，2006 年。
张亨：《荀子的礼法思想试论》，《思文之际论集——儒道思想的现代诠释》，北京：新星出版社，2006 年。
张连伟：《论〈管子〉四篇的学派归属》，《管子学刊》2003 年第 1 期。
张舜徽：《四库提要叙讲疏》，台北：台湾学生书局，2002 年。
张心澂：《伪书通考》，上海：上海书店，1998 年。
张新俊：《上博楚简文字研究》，吉林大学博士学位论文，2005 年。
张扬明：《老子考证》，台北：黎明文化公司，1995 年。
张增田：《"道"何以"生法"——关于〈黄老帛书〉"道生法"命题的追问》，《管子学刊》2004 年第 2 期。
赵炳清：《上博简三〈彭祖〉补释》，简帛研究网，2005 年 1 月 26 日。
赵蔚芝：《司马迁介绍稷下先生为什么不提宋钘尹文》，《管子学刊》1989 年第 4 期。
郑良树：《诸子著作年代考》，北京：北京图书馆出版社，2001 年。
周凤五：《郭店〈性自命出〉"怒欲盈而毋暴"说》，《新出土文献与古代文明研究》，上海：上海大学出版社，2004 年。
周凤五：《郭店竹简的形式特征及其分类意义》，《郭店楚简国际学术研讨会论文集》，武汉：湖北人民出版社，2000 年。
周凤五：《郭店竹简文字补释》，《古墓新知——纪念郭店楚简出土十周年论文专辑》，香港：国际炎黄文化出版社，2003 年。
周凤五：《上海博物馆楚竹书〈彭祖〉重探》，《南山论学集——钱存训先生九五生日纪念》，北京：北京图书馆出版社，2006 年。
周光华：《"钘"字辨考及宋钘其人》，《管子学刊》1990 年第 3 期。
朱伯崑：《〈管子〉四篇考》，《朱伯崑论著》，沈阳：沈阳出版社，1998 年。
朱伯崑：《再论〈管子〉四篇》，《朱伯崑论著》，沈阳：沈阳出版社，1998 年。

后　　记

　　本书的雏形是笔者十年前在武汉大学求学期间撰写的学位论文《战国楚竹书〈彭祖〉及相关文献研究》，拙文对于传世与出土文献中有关宋钘一派的资料作了一次彻底的梳理。这个论题的形成缘于2004年周凤五师撰写《上海博物馆楚竹书〈彭祖〉重探》，我因协助查核文献，得以拜读此文初稿。先师在文中提出一个重要的观点：楚竹书"心白身怿"之说与《管子》"白心"有关，当为齐稷下学派之产物。同时，他发现郭店儒家佚书《五行》《性自命出》出现见于《管子》的稷下学派术语"心术""内业"。受其启发，我集中精力将此篇竹书与《管子·心术》《白心》及《内业》等反复对读，发现上博《彭祖》的思想与《庄子·天下》所述宋钘一派尤近，而《管子·心术》诸篇存在较多的校勘、诠释的问题，彼此之间的关系及性质、学派归属，近世学者颇有争论，如能解决这些疑难，不但可以增进对于稷下学派的了解，对于战国时期儒、道二家彼此竞进、互相影响和渗透的过程，也能得到更深的认识。我将上述构想告诉周师，先生鼓励我继续探索，并慷慨地惠赐《〈彭祖〉重探》定稿，其深情厚谊，没齿难忘。

　　取得博士学位后，返回台湾谋职，唯大陆学历未被当局承认，不能如愿。彷徨之际，埋首修订旧文，幸得郭梨华教授之推荐，将书稿以《宋钘学派遗著考论》为题在台湾万卷楼图书公司出版。其后，进入北京大学随李零先生继续研究战国学术史，李师鼓励我将宋钘以外的"小子"如尹文、慎到、惠施等散见于典籍的材料，广泛搜集，加以董理，遂成《战国诸子评述辑证》。这部《辑证》于2014年在复旦大学出版社出版，可以视作《宋子考》的延伸作品。

　　近年来，颇有同道向我问起旧著，因是书在大陆不易购得，流传不广，加上笔者对于相关的论题有进一步的心得（见本书附录），遂兴起重印简体本的想法。我将此计划告诉复旦大学出版社的胡春丽博士，她是上述《辑证》一书的编辑,得其支持,申请到上海文化发展基金会的资助,《宋钘学派遗著考论》增订本方能顺利地付梓。对于胡博士的鼎力相助,本人深表感谢。书稿编辑期间,得杨智宇、张雨丝同学之助,校出不少错误,在此也一并致谢。

2017 年 10 月 16 日于沪上

图书在版编目(CIP)数据

宋钘学派遗著考论/林志鹏著. —上海：复旦大学出版社，2018.1
ISBN 978-7-309-13391-2

Ⅰ.宋… Ⅱ.林… Ⅲ.宋尹学派-研究 Ⅳ.B225.2

中国版本图书馆 CIP 数据核字(2017)第 291481 号

宋钘学派遗著考论
林志鹏　著
责任编辑/胡春丽

复旦大学出版社有限公司出版发行
上海市国权路 579 号　邮编：200433
网址：fupnet@fudanpress.com　http://www.fudanpress.com
门市零售：86-21-65642857　团体订购：86-21-65118853
外埠邮购：86-21-65109143
上海市崇明县裕安印刷厂

开本 890×1240　1/32　印张 11.625　字数 329 千
2018 年 1 月第 1 版第 1 次印刷

ISBN 978-7-309-13391-2/B·653
定价：45.00 元

如有印装质量问题，请向复旦大学出版社有限公司发行部调换。
版权所有　侵权必究